主办 | 西南政法大学诉讼法与司法改革研究中心

第8卷

刑事司法论丛

主编 闫召华

法律出版社
LAW PRESS·CHINA
北京

图书在版编目(CIP)数据

刑事司法论丛. 第8卷 / 闫召华主编. -- 北京 : 法律出版社, 2022
ISBN 978-7-5197-7475-2

Ⅰ. ①刑… Ⅱ. ①闫… Ⅲ. ①刑事诉讼法-研究-中国 Ⅳ. ①D925.204

中国国家版本馆 CIP 数据核字(2023)第005089号

刑事司法论丛(第8卷)
XINGSHI SIFA LUNCONG(DI-8 JUAN)

闫召华 主编

责任编辑 薛 晗 王 斓
装帧设计 汪奇峰

出版发行 法律出版社
编辑统筹 法商出版分社
责任校对 赵明霞
责任印制 胡晓雅
经　　销 新华书店

开本 710毫米×1000毫米 1/16
印张 26.5 **字数** 473千
版本 2022年12月第1版
印次 2022年12月第1次印刷
印刷 北京建宏印刷有限公司

地址:北京市丰台区莲花池西里7号(100073)
网址:www.lawpress.com.cn
投稿邮箱:info@lawpress.com.cn
举报盗版邮箱:jbwq@lawpress.com.cn
销售电话:010-83938349
客服电话:010-83938350
咨询电话:010-63939796

书号:ISBN 978-7-5197-7475-2
定价:108.00元

凡购买本社图书,如有印装错误,我社负责退换。电话:010-83938349

《刑事司法论丛》
编辑委员会

目　录　　刑事司法论丛（第8卷）

理论前沿

院校荐稿

实务论坛

域外法制

理论前沿

新时期我国毒品犯罪治理的理念转型与实践突破

吴宏耀　吴　琼　梁　彦*

摘　要：近年来，在持续高压打击之下，我国毒品滥用规模和涉毒犯罪案件呈现出不断下降的良好态势。但进入“后疫情时代”，毒品犯罪治理也面临着一些新局面、新情况。毒品案件数量的下降并不能完全等同于禁毒措施的有效。“后疫情时代”的毒品治理必须转变观念，即从注重严厉打击转向多元化社会综合治理。还应通过严格技术侦查的程序规则、规范技术侦查证据的移送和审查程序、出台毒品案件收集与审查证据相关专门文件等突破目前影响和制约毒品犯罪打击力度的“痛点”问题。同时，强化对毒品案件被追诉人的权利保障，确保被追诉人获得更加有效、更专业化的法律援助。

关键词：毒品犯罪；综合治理；技术侦查；法律援助

2021年6月，联合国毒品和犯罪问题办公室发布了《世界毒品报告》。① 该报告显示，2010年至2019年，全球吸毒人数增加了22%；报告预测，至2030年，全球吸毒人数将增加11%。同时，新冠肺炎疫情也深刻地影响着全球毒品犯罪形势，并进一步加剧毒品风险。② 而且，《2022年欧洲毒品报告》的数据表明，欧洲毒品消费模式越来越复杂。在一些国家，新精神活性物质、氯胺酮等物质与毒品问题交织在一起。而且，人们认识到吸毒与健康和社会问题有关，这些问题包括心理

---

* 吴宏耀，中国政法大学教授；吴琼，中国政法大学法学院硕士研究生；梁彦，中国政法大学刑事司法学院硕士研究生。该文系吴宏耀教授主持的国家社会科学基金项目“中国轻罪治理模式研究”（项目编号：21BFX068）的阶段成果之一。

① 参见联合国毒品和犯罪问题办公室：《世界毒品报告（2021）》，载联合国毒品和犯罪问题办公室官网，https://www.unodc.org/unodc/en/data-and-analysis/index.html，2022年4月20日最后访问。

② 参见《〈世界毒品报告〉：新冠大流行加剧毒品风险　年轻人低估大麻危险性》，载联合国新闻，https://news.un.org/zh/story/2021/06/1086722，2022年4月20日最后访问。

健康问题和自残、无家可归、青年犯罪以及对弱势个人和社区的剥削。[①]

相较而言,我国毒品治理则呈现明显不同的发展态势:多年来,我国始终对毒品违法犯罪活动保持高压态势。[②] 尤其是,近年来我国禁毒部门持续开展“净边”“平安关爱”等专项行动,全面推进重点整治、示范创建和禁毒扶贫工作,在禁毒治理方面取得了明显成效。《2021年中国毒情形势报告》[③]显示,我国2021年全年共破获毒品犯罪案件5.4万起,抓获犯罪嫌疑人7.7万名,缴获毒品27吨,查处吸毒人员32.6万人次,同比分别下降16.3%、16.7%、51.4%和23.6%。2021年的相关数据表明,我国毒情整体向好的态势继续得到巩固拓展,呈现境外毒品输入数量和国内制毒产量“双减”,国内毒品供应量和流通量“双降”,毒品走私贩运和制毒物品流失问题得到遏制,毒品滥用规模和涉毒犯罪案件连续多年下降的良好态势。

近年来,为系统了解我国禁毒实践经验及毒品犯罪面临的新问题新情况,笔者先后三次前往中国禁毒“重镇”——云南省进行调研,与该地人民法院、人民检察院、法律援助机构及涉毒案件辩护律师进行了一系列座谈与交流。[④] 通过调研,我们发现,新冠肺炎疫情以来,云南地区的毒品犯罪形势,尤其是案件数量、犯罪种类与作案方式等均发生了较大变化;与此同时,在毒品犯罪案件的刑事司法程序方面,技术侦查手段的使用、相关证据的随案移送与质证等问题依然存在——这些问题不仅影响了毒品犯罪案件刑事诉讼活动的顺利运行,而且,在一定意义上甚至可能影响毒品犯罪案件定罪量刑的准确性与公正性。此外,就毒品犯罪案件而言,鉴于绝大多数犯罪嫌疑人、被告人都无力自行聘请律师,因此,此类案件法律援助的质量如何,往往决定着被追诉人诉讼权利的实际状况和保障程度。

本文将以实证调研成果为基础,首先梳理近五年我国毒品犯罪形势与治理方式的变化,阐述变化发生的原因;其次,结合毒品犯罪形势的变化及云南省等地的

---

① 参见欧洲毒品和毒瘾监控中心:《欧洲毒品报告2022》,载欧洲毒品和毒瘾监控中心官网,https://www.emcdda.europa.eu/,2022年4月22日最后访问。

② 参见李施霆:《2020年全国禁毒工作取得明显成效》,载《中国禁毒报》2021年5月14日。

③ 参见中国国家禁毒委员会办公室:《2021年中国毒情形势报告》,载西南政法大学国家毒品问题治理研究中心官网,https://dcppc.swupl.edu.cn/jddt/b65f51e6654745f3ad37c3b17e88eec4.htm,2022年4月22日最后访问。

④ 2020年8月,吴宏耀、赵天红、孙道萃等课题组成员到云南省人民检察院毒品检察部、大理白族自治州中级人民法院进行调研;2021年4月,课题组成员吴宏耀、孙道萃、侯兆葳赴云南省人民检察院未成年检察工作部进行调研;2021年10月,课题组成员吴宏耀、陆云及部分研究生成员赴云南省昆明市人民检察院、昆明市法律援助中心、天外天律师事务所等地进行调研。在此,对相关单位的支持和提供的便利,表示诚挚的感谢!

有益经验,提出毒品犯罪治理理念应当从“严厉打击”转向“综合治理”的建议;再次,针对技术侦查获取的证据,提出相应的转化与审查规则,以贯彻以审判为中心的诉讼制度改革,推动毒品犯罪案件的公正处理;最后,结合司法实践中毒品案件法律援助存在的问题,详细阐述毒品犯罪法律援助专业化的可能路径,以期完善毒品案件中被追诉人的程序权利保障机制。

一、我国毒品犯罪治理:新局面新情况

(一)近五年我国毒品犯罪概况

公安部、国家禁毒委等机构发布的数据显示:近年来,我国毒情整体态势向好且持续得到巩固。毒品犯罪案件数量、犯罪嫌疑人数量以及缴获毒品数量、查处吸毒人员总数等持续下降。

首先,毒品刑事案件数量持续下降。2016 年,全国禁毒部门共破获毒品刑事案件 14 万件,2017 年基本持平,而 2018 年的数据为 10.96 万件,同比下降 21.7%。到 2021 年,全国禁毒部门破获的毒品刑事案件仅为 5.4 万起,与 2016 年相比下降 61.4%,呈现“断崖式下跌”。课题组的实证调研印证了上述发展态势。调研中,云南省昆明市部分毒品案件辩护律师、检察官等均表示,就其个人办案感受而言,受疫情管控政策影响,2020 年为毒品案件数量迅速下降的“分水岭”。

其次,毒品案件犯罪嫌疑人人数下降的速度虽低于案件数量的下降速度,但总体呈下行趋势。2016 年,全国毒品案件犯罪嫌疑人数量为 16.8 万名,而 2020 年的数量为 9.2 万名,相比 2016 年下降 45.2%;2021 年抓获犯罪嫌疑人 7.7 万名,同比下降了 16.3%。但根据涉案人数,我们发现,每起毒品案件平均涉案犯罪嫌疑人的人数却呈增加趋势,这可能意味着毒品案件呈现多人化、集团化趋势。另外,平均每起毒品案件的毒品数量也呈上升趋势。换言之,单一的毒品案件的危害性可能比以往更大。(见表 1)

表 1 2016—2021 年全国毒品案件数量、犯罪嫌疑人数量及缴获毒品数量统计

	2016 年	2017 年	2018 年	2019 年	2020 年	2021 年
破获毒品案件数量	14 万起	14 万起	10.96 万起	8.3 万起	6.4 万起	5.4 万起
犯罪嫌疑人数量	16.8 万名	16.9 万名	13.74 万名	11.3 万名	9.2 万名	7.7 万名

续表

	2016 年	2017 年	2018 年	2019 年	2020 年	2021 年
缴获毒品数量	82.1 吨	89.2 吨	67.9 吨	65.1 吨	55.49 吨	27 吨

在司法实践中,毒品犯罪的主要类型是走私、贩卖、运输毒品罪;该罪处于毒品犯罪链条的中游,上衔毒品制造,下接吸毒人员,是毒品犯罪治理的核心关节,也是毒品案件中占比最大的一类。事实上,从2017年至2020年,该类犯罪同样呈显著下降趋势。相较于2017年,2021年该类案件的数量下降约59.8%,与我国毒情总体态势持平。而且,2021年数据表明,虽然此类案件缴获毒品的数量呈现"腰斩"趋势,但是,平均每起案件缴获毒品的数量却呈现小幅上升态势。(见表2)

表2 2017—2021年全国走私、贩卖、运输毒品犯罪案件数量、犯罪嫌疑人数量和缴获毒品数量

	2017 年	2018 年	2019 年	2020 年	2021 年
走私、贩卖、运输毒品犯罪案件	10.2 万起	7 万起	6.2 万起	4.7 万起	4.1 万起
犯罪嫌疑人数量	11.5 万名	9.8 万名	9 万名	7 万名	6 万名
缴获毒品数量	49.9 吨	41.8 吨	49.1 吨	43.9 吨	21.4 吨

在我国司法实践中,毒品犯罪数量的持续下降与毒品社会治理方式的转变存在内在的关联。2014年,习近平总书记对禁毒工作作出重要指示,要求"坚持源头治理、系统治理、综合治理、依法治理",统筹"法律、行政、经济、教育、文化等手段";[①]2015年,习总书记再次提出"坚持严打方针不动摇"的要求,并由此形成了"打击犯罪为主,多元治理为辅"的格局。[②] 2018年,国家禁毒委和公安部开展"两打两控"专项行动,有效打击制毒犯罪、打击贩毒犯罪和管控制毒物品、管控吸毒人员。[③] 从"两打两控"开始,毒品犯罪的打击面逐渐向毒品犯罪的上游和下游延伸,以期实现"源头治理";尤其是2019年的"除冰肃毒"运动,更是有效打击了境

① 新华社:《严厉打击各类毒品犯罪活动 坚决遏制毒品问题蔓延势头》,载新华网,http://www.xinhuanet.com/politics/2014-06/25/c_1111317189.htm,2022年4月22日最后访问。

② 新华社:《习近平会见全国禁毒工作先进集体代表和先进个人 李克强参加会见》,载中华人民共和国中央人民政府官网,http://www.gov.cn/guowuyuan/2015-06/25/content_2884314.htm。

③ 参见《我国将部署开展"禁毒2018两打两控"专项行动》,载中国政府网,http://www.gov.cn/xinwen/2018-02/28/content_5269358.htm,2022年4月22日最后访问。

内的毒品制造类犯罪。自2019年起,毒品犯罪治理更为关注边境管控,持续性开展“净边”专项行动,有力遏制毒品入境内流。2020年以来,严格的新冠肺炎疫情防控政策,更是让边境管控的力度得到了空前的加强。

此外,基于“清源断流”战略的要求,毒品治理方式也开始趋于多元化、综合化。例如,“6·27”青少年毒品预防教育工程、“8·31”社区戒毒社区康复工程等。2020年,“全面推进重点整治、示范创建和禁毒扶贫工作”将禁毒与扶贫相结合,有效帮助犯罪人和吸毒人员回归社会,亦体现着多元社会治理的基本趋势。

但是,总体而言,目前我国毒品治理仍主要依靠刑事法手段,而且对毒品犯罪一直秉持“高压严打”政策,致使毒品犯罪存在“重刑率高”等特点。在立法调整上,诸如毒品累犯、技侦手段等特殊制度,也带有鲜明的从重从严处理的治罪思路。

(二)毒品犯罪形势的变化及原因

自2018年以来,我国毒品案件数量持续下降;其中,2020年犹如一道“分水岭”,标示着我国毒情态势整体向好。《2020年中国毒情形势报告》用“四个减少”概括此种趋势。[①] 该报告指出,“四个减少”的主要原因在于“受疫情严控和严打高压双重影响”。然而,问题的另一面是,我国当前的毒情态势也呈现新动态新情况,如毒品滥用种类多样、毒品制造集团化、毒品犯罪方式隐匿化、吸毒群体年轻化等,为毒品治理带来了新的挑战。[②] 因此,随着我国新冠肺炎疫情防控逐步常态化,面对未来不确定的国际防疫形势,通过分析梳理其间的有益经验,可以为“后疫情时代”的禁毒工作提供镜鉴。

1.2018年年前:重刑主义与除恶不尽

长期以来,我国对毒品犯罪一直实行“严打”政策。然而,值得注意的是,2017年以前,毒品犯罪数量并没有因为“严打”政策而呈现明显的下行趋势,反而是陷入“越打越多”的怪圈。就此,有研究者认为,“一方面是对毒品犯罪的严厉处罚,另一方面却是毒品犯罪的持续多发;一方面是对死刑威慑的满心期待,另一方面却是毒品犯罪人的铤而走险”[③]。因此,有必要对2018年以前的毒品犯罪的刑事

---

① 四个减少指“现有吸毒人数减少、规模化制毒活动减少、制毒物品流失减少、外流贩毒人数减少等”,参见中国国家禁毒委员会办公室:《2020年中国毒情形势报告》,载山西省戒毒管理局官网,http://jdj.sft.shanxi.gov.cn/jdxc/202111/t20211103_2954867.shtml,2022年5月27日最后访问。

② 参见李世清、王玄玮、邹俊波:《新形势下检察机关参与毒品犯罪治理的思考——以云南省禁毒形势变化为观察视角》,载《中国检察官》2020年第17期。

③ 胡江:《我国毒品犯罪刑事政策之检视》,载《法治论丛》2010年第3期。

政策进行检讨。

第一,我国毒品犯罪长期坚持“重刑主义”。一方面,毒品入罪门槛较低,无论是走私、贩卖或运输、制造,只要毒品数量达到一定标准,均可入刑。例如,《刑法》规定走私、贩卖、运输、制造海洛因或甲基苯丙胺数量超过50克,即可能判处15年有期徒刑、无期徒刑或死刑。事实上,当前的毒品犯罪数量普遍较大,个案中涉案毒品的重量很容易达到顶格量刑的标准。因此,毒品案件的重刑率每年均超过全部刑事案件平均重刑率十几个百分点。[①] 然而,严厉的重刑主义反而提高了毒品犯罪的“犯罪关税”,[②]反而激励更多人铤而走险以获取可能的高额利润,形成恶性循环。[③] 很显然,重刑主义无法完全解决毒品犯罪治理的难题,反而会陷入管理学上的“眼镜蛇效应”。[④]

第二,我国毒品犯罪的处理呈现“唯数量论”倾向。在调研中,部分辩护律师及检察官表示,法院在审判案件时,通常会以数量作为判处刑罚的主要标准,很难将毒品自身的危害程度、行为人的社会危险性、行为人在犯罪活动中的实际地位等因素予以量化考虑。调研中,有法官认为,毒品案件的隐蔽性使得行为人的主观方面难以认定,只能以客观行为推定其社会危险性,而数量是最为客观的标准。2015年《全国法院毒品犯罪审判工作座谈会纪要》(以下简称《武汉会议纪要》)更是强化了这一认识。《武汉会议纪要》规定,“对于既未规定定罪量刑数量标准,又不具备折算条件的毒品”,才需要综合其致瘾癖性社会危害性、数量、纯度等因素量刑(如何综合,依然取决于法官的自由裁量)。此外,《武汉会议纪要》明确规

---

① 参见齐文远、魏汉涛:《毒品犯罪治理的困境与出路》,载《河南大学学报(社会科学版)》2018年第1期。

② “犯罪关税”是美国学者帕克提出的概念,旨在通过将犯罪“与保护性关税的类比”,“说明刑事制裁具有重要的经济意义”。也即,将具有自愿买卖性质的经济行为规定为犯罪,实际上相当于“通过提高卖方的风险来限制有争议商品的供应,从而提高他所售商品的价格……不管我们认为自己努力在做什么,当我们将对某些没有弹性需求商品的贩卖行为认定为非法时,结果便是保护了那些愿意违法的从业者的垄断利益”。[美]哈伯特·L.帕克:《刑事制裁的界限》,梁根林等译,法律出版社2008年版,第274—279页。

③ 参见何荣功:《我国“重刑治毒”刑事政策之法社会学思考》,载《法商研究》2015年第5期。

④ 在英属印度时期,印度的某个地区深受野生眼镜蛇之困。眼镜蛇有剧毒,又具有很强的攻击性,给当地居民的生命安全带来了很大的威胁。为解决这一问题,当地管理者试图通过悬赏捕蛇的办法根除眼镜蛇:只要捕到眼镜蛇,就可以拿眼镜蛇换取赏金。果然,重赏之下必有勇夫。悬赏令下达之后不久,每天都有群众上交眼镜蛇的尸体。按理来说,随着每天的大量捕杀,野生眼镜蛇会变得越来越少才是。然而,事与愿违:当地眼镜蛇的实际数量并没有明显减少,反而越来越多,每天都有很多人上交眼镜蛇的尸体。当地管理者经过一番考察后发现,原来,一些居民为了领取赏金,居然开始大量饲养眼镜蛇,以确保眼镜蛇的稳定供给。管理学上将这一现象称为“眼镜蛇效应”。

定,纯度不影响定罪量刑,除非“涉案毒品纯度明显低于同类毒品的正常纯度的,量刑时可以酌情考虑”。但实际上,不同纯度的毒品危害性显然不同。事实上,“唯数量论”的机械司法,忽视不同纯度、不同种类毒品之间致瘾性的差异,忽视犯罪人在毒品链条中的地位和作用,无助于毒品犯罪的有效治理。

第三,在执法实践中禁毒人员可能存在“除恶不尽”的倾向。首先,在受到追诉的毒品案件中,贩卖、运输毒品罪的数量最多。但实际上,进行贩卖、运输毒品行为的犯罪人,往往是犯罪集团中较低级的成员,即使抓捕再多也无法从根源上切断毒品链条。其次,毒品犯罪的“运动式治理”致使禁毒部门不仅必须考虑今年能否完成“考核要求”的现实问题,还不得不考虑明年、后年的“考核指标”问题。如果一次性将毒品链条斩断,则第二年若再次开展专项行动将难以取得预期成果。所以,有部分禁毒人员会“留有余地”地打击犯罪。最后也是最重要的,毒品犯罪的治理不仅需要打击供给,更需要从需求侧入手,阻断需求市场的滋生和泛滥。很显然,这既需要毒品犯罪人服刑后的矫正,更需要管控吸毒人员,减少毒品的社会需求。但是,目前对引诱、教唆、欺骗吸毒的惩治力度不足,未形成“双向发力”的良好局面。

2. 2018 年年后:严格边境管理与社会综合治理

自 2018 年以来,我国打击毒品犯罪的理念开始更加注重源头治理与多元治理。首先,就毒品犯罪而言,2018 年开始的“两打两控”及 2019 年的“除冰肃毒”运动都反映出从源头打击毒品犯罪的思维。调研发现,2020 年起,为防控新冠肺炎疫情实施的边境管控,更是让境外毒品的走私与输入变得“难上加难”,以至于犯罪分子不得不采取无人机等现代技术手段走私运输毒品。可以说,为防控新冠肺炎疫情而实施的严厉边境管控政策,不仅有效阻断了境外毒品的输入,而且极大地增加了毒品走私的成本。调研中,有检察官认为,“新冠肺炎疫情的防控政策可能比重刑严罚更有助于遏制毒品犯罪”。此外,调研还发现,云南地区毒品犯罪数量持续下降,与我国对非传统国家安全的重视存在一定的关联关系。近年来的“劝返行动”,亦从根源上导致毒品犯罪数量下滑。[①]

其次,毒品犯罪治理开始“攻坚克难”。此前毒品犯罪治理多是“见子打子”,抓获的多是犯罪集团的非重要成员,未能有效治理毒源。而毒品犯罪的庞大利润和关系网,致使毒品犯罪往往与恶势力相互勾连。而近年来持续的扫黑除恶活

---

① 参见《全国多地发布劝返公告,云南瑞丽上万人等待入境自首》,载网易新闻,https://www.163.com/dy/article/GLG0HGGH0534MHMX.html,2022 年 6 月 2 日最后访问。

动,抓获众多犯罪集团的首要分子,有效地打击了跨境有组织的毒品犯罪。

最后,毒品犯罪的多元治理格局逐渐完善。例如,云南省边境的部分村落成为"制毒村",多与其乡村文化有关,因此边境治理开始关注文化传播和教育,有助于铲除毒品犯罪的文化。再如,毒品犯罪中的"马仔"多因家庭贫困才"铤而走险",因此2020年毒品治理非常关注涉案人员的脱贫问题。同时,毒品犯罪利用互联网的趋势明显,禁毒部门开始针对性地打击网络毒品犯罪,同时加大对大学生等特定群体的教育力度,减少毒品市场需求。

总之,自2018年起毒品案件数量的持续下降与多方因素有关。但既有的问题也难言得到了有效的解决。因此,进入"后疫情时代",如何保持当前禁毒的良好态势,最终取得禁毒人民战争的完全胜利成为必须关注的课题。根据云南省的调研情况,本文将从毒品犯罪的综合治理、技术侦查证据的有效转化和毒品案件被追诉人的法律援助三方面展开论述。

二、理念重构:从严厉打击到毒品综合治理

2018年以来,我国毒品案件数量、抓获嫌疑人数量和缴获毒品数量持续下降,在册吸毒人员数量也有所减少;而2020年、2021年的新冠肺炎疫情更是深刻影响了毒品犯罪的形势,预计2022年毒品案件的数量仍将进一步下降。但是,毒品案件数量下降并不能完全等同于禁毒措施的有效。一方面,仅从数据而言,单个毒品犯罪所涉及的平均毒品数量不降反升,单一毒品案件的危害性逐渐加大;而且新型精神类药物正有取代传统的海洛因、甲基苯丙胺的趋势,阿拉伯茶等新型毒品在全球范围内的传播,亦对我国的禁毒工作提出挑战。另一方面,此前毒品治理重刑罚打击轻社会治理,毒品案件重数量轻情节等问题并未得到有效解决,但重刑主义存在一个逻辑上的"悖论",即"越打击越严重"。① 因此,"后疫情时代"的毒品治理必须转变观念,即从注重严厉打击转向多元化社会综合治理。②

(一)总体原则

打击毒品犯罪需要坚持高压态势,从严打击,但是必须应当明确,毒品犯罪的治理并不是"一判了之",而是应当积极探索多部门协作的社会综合治理体系。也

---

① 参见王宏玉、潘振生:《犯罪经济学视角下的毒品犯罪防控"悖论"解析》,载《中国人民公安大学学报(社会科学版)》2020年第6期。

② 参见董煜华:《砥砺奋进新征程 谱写毒品问题综合治理新篇章》,载《中国禁毒报》2021年9月10日。

即，在妥善运用刑罚手段的同时，还必须整合社会经济文化等领域的管理力量，形成多元化的毒品预防、治理体系。具体而言，在毒品犯罪内部，应当打击毒品犯罪链条中的各个环节。如我国毒品的来源主要是境内制毒与境外走私，因此必须坚持边境管控，严格防止毒品内流；又如毒品犯罪链条的中段是贩卖运输毒品，应持续性地保持高压态势，斩断毒品输送通道；而毒品犯罪下游为吸毒者，因此更需要防止重点人群吸毒，同时加大对引诱、欺骗他人吸毒的打击力度。值得注意的是，不同类型的毒品犯罪的发生机理、社会危害性以及可预防性都有明显差异，必须区分不同犯罪的治理模式，实现精准治理。

此外，打击毒品犯罪，必须坚持“除恶务尽”的原则，避免以“绩效考核”为导向打击毒品犯罪，更多地应从毒品犯罪的两端发力，加强打击毒品犯罪的国际合作，重点打击制造、走私与贩卖毒品的犯罪集团。同时，应当加强毒品犯罪的预警机制，妥善运用控制下交付等技术侦查措施，实现毒品犯罪的“提前打击”，避免毒品流入社会造成危害。而在刑事司法之外，应当充分调动社会力量，在毒品犯罪链条的两端分别发力，实现毒品犯罪的源头治理。

（二）具体方式

1. 源头：制造、走私毒品

近年来，我国境内制造毒品数量持续下降，而境外毒品数量占比持续增长。“毒品主要来自境外、绝大多数来自‘金三角’地区，仍是现阶段中国毒情的主要特征。”①因此，如何阻断境外毒品，尤其是“金三角”地区毒品流入我国，是源头治理的重中之重。自2020年新冠肺炎疫情发生以来，我国毒品案件及毒品数量大幅下降便与严格的边境防控密切相关。而这给予我们一定的启示：与其待毒品入境后再进行追捕，不如坚持严格的边控管控政策，构建起“陆空邮网的立体查缉体系”，以防止境外毒品流入。②

另外，制造、走私毒品的社会危害性极为严重，且相关犯罪往往呈现集团化趋势，甚至与境外武装势力勾连。因此，制造、运输毒品一般与黑恶势力犯罪存在交集。在当前扫黑除恶常态化的背景下，必须改变此前“抓马仔，缴毒品”的思路，避免扬汤止沸式的禁毒活动，而是应该转向“挖毒枭，摧网络”，将侦办中心从运输向

---

① 中国国家禁毒委员会办公室：《2020年中国毒情形势报告》，载山西省戒毒管理局官网，http://jdj.sft.shanxi.gov.cn/jdxc/202111/t20211103_29954867.shtml，2022年5月27日最后访问。

② 参见刘建强：《四川凉山毒品治理特色之路的形成与完善研究》，载《云南警官学院学报》2021年第2期。

走私转移,同时在量刑上应予以从重,以此加大犯罪人的成本,从根源遏制毒品的流入。另外,走私毒品多为跨境运输,应当继续完善禁毒的跨境合作机制,妥善解决跨境抓捕、引渡、国籍认定等问题,积极与周边国家签订条约确立合作机制,并进行国内立法,实现跨境协作机制的法治化。

2. 核心:贩卖毒品与引诱吸毒

打击毒品犯罪的链条,还需要重点关注贩卖毒品罪。因为毒品犯罪的重刑倾向,致使毒品买卖具有"极高风险,极高收益"。所以,打击贩卖毒品的行为,就需要增加毒品贩卖者的成本,增大毒品犯罪的风险,同时降低其收益。具体而言,面对毒品犯罪的网络化趋势,应当对网络毒品贩卖重点关注,妥善使用技术侦查措施侦破案件,完善技术侦查证据的转化与审查。一方面,应从需求端着手,对重点群体进行宣传教育,减少吸毒人员增量;另一方面,应妥善帮扶吸毒人员戒毒,减少复吸发生,降低贩卖毒品的预期收益。同时,由于贩卖毒品在毒品链条中的枢纽作用,社会危害性虽相较走私毒品小,但同样应重点打击,在量刑时相较运输毒品罪应当从重处罚。考虑到司法实践中"贩卖"较难认定,司法机关经常退而求其次以"运输"定罪,但此种行为应与单纯的运输毒品行为相区分。

同时,《刑法》第353条规定了引诱、教唆、欺骗他人吸毒罪,在量刑上,该罪情节严重的处三年以上七年以下有期徒刑,并处罚金;而本条还规定了强迫他人吸毒罪,量刑为三年以上十年以下有期徒刑,并处罚金。相较于走私、贩卖、运输、制造毒品罪,该两种罪名的量刑较为宽松,可见在刑事政策中并未将该两种罪名作为打击的重点。但实际上,毒品的成瘾性是催生毒品交易链条的重要因素。该两种罪名事实上"拓展"了毒品犯罪的市场,刺激了毒品的走私与贩卖。而在实践中,许多未成年人、大学生等群体正是因轻信他人言论而走上吸毒的不归之路,甚至"以贩养吸",进一步危害社会。所以,禁毒活动中同样应当加大对《刑法》第353条规定的罪名的处罚力度。

3. 兜底:运输毒品

毒品的流通有赖于毒品的运输,而运输毒品罪往往又附属于毒品的制造、走私与贩卖,因此在司法实践中,运输多以"兜底罪名"的形式出现。就"运输"如何认定,学界也多有争论,"距离说"和"流通说"争执不下,司法实践也并未一贯坚持同一立场。但就该行为的性质而言,运输毒品的危害性显然较走私、贩卖、运输毒品更小。《武汉会议纪要》也指出,对于运输毒品的行为,即使达到法定的死刑标准,也应当慎用死刑。然而,正是因运输毒品罪的兜底属性,司法实践中出现了两类"运输毒品罪"。一类是有证据证明该行为人实施了贩卖毒品行为,但无法达到“事实清楚,证据确实、充分”的法定证明标准,所以定为“运输毒品罪”;而另一类则是单纯的运输毒品行为,在实践中行为人多为被雇佣的“马仔”或不知情的普通人。学界虽多有限制运输毒品罪或将其单独列为一个罪名的声音,但司法实践却认为保留该罪名有助于严密禁毒法网。因此,“运输毒品罪是否应当继续保留,应取决于实务的要求,而并非仅仅从法理的角度就可以决定它的存废”①。在实践中,运输毒品罪的数量可能已超过毒品犯罪数量的三分之一,成为毒品犯罪的主要类型。

尽管如此,对于运输毒品罪仍应当区别于走私、贩卖、制造毒品罪,以实现对各类毒品犯罪行为的精准治理。一方面,应当明确运输毒品罪的定罪标准是“增大毒品流通的风险”②,对于单纯携带毒品的行为人,应从这一标准出发,结合数量、吸毒史、行为人先前行为等综合推定,避免“唯数量论”的影响。该类行为的社会危害性较低,在量刑上也应低于其他三类行为。另一方面,对于因证据不足而未能认定为贩卖毒品的行为,应当同时满足“高度增加毒品流通风险”的标准,且在量刑上与第一类行为相区分,较第一类行为从重量刑。

4. 突破口:完善毒品犯罪量刑指南

除对各类毒品犯罪实施分类管控外,对各类毒品犯罪的定罪量刑应当根据社会危害性等予以区分。但目前,我国《刑法》就走私、贩卖、运输、制造毒品这四类行为并未加以区分,而是统一以“数量”决定量刑。司法实践虽然也多次强调应考虑社会危害性、致瘾性等多种因素,但却始终无法形成判断标准,致使实践中“唯数量论”的现象较为严重。实际上,犯罪人的行为性质,以及案涉毒品的种类、纯度,犯罪人的社会危害性等都应当予以充分考虑,才能形成梯度式的量刑,实现对毒品犯罪的分类治理。一味采取不加区分的“重刑主义”,可能无助于威慑毒品犯罪。在这一方面,英国可以为我们提供制度经验。英国就毒品犯罪制定了专门的量刑指南,法官除确信有悖于司法利益之外,应当遵守该量刑准则。具体而言,该指南将毒品犯罪分为持有(possession)、提供(supply)、生产(production)、运输(importation)四类行为,并将毒品分为三类,由此形成各类毒品犯罪的法定最高刑。在此基础上,该指南首先要求法官确定犯罪的类别,判断维度分为犯罪人的主观罪责和其所造成的危害。接下来,法官需要确定起刑点,并考虑加重或减轻的情节,形成基准刑。此后,需要考虑辩诉交易、整体性原则并说明量刑理由,以

① 林亚刚:《运输毒品罪的若干问题研究》,载《法学评论》2011 年第 3 期。
② 包涵:《运输毒品罪的立法扩张与司法限制》,载《中国刑事法杂志》2021 年第 1 期。

及扣除羁押的时间。该指南可以弥补法官的非专业性,并为量刑提供可预测性,规范法官自由裁量权的行使,有助于实现毒品犯罪的精准治理,避免"唯数量论"下的罪责刑不适应。而该指南体现的分类思想及分步量刑的逻辑,值得我国借鉴。

(三)配套措施

在打击毒品犯罪的同时,还需要多措并举以减少毒品犯罪的发生机会。首先,"严密管控和帮扶吸毒人员,萎缩毒品消费市场是禁毒工作的重大战略之一"①。但在实践中却存在戒毒成本过高,戒毒后又复吸等情形。因此,对于吸毒人员不仅应实施强制戒毒,更应在强制戒毒后充分发挥社区作用,建立专门的社区戒毒站,以管理在册吸毒人员。通过引导就业、心理疏导、生理干预等手段,推动吸毒人员融入社会,减少复吸的可能性。其次,应当加大宣传教育,避免吸毒人数增加。近年来,因互联网兴起,未成年人、大学生等群体中吸毒人员逐年增加。因此,应当对高风险人群进行持续的定向宣传,可以采取网络视频等多元方式,避免宣传形式化。同时,应当发动社会力量,鼓励群众投身"禁毒战争"之中,形成全民反毒的良好氛围。② 对于边境地区的乡村,应当加大教育力度,逐步实现"移风易俗",避免其成为境外毒品流入的"桥头堡"。最后,对于毒品犯罪的涉案人员,应当在其服刑结束后,积极引导其融入社会实现就业,避免其因贫困再次铤而走险。总之,毒品犯罪的治理不仅应当打击犯罪,更应防微杜渐,从多角度压缩毒品市场,增加毒品犯罪风险,从根源上降低毒品犯罪数量。

三、实践痛点:技术侦查证据的诉讼转化与使用

2000年联合国《打击跨国有组织犯罪公约》第20条第1款规定:"各缔约国均应在其本国法律基本原则许可的情况下,视可能并根据本国法律所规定的条件采取必要措施,允许其主管当局在其境内适当使用控制下交付并在其认为适当的情况下使用其他特殊侦查手段,如电子或其他形式的监视和特工行动,以有效地打击有组织犯罪。"我国2012年对《刑事诉讼法》进行修订时,在"侦查"一章中增加一节"技术侦查措施"作为第八节,用以规范刑事诉讼中技术侦查的相关内容。

① 刘建强:《四川凉山毒品治理特色之路的形成与完善研究》,载《云南警官学院学报》2021年第2期。

② 参见冯立洲:《共建共治共享社会治理视阈下的"全民禁毒"》,载《政法学刊》2020年第4期。

现行《刑事诉讼法》第二编第二章第八节“技术侦查措施”分别对技术侦查的适用范围、期限、程序、形式以及结果等内容加以规范。其中,第150条规定:“公安机关在立案后,对于危害国家安全犯罪、恐怖活动犯罪、黑社会性质的组织犯罪、重大毒品犯罪或者其他严重危害社会的犯罪案件,根据侦查犯罪的需要,经过严格的批准手续,可以采取技术侦查措施。人民检察院在立案后,对于利用职权实施的严重侵犯公民人身权利的重大犯罪案件,根据侦查犯罪的需要,经过严格的批准手续,可以采取技术侦查措施,按照规定交有关机关执行。追捕被通缉或者批准、决定逮捕的在逃的犯罪嫌疑人、被告人,经过批准,可以采取追捕所必需的技术侦查措施。”此为技术侦查在我国立法中的规范表述。由此可知,在我国,技术侦查是由公安机关、检察机关根据侦查需要,经过严格审批,对特定案件适用具有高度技术性、秘密性侦查措施的诉讼活动。

(一)毒品案件技术侦查证据使用的诉讼价值

《2020年中国毒品形势报告》显示,疫情形势下,互联网虚拟平台、论坛、群组等成为涉毒活动聚集地。不法分子利用大众网络平台发布涉毒信息,采用数字货币支付毒资,使用邮寄、同城快递等方式或小众物流快递公司运送毒品,中途变更收货地址,交易两头不见人,加大了发现、查处、取证难度。长期以来,毒品案件作为严重犯罪案件,通过一般侦查手段往往难以及时发现线索、收集证据。因此,在毒品案件中适用技术侦查措施有其必要性和可行性。在技术侦查措施被法律明文规定之前,由于担心将技术侦查手段获取的材料作为证据使用会暴露取证方法,也有可能危及有关人员的人身安全,故技术侦查获取的材料在司法实践中不能直接作为证据使用,因而影响了有关案件的审理。① 公诉机关可能因缺乏证据而无法将有关毒品案件顺利移交给检察机关,审判机关可能因缺乏实质性的定罪量刑证据而不得不对有关毒品案件作出留有余地的判决。现行《刑事诉讼法》第154条明确规定:“依照本节规定采取侦查措施收集的材料在刑事诉讼中可以作为证据使用……”通过技术侦查手段所收集的材料获得了法律上的证据能力,享有了进入庭审作为认定案件事实依据的证据资格,②由此奠定了技术侦查获取的信息资料作为证据的法律基础。然而,因技术侦查在方法、设备等方面具有高度专

---

① 参见郎胜主编:《〈中华人民共和国刑事诉讼法〉修改与适用》,新华出版社2012年版,第283页。

② 参见吕广伦等:《〈关于办理死刑案件审查判断证据若干问题的规定〉理解与适用》,载《人民检察》2010年第16期。

业性和隐蔽性,故一方面,为了保证侦查的顺利进行以及保障侦查人员的生命安全,对于所采取的技术侦查措施和由此获取的信息资料存在保密的必要;另一方面,为了更好地惩罚犯罪,保证公诉机关和审判机关的诉讼活动公正有效,又存在将通过技术侦查手段获取的信息资料转化为相关证据使用的现实需要。因此,强调在毒品案件中合法采取技术侦查手段的同时,也需关注技术侦查证据的形式转化及使用问题,以协调技术侦查的秘密性与打击毒品犯罪之间的关系。

(二)毒品案件技术侦查证据使用的规范基础

除《刑事诉讼法》第二编第二章第八节的规定外,我国《人民检察院刑事诉讼规则》(以下简称《高检规则》)第九章第九节、《公安机关办理刑事案件程序规定》(以下简称《公安规定》)第八章第十节均对技术侦查作出专门规定,最高人民法院《关于适用〈中华人民共和国刑事诉讼法〉的解释》(以下简称《刑诉解释》)第四章第八节也对技术侦查证据的审查与认定加以规范。

1. 技术侦查收集材料形式

虽然根据《刑事诉讼法》第151条、第152条,侦查机关应当根据侦查犯罪的需要,确定采取技术侦查措施的种类和适用对象,并须严格按照批准的措施种类、适用对象和期限执行,但是立法上并未对技术侦查措施的种类予以明确,《高检规则》对此也未予回应。根据《公安规定》第264条,设区的市一级以上公安机关负责技术侦查的部门可以实施记录监控、行踪监控、通信监控、场所监控等技术侦查措施。由此可以推知,我国侦查机关所采取的技术侦查措施多以监控为主,由此收集的材料以视听资料、电子数据为主要类型,辅之相关的物证、书证等其他证据材料。

2. "可以"作为证据使用

首先,《刑事诉讼法》并未对采取其他侦查措施收集的材料作为证据使用予以单独强调,由此凸显了技术侦查所获信息资料作为证据使用的特殊性。其次,"可以"意味着采取侦查措施收集的材料不是必然作为证据使用,公安机关、检察机关对此享有自由裁量权。例如,若采取技术侦查所获取的信息资料与案件无直接关联,则不得作为证据使用;若出于保证技术侦查的秘密性以及侦查人员的人身安全的考虑,侦控机关可以只将收集的资料用作侦查活动的线索而非证据使用。

3. 技术侦查证据核查的三种方式

根据《刑事诉讼法》和《刑诉解释》的规定,采取技术侦查措施收集的证据材料,应当经过当庭出示、辨认、质证等法庭调查程序查证。如果当庭调查技术侦查证据材料可能危及有关人员的人身安全,或者可能产生其他严重后果的,法庭应当采取不暴露有关人员身份、技术设备、技术方法等保护措施。必要时,审判人员可在庭外调查核实证据。由此可见,技术侦查证据的核查包括三种途径:一是通过普通法庭调查程序予以查实;二是出于保护侦查人员和保证侦查秘密的需要,在不改变证据真实性的前提下,采用变声处理、模糊处理等特殊技术手段对侦查人员及相关材料进行保护;三是由审判人员于庭外核实。

(三)毒品案件技术侦查证据使用的实践样态

在中国裁判文书网上以“技术侦查”为关键词搜索,2019 年至 2021 年共有 1174 篇刑事案件裁判文书,其中涉“毒品”的裁判文书共 692 篇,占一半以上。可以看出,技术侦查在毒品案件中适用较多。然而,技术侦查证据问题是目前影响和制约毒品犯罪打击力度的最大问题。

1. 侦控视角

随着办案技术的提升,通过技术侦查手段监控毒品案件犯罪分子的通话,进而在毒品犯罪过程中实施抓捕的案件日渐增多。因被抓捕的犯罪嫌疑人大多具有较强的反侦查能力,“零口供”概率高,故如果不使用技术侦查证据,这类案件易出现因缺乏证实犯罪嫌疑人主观明知的证据而将其释放的情形,进而造成极为不良的社会影响。因此,技术侦查材料的使用是有效惩罚毒品犯罪的前提。然而,因对技术侦查证据的使用如质证等方面缺乏具体的实施细则,导致庭审过程中“泄密”现象严重,故技术侦查部门大多不愿向检察机关、审判机关移交通过技术侦查手段获取的信息资料。又因技术侦查部门对技术侦查材料管控严格,司法机关难以对技术侦查录音等材料进行声纹鉴定,导致案件难以形成完整的证据链。由此造成侦查机关通过技术侦查情报破获的毒品案件,在证实犯罪嫌疑人主观明知时“零口供”又缺乏其他证据的情况下,检察机关只能在“疑罪从无”的原则指引下对案件作出存疑不起诉的决定。

2. 辩护视角

技术侦查问题是毒品案件辩护律师关注的核心和焦点。毒辩律师通常将辩护要点集中于以下几方面:第一,开始技术侦查的时间节点。根据《刑事诉讼法》的相关规定,技术侦查措施须在立案后才能采取,因此侦查机关在立案前采取技术侦查措施获取的相关材料不具有证据资格。第二,技术侦查过程中的程序问题。例如,侦查机关采取技术侦查措施是否经过严格的审批程序?技术侦查取证是否规范?第三,技术侦查证据的调查核实。毒辩律师通常主张技术侦查证据需经当庭出示、质证,确认无误后才可作为定案依据,对于未予出示、质证的证据,毒辩律师将对其提出完全辩驳。上述辩点也反映出,当前实践中技术侦查措施的采取与技术侦查证据的使用存在一定瑕疵,需引起重视。此外,技术侦查证据的使用引发了辩方的强烈质疑,造成了极高的上诉率。[①]

3. 裁判视角

由于毒品案件难以取得其他证据,在被告人"零口供"的情况下,技术侦查证据对于审判人员认定案件事实并准确定罪量刑的作用举足轻重。在以审判为中心改革及司法责任制的影响下,审判人员对于在毒品案件中使用技术侦查证据的呼声极高。一方面,要求采取技术侦查措施收集的材料须随案移送,并附相关说明,技术侦查证据须经当庭出示、辨认、质证;另一方面,要求侦查机关配合庭外核实,且庭外核实过程中要求辩护律师参与。[②] 然而,从毒品案件裁判文书中对于"技术侦查"的表述可以看出,绝大多数裁判文书并未写明对于技术侦查证据的调查核实状况,仅单纯陈述某种技术侦查证据证明了某种事实,未能反映侦控机关获取技术侦查证据的合法性与人民法院认定技术侦查证据的合理性。此外,技术侦查部门基于保密的需要,极少出庭对技术侦查取得的证据作出相应说明,导致法院对于一些存在瑕疵的技术侦查证据未予认定,对毒品案件作出轻判或者无罪的判决。

(四)毒品案件技术侦查证据使用的完善路径

2016年最高人民法院、最高人民检察院、公安部、国家安全部、司法部发布《关于推进以审判为中心的刑事诉讼制度改革的意见》,其中第3条提出,"……完善技术侦查证据的移送、审查、法庭调查和使用规则以及庭外核实程序……"然而,由前述可知,在毒品案件中技术侦查证据的使用情况并不尽如人意。公安机关技术侦查部门大量采取监听、监控等技术侦查手段获取毒品案件的相关线索及证据,以抓获犯罪嫌疑人。但技术侦查部门认为,其实施的技术侦查措施中牵扯到国家秘密、技术侦查人员身份信息,需要对这部分内容进行保密。同时,公安机关拥有大量关于技术侦查的内部规定,这些内部规定就成为其拒不提供原始技术侦查材料的"挡箭牌"。[③] 因技术侦查部门自行保留原始材料,或者以文字稿的形式

---

① 参见程雷:《技术侦查证据使用问题研究》,载《法学研究》2018年第5期。

② 参见王锐园:《毒品犯罪案件技术侦查措施运用研究》,载《中国刑警学院学报》2019年第4期。

③ 参见宋志军、杨奇山:《论毒品犯罪案件技术侦查的证据转化》,载《辽宁师范大学学报(社会科学版)》2019年第1期。

转化相关材料并附以情况说明,故检察机关时常因无法获得侦查机关取得的关键性技术侦查证据而无法顺利对毒品案件提起公诉,或者在提起公诉之后,审判机关因缺乏关键性证据而无法准确对被告人定罪量刑,如此既无法实现惩罚犯罪的目的,又易造成司法资源的浪费。因此,综合考虑毒品犯罪的严重性以及技术侦查证据对于办理毒品案件的重要性,需对技术侦查证据在毒品案件中的使用规范加以完善。

1. 严格技术侦查的程序规范

首先,必须明确技术侦查的功能定位和所获证据材料的使用原则。[①] 技术侦查措施是针对特定的严重危害社会的犯罪案件适用的,经严格批准是采取技术侦查的必要条件,因此,侦查机关在采取技术侦查措施前需获得相关批准文书,否则可能导致技术侦查所获证据材料失格。此外,证据取向的技术侦查手段的使用应当是一种例外情形,绝大多数案件中,技术侦查手段的使用主要是获取指导侦查进行的各种材料线索,而非搜集定案根据。只有在毒品犯罪等极其特殊的案件类型中其他证据种类极其有限时,技术侦查材料才不得不用作最后的证据。[②] 故在实践中,应当坚持技术侦查证据最后使用原则。其次,采取技术侦查措施须严格按照批准的措施种类、适用对象和期限执行,并且,采取技术侦查措施收集的材料作为证据使用的,采取技术侦查措施决定书和批准采取技术侦查措施的法律文书均须附卷,辩护律师可以依法查阅、摘抄、复制相关文书。就侦控机关自身而言,此举可以确保技术侦查措施符合法律等相关规范性文件的规定,为审判阶段认定技术侦查证据的效力奠定基础;从辩护角度看,此举有利于辩护人提前了解案件侦查情况,监督侦查活动的合法性,保证辩护权的行使。最后,侦查人员在技术侦查中负有保密义务。在技术侦查过程中知悉的国家秘密、商业秘密和个人隐私,侦查人员须予以保密,既防止因技术侦查败露为犯罪嫌疑人创造脱逃的机会,又避免因采取技术侦查措施损害与案件无关人员的人身、财产权益。

2. 规范技术侦查证据的移送和审查程序

一方面,技术侦查部门可在检察机关的配合下,根据诉讼的要求及时移交技术侦查材料并附相关说明,从而推动技术侦查材料适时转化为诉讼证据,保证公诉机关的审查起诉活动顺利进行。另一方面,司法机关应做好技术侦查证据的保密工作,优化且细化质证方式,避免因庭审泄露技术侦查方法或内容,而导致犯罪

① 参见董坤:《论技术侦查证据的使用》,载《四川大学学报(哲学社会科学版)》2013 年第 3 期。
② 参见陈卫东:《理性审视技术侦查立法》,载《法制日报》2011 年 9 月 21 日。

分子反侦查能力进一步增强,妨碍技术侦查部门的后续工作甚至威胁技术侦查人员的人身安全。申言之,可以要求审判人员、检察人员和辩护人签署保密协议后,通过庭前会议的方式对技术侦查证据进行秘密质证,或者在公诉人、辩护人参与的前提下,由审判人员在法庭之外对证据进行核查,以保证在庭审中既能运用隐蔽性较高的技术侦查证据进行定罪量刑,又能避免国家秘密的泄露以及辩护方对技术侦查证据的质疑。

3. 出台毒品案件收集与审查证据相关专门文件

公安司法机关可以依据《刑事诉讼法》的规定,围绕毒品案件证据的转化、保密、质证等内容制定相关规范性文件。2014 年辽宁省高级人民法院、辽宁省人民检察院、辽宁省公安厅联合出台《关于办理毒品犯罪案件审查判断证据若干问题的规定》,率先明确了办理毒品案件的证据规格和认定标准。该规定共 35 条,分为"一般规定""证据的分类审查与认定""证据的综合审查与运用"三部分。其中,除规范毒品案件犯罪嫌疑人、被告人身份证据、物证、书证、被追诉人供述、鉴定意见、勘验、检查、辨认笔录等证据的收集、审查和认定外,还单独对技术侦查证据的收集、审查和认定作出规定。根据该规定第 30 条,"采取特情、监听监控、控制下交付、手机定位(轨迹)等技术侦查措施收集的材料,可以作为证据使用。采取技术侦查措施收集的材料对定罪量刑具有重要作用的,应当作为证据使用。对于前款证据材料,人民检察院、人民法院认为对定罪量刑具有重要作用,依法调取的,侦查机关应当及时提供。经人民检察院、人民法院依法调取,有关机关拒不提供相关材料,导致定罪证据不足的案件,应当坚持疑罪从无,依法应存疑不起诉或宣告无罪;对于定罪证据达到了确实、充分的标准,但影响量刑的证据存在疑问的,应当作出有利于被告人的处理。采取技术侦查措施收集的材料可以当庭出示、辨认、质证,但法庭应当采取不暴露有关人员身份、外貌、真实声音、技术方法等保护措施。必要时,对相关证据的法庭调查应当不公开进行。采取以上措施不足以保护有关人员人身安全和有关技术方法保密的,审判人员应当在庭外核实相关证据,可以通知检察人员和辩护人参加。可能危及有关人员人身安全,或者暴露有关技术方法的,可以由审判人员和检察人员参加。为了确保有关人员人身安全和有关技术方法的保密,采取技术侦查措施收集的证据可以不说明证据来源,可以不公开有关人员的真实姓名、住址和单位等个人信息,但批准采取技术侦查措施的法律文件应当附卷。采取技术侦查措施收集的材料可以单独成卷,公开可能造成严重后果的,应当单独成卷并标明密级"。此种规定细化了立法对于技术侦查证据的原则性要求,用以指导实践中侦查机关开展的技术侦查活动,有助于进一步加深侦查机关对使用技术侦查的目的性认识,打消技术侦查部门移交技术侦查材料的顾虑。出台上述相关专门文件,对于规范办理毒品案件将起到重要作用,也对有效打击毒品犯罪、维护社会治安有益。

四、权利保障:毒品案件法律援助的专业化之路

从现代法律援助的缘起及其发展看,刑事法律援助制度是重中之重。[①] 在《法律援助法》生效实施之前,刑事案件的法律援助工作多依据《刑事诉讼法》的规定开展。《刑事诉讼法》第35条、第36条分别规定了犯罪嫌疑人、被告人申请法律援助的情形、强制辩护的法定情形以及值班律师法律帮助的内容。《法律援助法》在《刑事诉讼法》规定的基础上进一步扩大了刑事法律援助的范围,对值班律师法律援助、刑事法律援助、重罪案件援助资质等内容作出了细致规定。在2022年1月1日正式实施后,《法律援助法》将成为刑事法律援助的重要指导规范,毒品案件法律援助也应当符合《法律援助法》的要求。

"以人民为中心"是《法律援助法》的鲜明底色,尊重和保障人权也是刑事诉讼的重要任务之一。由于毒品犯罪多为重刑犯罪,根据《刑法》第347条,走私、贩卖、运输、制造毒品罪的最高刑可达死刑,毒品案件的审理结果关涉犯罪嫌疑人、被告人的人身自由甚至生命,因而对于毒品案件的犯罪嫌疑人、被告人来说,在刑事诉讼中依法获得合格甚至优质的法律援助服务至关重要。

(一)毒品案件法律援助的状况

调研组从昆明市法律援助中心了解到,在2016年至2020年的法律援助案件中,毒品案件数量分别为260件、303件、293件、608件、395件,占比则分别为58.8%、60%、55.3%、54.4%和29.1%。在《2020年中国毒品形势报告》中可以看到,截至2020年年底,全国现有吸毒人员180.1万名,同比下降16.1%,连续第三年减少。全年共查处吸毒人员42.7万人次,下降30.8%;其中新发现吸毒人员15.5万名,下降30.6%。受疫情防控影响,因人流、车流、物流受阻,吸毒人员获取毒品难度大,2020年上半年全国吸毒人员查处数、新发现数大幅下降。因此,2020年法律援助的毒品案件数量在法律援助案件总数中的占比也大幅下降,其余年份毒品案件均占法律援助案件的一半以上。此外,在过去五年的法律援助的毒品案件中,未成年人犯罪占比、女性犯罪占比以及运输毒品罪占比如图1所示。

---

① 参见樊崇义编著:《法律援助制度研究》,中国人民公安大学出版社2019年版,第152页。

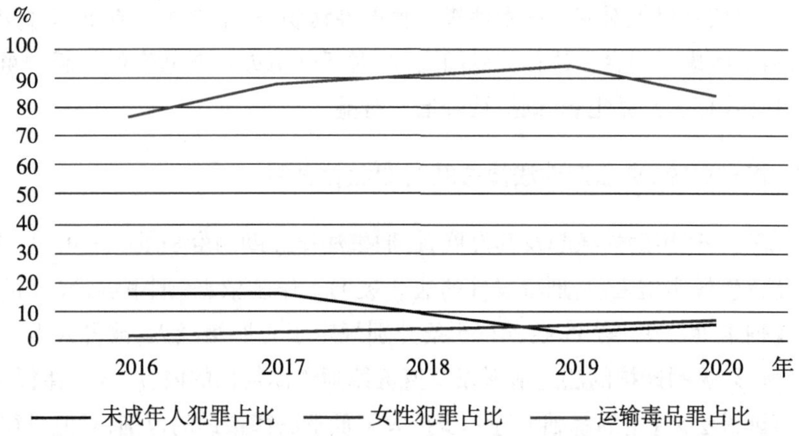

图1　2016—2020年法律援助毒品犯罪案件未成年人犯罪、女性犯罪及运输毒品罪占比

可以看出,自2018年起,未成年人涉毒案件占比降至10%以下;五年内女性涉毒案件占比稍有上升,但未超过10%;运输毒品罪则一直在法律援助的毒品案件中占据绝大多数。由于在边境地区,毒品案件是法律援助案件中的大头,犯罪类型的特殊性决定了法律援助在其中的重要地位,因此,对毒品案件的法律援助问题需要加大关注。

(二)毒品案件法律援助的问题

当前,在毒品案件中,公安机关、司法机关通知指派法律援助律师的情形居多,自行申请法律援助的犯罪嫌疑人、被告人较少。面对法律援助机构指派的律师,犯罪嫌疑人、被告人对其具有天然的不信任感,如果法律援助律师未尽力与犯罪嫌疑人、被告人展开深入交流、了解案情,那么法律援助工作就会浮于表面,存在走过场的可能。这对于毒品案件被追诉人来说,其不仅无法得到真正有效的辩护,还可能在未清楚明白地了解认罪认罚的可能后果的情况下就认罪认罚,如此既损害了犯罪嫌疑人、被告人的合法权益,也有损法律援助律师在其他被追诉人心目中的形象。毒品案件法律援助存在的问题表现在以下几方面。

1. 会见形式化

根据2019年司法部颁布的《全国刑事法律援助服务规范》的要求,法律援助律师应及时会见受援人,且确保每个诉讼阶段至少会见受援人一次。首次会见时应告知法律援助提供无偿法律服务的性质,表明承办律师身份,询问受援人是否同意为其辩护并记录在案。会见受援人应制作会见笔录。从理论上说,法律援助律师会见犯罪嫌疑人、被告人的次数越多，与之沟通越多，得到的信任越多，其对案件情况的了解也越充分。然而在毒品案件这种重刑案件中，法律援助律师多仅会见受援人一次，其对于案情的了解难说深入，受援人也无法得知律师的阅卷情况，因缺乏实质沟通导致会见形式化。双方未能就案件事实及相关证据材料进行核实，未能就辩护策略进行细致沟通，后期的辩护效果也难以保证。

2. 阅卷表面化

阅卷是法律援助律师获悉案件信息的重要渠道。在"卷宗中心主义"诉讼模式下，控辩对抗、法庭调查和辩论都围绕卷宗展开。根据《全国刑事法律援助服务规范》的要求，承办律师在审查起诉阶段应及时到检察机关查阅、摘抄、复制案卷材料，依法阅卷、调查取证或者申请人民检察院调查取证，并制作阅卷笔录或者证据目录附卷归档。查阅、摘抄、复制案卷材料时应保证其准确性、完整性。法律援助律师若未能认真阅卷，则难以发现案件在事实、证据、程序和法律适用等方面可能存在的问题，也无法对案件存在的问题提出有针对性的辩护意见。实践中，有大量案件的阅卷工作无法达到准确、完整和有效。究其原因，主要是由于法律援助律师对辩护缺乏动力，没有重视阅卷对于辩护的重要性，因而导致忽略案件可能存在的问题，在庭审中无法为受援人提供有效辩护。

3. 辩护套路化

在毒品案件中，法律援助辩护意见呈现套路化的特征，有效辩护不足。根据《全国刑事法律援助服务规范》的要求，在审判阶段，承办律师应在阅卷、会见和调查取证的基础上，从事实、证据和适用法律等方面进行分析论证，结合指控的罪名和事实，提出被告人无罪、罪轻或者减轻、免除刑事责任等辩护意见，在庭审结束后或者规定期限内将书面意见提交人民法院，并将副本附卷归档。但是，从毒品案件法律援助辩护意见书的内容看，有些辩护意见存在较大瑕疵，或是篇幅极短，寥寥数语仅写明要求从轻或者减轻处罚，却未就事实和证据展开系统论证；或是存在复制粘贴或按模板修改的痕迹；或是提出的辩护理由缺乏针对性，仅泛泛而谈被告人认罪态度好、有自首或立功情节等。缺乏实质有效的辩护必然导致法律援助的效果难以让人满意。

（三）毒品案件法律援助专业化的途径

倡导专业化的法律援助，既可以提升法律援助的供给水平，又可以助力法律援助需求的更好满足，同时也与当前公安机关、检察机关办理毒品案件的专门化趋势相匹配。以云南省昆明市为例，2003 年昆明市人民检察院成立公诉三处，专门负责毒品案件的办理和对下指导工作。2019年检察机关内设机构改革后,该检察院成立第十一检察部,是云南省唯一的专门负责毒品案件办理和对下指导的地市级部门。而且,昆明市人民检察院还组建了办理毒品案件的专门团队,通过设立毒品犯罪检察官工作站,探索源头性毒品犯罪、新型毒品犯罪、跨境毒品犯罪等犯罪的证据收集、法律适用问题,为一类办案活动提供切实可行的办案指导。为了在刑事诉讼中与控方的专业力量形成平等对抗,毒品案件的法律援助工作也应走专业化路线。

1. 确保法律援助经费补贴按时足额发放

经费问题是制约法律援助制度发展的重要因素之一,法律援助经费不足、补贴过少、不能及时兑现等都将极大地打击法律援助律师的辩护积极性。《法律援助法》第4条明确规定,县级以上人民政府应当健全法律援助保障体系,将法律援助相关经费列入本级政府预算,建立动态调整机制。由此保障法律援助工作需要,促进法律援助均衡发展。在经费有保证的前提下,法律援助机构按时足额向法律援助人员支付法律援助补贴,对于提高法律援助人员的工作积极性,促进法律援助服务质量的提升具有良好效果。根据《法律援助法》第52条第2款的规定,各省、自治区、直辖市人民政府司法行政部门会同同级财政部门,根据当地经济发展水平和法律援助的服务类型、承办成本、基本劳务费用等确定本行政区域的法律援助补贴标准,并实行动态调整。此举有助于实现法律援助人员的付出与回报相称。此外,法律援助补贴免征增值税和个人所得税的规定,也有利于鼓励更多的专业人才参与到法律援助工作之中。

2. 明确毒品案件法律援助律师资质要求

根据《法律援助法》第25条、第26条的规定,在收到公安机关、司法机关的通知后,法律援助机构应当指派具有三年以上相关执业经历的律师担任可能被判处无期徒刑、死刑的人,以及死刑复核案件的被告人的辩护人。因此,结合《刑法》第347条、第348条的规定,对于走私、贩卖、运输、制造鸦片一千克以上、海洛因或者甲基苯丙胺五十克以上或者其他毒品数量巨大的被追诉人,或是走私、贩卖、运输、制造毒品集团首要分子的被追诉人,或是武装掩护走私、贩卖、运输、制造毒品的被追诉人,或是以暴力抗拒检查、拘留、逮捕且情节严重的被追诉人,或是参与有组织的国际贩毒活动的被追诉人,或是非法持有鸦片一千克以上、海洛因或者甲基苯丙胺五十克以上或者其他毒品数量大的被追诉人,法律援助机构应当指派具有三年以上毒品辩护经历的律师担任其辩护人。鉴于毒品案件在侦查、审查起诉和审判中均可能涉及犯罪有关情节及毒品重量的认定,案件的特殊性决定了未曾代理过毒品案件的辩护律师很可能因不熟悉相关规定而无法为被追诉人提供有效的辩护服务,故此,对于不属于可能被判处无期徒刑、死刑的犯罪嫌疑人、被告人,法律援助机构也应当尽可能为其指派具有毒品辩护经历的专业律师提供法律援助服务,以期更好地维护毒品案件被追诉人的程序及实体权利。

3. 加强毒品案件法律援助律师专业培训

《法律援助法》第54条规定:"县级以上人民政府司法行政部门应当有计划地对法律援助人员进行培训,提高法律援助人员的专业素质和服务能力。"作为保障法律援助供给质量的手段之一,专业培训对于提升法律援助人员综合服务水平意义重大。一方面,法律援助机构可以根据《全国刑事法律援助服务规范》所规定的内容,定期对毒品案件法律援助律师进行培训,以保证其提供的法律援助服务符合该规范的基本要求。另一方面,除了掌握普通刑事案件的辩护技巧外,毒品案件法律援助律师还需根据毒品案件的特点掌握毒品案件的辩护技巧和策略,在法律规定的范围内为被追诉人争取最好的结果。而且,毒品案件法律援助律师辩护水平的提升也有助于防止冤假错案的发生。故此,在有条件的地区,法律援助机构还需为毒品案件法律援助律师提供毒品案件辩护专门培训,律师本人也应自主学习、提升毒品案件辩护技能,为被追诉人提供更有效的法律援助服务。

4. 严格毒品案件法律援助质量考核机制

质量是法律援助的生命线。不是所有业务能力出色的律师都能够或者愿意做好毒品案件法律援助工作,而业务水平有所欠缺的律师也并非完全无法胜任毒品案件法律援助工作,因此,评估毒品案件法律援助质量应当从法律援助律师的服务规范和服务态度两个维度进行考察。就服务规范而言,可以依据《全国刑事法律援助服务规范》中8.5"承办"及8.7"结案归档"规定的相关内容,设置如及时有效会见受援人、及时有效阅卷、依法调查取证、有效提出法律意见、依法参加庭审活动、全面履行告知义务、全面履行报告义务、规范整理提交承办材料等评估条件作为一级指标,在一级指标项下可以就相应的内容再设置更为细化的二级指标,从侦查、审查起诉、审判、结案等环节对法律援助律师的服务进行考核。就服务态度而言,可以从会见次数、会见内容、阅卷笔录、法律意见书等中窥见法律援助律师的服务态度。例如,会见不积极、会见形式化、阅卷笔录简略、法律意见书模板化等现象均能反映出法律援助律师未积极开展法律援助工作。在评估法律援助律师的辩护行为是否符合规范要求之外,对其服务态度也加以考核,可以从主客观两方面综合考察毒品案件法律援助律师的服务质量。法律援助机构应当及时更换未能切实履行或者怠于履行法律援助义务的毒品案件法律援助律师,从而保证毒品案件的被追诉人能够获得有效的法律援助。

(编辑:闫召华)

合规视角下涉罪企业附条件不起诉的制度构建

李冉毅　张红良*

摘　要:将附条件不起诉适用于企业犯罪案件,有助于充分发挥检察职能,保护企业权益和推动企业合规建设,同时可以拓展认罪认罚从宽的制度空间。我国企业犯罪附条件不起诉制度的构建,应以刑事合规的引入为切入点,在厘清企业认罪认罚与责任人认罪认罚、对企业不起诉与对责任人不起诉、企业合规计划与附条件不起诉、企业附条件不起诉与自然人附条件不起诉这四组关系的基础上,参考国内外相关制度经验,从适用条件、附带条件及履行、监督考察及处置和适用程序四个方面展开。为确立企业在附条件不起诉中的主体地位,还需同时完善单位犯罪诉讼规则,保证企业及时、独立、充分参与审前程序。

关键词:附条件不起诉;企业犯罪;合规计划;认罪认罚

作为市场经济发展的主要参与主体,企业及企业家在扩大生产、开拓市场、追求创新之时,可能面临一定的刑事风险,近年来因涉嫌犯罪而身陷囹圄的企业家和陷入运营困境的企业不在少数。对如何最大限度地减少刑事追诉对涉罪企业正常生产经营活动的负面影响,有关机构出台的产权保护文件提出了纲领性的要

---

* 李冉毅,西南政法大学诉讼法与司法改革研究中心(重庆市人文社科重点研究基地)讲师;张红良,重庆市沙坪坝区人民检察院检察七部副主任。本文系 2021 年重庆市教育委员会人文社会科学研究基地项目"合规视角下对涉罪企业适用认罪认罚从宽研究"(项目编号:21SKJD019)和重庆市人民检察院 2021 年度重点课题"行政非诉执行监督研究"(课题编号:CQJCY2021B05)的阶段性研究成果。

求。[①] 客观地讲,企业犯罪涉及的因素往往比较复杂,对企业犯罪案件的处理可能引发一系列连锁效应,如何处理好办案与企业正常运转的关系,如何在惩治经济犯罪时尽力减少企业损失,这些考虑让企业犯罪案件的处理变得棘手。比如对于最高人民检察院张军检察长针对民营企业犯罪提到的"可诉可不诉的,不诉"这一司法政策,部分办案人员在理解和适用时过于机械,没有较好地落实。

做到"可诉可不诉的,不诉"并不难,真正的难题在于判断哪些情形属于"可诉可不诉",尤其是当诉与不诉的标准不那么泾渭分明时,实践中就会出现因理解不同而导致司法标准不一致的问题,[②]使"可诉可不诉"反而面临选择困境。化解这一难题,不妨在企业犯罪案件中引入附条件不起诉,在酌定不起诉和起诉之间建立一条缓冲带,这样可以使检察机关更灵活地行使不起诉权,在处理企业犯罪案件时能够因事制宜。自美国纽约联邦地区检察官办公室于1994年首次对企业适用暂缓起诉协议制度以来,域外已有多个国家积累了类似的制度经验,我国已有研究对此进行了详细的介绍,并对如何将其引进到我国进行了初步探讨。[③] 本文以域外经验为基础,同时立足于我国实际情况,分析附条件不起诉对企业犯罪治理的意义,厘清制度构建中的几组重要关系,系统地提出我国企业犯罪附条件不起诉制度的具体构想,同时指出我国单位犯罪诉讼制度需跟进完善之处。

一、价值功能:附条件不起诉对于企业犯罪治理的意义

将附条件不起诉扩大适用于企业犯罪案件,不仅是对检察机关不起诉权的一次结构性调整,而且将增强检察机关参与社会治理的力度。从现阶段国家对待涉企案件的司法政策、刑事司法改革的价值追求和企业防控刑事风险的现实需要来看,在企业犯罪案件中引入附条件不起诉,对于企业犯罪的治理有以下几点助益:

其一,充分发挥检察职能,调动检察力量保障涉罪企业的权益。随着中央不断加强对企业发展的支持和对产权的保护力度,最高司法机关积极发挥各自职

① 具体包括:中共中央、国务院出台的《关于完善产权保护制度依法保护产权的意见》《关于营造更好发展环境支持民营企业改革发展的意见》;最高人民法院印发的《关于充分发挥审判职能作用切实加强产权司法保护的意见》《关于充分发挥审判职能作用为企业家创新创业营造良好法治环境的通知》;最高人民检察院印发的《关于充分发挥检察职能依法保障和促进非公有制经济健康发展的意见》《关于充分履行检察职能加强产权司法保护的意见》《关于充分发挥职能作用营造保护企业家合法权益的法治环境支持企业家创新创业的通知》。

② 参见郭烁:《酌定不起诉制度的再考查》,载《中国法学》2018年第3期。

③ 具有代表性的如陈瑞华:《企业合规视野下的暂缓起诉协议制度》,载《比较法研究》2020年第1期;时延安:《单位刑事案件的附条件不起诉与企业治理理论探讨》,载《中国刑事法杂志》2020年第3期;李本灿:《域外企业缓起诉制度比较研究》,载《中国刑事法杂志》2020年第3期。

能,落实和贯彻中央的部署要求。从司法实践情况来看,不少地区的检察机关确实对民营企业加大了保护力度,对涉企犯罪案件会考虑从宽处理,但机械化的办案思维普遍存在,部分检察机关仍然僵化地适用法律,遵循习惯的处理方式,或明显偏重实体结果的从宽,习惯到了下结论时才讨论保护企业权益的话题。由于缺乏动态的和通盘的保护思维,忽略刑事诉讼本身对企业的不利影响,最终减损了从宽处理的实际效果。

最高人民检察院意识到办理企业犯罪案件的复杂性,提出"坚持深入查办案件与改进和规范自身司法行为并重。处理好办案与企业正常生产经营的关系,不能因办案简单化或不讲方式方法而致使企业经营遭受不必要的损失甚至倒闭"①。建立企业犯罪附条件不起诉制度,也许是一个综合发挥打击、预防、监督、教育、保护等检察职能,调动检察力量切实保护涉罪企业合法权益和正常经济活动的契机。灵活变通的附条件不起诉,不仅可以加强公诉权的能动性,为检察机关深入参与企业犯罪的治理提供更大空间,而且有机会从根本上改变检察机关对待企业犯罪的办案理念。通过附带条件的设置和监督考察,培养一批既懂犯罪治理,又懂企业经济的复合型检察官,从而将产权保护的思维贯穿于检察办案的全过程,不但能拿捏好个案的法律适用问题,也善于"把握和解决好个案背后的深层次社会问题"②。

其二,推动企业进行合规建设和管理。根据美国对企业适用暂缓起诉协议的经验,检察官与涉罪企业签订一份暂缓起诉协议,协议的内容涉及企业履行赔偿责任、支付罚款、配合调查、改善合规治理等内容。其中完善合规计划是一项重要的附加条件,为达成这种附条件的延期起诉协议,检察官通常要求涉案企业在缴纳高额罚款的基础上,作出完善合规计划的承诺,接受对改进合规计划的持续审查,并且作出与调查机构进行全面合作的承诺。③ 完善企业合规体系也是其他国家建立类似制度的主要动因,但并非对企业适用暂缓起诉的源动力,其固然有利于企业的持续健康发展,减少企业的刑事风险,然对于正面临刑事追诉的企业而言,其最关注的是如何减少应对追诉和接受处罚带来的损失。

企业合规建设与治理在我国发展较为缓慢,中兴通讯事件发生后,相关部门

---

① 最高人民检察院《关于充分发挥职能作用营造保护企业家合法权益的法治环境支持企业家创新创业的通知》。

② 张军:《关于检察工作的若干问题》,载《国家检察官学院学报》2019 年第 5 期。

③ 参见陈瑞华:《企业合规视野下的暂缓起诉协议制度》,载《比较法研究》2020 年第 1 期。

开始高度重视此项工作。[①] 目前现实情况是不少在国内面临刑事指控风险较低的国有企业和非国有大型企业对企业合规的建设和管理开始有所重视,而更多犯罪风险较大的中小企业却无动于衷,甚至不少企业家在被调查后首先感叹的是自己运气不好,而不对自己如何涉罪进行理性反思。未来推动企业合规发展不仅是有关主管部门和行业组织的职责,也应该成为检察机关承担的社会治理重任。[②] 借刑事追诉之机推动企业合规建设,加强企业刑事风险防控能力和责任,将外在的显性规范内化为公司自觉行动的方式,通过完善的内部制度设计铲除企业犯罪行为发生的土壤,[③]从根源上对企业犯罪进行治理。我国检察机关可以通过附条件不起诉对企业内部的合规建设和管理进行监督考察,引导涉罪企业规范生产经营行为,做好刑事法律风险防控,避免再度涉嫌犯罪。

其三,拓展认罪认罚从宽的制度空间。针对涉企犯罪案件,最高人民检察院在 2017 年就要求试点地区的检察机关"积极探索运用认罪认罚从宽制度,推动构建多层次诉讼体系,不断提升办理涉企业刑事案件的能力和质量、效率、效果"[④]。认罪认罚从宽制度能够将宽严相济的刑事政策落实到具体的犯罪治理过程中,如果能针对企业这样的组织体适用认罪认罚从宽,对企业认罪认罚和责任人认罪认罚进行必要的区分,不仅能将诉讼效益与实体从宽的价值更好地融入企业犯罪治理,还能进一步加强检察机关在办理企业犯罪案件时的主导责任。附条件不起诉既是诉讼体系多元化的产物,又与认罪认罚从宽制度完全契合。认罪认罚是附条件不起诉的前提,附条件不起诉作为一种程序上的终结性处理,实际上用程序上的从宽实现了实体上的从宽,符合认罪认罚从宽处理的基本要求。[⑤] 可以说,对企业犯罪适用附条件不起诉制度,是对认罪认罚从宽制度的进一步拓展,通过充分发挥认罪认罚从宽的制度优势,可以更好地平衡惩治犯罪与保护产权的关系。

---

① 国务院国有资产监督管理委员会于 2018 年 11 月发布了《中央企业合规管理指引(试行)》,要求中央企业强制适用,地方国有企业参照适用;国家发展和改革委员会等七家单位在一个月后发布了《企业境外经营合规管理指引》,要求中国企业境外投资经营的企业、分支机构及项目参考适用。

② 目前我国检察机关已着手探索对涉罪民营企业适用合规不起诉,但面临多方面的制度困境。参见陈瑞华:《刑事诉讼的合规激励模式》,载《中国法学》2020 年第 6 期。

③ 参见赵万一:《合规制度的公司法设计及其实现路径》,载《中国法学》2020 年第 2 期。

④ 最高人民检察院《关于充分发挥职能作用营造保护企业家合法权益的法治环境支持企业家创新创业的通知》。

⑤ 参见何挺:《附条件不起诉扩大适用于成年人案件的新思考》,载《中国刑事法杂志》2019 年第 4 期。

二、重点考量:制度构建需厘清的四组关系

附条件不起诉的扩大适用是在酌定不起诉和未成年人附条件不起诉的基础上进一步扩大检察机关的起诉裁量权。诉与不诉直接关系到对企业权益的保护、对企业家等责任人权利的保障和对犯罪所危害的公共利益的保护。如何构建企业犯罪附条件不起诉制度,对于检察机关妥当运用此项裁量权意义重大。为保证制度构建的逻辑自洽和思路清晰,本文认为,首先应厘清以下四组基本关系。

(一)企业认罪认罚与责任人认罪认罚

单位不是一个生命的实体,其权利能力和行为能力是法律拟制的结果,单位的意志只能通过作为自然人的单位成员的意志来体现,单位的犯罪行为也只能由单位成员去实施。[①] 所以在单位犯罪的诉讼程序中,能够针对指控作出供述、进行辩解的也只能是代表单位意志实施犯罪行为的直接责任人,加上检察院通常不会对只承担罚金刑的单位提出具体的量刑建议,故目前在单位犯罪案件中尚不存在对单位的认罪认罚从宽。但如果要在企业犯罪案件中对作为单位的企业采取附条件不起诉这一从宽处理方式,需要进一步思考对企业适用认罪认罚从宽是否可行?企业认罪认罚具体包括哪些方面?企业认罪认罚与直接责任人认罪认罚有何关系?

涉罪企业参与诉讼,由体现企业意志的诉讼代表人行使诉讼权利和发表意见,对企业拟适用附条件不起诉,必然要考虑企业对构罪不诉及附带条件的意见。由于诉讼代表人是同案犯罪嫌疑人、证人以外的企业人员,无论是企业还是诉讼代表人都不可能提供实质性的言词证据,因此不可能实现"认罪"对"自愿如实供述自己的罪行"的要求。我国证据制度也未承认涉罪单位供述、辩解的法律地位和证据资格,但考虑到法律规定由诉讼代表人代表单位对指控进行答辩,有必要确认这种答辩意见的法律地位和证据性质,对其内容与形式进行规范,并确认其法律意义,尤其是对量刑的意义。[②] 将认罪认罚从宽扩大适用于企业等组织体,可以将"认罪"的部分要求作为企业认罪的标准,即只要企业接受检察机关对犯罪事

① 参见陈兴良主编:《刑法总论精释(下)》(第3版),人民法院出版社2016年版,第566页。
② 参见龙宗智:《刑事庭审人证调查规则的完善》,载《当代法学》2018年第1期。

实和行为性质的认定意见,就可以视为“企业认罪”。① 企业认罪不需要满足自然人认罪的所有要件,其不具有证明案件事实的证据法意义,只具有体现企业对指控的态度的部分实体法意义和是否可以考虑适用附条件不起诉的程序法意义。②

相比“认罪”标准可能产生的争议,企业“认罚”的标准则比较容易确定。首先是愿意接受处罚,在审查起诉阶段表现为接受检察机关起诉或不起诉的决定,在检察机关拟作出附条件不起诉的决定时,表现为接受并承诺履行检察机关提出的附带条件。其次,从追诉犯罪的角度,要求企业配合调查和追诉,提供企业内部资料和信息线索帮助识别涉嫌违法犯罪的责任人,从弥补损害的角度,要求涉罪企业积极赔偿、救济被害人。③

鉴于企业的认罪并非完整意义上的认罪,比较妥当的做法是仅将企业认罪认罚作为对企业适用附条件不起诉的必要条件,而非充分条件。就必要条件而言,企业决策层基于对案件情况的判断和辩护人的建议,如果不接受检察机关对企业犯罪事实和罪名的认定意见,或不接受不起诉的附带条件,则不对企业适用附条件不起诉。根据企业对自身行为和风险漏洞的认识和态度,可以初步判断其能否在暂缓起诉考验期内积极履行赔偿损失、完善合规计划等附加义务,因此对企业适用附条件不起诉必须以企业认罪认罚为前提。就充分条件而言,可以考虑以直接责任人的认罪来弥补企业认罪的不完整,当初涉罪事项的决策与实施是由直接责任人主导的,体现的是企业的意志,为的是企业的利益。将直接责任人“如实供述自己的罪行,承认指控的犯罪事实”作为对企业适用认罪认罚从宽的前提,理由有二:一方面,企业犯罪的直接责任人通常居于企业的决策管理层,其态度在一定程度上可以体现企业的态度,这一点在追究实际控制人刑事责任的民营企业犯罪案件中体现得尤为明显。另一方面,考虑到附条件不起诉以案件确实构成犯罪为前提,基于无罪推定的精神,必须要求直接责任人至少承认基本的犯罪事实。如果有多名直接责任人被追究刑事责任,其中部分责任人辩解自己没有参与决策或实施,亦不影响对企业犯罪事实的认定。只要有直接责任人不承认指控企业的犯

① 从《关于适用认罪认罚从宽制度的指导意见》第 6 条关于“认罪”的把握来看,认罪包括两个层次,一是要自愿如实供述自己的罪行,承认指控的犯罪事实,二是至少要接受司法机关的认定意见。

② 对认罪认罚从宽制度中“认罪”的解释,应当从实体法、程序法和证据法三个维度进行,犯罪嫌疑人、被告人必须同时满足三种法律意义上的“认罪”,才符合适用认罪认罚从宽制度中“认罪”的条件。参见孙长永:《认罪认罚从宽制度的基本内涵》,载《中国法学》2019 年第 3 期。

③ 参见赵恒:《涉罪企业认罪认罚从宽制度研究》,载《法学》2020 年第 4 期。

罪事实，即使其他同案责任人愿意认罪认罚，检察机关也应慎重适用该程序，让部分责任人签署具结书，同时不再考虑对企业适用认罪认罚从宽。①

(二)对企业不起诉与对责任人不起诉

双罚制是基于同一犯罪事实对单位和主要责任人一并追究刑事责任的惩罚方式，为多数国家所采用。虽然没有明确的法律依据，但在被告人已归案的单位犯罪中，对单位主体与自然人主体实行“一并起诉”或“一并不起诉”，已是司法实践中“约定俗成”的做法。② 只有当检察院认定非单位犯罪或由于确定诉讼代表人遇到困难而不起诉单位，但被法院认定为单位犯罪时，才会出现只起诉直接责任人而未起诉单位，最后以单位犯罪案件追究直接责任人刑事责任的情况。③ 所以一般而言，在单位犯罪的诉与不诉这一问题上，单位与直接责任人通常是“一荣俱荣，一损俱损”的关系。但如果在企业犯罪案件中对企业采取附条件不起诉的处理方式，那该如何处理直接责任人的责任承担问题？是一并附条件不起诉，还是分案处理？

张军检察长谈及民营企业涉嫌经济犯罪时提到的“可捕可不捕的，不捕；可诉可不诉的，不诉；可判实刑可判缓刑的，判个缓刑好不好？”实际是针对民营企业家的司法政策。在不少民营企业涉罪的案件中，企业与企业家是休戚与共、互相依赖的共同体，保护企业家的权益即是保护企业的权益。既然附条件不起诉可以用于灵活处理涉罪企业责任的问题，那同样可用于解决对企业家诉与不诉的选择难题。在拟对涉罪企业适用附条件不起诉后，应当进一步限制检察机关对直接责任人的不起诉裁量权，即只要符合成年人附条件不起诉的基本条件，就应当对直接责任人同时适用附条件不起诉，除非是没有监督考察的必要且符合酌定不起诉的情形。④ 附条件不起诉意味着只要认真履行附带条件，就不再被定罪和量刑。将

---

① 需注意的是，不得将企业连同认罪的责任人与不认罪的责任人分案处理，从而对企业适用附条件不起诉，或者以认罪认罚从宽来克服诉讼障碍，引导法院对不认罪的责任人作出有罪判决，这样将产生不公正的风险和量刑失衡。参见龙宗智：《完善认罪认罚从宽制度的关键是控辩平衡》，载《环球法律评论》2020 年第 2 期。

② 参见聂立泽：《单位犯罪新论》，法律出版社 2018 年版，第 257 页。

③ 根据最高人民法院《关于适用〈中华人民共和国刑事诉讼法〉的解释》第 340 条的规定，对检察院最终只作为自然人犯罪起诉的单位犯罪案件，法院应当按照单位犯罪直接负责的主管人员或者其他直接责任人员追究刑事责任，并援引刑法分则关于单位犯罪的相关条款。

④ 在当前司法实践中，公安机关在侦查企业犯罪案件时，习惯将多位对企业犯罪负有责任的企业人员列为被追诉的对象，在审查起诉阶段，检察机关通常会统筹把握，对其中作用较小的其他直接责任人员作不起诉处理。

其并行适用于涉罪企业和直接责任人,一方面可以避免个人被贴上罪犯的标签,充分发挥该制度的教育、矫治功能,另一方面可以通过企业与直接责任人附带条件履行之竞合达到相互促进的目的,实现政策与效果的统一。我国单位犯罪案件以企业犯罪为主,涉罪企业多为民营企业,涉罪的企业家多为民营企业家。[①]对企业家的处理可能会直接影响到企业的命运,有效利用附条件不起诉的空间,推动涉罪企业完善合规计划,同样离不开企业家的参与。将对企业不起诉的附带条件与对直接责任人不起诉的附带条件结合起来,给予那些能够回归企业并帮助企业回到正轨的企业家一次自我革新的机会,在弥补个人过失的同时弥补企业的过失,匡正自己的同时改良企业内部管理,如此一举两得的操作更有助于企业切实履行附带条件,发挥附带条件的积极作用。

(三)企业合规计划与附条件不起诉

从部分国家的经验来看,企业合规计划在涉案企业的刑事追诉中有着举足轻重的地位。在美国联邦刑法中,合规计划被规定为影响犯罪企业刑事诉讼与刑罚裁量的法定因素,广泛应用于企业犯罪的刑事司法活动。[②] 企业合规既可以作为无罪抗辩、不起诉、减轻处罚的依据,也可以作为对企业暂缓起诉提出的附带要求。在决定是否起诉企业和是否与企业签订暂缓起诉协议时,美国的检察官会综合考虑多层次因素,这些参考因素多数已被列入美国司法部颁布的《联邦检察官手册》《汤普森备忘录》《菲利普备忘录》等起诉企业犯罪的准则。[③] 无论是在诉前还是诉中,企业在合规计划方面所做的努力都会成为检方最终对其不起诉的一项

---

① 根据有的学者对其收集到的我国2015年12月1日至2016年11月30日的1458例企业家犯罪案件的统计,国有企业家犯罪案件203例,占13.9%,民营企业家犯罪案件1255例,占86.1%。参见张远煌主编:《企业家犯罪分析与刑事风险防控报告(2017卷)》,北京大学出版社2018年版,第5页。

② 参见[美]菲利普·韦勒:《有效的合规计划与企业刑事诉讼》,万方译,载《财经法学》2018年第3期。

③ 具体包括:(1)案发前存在的因素。一是犯罪在企业内部的普遍程度,具体包括高层是否纵容,大部分员工是否参与;二是企业是否有类似行为的记录,包括先前的刑事、民事和行政违法记录;三是公司是否开展合规管理,即建立合规计划来预防、减少企业的违法行为,确保企业人员依循法规开展业务。(2)案发后存在的因素。一是企业是否及时且自愿揭示违法行为,并愿意协助调查相关责任人,提供证人和内部调查结果;二是企业是否实施补救措施,包括对责任人的内部处理、停止涉嫌违法犯罪的行为、开展合规计划、进行损害赔偿、与相关部门合作等。(3)面临诉与不诉之时的因素。一是起诉企业可能带来的不利后果,包括是否会损害其他股东的利益、影响员工的福利、对企业声誉产生重大影响等;二是企业是否愿意与检察机关达成暂缓起诉的协议,其中就包括是否承诺完善企业合规计划,并接受一段时间的持续审查;三是在达成暂缓起诉协议后,企业是否确实履行与检察官达成的协议条件,是否积极兑现完善合规计划的承诺。

重要依据。尽管英、法等国借鉴美国经验对企业暂缓起诉的制度设计存在一些差异，但共同之处是都离不开合规计划这一议题，合规计划贯穿于暂缓起诉协议的意向、签订与履行的全过程。我国对企业犯罪案件建立附条件不起诉制度，大体可以遵循这一框架，从适用条件、附带条件的达成与履行来审视企业合规计划在附条件不起诉中的定位。

对于案发前或案发中已经建立合规计划或正在建立合规计划的企业，鉴于其预防风险和弥补漏洞的较好态度，原则上应当对其适用附条件不起诉。不过这只是政策上的把握，不影响附条件不起诉对未建立合规计划的企业的适用，后者反而更需要通过附条件不起诉来推动合规计划的建设。对前者仍然附加义务，是因为即使考虑合规计划可能带来的所有有利回报，"尚处在'前犯罪阶段'的法人组织根本无法'自发地'设计出一套有效的合规计划，并推行到足以令法人提前发现并预防犯罪的程度"①，因此需要进一步完善合规计划。

附带条件作为协议的主体内容，其达成应从实体和程序两个层面予以规范。实体方面着重根据犯罪的具体情况确定对企业的罚款数额及履行方式、赔偿损失的具体要求等，再根据企业自身情况确定完善合规计划的方案。程序方面侧重保障涉罪企业在达成协议时的主体地位，避免出现企业为了免遭起诉，一味被动接受检方的提议，使得协议的签署产生不公正的现象。当前认罪认罚从宽制度的运行模式是以听取意见为基础的职权从宽处理模式。虽然一些规范性文件提到了"协商"，但实际上，检察机关在综合考虑案件情况（包括听取辩方的意见）的基础上依职权向辩方提出关于量刑建议和程序适用的"要约"，辩方只能自愿选择是否同意，并不能与控方开展"讨价还价"的协商。② 如果说认罪认罚具结书关于程序适用和量刑建议的内容属于刑事司法的专业领域，在检察机关的主导下听取辩方意见并由检方最终敲定具体内容尚具有正当性，那么对于附条件不起诉协议中合规计划这一复合型问题，则应当充分保证控辩双方的平等协商。毕竟合规管理不是检察官的专业领域，检察官可以监督考察合规计划的进程，但难以深度参与，企业才是更了解、更有动力改变自身现状的一方。对于尚缺乏合规经验的检察官和企业，都需要在专业人员的协助下协商合规计划的具体方案。对于拟适用附条件不起诉的涉罪企业，既可由检察机关单方提出合规计划方案，也可由检企双方各

---

① 宋颐阳：《企业合规计划有效性与举报人保护制度之构建——澳大利亚路径及其对中国的启示》，载《比较法研究》2019 年第 4 期。

② 参见陈卫东：《认罪认罚从宽制度的理论问题再探讨》，载《环球法律评论》2020 年第 2 期。

自提出方案展开协商,更鼓励企业主动提出完整的合规计划方案,供检察机关参考。

(四)企业附条件不起诉制度与自然人附条件不起诉制度

由于适用对象存在显著差异,对企业适用附条件不起诉与对自然人适用附条件不起诉的基本思路和侧重点大相径庭,现行《刑事诉讼法》针对未成年人设计的附条件不起诉制度对企业的附条件不起诉制度只具有形式上的参考意义。鉴于两者在适用条件、附带条件和监督考察方式等实质内容上明显不同,在《刑事诉讼法》及其他规范性文件中,既无必要也很难整合在一起,所以两者的立法路径是相对独立的。建立在暂缓处置基础上的灵活度赋予了附条件不起诉的优位属性,未来其适用范围的普遍化具备可期待性。实际上,就自然人而言,附条件不起诉分别适用于成年人和未成年人时也存在较大的差异,有学者对此提出“二元化”的立法思路,指出该思路不仅可以在域外找到相应的立法参考,而且可以从两者的一系列具体差异中找到依据。[①] 在主体差异更大的企业和自然人之间,附条件不起诉制度的构建显然更应遵循二元化的立法设计。具体而言,既可以考虑将针对成年人和企业的附条件不起诉规定在“提起公诉”这一章,也可以考虑在特别程序编中新增“附条件不起诉”章对两者分别规定,还可以考虑在增设“单位犯罪诉讼程序”章后,将企业附条件不起诉的规定纳入。需要注意的是,在对企业适用附条件不起诉的同时,如果基于对企业履行附带条件有所助益而对直接责任人一并适用附条件不起诉,则会出现两类制度适用的交叉,此时应当以企业附条件不起诉制度的相关内容作为适用于直接责任人的特别规定。

三、立法构想:企业犯罪附条件不起诉制度的具体设计

在设计企业犯罪附条件不起诉制度时,应当根据时间先后捋清制度运行的逻辑脉络。第一步,根据适用条件,确定拟附条件不起诉的涉罪企业;第二步,提出附带条件,听取涉罪企业的意见并协商;第三步,对接受附带条件的涉罪企业的履行情况进行一定期限的监督考察;第四步,根据附带条件的履行情况,最终作出不起诉或起诉的决定。根据这一思路,探讨重点应集中于适用条件、附带条件及履

---

① 适用于成年人与未成年人的附条件不起诉制度在指导思想与立法目的、适用案件范围的宽窄及相应起诉裁量权的大小、附带条件的性质与内容、社会调查是否前置、暂缓起诉期间的确定方式等方面存在差异。参见何挺:《附条件不起诉扩大适用于成年人案件的新思考》,载《中国刑事法杂志》2019年第4期。

行、监督考察及处置、适用程序四个方面。

(一)适用条件

由于附条件不起诉的程序适用是分步展开的,适用条件的设置是否合理直接影响到制度实施的效果,加上涉罪企业情况较之个人情况的复杂性,所以在确立企业犯罪附条件不起诉的适用条件时,需要统筹各项因素进行考虑,尽可能准确地筛选出既有适用必要性,也有展开可行性的对象。

1.对事实、罪名和刑罚的要求

就事实而言,在对涉罪企业适用附条件不起诉时,应坚持以符合起诉条件为前提,秉持与提起公诉一样的谨慎态度,强调"犯罪事实明确性原则"。① 不能为了摆脱案件负荷而在事实不清、证据不足时,以附条件不起诉替代补充侦查和存疑不起诉。

就罪名而言,需要讨论的是有无必要限制罪名和罪数。从现行《刑事诉讼法》对未成年人附条件不起诉的规定来看,适用案件的罪名被明确限定为《刑法》分则第四章、第五章、第六章的罪名,固然现实中未成年人犯罪主要集中于这三章的罪名,但这种以犯罪客体为标准的划定方式难免遗漏部分同样适宜附条件不起诉的情形,因而出现了扩大适用罪名范围或取消罪名限制的呼声。若要限制涉罪企业适用的罪名章节,问题可能更明显。从企业涉罪的罪名分布来看,无论是罪名数量还是实际的发案数量,《刑法》分则第三章"破坏社会主义市场经济秩序罪"都是遥遥领先,其他章节罪名的发案数量则占比很小。② 如果仅以本章罪名作为适用附条件不起诉的罪名,就会遗漏企业涉罪的其他高发罪名,如贿赂类犯罪,还会遗漏部分领域企业易触发的罪名,如污染环境罪。但如果将这些章节的罪名都囊括进来,绝大多数罪名又将成为"僵尸"罪名。结合其他国家暂缓起诉制度的相关规定来看,对案件类型的限制既无必要,也难以周全。所以,取消附条件不起诉适用罪名的限制是完全可行的。就企业犯罪案件而言,只要是发生在企业生产、经营、管理、贸易、融资、项目承揽等业务活动中的犯罪,均可考虑适用附条件不起诉,同时再加以其他积极条件和否定性情形予以限制。

---

① 参见刘学敏:《检察机关附条件不起诉裁量权运用之探讨》,载《中国法学》2014 年第 6 期。

② 根据有的学者对涉及单位犯罪的裁判文书的统计,各种单位犯罪的主体类型中占比最大的是各类公司,占比达 81%;所有单位犯罪案件发生在《刑法》分则第三章"破坏社会主义市场经济秩序罪"的比例达到 77%,其次是第八章"贪污贿赂罪",占比为 14%。参见聂立泽:《单位犯罪新论》,法律出版社 2018 年版,第 266 页。

就罪数和刑期而言,尽管法律没有明确规定,但我国实践的通行做法是很少考虑对涉嫌两个以上罪名的犯罪嫌疑人适用酌定不起诉或附条件不起诉,一方面是因为涉嫌数罪说明其主观恶性较大,另一方面是因为数罪并罚后的刑罚很容易超过裁量不起诉的上限。如果对涉罪企业的罪数和刑罚进行限制,则会面临两个难题:首先,民营企业是我国企业犯罪的高频主体,在日益激烈的市场竞争中,不少涉嫌犯罪的企业可能面临两项以上的罪名指控,尤其是容易被附带调查的税务类犯罪和贿赂类犯罪,所以限制为一罪会明显缩小可适用的对象范围。其次,我国《刑法》对犯罪单位只规定了罚金刑,各级司法机关没有进一步制定量刑指导意见,即使以后出台专门的罚金刑量刑方案和增设资格刑,实际上也很难通过刑罚的量化来为企业犯罪适用附条件不起诉设定门槛。① 某种意义上讲,管理漏洞越多的企业,越需要通过暂缓起诉协议督促其完善合规计划,故对涉罪企业适用附条件不起诉时,不必专门限制罪数和刑罚。

2. 积极条件

上述探讨旨在表明对企业适用附条件不起诉不必纠结于罪名和刑罚。应当将关注的焦点放在适用的必要性和可行性上,重点考量涉罪企业的态度和自身情况。鉴于附条件不起诉的决定具有暂时性、不稳定性,对悔罪态度的要求具有连续性,其不仅是附条件不起诉的适用条件,更是监督考察期间的重要考察内容,即为附带条件之一。在涉罪企业附条件不起诉的过程中,企业态度具有一以贯之的意义,在前期可以作为判断其履行附带条件预期效果的依据,在中后期则直接关乎附带条件特别是重建合规计划方案的最终实施效果。作为适用条件之一的企业态度,首先要求企业自愿认罪认罚,即前文所述的接受检察机关对企业犯罪事实和行为性质的认定意见,并愿意接受处罚,这体现了企业对自身犯罪行为的基本认识。其次要求企业积极配合调查,接受并履行附带条件中的合规计划方案,如果有被害人,还应积极赔偿损失和赔礼道歉,这体现了企业反省和弥补错误行为的态度。最后,作为优先考虑适用附条件不起诉的条件,企业在案发前后主动建立合规计划或提交合规计划方案,不仅体现了企业避免犯罪和预防再犯的积极态度,也同时成为附带条件中减轻处罚和负担的依据。

企业的态度是履行附条件不起诉之附带条件的保障,还需根据涉罪企业的运

① 例如美国《联邦量刑指南》第八章"组织量刑指南"对法人犯罪确立了罪行等级、罪责指数和具体的计算方式,但签订暂缓起诉协议的企业主要是罪行等级较高的大型企业,接受动辄上亿的罚款成为其避免被起诉的前提,可见刑罚轻重并不必然影响对企业适用暂缓起诉。

营情况考虑是否有必要通过附条件不起诉来督促其开展合规计划的建设。如果客观条件有限,即使检企双方都一腔热血也很可能半途而废。一方面,毕竟大部分涉罪企业是中小企业,如果得到的处罚减免和避免的负面影响远不足以弥补实施合规计划的成本投入,其很难有持续履行附带条件的动力。另一方面,有些企业本身已经营不善、负债累累或发展前景黯淡,缴纳罚金都已非常困难,再督促其实施费时费力的合规计划,无异于缘木求鱼。因此,对涉罪企业适用附条件不起诉,不仅要求企业的主观态度积极,也要求企业的客观条件适宜。类似于对拟适用缓刑之对象的社会调查,对拟适用附条件不起诉的涉罪企业,也需要对其经营管理状况进行全面的评估,综合考虑发展前景、财务状况、管理架构等因素,进而作出是否有必要督促其实施合规计划的判断。①

3. 排除适用的情形

由于不对适用附条件不起诉的罪名和刑罚专门加以限制,加之企业作为拟制的犯罪嫌疑人,其认罪不具有证据法意义,因此有必要通过规定排除适用的情形,进一步保障对涉罪企业适用附条件不起诉的公正性和合理性。具体包括四种情形:其一,对于犯罪造成严重后果,且有重大社会影响的案件,②只有通过法庭的公开审判才能产生更好的社会效果;其二,对于一定期限内再次实施犯罪的企业,不再适用不予起诉这一从宽处理的政策;其三,对于直接责任人否认被指控的犯罪事实的案件,将企业和责任人一并起诉至法院审判方能消除事实认定上的不公正风险;其四,企业对附条件不起诉决定有异议,包括对附带条件有异议最终无法协商一致时,检察机关应当对涉罪企业作出起诉决定。

(二)附带条件及履行

如何合理设置附带条件,关系对企业适用附条件不起诉的最终效果。与未成年人附条件不起诉之附带条件主要是以教育矫治为主的特别处遇措施不同的是,成年人与企业法人的附带条件承载的功能不能仅限于预防目的,同时也要发挥以罪责为依据的替代刑罚的惩治功能,否则诉与不诉会造成失衡的后果。对涉罪企业采取的附带条件,实质上是一套权衡公共利益与企业利益后的组合措施,按性

---

① 检察机关可以充分利用捕诉一体和提前介入的结构性优势,对涉罪民营企业案件及时进行风险评估,同时对企业的运营情况进行评估,如此不仅可以最大限度地降低办案对企业生产经营造成的影响,在打击犯罪和保护产权之间做到平衡,也可以对涉罪企业适用附条件不起诉的可行性进行预估。

② 比如被害人众多、对不特定多数人健康造成影响、对生态环境造成严重污染、对国家和公共利益造成严重损失的案件等。

质与功能的不同主要由四类组成。

其一是惩罚性附带条件。责令支付罚款是替代罚金刑的制裁方式,但两者在数额上难以等同。美国检察官对适用暂缓起诉协议的企业要求缴纳的罚款数额远高于被定罪后的罚金数额,主要是考虑企业避免了被定罪后的声誉受损、经营资格被剥夺和伤及无辜者的后果,即使再支出高昂经费按协议要求完善合规计划,企业也是愿意的,但过高的成本使得暂缓起诉协议制度几乎成了上市公司、跨国公司等大型企业的"专属品"。我国《刑法》暂未对单位犯罪规定资格刑,对企业经营资格的剥夺或限制属于行政处罚权的行使范围,这种情况下若要保证企业犯罪附条件不起诉制度有一定的适用空间,则需要采取与美国暂缓起诉协议不同的做法,以可能缴纳的罚金数额为基准适度下调作为罚款数额,可能对涉罪企业选择附条件不起诉更具吸引力。即使将涉罪企业经营资格的剥夺或限制纳入刑罚的范畴,也不能简单地以高额罚款换取资格保留。如前所述,对企业是否适用附条件不起诉,首先要考量的是借此督促该企业完善合规计划的必要性和可行性,具备条件时应当结合企业的罪责和履行能力,选择最合适的罚款数额和执行方式。①

其二是预防性附带条件。完善合规计划既是对企业管理漏洞的填补,也是对企业运营中法律风险的防范。以附条件不起诉为契机推动的合规计划,是因企业犯罪案发而引起,具有对症下药的色彩,但此时合规计划的完善不能局限于预防再犯这一目的,更应成体系地规范企业日常经营和管理活动。针对美国暂缓起诉协议中合规特点的一项调查表明,有效的合规计划包含以下几个要素:行为准则以及专门对员工进行行为准则方面的培训;首席合规官享有专用资源以及向董事会或首席执行官进行汇报的渠道;一套由企业合规官对内部控制和流程体系进行监督的体系;提供途径确保员工准确及时汇报任何可疑违规问题。② 我国检察机关与涉罪企业协商合规计划方案时,可充分借鉴美国企业的合规管理经验,根据

① 根据我国《刑事诉讼法》第177条第3款之规定,对被不起诉人需要给予行政处罚、处分或者需要没收其违法所得的,检察机关应当提出检察意见,移送有关主管机关处理。按目前的规定,对不起诉的涉罪企业作出罚款决定的是主管的行政机关,如果行政机关不按照检察意见确定罚款数额,就会使得附条件不起诉协议"破裂"。所以,从附带条件的确定性、履行的及时性考虑,可以在附条件不起诉的考察环节,将责令支付罚款的处分权交由检察机关行使,由检察机关直接确定罚款数额,并责令企业向国库或有关公益机构缴纳。

② 参见[美]瑞恩·D.麦克康奈尔、杰伊·马丁、夏洛特·西蒙:《"事前规划"抑或"事后处罚":合规在刑事案件中的作用》,万方译,载李本灿等编译:《合规与刑法:全球视野的考察》,中国政法大学出版社2018年版,第189—190页。

企业主要业务活动的法律风险、组织结构和管理体制的缺陷、已有合规计划的完善程度,从商业行为准则、合规组织体系、防范体系、监控体系和应对体系五个层面提出具体方案。①

另外两类附带条件分别是修复性附带条件和制约性附带条件。修复性附带条件是针对有被害人的企业犯罪案件提出的。积极赔偿被害人损失本是适用附条件不起诉的前提条件,但有的企业一次性支付赔偿金存在困难,若能提供有效担保,可准予分期履行,将履行情况纳入考察范围。制约性附带条件是最基础的附带条件,所有适用对象都是必须遵守的,对处于考验期的涉罪企业而言,一是遵守法律法规,服从监督;二是按照规定报告自己的经营管理情况。

(三)监督考察及处置

合规计划的完善与实施是检察机关在考验期间对涉罪企业进行监督考察的重点。通过附条件不起诉接受合规监管的企业通常是未偏离正常发展轨道且有一定发展前景的企业,如何把握好监管力度,在保证监督考察实效的情况下尽可能不干扰企业的正常经营管理,是检察机关在履行监督考察职责时需要注意的问题。检察机关可以采取“刚柔并济”的监管方式,在督促企业执行合规计划方案时,可以根据合规计划的完整程度、企业汇报合规计划进展的情况、企业合规组织的规模、企业常规业务领域的法律风险等因素,对企业采取一种或多种监管方式。具体包括:其一,要求企业定期汇报合规计划的进展情况,定期接受检察机关的考察;其二,会同有关主管行政机关和行业组织对企业完善并遵守合规计划的情况进行监督考察;②其三,选派独立的监管人对企业完善合规计划进行评估、监督和指导;其四,对企业重要贸易、融资并购、项目承揽等容易产生重大合规风险的环节进行全程监管。鉴于起初约定的合规计划方案可能只是一个框架性的协议,随着合规计划的展开可以随时调整和逐步完善,所以难以准确地判断合适的考验期限。在检察机关与涉罪企业签订附条件不起诉协议时,可以根据当前的情况在1~3年内确定一个幅度型考验期,由检察机关根据企业执行合规计划方案的具体

---

① 参见陈瑞华:《企业合规制度的三个维度——比较法视野下的分析》,载《比较法研究》2019年第3期。

② 当前我国部分行业企业合规的建设主要由主管的行政机关通过行政监管的方式推动,相关规定和指导准则散见于一些部门规章和规范性文件中,随着我国合规法律制度体系的完善,行政机关和行业组织在普及企业合规管理方面的作用将进一步凸显。由于职责不同,检察机关主要是在企业涉嫌犯罪之后才发挥补救的作用,长远来看,检察机关对企业合规的监管在专业和资源方面都不及行政机关和行业组织。因此,会同行政机关和行业组织对涉罪企业进行监督考察不失为一条有效的路径。

效果灵活决定考验期的最终长短。

对于企业不履行或消极履行附带条件,以及考验期内的其他违规情况,检察机关应当采取不同程度的惩戒措施予以处置。对于不履行或消极履行合规计划方案,以及违反行政法规和行业准则的情况,检察机关可以视情况对企业负责人和合规组织负责人予以警告、训诫,同时加强对企业的监督考察力度,延长考验期限。对于在考验期内违反行政法规或其他监督管理规定,情节严重,或再次实施犯罪的企业,检察机关应当撤销附条件不起诉决定,对企业提起公诉。对于未按协议要求履行附带条件而违反监督管理规定的企业,应当着重考察其未能履行附带条件的原因,将主观情况作为判断“情节严重”的主要依据。

(四)适用程序

根据现行法律规定,检察机关对大部分案件,经本院检察长或检察委员会审核批准即可作出不起诉决定。有两类案件须报经上级审批,一是对监察机关移送的案件,经上一级检察机关批准才能作出不起诉决定;二是对有重大立功或涉及国家重大利益的案件,经最高人民检察院核准才能作出不起诉决定。不起诉审批权的上移,体现了检察系统对部分案件适用不起诉制度时的谨慎态度和严格控制。对于本文所讨论的对涉罪企业作出附条件不起诉决定,目前同样有必要对决定机关的级别有所要求,可以考虑规定为:经设区的市一级检察机关批准或决定,可以对涉罪企业作出附条件不起诉决定。之所以将基层检察机关对这类案件的内部审批权向外、向上移转,并不是为了限制该制度的适用,而是为了对适用的必要性和可行性进行更准确的把握。此外还有两点原因:一是部分企业犯罪的牵涉面较广,涉及经济、政治、公共利益等多重因素,设区的市一级检察机关的站位和视野较基层检察机关能更恰当地处理涉企犯罪案件,实现法律效果、社会效果和政治效果的统一。二是企业犯罪案件较个人犯罪案件更具复杂性,以及适用附条件不起诉时对罪名和刑罚不作限制,使得各地检察机关把握的标准可能存在一定差异,由设区的市一级检察机关批准或决定,可以在一定区域内统一适用标准,尽可能避免不敢用或随意用的情况出现。

四、配套推进:单位犯罪诉讼规则的完善

我国目前尚无任何规范性文件对单位犯罪案件的侦查和起诉程序作出规定,实践中只得按照自然人犯罪的诉讼程序处理单位犯罪案件。主体的特殊性决定了单位犯罪诉讼程序应当体现其自身特点,从而发挥惩治单位犯罪和维护单位合

法权益之功能,这是自然人犯罪的诉讼程序不足以承载的。规则的缺失与以“人”为重的追诉程序,导致实践中对单位之诉沦为对责任人之诉的附庸,对单位与责任人追诉的一体化导致对单位的责任与权益的关注远不如对责任人的责任与权益的关注,涉罪单位在审前程序的主体地位明显缺失。就本文讨论的主题而言,若要保证涉罪企业及时、独立、充分地参与到包括附条件不起诉在内的审前程序中,则应当进一步完善单位犯罪诉讼制度,弥补涉罪单位参与侦查、起诉的规则缺失。

首先,及时确立涉罪单位作为当事人的主体地位。由于涉罪单位只是拟制的当事人,既不能亲自陈述自己的犯罪事实,也没有脱逃的风险,所以侦查机关并不急于将涉罪单位列为犯罪嫌疑单位,甚至到移送起诉时也不常在起诉意见书中明确涉罪单位的当事人身份。相关调研发现,以单位犯罪起诉的案件,在侦查阶段多是以自然人犯罪被侦查终结,然后由检察人员审查后认定为单位犯罪的。[①] 在类似的案件中,单位实际承受着作为侦查对象的处遇,却没有任何诉讼参与人的地位,进而产生维权的难题,也不利于单位从自身角度展开辩护。从保证企业合法权益的角度来讲,应当及时确立涉罪单位作为当事人的主体地位,以使企业充分行使诉讼权利和采取补救措施,比如为争取附条件不起诉做好准备。具体而言,除非明显存在不应认定为单位犯罪的情形,[②]否则对单位财产采取的查封、冻结、扣押等强制性措施,均应以对单位立案为前提,此时“宽进”反而更有利于保护单位的利益。

确立单位的诉讼主体地位后,需要明确单位参与诉讼的方式。从现行关于单位参与审理程序的规定来看,应由诉讼代表人代单位行使诉讼权利,履行诉讼义务。诉讼代表人从单位内部产生,原则上是单位的法定代表人或主要负责人,没有诉讼代表人的,由检察机关指定。在审前程序中,同样可以采用确定诉讼代表人的思路,应当明确将选任诉讼代表人作为涉罪单位的义务,检察机关对诉讼代表人是否适格有审查的职责。选任诉讼代表人的态度可以体现涉罪单位主动承担责任的意愿,对于将企业态度作为考察重点的附条件不起诉而言,是否主动选任合适的诉讼代表人是判断企业态度的一个重要指标。

其次,明确涉罪单位的辩护权及行使方式。涉罪单位具有独立的诉讼地位,

---

① 参见北京市人民检察院第一分院课题组:《单位犯罪诉讼代表人指定问题实证研究》,载《国家检察官学院学报》2017 年第 2 期。

② 参见最高人民法院《关于审理单位犯罪案件具体应用法律有关问题的解释》第 2 条、第 3 条。

享有被追诉人的一切诉讼权利,包括最重要的辩护权。诉讼代表人对管辖权提出异议,申请回避,申请解除对单位财产的强制性措施,对违法侦查行为提出控告,提出无罪、罪轻或从轻处罚的意见,都是代表单位自行辩护。为了更好地维护涉罪单位的合法权益,应当赋予犯罪嫌疑单位委托辩护人的权利,该权利与直接责任人委托辩护人的权利同时产生,或自单位财产被侦查机关采取限制措施之日起产生。单位的辩护人参照现有规定行使辩护权,从了解案情的角度,可允许单位的辩护律师会见在押责任人员,但考虑到单位与直接责任人之间的利害关系,会见应当经过办案机关的许可并限制会见的次数。如果对涉罪企业适用附条件不起诉,辩护人可以就检察机关拟定的附带条件提出意见,经单位诉讼代表人的同意,辩护人可以与检察机关就完善合规计划的具体方案进行协商。

最后,规范单位涉案财物的处置程序。我国刑事诉讼制度对涉案财物的处置一直不够重视,办案机关动辄对涉罪单位的财物采取查封、扣押、冻结等措施,对财产权的保护很难让人完全满意。对涉罪企业适用附条件不起诉的目的主要在于挽救企业,而不是惩罚企业,如果企业因财物被限制而陷入经营困境乃至破产,附条件不起诉也就失去了发挥作用的空间。规范涉案财物的处置不仅可以更好地保护企业的经济利益,同时也能提升对刑事诉讼权利的保障。具体而言,首先应科学、准确地界定涉案财物的范围,加强对涉案财物处置的管控,重点审查对涉案财物采取强制性措施的必要性,以及采取强制性措施对单位的影响,以更宽容的态度对涉案财物采取措施,坚决禁止"一揽子扣押冻结"的不负责任的做法。其次,即使需要对涉案财物采取必要的限制措施,也需对企业运行必要之财物进行独立、统一、合理的管理,①丰富涉案财物的保全措施体系,保证这部分财物既能及时用于企业的正常运转,又同时得到控制。最后,应当对审前涉案财物的处置程序进行正当化改造,在处置程序和申诉程序中引入诉讼化因素,②强化检察机关对涉案财物处置的监督职能。

(编辑:陈真楠)

---

① 对涉案财物进行独立统一的管理,不仅能够实现基本的保管目的,还具有对涉案财物进行保值增值以及法律处置后进行具体实施的功能。参见李玉华:《论独立统一涉案财物管理中心的建立》,载《法制与社会发展》2016年第3期。

② 参见陈卫东:《涉案财产处置程序的完善——以审前程序为视角的分析》,载《法学杂志》2020年第3期。

困境与出路:我国未成年人矫治教育制度完善研究

刘少军　钟子腾*

摘　要:2020 年十三届全国人大常委会第二十四次会议对《刑法》、《预防未成年人犯罪法》的修改,标志着矫治教育制度在我国正式确立。作为我国罪错未成年人司法处遇体系的最新制度设计,矫治教育具有教育社会化、开放化等优点,但其固有的适用条件不明确等缺陷必将约束其在教育、感化、挽救未成年人等方面应发挥的作用。因此,需要在程序正义、保护未成年人合法权益的视角下对矫治教育制度进行重塑与完善:构建矫治教育法规体系,厘清相关概念;合理划分各部门职权,正确处理专门教育指导委员会与公安机关、教育行政部门、检察机关的关系;从严把握矫治教育适用条件;完善矫治教育调查、执行、受害人救济程序;引入社会调查报告制度与矫治教育记录封存制度。

关键词:未成年人犯罪;矫治教育;少年司法;保安处分

一、引言

近年来随着我国经济社会的发展,未成年人犯罪问题也愈加严峻。未成年人犯罪数量增加、平均犯罪年龄下降以及未成年人实施的恶性刑事犯罪频发,在引发社会忧虑的同时也反映出我国罪错未成年人司法处遇制度存在的缺陷。以曾经的收容教养制度为例,1997 年《刑法》规定,政府可以对实施犯罪行为但未达最低刑事责任年龄的未成年人进行收容与集中教育管理。然而法律规定过于原则,对收容教养的性质、期限、适用对象等重大问题均未做明确具体的规定,严重影响了收容教养工作的正常开展,实践中更是将收容教养异化为针对未成年人的特别

* 刘少军,安徽大学法学院教授;钟子腾,安徽大学法学院硕士研究生。本文系国家社科基金一般项目“以审判为中心视角下重构侦诉审关系研究”(项目编号:17BFX061)的阶段性研究成果。

处罚。我国尚未像欧美国家那样建立专门适用于未成年人的保安处分制度,对于一些未满刑事责任年龄,但人身危险性较大、具有规范意识和可罚性的未成年人,不能追究刑事责任,对其进行司法矫治也于法无据。“保护未成年人”的立法初衷逐渐异化为“放纵未成年人”,防卫社会的制度却只是在“危害社会”。为了回应社会关切,全国人大常委会修改了《刑法》并将最低刑事责任年龄下调至十二岁,但仍未触及我国少年司法制度的困境:对于实施刑事违法行为后又因未达刑事责任年龄而免受刑事处罚的低龄未成年人,如何对其犯罪人格进行矫治并预防其犯罪?对于有轻微违法行为的越轨、不良青少年,如何对其进行事前干预,避免其不良行为蜕变为违法犯罪行为?

为了缓和少年司法制度与未成年人犯罪的紧张对立关系,全国人大常委会对《预防未成年人犯罪法》进行重大修改,矫治教育制度应运而生。所谓矫治教育,就是由专门机关对有严重不良行为的未成年人进行矫治和教育。矫治,主要是对未成年人的不良行为、思想、习惯进行矫正,目的是对不良未成年人进行再社会化进而促使其回归社会。教育的内容不限于文化教育,还包括道德、法治、心理健康教育等方面。于不良未成年人而言,它是一种司法保护教育;于社会公众而言,它又是一种社会防卫措施。作为我国罪错未成年人司法处遇制度的最新制度设计,矫治教育制度与我国针对触法未成年人一贯的“教育、感化、挽救”方针以及“教育为主、惩罚为辅”原则相契合,但其也存在一些明显的缺陷,如职权划分不明确、对受害人救济不足等,因此需要进一步完善。

二、我国未成年人矫治教育制度面临的困境

(一)立法空白较大

矫治教育,由于涉及对触法未成年人的人身自由进行限制,尤其是将其送入专门学校接受专门教育时,某种程度上可以说是“剥夺”了未成年人的人身自由,因此矫治教育的具体执行办法应当由法律予以明确、细化。这既是为了避免矫治教育机关权力的滥用,也是为了保护未成年人的合法权益。《预防未成年人犯罪法》第6条规定,专门学校建设和专门教育具体办法,由国务院规定。但就目前来看,矫治教育制度最重要的法律渊源就是《刑法》第17条与《预防未成年人犯罪法》一些原则性规定。立法的粗疏令司法机关无所适从,可能导致矫治教育制度在实践中异化、扭曲、变形,重蹈收容教养制度的覆辙,因而有进一步完善的必要。

(二)法律概念混乱

《刑法》第 17 条规定,“……在必要的时候,依法进行专门矫治教育”。那么,“专门矫治教育”的含义是什么?倘若采取文义解释的方法,有两种解释结论。第一种解释,“专门矫治教育”是一个偏正短语,“专门”作为定语修饰后面的中心词“矫治教育”,也就是说“矫治教育”是一个不可以被进一步拆分的整体性概念。第二种解释,“专门矫治教育”是“专门教育”与“矫治教育”的结合,两种教育性质不同。为了进一步明确“专门矫治教育”的含义,可以采取体系解释的方法。《预防未成年人犯罪法》第 41 条规定,“公安机关可以根据具体情况,采取以下矫治教育措施……”;而《预防未成年人犯罪法》第 44 条规定,“教育行政部门会同公安机关可以决定将其送入专门学校接受专门教育……”。由此可知,矫治教育由公安机关作出,约束性较弱;专门教育由专门学校执行,约束性较强。因而,第二种解释更为合理,也即“专门矫治教育”是“矫治教育”与“专门教育”的结合。

然而,另一方面,《预防未成年人犯罪法》第 45 条似乎又推翻了这种解释,“教育行政部门会同公安机关可以决定对其进行专门矫治教育”。此时若将“专门矫治教育”理解为两种教育的结合,显然不合理:已经将触法未成年人送入了专门学校进行封闭式专门教育,难道还需要公安机关同时对其采取开放式矫治教育?且不说两种教育相互冲突似乎难以同时执行,哪怕两者有先后执行顺序依旧存在逻辑矛盾:既然离开专门学校意味着触法未成年人的不良行为、人格、心理已经被矫正,专门教育确有成效,那么此时为何还需要公安机关进行“画蛇添足式”的矫治教育呢?事实上,《刑法》第 17 条规定的“专门矫治教育”的完整概念并未在《预防未成年人犯罪法》中出现。《预防未成年人犯罪法》第 6 条只规定了“专门教育”的概念,这显然与“矫治教育”不是同一层次的概念。就目前的立法而言,“专门矫治教育”“专门教育”“矫治教育”等概念不甚明确,较为混乱。

(三)职权划分不明确

综合治理是指导我国预防未成年人犯罪工作的基本原则,在矫治教育制度上也得到充分体现。《预防未成年人犯罪法》规定,司法机关、教育行政部门、专门学校以及新设立的专门教育指导委员会等各个单位,分别在矫治教育的调查、审核、执行、监督等各环节行使不同的权力。但是,综合治理效果的良好实现,同样也离不开对各单位职权进行明确、合理的划分。只有明确合理地划分各单位职权,才能确保各主体各司其职,避免其在履行职责时互相推诿,进而形成一股预防未成年人犯罪的合力。然而,《预防未成年人犯罪法》并未在矫治教育制度中明确划分各单位职权,这体现在以下几个方面。

首先,是专门教育指导委员会的内部职权划分。《预防未成年人犯罪法》第 6 条规定:“专门教育指导委员会由教育、民政、财政、人力资源社会保障……等单位,以及律师、社会工作者等人员组成,研究确定专门学校教学、管理等相关工作。”从条文来看,专门教育指导委员会似乎是多部门组成的松散的议事协调机构,发挥宏观审议功能。但当涉及“对个别未成年人适用专门教育”这样的具体问题时,是否每次都要邀请这些单位的人过来开会研讨?[①] 应当采取何种议事规则?还是说应当由某个部门直接行使最终的专门教育审批权?除此之外,委员会应当设置哪些内设机构?而这些机构又应如何划分职权?这些问题《预防未成年人犯罪法》均未回答。

其次,从“专门教育指导委员会”这个名称便可以看出,这个机构主要任务就是对专门学校的建设以及专门教育的开展发挥指导作用。而《预防未成年人犯罪法》第 60 条规定人民检察院在未成年人重新犯罪预防工作中行使法律监督权。那么“指导”与“监督”是什么关系呢?两个单位是否存在职能交叉?

最后,《预防未成年人犯罪法》第 44 条规定,专门教育指导委员会评估同意,教育行政部门会同公安机关可以决定将存在严重危害社会的行为等情形的未成年人送入专门学校接受专门教育。该条文显然存在问题。专门教育指导委员会由多部门组成,还有律师、社会工作者参加,是一个专门性、专业性较强的指导机构。连它都已经评估、同意了,为何对未成年人作出专门教育决定前,仍需要教育行政部门与公安机关作出所谓的“决定”?对这个“决定”可以有两种理解。一种理解是,它只是形式意义上的,最终审批权还在委员会手上。但仅对法条进行文义解释是无法得出这个结论的。另一种理解是,这个“决定”是实质意义上的,也就是说专门教育决定权由三个部门共同行使。那么“同意”与“决定”含义是否相同,或者说三个单位的决定权是否相同?当三个单位无法达成一致意见时谁有最终裁决权?

(四)对受害人救济不足

对《预防未成年人犯罪法》第 38 条进行解读可知,严重不良行为可分为两类:

---

① 参见王萍:《新修订的〈中华人民共和国预防未成年人犯罪法〉亮点解读及完善对策探析》,载《桂海论丛》2021 年第 2 期。

刑法有规定但因未成年人未达法定刑事责任年龄而不予刑事处罚的行为(刑事违法性行为);刑法没规定但严重危害社会的行为(社会危害性行为)。根据《预防未成年人犯罪法》第42条、第43条、第44条规定,未成年人实施刑事违法性行为时,专门教育程序可以依职权启动,也可以依申请启动。然而,当未成年人实施社会危害性行为时,《预防未成年人犯罪法》进行了区别对待:只有未成年人实施了较为严重的社会危害性行为(具备情节恶劣、严重后果、多次实施、拒不服从公安矫治教育等要素)时,专门教育指导委员会才会依职权启动专门教育程序;而未成年人实施了不具备这些要素的、较为轻微的社会危害性行为时,专门教育程序只能依申请启动。这显然不利于救济受害人。

首先,程序的启动依赖于未成年人父母与学校,他们是否具有"期待可能性"?一方面,能否期待未成年人父母"大义灭亲"将子女送入专门学校接受矫治教育;另一方面,有学者对作为专门学校前身的工读学校进行了实证研究,根据旧的《预防未成年人犯罪法》规定,触法未成年人所在的学校有将其送入工读学校的单方决定权,然而实践中普遍存在"三同意"原则,[①]也即要想将未成年人送入工读学校,学校还得获得教育行政部门、未成年人父母的同意。也就是说,学校想单方面将其触法未成年人送入专门学校,大概率还是会受到其父母的强烈阻挠最后不了了之。此外,倘若触法未成年人的父母本身就是学校领导或教师的子女,在这种极端情形下,专门教育指导委员会本来就不能依职权启动专门教育程序,而学校与未成年人父母也几乎不可能主动申请启动专门教育程序。

其次,存在一些有一定人身危险性但基于刑事政策被非犯罪化处理的不良未成年人,其行为不具有"情节""后果""多次"等要素,但专门教育指导委员会无法依职权对这些最需要矫治教育的未成年人启动程序,反而将程序启动权交给学校和不法未成年人父母,很可能导致这些不良未成年人被法律"轻纵"。

最后,当专门机关决定不对未成年人进行专门教育时,受害人如何进行救济?未成年犯罪嫌疑人被做出附条件不起诉决定时,受害人尚且可以向检察院进行申诉;而触法未成年人不被做出专门教育决定时,在当前制度框架内,受害人唯有提起行政复议与行政诉讼,但这显然不是一个简单快捷的救济手段。况且,正如上文所述,在专门矫治教育指导委员会与公安机关、教育行政部门的职权关系尚未厘清的情况下,对行政主体的确定也是一个棘手的问题,这又给行政救济带来了

① 参见王传敏、李子熙:《我国专门教育制度的由来及未来制度建构》,载《中国司法》2020年第9期。

困境。

（五）适用条件依然不明确

有学者曾提出从“对象条件”“行为条件”“家庭条件”从严把握收容教养的适用，[①]其实从这三个条件出发对矫治教育的适用进行限制也并无不可。实际上，矫治教育的适用条件只局限于以上三方面并不足够。

首先是对象条件。《刑法》第17条规定，因不满十六周岁不予刑事处罚的，必要的时候对其适用专门矫治教育。该条款的不明确之处在于没有回答“未满十二周岁的未成年人能否适用矫治教育”这一实践中无法避免的问题。这种不规定适用矫治教育年龄下限的做法显然不合理。因为对十二周岁以下的未成年人完全没有适用专门矫治教育的必要性。这个年龄段的青少年尚处于小学阶段，不能正确认识周围事物及自己行为的性质和意义，规范意识与道德意识极为薄弱，即便实施了轻微抑或严重的不良行为，也不意味着他们形成了相对稳定的需要被适用专门矫治教育的不良人格。恰恰相反，低龄未成年人三观尚未成型，可塑性较大，相对温和的家庭教育应当占主导地位：通过亲情的力量对其进行柔性感化，唤起其规范意识，教育效果可能比司法矫治教育更好。

其次是行为条件。结合《预防未成年人犯罪法》第41条到第45条可知，矫治教育适用于实施严重不良行为的未成年人。在对“严重不良行为”进行解释时，该法第38条采用的“其他严重危害社会的行为”这一兜底条款可以说是相当模糊。《治安管理处罚法》的处罚对象无一例外都是有“社会危害性”的行为，所以该兜底条款显然会混淆矫治教育与治安处罚的适用条件。

此外，该兜底条款引入的“社会危害性”概念值得商榷。“社会危害性”这一概念在刑法学中已经被批判：[②]它应当是立法概念而不是司法概念，立法者可以在立法阶段自由裁量何种行为具有社会危害性，并将其纳入法律制裁的范围内；但是到了司法阶段，就应当摒弃这一抽象的、虚无缥缈的“立法概念”，严格以具体的构成要件为依据，避免“随意出入罪”。“社会危害性”这样抽象的概念完全有可能被司法机关随意解释，哪些行为有社会危害性“全凭他们说了算”。《预防未成年人犯罪法》第38条规定的“其他严重危害社会的行为”这样宽泛的兜底条款赋予了矫治教育主体较大的自由裁量权，也埋下了相关主体滥用权力、侵害未成年

① 参见马克昌主编：《刑罚通论》，武汉大学出版社1999年版，第788页。

② 参见李晓明：《刑法学总论》，北京大学出版社2016年版，第173页。

人合法权益的隐患:由于缺乏具体的标准,司法机关可能随意将一些情节轻微、危害不大的不良行为视作“有社会危害性的严重不良行为”并对实施这些行为的触法未成年人适用矫治教育。这显然与保护未成年人合法权益的制度宗旨相背离。既然兜底条款与“社会危害性”概念不利于保障人权而为刑法所忌惮,那为何它们又能在矫治教育立法中得到肯定呢?矫治教育不具有道义谴责性,不是报复与惩罚,适用与否还需要考虑未成年人的人身危险性、主观恶性、悔改程度、再犯可能性等因素。将“社会危害性行为”与矫治教育直接挂钩,是否是对矫治教育理念的理解存在偏差?

最后是家庭条件。如果说适用矫治教育的行为条件、对象条件只是不明确的话,家庭条件则是直接缺失,《预防未成年人犯罪法》未作出任何规定。其实对未成年人适用矫治教育前,应当先审查其家庭是否具有管教能力,理由如下。第一,结合《刑法》第17条以及公法上的比例原则可知,父母和其他监护人是预防未成年人犯罪的第一责任主体,倘若监护人具有充分的管教能力,能够对触法未成年人进行有效的家庭教育,纠正其不良行为与习惯,则具有人身约束性的司法矫治教育便不具有必要性。第二,这也符合罪错未成年人司法处遇制度的分级分流干预的理念,①有利于节约司法资源。从《预防未成年人犯罪法》第41条可知,针对有严重不良行为的未成年人,公安机关可以“责令定期报告活动情况”“责令接受社会观护”“责令参加社会服务活动”等,这些矫治教育措施的约束性已经完全不亚于刑事法中的取保候审、缓刑与管制。这些具有一定强制性的司法措施,很可能产生一系列负面效果,例如伤害低龄未成年人自尊,激发其逆反心理等。基于保护、关爱未成年人的理念,适用矫治教育时更应当从严把握,只有在未成年人父母或其他监护人没有能力管教或者管教无效时,才应当考虑由司法机关“越俎代庖”代替家庭进行司法矫治教育。然而《预防未成年人犯罪法》并没有将家庭条件作为适用矫治教育的前提,也没有要求公安机关与专门教育指导委员会作出矫治教育决定之前,必须先对触法未成年人的家庭情况进行调查。

(六)程序未考虑未成年人的特殊性

未成年人具有不同于成年人的身心特点,所以程序法必须对其有所回应,进行倾斜保护。与刑诉法规定的相对完善的未成年人刑事诉讼程序形成鲜明对比

---

① 参见林琳:《我国罪错未成年人司法处遇制度的问题及完善路径》,载《北京科技大学学报(社会科学版)》2021年第4期。

的是,矫治教育程序在许多方面都没考虑到未成年人的特殊性。

1. 缺少调查时的合适成年人到场制度

未成年人实施严重不良行为后,公安机关必然会对其进行询问,同时采取类似侦查行为的证据收集措施。此时,倘若未成年人的法定代理人或学校、未成年人保护组织代表等合适成年人在场就能对司法机关进行监督,维护未成年人合法权益。然而矫治教育程序并未从刑诉法中引入极为重要的合适成年人到场制度。

2. 缺少社会调查报告制度

《刑事诉讼法》规定人民检察院根据情况可以对未成年犯罪嫌疑人进行调查,并制作社会报告。其实未成年人的社会调查报告不仅是审查起诉、定罪量刑的参考,更是矫治教育必要性审查的重要依据。因为报告可以充分调查成长经历、犯罪原因等情况,这充分反映出未成年人的人身危险性、主观恶性与适用矫治教育的必要性;而对其监护教育情况的调查更是与作为适用矫治教育前提的家庭条件直接相关。虽然《预防未成年人犯罪法》第51条规定了未成年人的社会调查与心理测评制度,但其只针对刑事案件中的未成年犯罪嫌疑人,显然难以适用于针对有严重不良行为的未成年人的专门教育程序。

3. 缺少矫治教育记录封存制度①

专门学校的性质决定了公众对其的消极印象短期不会改变,同时人们倾向于将“曾接受矫治教育”视为类似于犯罪前科的“人生污点”,倘若未成年人的矫治教育记录公之于众,这种“标签效应”显然会对它们未来的成长、就业产生较大负面影响,然而类似于“犯罪记录封存”的“矫治教育记录封存”制度尚未建立起来。

三、域外少年保安处分制度的借鉴与启发

我国未成年人刑事司法中的矫治教育没有道义谴责性,更不是对不良未成年人的报复与惩罚——恰恰相反,它是一种代替刑罚的、对未成年人进行矫治和教育的富有中国特色的少年保安处分措施。而对那些未达最低刑事责任年龄的触法未成年人适用保安处分也是域外国家和地区的普遍做法,所以了解、借鉴域外少年保安处分制度,对我国矫治教育制度的完善有较大的启发作用。

---

① 参见顾泠涓:《专门矫治教育的权利保障功能及其运行机制展开》,载《预防青少年犯罪研究》2021年第3期。

(一)美国

美国的少年法院可以作出三类判决。[①] 第一类是保护观察。少年观护机构指导触法少年参加职业训练项目、按时上学、在少年引导诊所获得治疗、赔偿等。第二类是原家庭以外的安置。在触法未成年人的原生家庭无法改变其偏差行为时,将其安置于其他家庭,通常是志愿性质的寄养家庭。这是一种避免将少年送往训练学校的可行的替代性选择,严于保护观察,但达不到拘禁的标准。第三类是训练学校。训练学校收容14岁至18岁的触法未成年人,实施一定警戒但不设围墙与持枪看守,管教人员不穿制服。训练学校一般用一半以上的时间对他们进行文化教育、职业训练和文体活动。此外,针对个人的不同情况开展一定的治疗改造项目,包括精神病分析项目、心理治疗项目等。

(二)英国

英国少年保安处分制度的特色是"社区判决"[②],也就是针对触法未成年人的非拘禁判决,主要是以下几种:(1)社区感化令,少年必须努力弥补其行为所造成的损失和伤害,对违法行为进行审视和反思,并接受集中监督和监测;(2)社区惩罚令,青少年必须完成40~240小时的社区志愿者工作;(3)行动计划令,触法少年将被转移到一个特别小组,这个特别小组由负责青少年犯罪的工作人员和社区志愿者组成,他们将与少年,他们的父母和受害者一起制定一个项目,以使少年犯意识到他们的行为的危害,并帮助触法少年纠正不良行为。

(三)德国

德国《少年法院法》规定,对于犯罪少年应优先适用保护处分。德国的保护处分主要包括以下措施。[③] 第一种是教育处分。法官可以对触法少年发布特定"指示",为其设定行为模式:参加劳动;参加社会培训;尽力得到被害人的谅解等。如果少年身心出现了缺陷,法官在得到监护人同意后可以强制他们接受专门的教育治疗或心理辅导。第二种是惩戒处分。少年实施了违反法律但未达到刑事处罚

---

① 参见林琳:《我国罪错未成年人司法处遇制度的问题及完善路径》,载《北京科技大学学报(社会科学版)》2021年第4期。

② 从磊:《低龄未成年人触法行为干预措施研究》,上海师范大学2020年硕士学位论文,第22页。

③ 参见汪丽娜:《未满14周岁未成年人涉严重危害社会行为干预措施研究》,华东政法大学2018年硕士学位论文,第21页。

标准的行为后,应当采取的使其认识到自己行为违法性的措施,分为三类。首先是警告,告知少年其行为已经违反法律。其次是规定义务,德国《少年法院法》第15条规定德国的法官可以要求违法少年做出行为,例如向被害人道歉并努力求得谅解、参与社会工作、给公益机构捐钱等。最后是少年禁闭,在不耽误少年接受正常学校教育的前提下给少年以惩戒,约束性与严厉性最强。

(四)日本

日本现行《少年法》规定的少年保安处分主要分为三类。① 第一类是保护观察。不对触法少年处以监禁,而是由专门的保护观察官给予其管教监督和援助辅导,使其迷途知返。保护观察期间少年应当遵守的事项包括"居有定所,从事正当行业""不与品行不良者结交""离开住所地或者更换住所,需事前取得保护观察监管者同意"等。援助辅导的措施主要有职业规划教导,以及就职援助。第二类是移送儿童自立支援设施或养护设施。移送儿童自立支援设施主要通过营造一种和谐、互助、友爱的生活环境,对儿童进行"生活指导、课程指导和职业指导"。养护设施是用来收容无保护人的儿童和那些遭受不同程度虐待的儿童并帮助其自立的设施。第三类是移送少年院。少年院是矫正触法少年的专门机构,而移送少年院也是一种非开放性的、最严厉的保护处分。移送少年院存在阶段处遇与分类处遇两种制度。前者是指根据少年院的司法处遇约束性、严厉性的由低到高将其分为由低到高不同阶段,少年的成绩提高后可以从低级阶段进入高级阶段,对其的约束也更为宽松。后者是指根据事前对少年人身危险性、主观恶性、行为倾向等方面进行调查,将具有共性的少年置于同一设施中进行教育。

(五)域外制度给我国的启示

尽管域外国家与地区的少年保安处分制度千差万别,但共性也很突出,对我国矫治教育制度的完善有较大的启发作用。首先是处遇个别化,即结合触法未成年人的年龄、性格、违法行为等方面,具体问题具体分析,为其量身定做相应的矫治措施。其次是建立触法未成年人分级分流处遇体系,通过学校、社工组织、社区等多元化主体对罪错未成年人转处和分级干预,最大限度上对未成年人作非犯罪化、非刑罚化、非监禁化处理。最后是儿童利益最大化,在对未成年人进行教育、

① 参见苏琨:《我国少年保护处分制度的构建——以日本保护处分制度为参考》,西南政法大学2011年硕士学位论文,第9页。

照顾的基础之上,为其提供职业、心理、医疗和物质方面的个别协助,保护其利益和发展。

四、我国未成年人矫治教育制度的完善

(一)填补立法空白

矫治教育作为一种颇具中国特色的保安处分措施,其在防卫社会、保护未成年人合法权益方面价值重大,专门学校也如同雨后春笋在各地成立。为了避免矫治教育制度在实践中异化、变形并重蹈收容教养的覆辙,矫治教育立法势在必行,国务院与有关部门应当及时填补立法空白,对矫治教育的适用主体、适用对象、适用期限、适用程序、教育内容等《预防未成年人犯罪法》语焉不详但困扰实践的方面予以细化,加快形成矫治教育法规体系。而其中首要的就是要厘清"矫治教育""专门教育""专门矫治教育"等含混不清的概念。本文认为,狭义的矫治教育,就是《预防未成年人犯罪法》第41条规定的,由公安机关对有严重不良行为的未成年人适用的,有一定约束性但尚未剥夺人身自由的司法措施,包含"责令具结悔过""责令参加社会服务活动""责令接受社会观护"等具体措施。广义的矫治教育,即《预防未成年人犯罪法》规定的,针对有不良、严重不良行为的未成年人进行教育和矫治的保护处分措施,是中国特色的少年保安处分制度。广义的矫治教育是一个笼统的概念,有三种类型:一是《预防未成年人犯罪法》第31条规定的由学校作出的管理教育措施;二是《预防未成年人犯罪法》第41条规定的公安机关作出的矫治教育措施(也就是狭义的矫治教育);三是《预防未成年人犯罪法》第43—45条规定的专门学校执行的专门教育措施。"专门矫治教育"这一概念则有两个含义。一方面,《刑法》第17条是《预防未成年人犯罪法》最重要的法律依据,所以在法理上,可以认为该条文规定的"专门矫治教育"囊括《预防未成年人犯罪法》规定的管理教育、矫治教育、专门教育三种司法保护措施。所以应当对《刑法》第17条的"专门矫治教育"应当作广义解释,将其理解为是"矫治教育"与"专门教育"的结合。另一方面,应当对《预防未成年人犯罪法》第45条出现的"专门矫治教育"作狭义解释,将其理解为"专门教育",因为它最终是由专门学校执行,进行封闭式教育,而与公安机关执行的开放式"矫治教育"无关。

(二)进一步明确矫治教育适用条件,从严把握

1. 对象条件

适用矫治教育的未成年人应当年满12周岁。因为12周岁以下的青少年尚

处于小学阶段,不能正确认识周围事物及自己行为的性质和意义。况且此年龄段的未成年人三观尚未成型,他们几乎不存在严格意义上的“主观恶性”与“人身危险性”,也正是因为他们可塑性较大,相对温和的家庭教育足以对其“重塑”进而纠正其不良行为,并不需要司法机关越俎代庖对其进行司法矫治。倒是年满12周岁的未成年人,正处于青春期、发育期,身心逐渐成熟;进入中学阶段,他们也具备初步的道德意识与规范意识,模仿性与接受外界新事物的能力较强。此年龄段未成年人实施的不良行为能够反映其人身危险性,也足以引起社会的忧虑,可以适用专门矫治教育对其进行司法干预。

2. 行为条件

应当对作为矫治教育行为条件的“严重不良行为”进行从严把握。首先,应通过立法解释、司法解释对《预防未成年人犯罪法》第38条“其他严重危害社会的行为”这一兜底条款予以明确,尽可能地列举严重不良行为的具体类型,限制矫治教育机关的自由裁量权。其次,坚持主客观相统一原则,矫治教育机关不能只关注严重不良行为的客观危害性,还要看到触法未成年人的罪过、主观恶性、违法目的与动机,避免“客观归罪”。最后,也要看到未成年人的人身危险性与再犯可能性,坚持对行为与行为人两个方面进行全面审查,避免简单的“行为归罪”。

3. 家庭条件

只有家庭教育完全失效,也即触法未成年人的父母或其他监护人没有能力管教、管教无效时,司法机关才能适用矫治教育。在预防未成年人犯罪方面,家庭教育有得天独厚的“亲情感化”优势,而带有强制性的司法矫治教育显然对未成年人的成长有一定负面影响。所以,家庭教育是第一位的,司法矫治教育是第二位的。关于什么是“没能力管教”“管教无效”,可以对少年司法制度长期以来的实践经验予以总结归纳出具体情形,例如“父母双亡、无家可归、浪迹社会”“无业可就、有学不上”“劣迹较多、恶习较深”等。①

(三)合理划分各主体职权

1. 处理好专门教育指导委员会的内部关系

有关部门应当加快制定专门教育指导委员会组织法,对委员会编制管理、人员配置、内部机构设置及其职权划分等问题予以规定和明确。同时,专门教育指导委员会应当有双重属性。一方面,它是议事协调机构,当它发挥《预防未成年人

---

① 参见马克昌主编:《刑罚通论》,武汉大学出版社1999年版,第791页。

犯罪法》第6条规定的“研究确定专门学校教学、管理”的宏观审议功能时，应当邀请作为委员会组成部分的各单位、各领域人员参与，增强宏观决策的科学性与民主性。另一方面，它也是矫治教育机关，在裁量是否要对个别触法未成年人适用专门教育时，邀请各方主体进行“开会审议”显然是不现实的。恰恰相反，应当从专门教育指导委员会各组成单位挑选经过专业培训、熟悉未成年人身心特点的专门人员，成立负责“触法未成年人专门教育必要性审查”的业务部门，从事专门教育决定的审查工作。

2. 处理专门教育指导委员会的外部关系

一方面，应当由专门教育指导委员会行使专门教育审批权。理由如下。其一，专门教育指导委员会由教育、行政、公检法等多部门组成，尤其是还包括关心下一代工作委员会、专门学校等熟悉未成年人身心特点的单位，此外还有律师、社会工作者参加，这足以说明其是一个专门性、专业性较强的指导机构。由专门教育指导委员会对触法未成年人的专门教育适用必要性进行评估、审查更为合适。其二，公安机关与教育行政部门本身承担众多行政职能，且缺乏熟悉未成年人身心特点的工作人员，显然难以胜任专业性较强的矫治教育工作。其三，倘若专门教育审批权由三个机关共同行使，会带来一些棘手的难题：审批权如何合理划分？各机关意见相左时，如何处理？所以应当对《预防未成年人犯罪法》第44条、第45条赋予公安机关、教育行政部门的“决定权”理解为形式意义上的权力，真正的专门教育的审批权由专门教育指导委员会掌握。

另一方面，正确处理好专门教育指导委员会的“指导”与人民检察院的“监督”之间的关系。其一，正如前文所述，专门教育指导委员会是由多人员、多部门联合组成的专业性较强的机构，所以无论是对个别未成年人作出矫治教育决定，或是制定未成年人犯罪预防工作的相关规范，检察院原则上都应当尊重，不得随意干扰。其二，《预防未成年人犯罪法》第60条规定，人民检察院通过依法行使检察权，对未成年人重新犯罪预防工作等进行监督。所以人民检察院对专门教育指导委员会进行法律监督是其行使检察权的应有之义。检察院的法律监督可以是主动按照法定程序，检查、督促和纠正专门教育指导委员会的未成年人犯罪预防工作的“事前型监督”，正如《预防未成年人犯罪法》第66规定的那样，“国家机关及其工作人员在预防未成年人犯罪工作中滥用职权、玩忽职守、徇私舞弊的，对直接负责的主管人员和其他直接责任人员，依法给予处分”；也可以是为了救济因不服专门教育决定而提起申诉、控告的受害人及其法定代理人而对专门教育指导委员会采取的“事后型监督”。但无论是何种监督，都应当聚焦于相关公职人员是否存在渎职行为,而非对专门教育指导委员会正常的未成年人犯罪预防工作进行干涉。

(四)程序重塑

首先,完善调查程序。第一,在调查阶段,引入合适成年人在场制度,矫治教育机关询问触法未成年人以及调查取证时,应当通知其父母、其他监护人或其他合适成年人到场并听取他们的意见。第二,建立有严重不良行为未成年人的社会调查与心理测评制度。触法未成年人是否会被送入专门学校接受专门教育与他们的利益密切相关,同时也容易引起激烈的冲突。为了避免冲突加剧,专门教育指导委员会在办理未成年人案件时,必须自行或者委托有关社会组织、机构对触法未成年人展开社会调查与进行心理测评,并以此作为是否作出专门教育决定的重要依据。这里的社会调查可以借鉴《刑事诉讼法》以及《预防未成年人犯罪法》第 51 条规定的未成年犯罪嫌疑人社会调查报告制度,充分调查未成年人成长经历、犯罪原因、监护教育等情况;心理测评的目的是评估未成年人是否业已形成相对稳定的不良人格与心理状态。在全面调查触法未成年人主观恶性、人身危险性及其家庭教育条件的基础之上作出的专门教育决定显然更具有合理性,也更容易为未成年人监护人、学校、受害人等主体接受,避免其对矫治教育机关产生不信任感。第三,建立专门教育的前置听证制度。既然《行政处罚法》规定行政相对人将被处以较大数额罚款、吊销营业执照等对其权益重大处分的行政处罚时,有权申请启动听证程序,那么专门教育指导委员会也应当保证未成年人及其法定代理人申请听证的权利,这是程序公正的必然要求。所谓专门教育听证程序,就是专门教育指导委员会做出专门矫治教育决定之前,听取触法未成年人的陈述、申辩、质证以及受害人等利害关系人意见的法律活动,包含告知听证权利、申请听证、听证预备、听证举行等程序。它有几个方面的优点。其一,听证程序在其他领域已运作多年,也积累了丰富的实践经验。曾有人主张效仿强制医疗程序,建立"公安建议—检察院申请—法院决定"的矫治教育程序。[①] 但和这种涉及司法体制变革的"大刀阔斧"的方案比起来,将听证程序其引入矫治教育程序的难度与成本更小。其二,听证程序克服了传统行政式审批程序的弊端,它形成了控诉方(受害人)、辩护方(触法未成年人及其代理人)与裁判方(专门矫治教育委员会)"三足鼎立"的

① 参见孙文斌:《论专门矫治教育制度在我国的构建——以替代收容教养制度为视角》,山东师范大学 2021 年硕士学位论文,第 30 页。

格局。在这种类似“诉讼形态”[①]的格局之下,一方面控辩双方可以提出新证据或对专门机关调查收集的证据进行“质证”,确保委员会的专门教育决定建立在真实的事实基础之上;另一方面专门教育指导委员会必须听取控辩双方的陈述与意见,做到“兼听则明”进而确保专门教育决定的合理性。同时此阶段可以将社会调查报告制度融入其中,“控辩双方”可以在听证程序中对调查报告发表意见,必要的时候甚至可以通知专业人士到场,对触法未成年人适用专门教育的必要性发表意见。其三,听证程序符合司法领域程序的最低限度公正标准,[②]更能贯彻程序正义的理念:为双方提供一个制度性的交涉平台,保证双方的知情权、参与权,尊重双方的主体性与人格尊严。

其次,完善执行程序。有学者指出,对触法未成年人进行专门教育的专门学校依旧有“交叉感染”的危险。[③] 这种观点不无道理,因为低龄未成年人辨认和控制能力明显不足,而模仿性、可塑性又较强,在学校监管范围之外的死角,有严重不良行为的未成年人可能在思想、行为、习惯等方面会对轻微违法的未成年人进行潜移默化的消极影响,强化其不良行为,导致有轻微不良行为的未成年人被进一步“污染”。因此进行专门教育时应分年龄层安排住宿、培训和活动,尤其是将情节轻微的触法青少年与恶习较深、屡教不改的青少年隔开,同时增设针对性较强的多元化课程,实现教育个别化。

再次,完善受害人救济程序。一方面,应当赋予受害人及其法定代理人独立的专门教育程序启动权。未成年人实施严重不良行为后,倘若其父母、其他监护人或学校怠于启动专门教育程序时,受害人可以单方向专门教育指导委员会提出申请,要求委员会将触法未成年人送入专门学校接受专门教育。另一方面,应当赋予受害人申诉控告权。当受害人及其法定代理人不服公安机关、专门教育指导委员会做出的矫治教育决定时,应当允许其向人民检察院申诉控告。大多数触法未成年人及其法定代理人行使行政救济权的法律意识和能力都是相对薄弱的,即便他们受到不公正对待也不会考虑或没有能力提起行政复议或行政诉讼。而直达人民检察院的申诉控告无疑是一种相对简便快捷的救济方式。况且《预防未成年人犯罪法》第60条规定:“人民检察院通过依法行使检察权,对未成年人重新犯罪预防工作等进行监督。”受理受害人的申诉控告自然是人民检察院行使检察权

---

① 陈瑞华:《刑事诉讼法》,北京大学出版社2021年版,第86页。

② 参见陈瑞华:《刑事审判原理论》(第3版),法律出版社2020年版,第80页。

③ 张蓉:《未成年人犯罪刑事政策研究》,中国人民公安大学出版社2011年版,第86页。

的应有之义。

最后,引入矫治教育记录封存制度。公安机关、专门教育指导委员会对触法未成年人采取矫治教育措施后,应当对相关记录予以封存。矫治教育记录被封存的,不得向任何单位和个人提供,但司法机关为办案需要或者有关单位根据国家规定进行查询的除外。依法进行查询的单位,应当对被封存的犯罪记录的情况予以保密。

五、结语

近几十年来我国的罪错未成年人司法处遇体系在维护社会秩序、挽救违法青少年等方面发挥了重大作用,但实践中也不可避免地存在"惩罚为主,教育为辅"这种本末倒置的困境,在应对日益严重的青少年犯罪问题时也显得颇为无力。在对未成年人适用刑事、行政处罚的弊端逐渐显现,工读教育式微,收容教养制度被废除的背景下,矫治教育制度的出台,显然是我国少年司法制度迈出的极富探索性、实践性的重要一步,值得被进一步关注和研究。矫治教育制度不具有惩罚性,所以不会像刑事、行政处罚那样给触法未成年人贴上"负面标签",激发其逆反心理与自暴自弃心理。它的亮点在于其司法保护属性——通过专门学校、公安机关、社区等多元主体对触法未成年人的不良人格、行为、心理进行矫正,去除他们身上所蕴含的"犯罪诱导因素"的同时,对其辅以文化、道德、职业等多方面教育,避免其再次实施"越轨行为",进而使其向法秩序回归,重新适应正常的社会生活。作为我国罪错未成年人司法处遇体系最新的制度设计,矫治教育制度总结了我国少年司法制度以往的经验与得失,能在教育、感化、挽救违法青少年方面发挥更大的作用,但也存在对受害人救济不足、适用条件不明确等缺陷。所以需要在程序正义、保护未成年人合法权益的视角下从实体、程序两个方面对矫治教育制度进行重塑,并使其与《刑法》《刑事诉讼法》《治安管理处罚法》《未成年人保护法》等涉及未成年人的法律形成良好的衔接关系,进而完善我国触法未成年人分级分流干预体系。

(编辑:闫召华)

我国社会工作嵌入少年司法场域之探讨

王晓华　彭玉婕*

摘　要：目前，我国各地少年司法领域对社会工作服务嵌入的需求强烈，但尚未形成全国范围内的普遍性推动。从嵌入现状来看，法律规范及政策依据疲软，青少年司法社会工作专业性不足，社会服务体系衔接机制不顺畅，少年观护手段有限、体系性不足。他山之石，可以攻玉。从比较法视角来看，我国台湾地区少年观护制度的规范沿革及实践状况，以及在少年事件分流、组织人员建制、社会工作观点之运用等方面，具有一定的优势。由于法律土壤接近，我国台湾地区社会工作经验在少年司法场域的整合，对大陆社会工作嵌入少年司法有一定借鉴价值。结合大陆地区本土特色，完善法律规范与政策体系，强化社工队伍建设，构建未成年人司法社会支持体系，建立少年观护体系、探索良性转介机制，可作为破解我国社会工作嵌入少年司法场域之困境的思路。

关键词：台湾少年观护；少年观护人；少年司法社会工作；未成年人司法社会支持体系

一、我国社会工作嵌入少年司法之探索现状

偏差行为是违反社会规范的行为，包括不良行为、违法行为和犯罪行为三个梯度。在社会学理论中，偏差行为被认为是青春期的正常现象，无须过当干预。未成年人多数会在青春期过渡至成年期后自动放弃偏差行为，此所谓“偏差行为的自愈”。[①] 根据社会控制理论，犯罪倾向是个人普遍存在的，个人与社会的联系能够

---

* 王晓华，华东政法大学副教授；彭玉婕，华东政法大学刑事法学院硕士研究生。

① 参见姚建龙主编：《困境儿童保障研究——主要以上海市为例》，中国政法大学出版社 2018 年版，第 65 页。

一定程度上阻断偏差行为。① 社会工作者正是连结越轨少年与社会的桥梁。所谓社会工作嵌入少年司法,②即指青少年司法社会工作参与少年司法场域的活动。

社会工作者弥补了司法工作人员知识面的欠缺,利用专业优势链接多方资源,在未成年人犯罪预防、审判以及帮扶矫正工作中发挥了作用。青少年司法社工服务的内容包括担任合适成年人、开展社会调查、开展社会观护、实施帮教考察、执行社区矫正、提供监所内服务等。虽然目前我国各地少年司法领域对社会工作服务介入的需求强烈,已有部分省市进行探索,但各地少年司法社会工作推进的深度和广度各不相同,没有形成社会工作嵌入少年司法场域全国范围内的普遍性推动,并且探索实践困境重重。③

(一)法律规范及政策依据疲软

修改后的《未成年人保护法》、《预防未成年人犯罪法》和《刑事诉讼法》为社会工作嵌入少年司法场域提供了基本思路。2020 年 7 月 1 日正式实施的《社区矫正法》亦将社会工作纳入社区矫正的实践工作中,并且对未成年人社区矫正作出了专章规定。④ 我国涉及社会工作嵌入少年司法场域的法律规范如表 1:

表 1　我国少年司法社会工作的法律规范

法律规范	涉及内容
《未成年人保护法》	社会组织代表作为合适成年人到场;与社会组织配合,对未成年被害人实施心理干预等保护措施;鼓励社会组织、社工参与未成年人的心理干预、法律援助、社会调查、社会观护、教育矫治、社区矫正等工作
《预防未成年人犯罪法》	有关社会组织协助做好预防未成年人犯罪工作;责令严重不良行为的未成年人接受社会观护;对未成年人进行矫治教育时可以邀请社会工作服务机构参与;司法机关可委托社会组织进行社会调查和心理测评

① 参见[美]特拉维斯·赫希:《少年犯罪原因探讨》,吴宗宪等译,中国国际广播出版社 1997 年版,第 10 页。

② "嵌入性"概念由波兰尼在其著作《大转型:我们时代的政治与经济起源》中提出,后形成理论被广泛应用于社会工作研究中。

③ 参见席小华:《我国少年司法社会工作的实践困境及行动策略——以 B 市实践为例》,载《华东理工大学学报(社会科学版)》2016 年第 6 期。

④ 参见席小华:《"三法"制定和修改背景下的少年司法社会工作服务体系建设》,载《中国社会工作》2020 年第 28 期。

续表

法律规范	涉及内容
《刑事诉讼法》	对未成年被告人进行社会调查；社会组织代表作为合适成年人到场
《社区矫正法》	社区矫正机构对未成年人采取针对性的矫正措施；确定矫正小组，吸收熟悉未成年人身心特点的人员参加；共青团、妇联、未成年人保护组织依法协助未成年人社区矫正工作；鼓励其他相关社会组织参与未成年人社区矫正工作
最高人民法院《关于适用〈中华人民共和国刑事诉讼法〉的解释》	与社会组织配合推动情况调查、安置帮教等工作；与社会组织配合，对未成年被害人实施心理干预等保护措施
《人民检察院刑事诉讼规则》	借助社会力量开展帮助教育工作；委托社会组织进行社会调查；社会组织代表作为合适成年人到场
《检察机关加强未成年人司法保护八项措施》	支持社工人才队伍建设，主动与专业机构链接，以政府购买服务等方式，将社会调查、合适成年人参与未成年人心理疏导、观护帮教、附条件不起诉监督考察等工作，交由专业社会力量承担，建立司法借助社会专业力量的长效机制
最高人民法院《关于审理未成年人刑事案件的若干规定》	人民法院要加强同政府有关部门、共青团、妇联、工会等人民团体以及未成年人保护组织等有关社会团体的联系，共同做好未成年罪犯的教育和挽救工作

但是，表1中法律规定多为原则性规定，缺乏可操作性的具体规范。比如，部分法条中表述的“社会组织”之称谓过于宽泛，虽然实务中青少年社工机构长期以来一直作为社会调查、合适成年人、教育矫治等制度的承担者，但是法条中的体现并不明确，这导致法律规范中涉罪未成年人案件中司法主体之外的教育矫治主体模糊，相关主体授权不明，权利义务界限模糊，进而导致实践中开展工作困难。并且，表1中法律规定多为约束司法机关办理案件的准则，涉及社工介入少年司法的内容实为少数，仅能表明司法系统对于青少年社会工作介入的认可，难以从整体和系统的视角把握青少年社工在涉罪未成年人案件中的工作内容、方式以及职责规范等，因而青少年司法社工发展的相关政策规划和法律依据亟待制定。2019年7月，中国共青团中央、民政部共同提出的《青少年社会工作服务指南》开始实施，它是我国社会工作领域第一个国家级标准，对青少年社会工作服务的原则、内容、方法、流程和管理等进行了规定。但其中涉及少年司法的内容较少，对于社工

参与司法工作的资金、技术、人才等方面均没有相关政策支持,导致青少年司法社工在司法工作中面临诸多困境。

(二)青少年司法社会工作专业性不足

我国青少年司法社工机构数量不足且发展缓慢,呈现弱、小、散、乱的特点,由于缺乏专门的经费渠道和稳定的业务支撑,社会工作人员流失严重。一些地区青少年司法社会工作由共青团组织发动志愿者承担或者由团委直接组织和管理,名义上是独立的社工机构,但实际上与共青团是一套人马,不仅要提供青少年社工服务,还要承担团委的事务性工作,因此缺乏准确的机构定位。

同时,社工教育上的欠缺是青少年司法社会工作专业性滞后的重要原因。目前,我国社工教育没有系统的岗前培训课程和师资力量。此外,岗位保障、技术标准不一也是实践困境之一。很多地方政府职能部门体系内并没有设置真正意义上的青少年司法社会工作岗位,社工不属于公务员编制或事业编制,而属合同制,一般是街道办招聘的公益岗位。个别地方的社工可享有事业编的待遇,但是薪资待遇亦不理想。各地行业准入资格标准差异大,缺乏职业晋升机制。[①] 因此,职业吸引力的不足导致专职社工的数量远远不能满足司法实践的需要。而作为社会工作人员补充力量的社会志愿者,不仅没有完善的动员、管理机制,且其流动性过高并缺乏专业背景。

职业队伍专业化不足必然导致社会服务质量参差不齐。社工介入司法工作时除了需要具备相应的社会学专业背景,还需要具备一定的法学、心理学知识储备,否则,将难以解答当事人的法律困惑,不易与当事人建立信任关系。并且,由于欠缺具体的服务标准和规范,实务中青少年司法社工介入程度也有所差异。有的社工在开展帮教矫正工作时,与当事人仅限于口头交流、定时家访或电话联系,有的甚至不直接与当事人接触,当事人的动态源自家长的反馈,社工更多扮演着说教者的角色。而由于缺乏专业的督导和统一的培训,许多社工未能熟练掌握社会工作技巧和方法,难以基于当事人的需要联系社会资源,对当事人的帮助十分有限。辽宁省鞍山市某社工服务中心的工作案例中,小斌(男,1998 年出生)自幼父母离异,母亲忙于工作,由外祖母照顾,在校成绩不好,常与不良青年来往,职校肄业后,于 2012 年因涉嫌聚众斗殴罪被鞍山市某区公安分局取保候审。社工为

---

① 参见席小华编著:《中国青少年司法社会工作理论与实务模式研究》,华东理工大学出版社 2019 年版,第 167 页。

小斌制定了教育矫治方案，邀请当事人参加由社工组织的成长型小组，使当事人在积极的同伴群体内获得认同与归属感，从而与不良同伴团伙脱离关系，通过会谈、回顾成长史、空椅子技术①等使当事人自我了解、明确自我需求，在“阳光之家”完成三个月的公益劳动。同时，通过母子双方的会谈，促进家庭沟通。方案的评估采用量表测法和问卷两种方法。在个案之前，社工请当事人做一份关于偏差行为倾向的问卷，用于预估当事人的问题。个案工作具体行动完成情况量表、当事人满意度调查问卷在工作后用于对整个个案完成情况的评估。② 本案例虽作为正面典型宣传，但从中我们可以发现，社工对于小斌的教育辅导局限于心理、交友、家庭等方面，对于后续升学或者就业并没有制订相应的帮教计划，缺乏文化学习和技能培训的内容，帮教方式以面谈居多，没有结合当事人的自身性格特点进行个别化处遇，社会资源的联结亦有限，社工服务的评估较为程式化，量表和问卷的形式不足以全面反映帮教效果，难以推动青少年社会服务的正向发展。

（三）社会服务体系衔接机制不顺畅

首先，我国司法办案部门与社会机构的跨专业合作模式尚未形成，区域间差异较大。社会工作参与未成年人司法实践主要局限于“未检”工作系统中，许多地区司法机关甚至难以寻求社会组织介入未成年人司法服务。③ 同时，司法机关对于社会工作不信任，也没有足够的政府购买制度支持，因此涉罪未成年人难以在多个司法环节连续获得社工服务。在广东省东莞市同德社会工作服务中心的一例青少年社工案例中，小A（男，16岁）父亲酗酒且家暴，父母在小A年幼时离异，家庭困难，在哥哥的影响下，小A结交了一群不良友伴，初中辍学后打工，因兄弟义气打群架将一人殴打致死。小A因故意伤害罪被收押看守所，经过社会调查和初步辅导，其行为趋于稳定，最终被检察院施以附条件不起诉的决定，置于帮教基地工作，进一步改造。社工针对小A共辅导16次，其中面谈9次，电话7次。在

① 空椅子技术是由德裔美国心理学家皮尔斯首创的完形心理疗法，此技术运用两张椅子，要求求助者先坐在其中一张椅子上，扮演内心冲突情境的一方，然后再换坐到另一张椅子上，扮演内心冲突情境的另一方，而让求助者所扮演的两方持续对话，以逐步达到自我的整合或者自我与环境的整合。目的就是帮助当事人全面觉察发生在自己周围的事情，分析体验自己和他人的情感，帮助他们朝着统整、坦诚以及更富生命力的存在迈进。参见汤福球、舒晓丽编著：《社会变迁中的青少年心理辅导》，北京邮电大学出版社2012年版，第24页。

② 参见《青少年社工案例分析》，载徐州社会工作服务网，http://www.xz8285.com/home/article/r984/，2021年7月13日最后访问。

③ 参见费梅苹：《未成年人司法社会工作：从跨界合作到强强联合》，载《中国社会工作》2020年第28期。

整个刑事诉讼的过程中,公安机关、看守所、检察院、法院都由不同的社工跟进对接,无法形成对当事人的持续跟踪和系统性帮教。该案例反映出司法机关内部的社工介入存在衔接不畅的问题,后道程序和前道程序社工人员不一致势必影响帮教的效果。另外,由于未成年人犯罪记录实行封存制度,案件处理后,社工无法接触当事人的涉罪情况,难以进行个别化辅导。

其次,社工机构与外部社会资源联络松散,数量有限,可利用的社会资源多为官方组织,民间组织、企业资源占比较小。目前与社工机构建立稳定联系的组织限于司法所、团委、教育行政管理机关、政协、妇联、学校、街道办等,社工组织与福利慈善机构、爱心企业以及高校科研机构的联络薄弱。我国社区作为观护帮教的摇篮之一,也并没有形成对于涉罪未成年人的良好宽容氛围。未成年人司法转介虽初现雏形,但尚不完备。[①] 由于社会资源的匮乏,司法机关与第三方专业机构的合作甚少,难以依靠自身力量实现未成年人司法处遇需求,转介机制尚未形成,即便有合作也呈现短期、个案的特点,未能形成常态的转介规模。

社会服务体系衔接不畅会产生两个问题,一是经费保障不足,突出表现在政府采购服务资金整体不足。委托社会服务支出并非地方政府专项支出,很多地区司法机关是从正常办案经费中计件支付社工的服务费用,并且支出费用数额较小。[②] 此外,大部分的社工机构也少有慈善资金的投入。二是社会处遇资源欠缺,没有充足的爱心企业、职业学校等单位或机构作为观护基地,许多观护帮教措施由于缺乏社会资源难以落地。并且,由于缺乏心理评估、辅导机构的顾问和高校以及教师指导,社工很难从专业角度对未成年人的心理健康状态进行评估,对于疑难复杂的观护服务案例因为没有专业的意见也无计可施。

(四)少年观护手段有限、体系性不足

2020 年 5 月,陕西省蓝田县一小学教学点 4 名男生(其中两名 11 岁,两名 12 岁)对一名 13 岁女生在男厕所实施性侵。女方家长随后报案,经蓝田县公安机关调查后,因涉事男生未满 14 周岁,不符合立案条件,决定不予立案,涉事 4 名男生

---

① 参见吴燕:《刑事诉讼程序中未成年人司法保护转介机制的构建——以上海未成年人司法保护实践为视角》,载《青少年犯罪问题》2016 年第 3 期。

② 经笔者调研了解,2020 年上海市某区检察院委托社工介入涉罪未成年人观护帮教的,按服务对象数量计算服务费用,每服务一个案主,有 200 元左右的补贴。

由公安机关送至西安市工读学校就读。① 该报道引起社会广泛争议,虽然公安机关不予立案符合法律规范,但是现有工读学校的教育矫治是否足以使涉案未成年人认识到其行为的恶劣影响以及给同样是未成年的被害人造成的伤害,“以教代罚”是否会让涉案未成年人心存侥幸,进而借助未成年人“保护伞”的身份播种更多恶果?舆情的背后体现出公众对现有未成年人处遇机制的不满和不信任。

我国针对涉罪未成年人的非刑罚处遇措施,主要有责令家长或监护人严加管教、训诫、工读教育、帮教、行政处罚和收容教养六种。目前,我国非刑罚处遇措施存在着滞后和萎缩的问题。由于很多未成年人来自困难家庭,监护人管教措施难以发挥效果。工读学校的标签效应饱受诟病,并且入学强制性转为“三自愿”原则之后,工读学校难以成为有效的处遇手段,导致工读学校生源紧缺,随之而来的是师资薄弱、配套设施匮乏等困境。行政拘留偏向对未成年人偏差行为的惩罚,对于司法矫治并没有益处,还可能会造成交叉感染,进一步恶化涉案未成年人的成长环境。收容教养作为唯一的强制性处遇措施,也存在法律依据不足、适用条件不明、缺乏救济程序和执行效果欠佳等问题。青少年司法社工介入的处遇措施和介入程度有限,并且传统的社工服务带有明显的说教式色彩,无法从根本上消解涉罪未成年人的偏差行为。②

除了处遇措施的滞后,少年观护未成体系也是社工介入少年司法的阻碍之一。近年来,一些低龄化恶性事件引发的社会效果让我们开始重视刑罚替代措施,但少年观护的地位并没有提高到其应有的位置。③ 虽然部分地区已经开始了青少年社会观护的探索,④但均限于部分区域,并未形成试点经验的规模化推广。少年观护是青少年社工介入少年司法的主要途径,少年观护难成体系也意味着针对涉罪未成年人的社会工作无法有的放矢,难以有效进行个案跟踪。

他山之石,可以攻玉。从比较法视角来看,我国台湾地区少年观护制度的立

---

① 参见《陕西蓝田通报“小学女生校内遭 4 名男生侵害”:多人受处分》,载新闻频道网,http://news.cctv.com/2020/06/07/ARTI2TCN7f9eJKSJiZ6aw6fg200607.shtml,2021 年 6 月 26 日最后访问。

② 参见王多、李嘉妍:《论未成年人罪错行为分级制度的建立和完善》,载《青少年学刊》2020 年第 6 期。

③ 参见林琳:《我国少年观护制度体系构建探讨——以日本为借鉴》,载《河北法学》2021 年第 3 期。

④ 例如,2019 年浙江省温岭市青少年社会观护一体化智慧系统上线,涵盖前期预警、中期帮教、后期关爱三个阶段,建立专职社工 + 专业人士兼职 + 志愿观护团队的管教团队,参见范跃红、葛象慧:《青少年社会观护一体化平台上线》,载《检察日报》2019 年 8 月 25 日,第 2 版。在此之前,上海长宁区、北京市海淀区、江苏省无锡市等也作出了类似尝试,参见叶国平、陆海萍、尤丽娜、徐爱梅:《涉罪未成年人社会观护体系的实践研究》,载《青少年犯罪问题》2014 年第 2 期。

法沿革及实践状况,以及在少年事件分流、组织人员建制、社会工作观点之运用等方面,具有一定的优势。我国台湾地区少年观护制度自 20 世纪 60 年代蓬勃发展,从一开始的简单借鉴域外经验,到后来结合本土特点,形成了一套特有的少年观护工作体系。我国台湾地区少年观护制度中的社会工作经验,对大陆社会工作嵌入少年司法有一定参考价值。

二、我国台湾地区少年观护制度之架构

我国台湾地区少年法制与矫正教育主要承袭于日本法制,故少年矫正机关早期亦受到日本法影响,设有与日本少年矫正机关相仿的少年院、少年观护所与少年监狱。[①] 我国台湾地区少年观护制度自 20 世纪 60 年代已初显雏形,由观护人对涉罪未成年人进行社会调查,向法院提出处遇意见,法院初步审查后,交由观护人观护。观护人使用社会工作的方法与技巧,监督、辅导以及协助少年,使其改变不良习性,从而复归社会。1962 年"少年事件处理法"颁布,引入了观护制度。1968 年,各地方法院开始配以观护人。随后"法院组织法"修正,观护人正式成为公务人员。其少年观护与成年观护采双轨制,少年观护由少年法院(庭)观护人执行,成年观护由检察署观护人执行。1997 年,"少年事件处理法"修正,仿照日本观护制度,将观护人分隶为少年调查官与少年保护官,分别负责审前调查和执行保护处分。我国台湾地区少年观护制度由此正式确立。[②] 此后,随着少年法院的成立以及《家事事件处理办法》等文件的出台,少年观护人的角色愈加多元复杂,涵盖了对少年的监督、辅导、保护和父母亲职教育等。[③]

我国台湾地区在借鉴日本观护制度加以本土化的过程中,也遭遇了"瓶颈"。针对"观护二元化"的讨论一直未能达成共识,导致观护工作的定位始终难以聚焦。日本观护制度不区分成年或少年,业务合并运作,均设置于法务省保护局辖下的保护观察所,由其组织统筹,行政专责,故谓其"观护一元"。[④] 这是我国台湾地区与日本观护制度的最大差异。我国台湾地区自 1980 年审检分隶后,少年观

① 参见陈慈幸:《台日少年矫正教育改革与转衔问题之挑战》,载《军法专刊》2017 年第 1 期。

② 参见徐锦锋:《少年观护制度理论与实务》,台北,洪叶文化事业有限公司 2014 年版,第 13—16 页。

③ 参见自正法:《我国台湾地区少事法之演进脉络与改革趋势——基于实证和历史双维度考察》,载《江淮论坛》2016 年第 6 期。

④ 参见林顺昌:《概述 2007 年日本更生保护法——整合式观护法制的全方位检讨》,载《警大法学论集》2008 年第 14 期。

护与成年观护工作便分属于不同单位，至此形成观护工作双轨制。[①] 有学者曾提出“观护一元化”的倡议，[②]建议建立完整、统一独立的观护体系，以解决少年观护制度在审判体系下被弱化、观护人业务权责不相匹配、工作负荷重、升迁渠道有限等问题，但是我国台湾地区仿照日本立法例设置独立机关共同进行少年与成年观护的可能性很小，并且考虑到少年事件的特殊性，少年观护和成年观护不能混为一谈，因此也有部分学者认为不宜采用“观护一元化”。[③]

另外，缺乏专业法源提供少年观护适用也是我国台湾地区少年观护制度发展至今面临的一大困境。目前，其少年观护的内容主要规定散见在“少年事件处理法”、《“少年事件处理法”施行细则》、《少年保护事件审理细则》、“儿童及少年福利与权益保障法”、《少年及儿童保护事件执行办法》等规定或文件中，成人观护的内容主要以“保安处分执行法”为依托，考虑到观护的外延远非上述规范所能覆盖，为了促使观护法制朝向专业化、现代化发展，我国台湾地区早在2008年就有学者参照域外立法例，草拟了“观护法”送请台湾民意代表提案，[④]但是并未得到应有的重视。

（一）少年法院“先议权”与少年事件分流

少年事件分为少年保护事件与少年刑事案件，少年保护事件侧重保护处分，少年刑事案件侧重刑事处分，两者均由少年法院（庭）统一受理。[⑤] 少年触犯刑罚规定或者有触犯刑罚规定之虞的，少年调查官对该少年的品行、经历、身心状况等进行社会调查后并给出建议，少年法院（庭）结合调查结果，初步审查触法、虞犯内容，作出移送检察官、不付审理或者不付审理并裁定保护处分裁定，依照行为属性将事件区分为少年保护事件或少年刑事案件，决定对该少年采取保护处分或者刑事处分。一般来说，触法情节较轻微（法定最高刑5年有期徒刑以下）的少年，进行保护处分；严重犯罪的少年（法定最低刑5年有期徒刑以上）或具有特殊情形的

---

① 参见林顺昌：《“修复式司法”正名的论辩与实践——以观护法制的改革为核心》，载《警大法学论集》2009年第16期。

② 有学者提出，未来观护制度一元化以及矫正观护合署化是发挥保护管束在刑事政策上功能的重要课题。参见许福生：《台湾地区社区处遇制度之探讨》，载赵秉志主编：《刑法论丛》（2012年第4卷），法律出版社2013年版，第443页。

③ 参见徐锦锋：《少年观护制度理论与实务》，台北，洪叶文化事业有限公司2011年版，第517页。

④ 参见林顺昌：《观护再论》，台北，元照出版有限公司2019年版，第361页。

⑤ 参见刘作揖：《少年事件处理法》，台北，三民书局2017年版，第211页。

少年[1]移送检察官进入刑事诉讼程序进行处理。此即少年法院之先议权。

少年保护事件处理的范围包括少年触法事件及少年虞犯事件。[2] 已满12岁未满18岁的少年,以及未满12岁的儿童,存在触法和虞犯行为的,作为观护的对象,受少年观护制度之保护管束。[3] 过去少年保护事件还包括儿童触法事件,但在2019年"少年事件处理法"修改后,为避免儿童过早进入司法程序,7岁到12岁儿童触法事件回归12年国民基本教育及学生辅导机制处理,不再移送少年法院(庭);少年刑事案件系指已满14岁未满20岁的触法少年,经少年调查官调查后,少年法院(庭)认为对其施以刑事处分更适当,裁定移送至有管辖权的地方检察署,由检察官依刑事诉讼的规定指导侦查、提起公诉,此即逆移送制度。[4]

少年法院先议是少年观护工作的开端。少年法院(庭)接受报告、移送、请求等,受理少年事件,少年观护自始启动。少年观护工作贯穿于整个少年事件处理流程,并非仅有少年保护事件存在观护之适用空间。少年刑事案件进入刑事诉讼程序后,观护工作仍旧发挥其价值。经少年法院(庭)被判处缓刑的少年以及被判处监禁刑在监所服刑中表现良好而准予假释的少年,交由少年法院(庭)执行保护处分,并由少年保护官进行相关教育辅导。

(二)少年观护制度组织及人员配置

针对少年触法和虞犯行为专设机构审理,已成为少年刑事司法改革的一大趋势。[5] 考虑到少年司法的独立性与特殊性以及日益严峻的青少年犯罪问题,我国

---

① 具有特殊情形的少年,诸如少年犯罪时未满18岁在法院受案时已满20岁;或少年犯罪时已满14岁,少年法院依调查结果,认为少年犯罪情节严重,参考少年品行、性格、经历等情况,进行刑事处分较为适当的,裁定移送检察官侦查。

② 少年触法事件是指少年有触犯刑罚法律的行为。少年触法事件又可因是否已满14岁分为犯罪少年和触法少年,已满14岁未满18岁称为犯罪少年;已满12岁未满14岁称为触法少年。

少年虞犯事件是指少年有特定的偏差行为,而依其性格及环境观察,有触犯刑罚法律之虞的。所谓特定偏差行为包括:(1)经常与有犯罪习性之人交往;(2)经常出入禁止少年进入的场所;(3)经常逃学或逃家;(4)参加不良组织;(5)无正当理由经常携带危险器械;(6)吸食毒品或迷幻物品的;(7)有预备犯罪或犯罪未遂而不为法所不罚之行为的。2019年我国台湾地区"少年事件处理法"将偏差行为的范围缩小,缩减司法介入的事由,仅保留第(5)(6)(7)这3类行为。

儿童触法事件是指儿童有触犯刑罚法律行为的。

③ 参见林俊宽:《少年事件处理法》(修订第2版),台北,五南图书出版公司2013年版,第28页。

④ 参见余萍:《我国台湾地区"少年事件处理法"研究》,西南政法大学2019年博士学位论文,第159—163页。

⑤ 参见姚建龙:《中国少年司法制度发展中的问题与少年法院的创设》,载《青年研究》2001年第12期。

台湾地区“少年事件处理法”规定,视需设立少年法院。但除了高雄,其他地区尚未设立独立的少年法院,继续由少年法庭负责审理“少年事件处理法”所规定的事件。我国台湾地区少年法院组织内部包括刑事庭、保护庭、调查保护处。调查保护处设处长一人,由少年调查官或少年保护官兼任。少年调查官、少年保护官、心理测验员、心理辅导员受调查保护处管理及调度。(见图1)

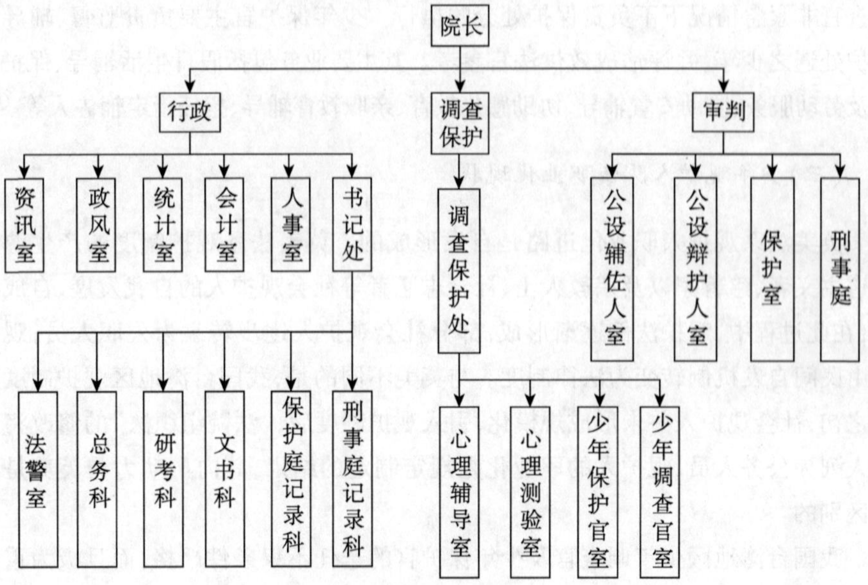

图1 我国台湾地区少年法院编制

资料来源:林俊宽:《少年事件处理法》(修订第2版),台北,五南图书出版公司2013年版,第42页。

从人员配置上看,少年法官、少年调查官及少年保护官是少年法院(庭)的重要人员组成。由于面对未成年人这一特殊群体,少年法官除具备法律专业知识之外,还须进修其他诸如儿童与青少年心理学、社会学、教育学以及犯罪学等专业知识。经相当时间的专业受训后,由我国台湾地区司法管理机构颁发专业证照,且依规定每年持续进修,方可就任。少年调查官与少年保护官角色功能分立是我国台湾地区少年观护制度中人员配置的突出特色。少年观护制度在我国台湾地区少年司法中备受重视,观护人的身份历经了多次嬗变,从最初效仿域外少年观护制度派任观护人,到目前本土化发展成一套自成体系的观护人协作机制。[①] 少年调查官和少年保护官从传统的少年观护人角色中分立之后,两者在制度设计上分

① 参见徐锦锋:《我国台湾地区少年观护制度概览》,载《青少年犯罪问题》2020年第1期。

别负担不同的少年观护工作业务。观护工作从整体上看,包括受案、审前调查、出庭陈述、执行保护处分、少年志工培训、犯罪预防活动策划与执行、社会资源之整合运用等。少年调查官负责调查少年触法或虞犯行为的成因,收集个案资料,对少年的学习情况、健康状况、家庭背景、社会表现以及其他事项进行调查并提出报告,其主要业务包括审前调查、出庭陈述、急速辅导、交付观察、转介处分等;少年调查官非紧急情况下不负责保护处分的执行。少年保护官主要负责监督、辅导受保护处遇之少年,并评估成效供法官参考。其主要业务包括假日生活辅导、保护管束及劳动服务、协助安置辅导、协助感化教育、亲职教育辅导、担任指定辅佐人等。①

(三)少年观护人队伍职业化现状

英美法系观护人职业化进路是自发形成的。英美法系观护制度的产生源于人道主义者、慈善家以及宗教人士、社会志愿者等社会观护人的自我发展、自成体系,在此过程中,观护法例逐渐形成,部分社会观护人逐步转隶为公职人员,观护也由民间自发机制转变为法律制度。与英美不同的是,我国台湾地区观护制度形成之初,社会观护人并未形成规模化,引入观护制度后,“法院组织法”的修改将观护人列为公务人员,观护人的职业化是规定制定的结果,其内禀动力与英美是有所区别的。

我国台湾地区少年调查官及少年保护官的选任不仅条件严格,而且极为重视观护工作之专业背景。观护人兼具公务人员与司法人员的双重身份,除要求符合公务人员的一般规定,也要达到“司法人事条例”的标准,最好具有社会工作、法律、犯罪矫治、青少年儿童福利等专业背景。除此之外,还需参加公务人员特种考试之司法人员三等考试观护人类科考试。该考试包含笔试和面试。笔试由普通科目和专业科目组成。普通科目包括国文、法学知识与英文;专业科目涵盖法律、社会工作、心理学等诸多专业内容。经笔试录取及训练合格后,方能取得少年观护人之任用资格。

新任的少年观护人取得任用资格后,需要接受职前培训,现任的少年观护人也必须定期接受在职训练。训练课程包括“刑法”“刑事诉讼法”“少年事件处理法”等法律学课程,以及观护制度与观护实务等观护学课程,个案研究与实务、咨

① 《少年事件处理法》第9条规定:“少年调查官职务如左:一、调查、搜集关于少年保护事件之资料。二、对于少年观护所少年之调查事项。三、法律所规定之其他事务。少年保护官职务如左:一、掌理由少年保护官执行之保护处分。二、法律所定之其他事务。少年调查官及少年保护官执行职务,应服从法官之监督。”

商技术、调查方法与实务等辅导学课程,相应的心理学、社会学、犯罪学课程。少年观护人工资高于普通公务员,起薪为每月 55,000 —60,000 台币(约合人民币 12,000—13,000 元),观护人工资由地方财政部门统一支出。除了薪资待遇的保障,我国台湾地区对观护人的职务晋升问题加以明确规定,观护人职务等级为第七职等至第九职等,主任观护人等级职务为第九职等和第十职等。[①] 工资会按照官等职等的递增而递增,有利于调动少年观护人的职业积极性。

三、我国台湾地区少年观护制度中的社会工作经验

少年观护属于非机构性的社区处遇,是青少年犯罪矫治体系中的重要环节,可弥补机构性处遇的不足。因其社会处遇之属性,社会工作在我国台湾地区少年观护制度中的意义颇为显著,其社会工作技巧已有所体现,法院业已纳入社会工作者的专业角色,在整个少年事件处理过程中协助少年回归社会与适应生活。

(一)社工观护手段与技巧多元

少年观护工作的性质、内容与社会工作有着极大的融合度。少年观护工作的审前调查由少年调查官运用社会工作的调查及研究方法,以面谈、家访、实时视频通话、实地观察等方法,与少年及其家人、亲友、邻居、老师等沟通,收集相关资料,研究少年触法、虞犯的原因以及个人、家庭、学校等背景。根据审前调查结果,少年保护官对少年实施监督、约束、辅导、矫正等措施,均强调社会工作专业知识、社会工作方法的运用。社会工作中的接案、会谈、社会调查、问题诊断、个案管理以及社会资源的运用等技术,常被运用于我国台湾地区少年观护领域。

1. 个案管理

社工理论中最常使用在观护制度中的就是个案管理。个案管理是指联结各方资源,对当事人进行协调、评估和整合,使其获得所需的社会工作服务。[②] 个案管理的核心在于"因人而异"的联结资源。少年虞犯、触法的成因都较为复杂,其年龄、家庭状况、学习表现等也存在较大差异,在对少年监督与辅导的过程中,有些个案需要职业训练与工作机会的联结,有的需要社会或者社区资源的联结,需要根据观护内容制订不同的计划,规划不同的资源。[③] 从个案管理的工作流程来

---

① 参见刘强:《台湾观护制度组织建制及其对大陆社区矫正的启示》,载《青少年犯罪问题》2019 年第 4 期。

② 参见马林芳编著:《个案管理与分享》,华南理工大学出版社 2014 年版,第 3 页。

③ 参见张明主编:《社会工作概论》,苏州大学出版社 2017 年版,第 81—84 页。

看,当事人通过转介或者自愿接受的方式,成为个案管理的服务对象,由社工对当事人的心理状态、健康情况、家庭背景、教育程度、社会评价等进行评估。经过评估后确定个案的服务方案,并且在服务过程中进行不断的评估和监督,以便及时调整服务,并在达到个案预期效果后结案,结案后安排好后续的转介工作。[①] 高雄少年及家事法院会协调调查保护处将少年转介给心理测试员,会初步协助少年进入台湾就业通网站做线上职业兴趣探索测试,若测试后少年仍不清楚其职业取向,可进一步接受纸本测验,如“生涯兴趣量表”“生涯信念检核表”“影响式职业兴趣量表”等,根据量表反馈结果对当事人进行评估和服务资源选择。个案管理的工作流程与我国台湾地区少年事件处理的流程(从审前调查到保护处分执行)具有极高的相似性,表明其少年观护制度中暗含着个案管理的理念。我国台湾地区少年法院组织中的调查保护处引进了个案管理概念。少年保护官扮演着联结少年与所需资源的媒介角色,由少年保护官与社会资源提供者进行协商、沟通,联结社会资源,由调查保护处调度少年保护官,整合社会资源,以期达到预期的观护效果。

2. 网络合作

随着近年来矫正政策的改变,社会资源的引进备受重视,社会工作也尝试应对不同个体的需求,发展出相对应的服务形态,跨专业网络合作模式正是目前社会工作实务之趋势。网络合作强调各机构间在共同目标和整合资源的前提下,联结专业和非专业的系统,以提供更为多元的协助。考虑到少年虞犯的成因与多重环境因素,跨专业网络合作似乎能更有效地应用在少年触法、虞犯的处遇中,针对其面临的困境给予合适的帮助。在少年观护场域,跨专业网络合作者包括社会福利机构、教育机构、劳工机构、医疗机构、检察署暨警察机关、法院、地方行政机关、矫正机关、民间机构以及其他与少年观护工作相关机构等,由其提供对触法、虞犯少年观护之场所、专业知识、技术、心理上的协助,建立稳固的伙伴关系,共同致力于少年观护工作。对于存在偏差行为的少年,运用跨专业网络合作,由多元社会资源共同辅导,不但能够减轻少年观护人的负担,破除观护业务经费短缺、设备不足的窘境,还能缓解少年的抗拒心理,避免标签化效应。(见表 2)

---

① 参见李慧芳:《青少年犯罪分析与处遇模式探究——以台南少年观护所为例》,载《矫正期刊》2020 年第 2 期。

表2 我国台湾地区少年观护工作社会资源

社会资源提供方	具体提供单位	社会资源提供方	具体提供单位
社会福利机构	社会局、社会福利服务中心紧急庇护中心等	教育机构	强迫入学委员会、县市政府教育局、学校、中途学校、家长会、家庭教育服务中学等
劳工机构	劳政单位、职业培训中心、就业服务中心、企业等	医疗机构	县市政府卫生局、医疗院所、精神医疗单位、心理卫生中心等
检察署暨警察机关	地方法院检察署、县警局少年队、各分局、派出所等	地方行政机关	户政单位、村干事等
矫正机关	监狱、看守所、少年观护所、矫治学校、少年辅育院、更生保护会、被害人保护协会等	民间机构	宗教团体、家扶中心、咨商辅导机构、慈善基金会等
其他相关机构	少年辅导委员会、观护协会、少年之家等		

资料来源:徐锦锋:《少年观护制度理论与实务》,台北,洪叶文化事业有限公司2011年版,第470页。

跨专业网络合作模式的受重视程度日臻高涨,我国台湾地区南投市政府警察局也开始推动“少年虞犯评估小组会议”机制,以预防为基础,在少年辅导网络充分配合的条件下,以社区警政为主体,逐步构建小组评估流程及机制。同时基于少年的不同需求,联结跨专业资源,共同商讨少年处遇之策略。目前“少年虞犯评估小组会议”的成员包括少辅会、少年队、教育处、社会处代表、法院观护人、少年就学学校的主任及老师,以及辅导机构的社工等,除上述以外仍持续邀请不同专业领域的代表加入处遇少年虞犯的行列。经“少年虞犯评估小组会议”认定为高风险的少年,可转介少年辅导委员会,协助联结少年所需的社会福利资源。符合进入司法程序条件的少年,移送少年法院(庭)审理。①

(二)社会工作者介入程度较深

我国台湾地区少年观护制度的核心目标在于体现对触法、虞犯少年的人道关

① 参见陈佩宜、林妙容:《网络合作于少年虞犯处遇之应用》,载《台湾心理咨商季刊》2012年第4期。

怀,将少年福利措施注入少年犯罪矫正体系,试图透过社区处遇感化、教育少年,使其回归正常生活。“少年事件处理法”第 25 条写明,“少年法院因执行职务,得请求警察机关、自治团体、学校、医院或其他机关、团体为必要的协助”。少年观护属于社区处遇的一环,自然少不了社会资源在其中发挥作用,亦少不了社会工作者对少年事件处理流程的介入。少年法官受理少年事件后,需要少年调查官、少年保护官、心理测试员及心理辅导员的协助,除了上述机构内的人力资源,社会工作者与少年调查官、少年保护官的配合及互动也不容忽视。大陆学者对台湾地区少年法官进行了访谈,发现除高雄少年法院,其他地方少年法庭人员组成结构不合理,办案人数少、积案多。因此,社会工作者的介入在一定程度上缓解了少年调查官的案件负荷压力。并且,相比起少年观护人的职业身份易引起虞犯、触法少年的排斥,社会工作者不具有少年观护人作为助人者与司法性角色的两难,因此社会工作者更易与少年建立稳定的良好关系,能够从少年最佳利益的角度,协助少年观护人对少年采取最优保护处遇,避免再犯,帮助重返社会。社会工作者与少年调查官、少年保护官在少年观护工作上的配合,体现在参与审前调查谈话、执行急速辅导及交付观察、执行假日生活辅导及保护管束等方面。①

(三)处遇方式的转介机制成熟

少年法院审理事件,除了不付审理或移送检察官侦查的事件,会采用四种保护处分作为处遇方式,其严厉程度依次递增。②

一是训诫及假日生活辅导。训诫最轻微,属于非收容性处分。训诫由少年法院(庭)来执行;对情节轻微的少年,不宜刑事处分,亦不宜交付保护处分,可以当庭以言词指明少年的不良行为,告知其应当遵守的事项,并要求其签署悔过书。假日生活辅导是附随于训诫处分的非收容性处分,通常于训诫处分宣示后,视实际需要,附带一并宣告假日生活辅导处分,在假日期间时对少年的德育、课业、技能等进行辅导。二是保护管束。保护管束属于非收容性处分。针对无社会危险性,存在触法、虞犯可能的少年,释放于自由社会中,加以监督、管束、辅导与保护。保护管束由少年保护官执行,或者依少年保护官的意见,将少年交付适当的福利

---

① 参见徐锦锋:《从社会工作观点探讨少年观护工作》,载《社区发展季刊》2009 年第 128 期。

② “少年事件处理法”第 42 条规定,“少年法院审理事件,除为前二条处置者外,应对少年以裁定谕知下列保护处分:(1)训诫,并得予以假日生活辅导。(2)交付保护管束并得命为劳动服务。(3)交付安置于适当之福利、教养机构、医疗机构、执行过渡性教育措施或其他适当措施之处所辅导。(4)令入感化教育处所施以感化教育”。

或教养机构、慈善团体、少年的近亲属或者其他合适的成年人执行，受少年保护官的指导。实务上会配给少年一本记录簿，纪录保护管束期间生活与辅导相关资讯。三是安置辅导。安置辅导是一种收容性保护处分。少年法庭依少年行为的性质、身心状况、学业程度及其他必要事项，分类交付适当的福利、教养机构执行。四是感化教育。感化教育是保护处分种类中最严厉的一种，属于收容性处分。法官根据少年的犯罪行为、心理状况、悔罪表现等，将其交付感化机构进行感化教育。少年抚育院和少年矫正学校作为执行主体。如果少年在执行其他类别的保护处分（保护管束和安置辅导）措施期间，不遵守规定且保护处分难见效果的，剩余期间将转入感化教育。①

四、大陆社会工作介入少年司法场域的发展建议

（一）完善法律规范与政策体系

我国台湾地区社会工作介入少年观护体系的背后，有一套较为成熟的规范体系作为支撑，尽管没有专业法源作为少年观护适用的依托，但是少年观护的运作规则和组织框架较为健全。为保证社会工作与少年司法的顺利衔接，大陆应当及时修改和跟进相关法律规范及政策，弥补当前制度的空缺。最高人民检察院和最高人民法院可以针对《未成年人保护法》《预防未成年人犯罪法》《刑事诉讼法》中关于青少年司法社工观护帮教涉罪未成年人的内容，联合发布司法解释，通过权威立法确定社会工作在少年司法体系中的战略地位。立法机关应当制定"社区矫正法实施细则"，以专章的形式将社工服务对象、工作规范、矫治措施、执行期间、执行变更与撤销等落到实处。除了司法系统内部的法律法规及文件，各省市可以根据本地社工组织及人员的发展现状，制定与之相配套的专门性地方规章，如实施条例或服务规范，解决社会工作嵌入司法场域的资金、技术、人才等问题，细化社工机构、人员组织建置、经费支出等内容。上海市市场监督管理局于2020年发布《未成年人司法社会工作服务规范》（以下简称《上海服务规范》），该文件由上海市多个青少年保护机构以及社工协会共同起草，对上海市范围内专门针对未成年人的司法社会工作服务作出了包括原则、对象、方法、流程、评价等在内的服务规范。虽然内容较为粗略，但其涉及面较为广泛，将社会工作技巧诸如个案管理、网络合作等纳入其中。《上海服务规范》对于我国社会工作嵌入少年司法起到了重要的价值引领作用，其倡导性理念与操作性规范，可以作为不同地方省市制定

① 参见刘作揖：《少年观护工作》，台北，五南图书出版公司2005年版，第219—269页。

社会工作服务规范的模板,被其他地方省市立法吸收和借鉴,待全国各地社会工作发展齐头并进、区域间差异大大缩减后,再由国家制定规范青少年司法社工乃至整个社工群体的上位法。同时,也要吸取我国台湾地区少年观护制度的经验,在少年观护体系建成后,未来立法的趋向应该是以建构兼具符合国情和国际潮流的观护专业法源为主轴。

(二)强化社工队伍建设

整合社工机构,不断提升社会服务组织的自主运作能力。克服群团组织在开展青少年司法社会工作时定位不准的问题,转变团市委在青少年社工机构中的地位,逐步从"事无巨细"到"以虚带实",稳步退出社工服务具体事务,重点负责统筹协调及管理工作。积极发展民间专业社工机构,吸纳社会力量,制订专业的发展规划,明确机构定位,为其提供资金保障,鼓励其自发自治。

提升青少年司法社会工作者职业化、专业化。探索"少年观护员 + 少年志工"人员组合工作模式。笔者建议,在涉未成年人刑事案件程序中,确立"少年观护员"角色。大陆可以适当参考我国台湾地区少年调查官、少年保护官的设置,将少年观护和成年观护二元化,从立法上赋予青少年司法社工"少年观护员"地位。虽然台湾地区观护双轨制存在争议,但就大陆社工的发展现状来看,虽然截至 2020 年年底,青少年事务社工已超过 20 万人,①但持有社工证且专门从事少年司法相关事务的社工数量与持证社工总人数相比,②仍是量小力微。同时,鉴于少年观护事务的专业性难以替代,大陆现阶段采取观护二元化模式符合本土特色。目前可以过渡性地将"少年观护员"纳入地方事业编制,由街道办或者区政府所属的事业单位统一支付工资。待建立成熟的少年观护体系后,将"少年观护员"正式纳入国家专项政法编制,在司法系统内下设社会工作办公室,协助公、检、法办案人员工作,对个案的涉罪未成年人进行社会调查、心理辅导、心理测试、观护帮教等。

目前,社会工作者被纳入国家专业技术人员范畴,从业需通过资格考试,考试分为理论知识考试和职业能力考核,从业除了学历要求和工作经验以外,并没有教育背景要求,门槛较低。考虑到少年司法场域对社会工作者的专业性要求较高,应当在选任"少年观护员"时统一资格考核标准,单设科目,着重考核法学、犯

---

① 参见王勇:《全国已有青少年事务社工 23.29 万人》,载公益时报网,http://www.gongyishibao.com/article.html? aid = 17692,2019 年 8 月 1 日最后访问。

② 《社会组织蓝皮书:中国社会组织报告(2020)》数据显示,2019 年全国持证社会工作者共有53.1 万人,相比 2018 年全国社会工作者持证总数,增加了 9.2 万人。整体来看,持证人数呈上升趋势。

罪学、社会工作学、心理学等相关专业知识和技术应用。大力推动青少年司法社工的职前培训与在职培训，完善优化青少年司法社工的课程，设立实践基地，充分利用高校资源，鼓励学者与实务工作者合作开展教习研学，提高培训质量。在激励机制上，应当设计一定的职业晋升通道，允许社工通过工龄、社会服务效果等考核获得晋升机会。为保障社工的个案参与程度，在政府购买服务的框架下，应当建立"委托主体+社工机构+当事人"多主体的社会服务考评机制，摒弃原有的以"台账建立率、当事人见面率、重点当事人谈话率、个案设计率"为主要内容的考核制度，对社工的服务流程、个案管理情况、案件介入深度、社会资源联结状态等进行客观、科学、透明的评估，尤其重视当事人和委托主体对服务内容的评价。

除了"少年观护员"的设置，考虑到青少年司法社工覆盖率不足的现状，应当明确社会工作者和一般社会力量的关系，促进志愿者等社会力量广泛参与青少年司法社会工作，扩容基层少年志工储备力量。借助大学生、青年志愿者年龄小、兴趣浓、专业强、亲和力佳等自身优势，提升涉罪未成年人帮教效果，减轻职业社会观护员的个案压力。

（三）构建未成年人司法社会支持体系

最高人民检察院与共青团中央于2018年联合签署了《关于构建未成年人检察工作社会支持体系合作框架协议》。该框架协议所要致力构建的未成年人司法社会支持体系是指包括社会、家庭、学校等支持在内的社会网络，与未成年人司法体系相并列，不同于司法系统内部对未成年人的救助与矫治，它是由国家、社会、学校等多元主体于外部对未成年人进行救助与矫治。① 未成年人司法社会支持体系探索路径比较清晰的是上海模式。上海市检察院与上海市预防青少年违法犯罪专项组探索建立了未成年人检察社会服务体系，社工定期驻检参与具体案件办理，联结专业的社会组织，作为涉罪未成年人的转介机构。② 笔者建议，参考我国台湾地区跨专业网络合作模式，推动建成未成年人司法社会支持体系。坚持党的领导、政府支持，通过财政列支、政府购买服务或者申报未成年人司法保护项目，加大资金投入；加强与司法机关的衔接；动员爱心企业，加强与慈善机构的合作；依托普通教育、特殊教育资源，建设学校观护基地；吸纳爱心人士、志愿者等社会

---

① 参见席小华、史卫忠：《建构未成年人司法社会支持体系的理论框架与实践路径》，载《预防青少年犯罪研究》2020年第5期。

② 参见刘传稿：《构建未成年人检察社会支持体系》，载《检察日报》2017年11月21日，第3版。

力量参与;与企业合作,大力拓展技能类观护基地;开展与心理机构、健康诊所等的定期联络等。关键在于探索建立专门的观护工作机构,管理和调度社工人员,进行信息交互和转介服务,广泛链接资源,促进社会服务资源的集约化利用,以社工为桥梁,及时为需要帮助的未成年人提供其所需的社会资源。

未成年人司法社会支持体系的构建,不仅能补齐目前观护矫治措施社会处遇资源的短板,还能获得较为稳定的资金支持。反过来,稳定的经费保障也是未成年人司法社会支持体系的物质基础。笔者建议,推动政府购买服务制度的建立,辅之以社会资金的吸纳。政府购买社工服务既可以是通过设置司法社工岗位购买社工服务,也可以是与相关的社工机构或组织签订服务合同,协议向政府定期提供社工服务。除了政府购买服务,还可以通过与公益基金会等慈善组织以项目合作或者慈善服务活动方式获得资金支持,或者通过专门的青少年慈善组织依法向社会募集资金。

(四)建立少年观护体系,探索良性转介机制

为了社会工作更好嵌入少年刑事司法领域,少年观护体系以及多元处遇措施的构建是应有之义。学者姚建龙认为,"我国少年司法与社会工作的整合方向应当是建立以专业性的社会工作为主体的少年观护体系,由专业性的社会工作者和完善的志愿者队伍,为少年司法实现教育、感化、挽救的价值诉求提供专业性的社会支持"①。笔者建议,建立与完善递进式的分级干预机制,拓展多元化的保护处分措施,对应不同年龄段的涉罪未成年人,根据其罪错行为的社会危险性以及各方因素考量,对其采取"量体裁衣"式的处遇。② 可以尝试切实运用我国台湾地区个案管理的社会工作技巧,结合心理教育、药物治疗、心理治疗、自我管理技能、技术工具设备与辅导,与个案的生活、医疗、辅导、家庭、学校系统结合,创造对涉罪未成年人最佳福祉的介入处置。大陆应当从立法上确立保护处分措施,可以参考台湾地区保护处分措施的内容,最大限度减少监禁性处遇措施,积极支持社区处遇措施的采纳。保护处遇的梯度从轻微的训诫,到置于社区观察管束、附带劳动服务,再到偏重福利教养的收容性处分,最后到偏重矫正的收容性处分。处遇内容的模糊意味着无效的观护,因而每一种保护处分措施的执行对象、机构、方式、

---

① 姚建龙:《少年司法与社会工作的整合——以少年法庭法官的"非审判事务"为论证中心》,载《法学杂志》2007年第6期。

② 参见周光营:《罪错未成年人分级处遇制度构建论》,载《青少年犯罪问题》2019年第3期。

变更、撤销等均应在立法中明确体现。同时,应当在法律文本中体现青少年司法社工介入保护处分的角色定位。

良性的转介机制也是青少年司法社工嵌入式发展的前提。司法职能与社会职能应当适度剥离。虽然少年司法是柔性司法,涵盖了教育矫正的功能,但所谓术业有专攻,司法机关并非矫正机构,少年法官也不应脱离“法官”的职能定位,要避免司法机关主导的社会工作专业化侵蚀社会专业的本质。① 因此,司法机关与专门的社工机构应当相互配合,司法机关负责判断涉罪未成年人的行为,并根据社工提供的社会调查资料对少年作出处遇方式的选择。而社工负责在程序中保护涉罪未成年人权益,受司法机关的委托向其提供社会服务,执行具体的处遇措施。故司法机关与专门的第三方机构形成良性、稳定的合作,是转介机制的内核。

五、结语

我国台湾地区观护体系趋于成熟,少年观护制度脱离以往传统报应刑思想,转向人道主义为基础的教育刑思想,对少年进行附条件的个别化矫治处遇,使得少年在观护期间,保持个人与社会的联系,继续原有的社会关系和人际往来,并在观护人的监督与辅导下改过从善、回归社会,社工作为少年观护人在其中举足轻重。台湾地区社会工作的发展对大陆社会工作嵌入少年司法有借镜作用。笔者建议,将社会工作理念和社会工作技巧贯彻到大陆涉罪未成年人的处遇程序中,落实恢复性司法的理念,使用非监禁性的处遇手段,使少年感受到司法程序中的人文关怀,进而感化少年,撕掉少年身上的标签,注重特性,有针对性地进行个别化处遇,最大限度实现对少年的教育和矫正。

（编辑：王彪）

① 参见郑广怀、向羽:《社会工作回归“社会”的可能性——台湾地区社会工作发展脉络及启示》,载《社会工作》2016 年第 5 期。

值班律师制度的实效困境及其破解之道

王志坚*

摘　要：随着认罪认罚从宽制度的实施，值班律师制度在"量"的方面已有重大突破，但在"质"的方面仍不尽如人意。当前，值班律师制度陷入实效困境的原因有二：其一，忽视值班律师制度的本质特征而错误沿用"实质辩护"标准进行评价，质量评价标准畸高；其二，由于值班律师介入时间迟延、立场存在偏差、质量监管体系不完善等，法律帮助的质量过低。鉴于此，应从三个层面破解此困境：首先，理性确定值班律师的服务范围，建立独立的质量评价标准。其次，"双向"矫正值班律师的立场、制定"服务标准和指南"、规范办案人员告知通知义务、明确救济措施、完善服务质量监管体系等，提高法律帮助的质量水平。最后，不断增强法援资源的供给能力，缓解供需矛盾才是值班律师制度乃至法律援助制度发展的根本之计。

关键词：值班律师制度；实效困境；法律援助；认罪认罚

随着认罪认罚从宽制度的实施，值班律师制度在"量"的方面已有重大突破，但在"质"的方面仍不尽如人意。① 有量无质的值班律师制度不仅会浪费司法资源，甚至会损害被追诉人的合法权益，导致认罪认罚程序的正当性基础崩塌。为了破解值班律师制度的实效困境，有学者建议赋予值班律师完全的辩护权，②而另

---

* 王志坚，浙江大学光华法学院博士后研究人员。

① 韩旭：《认罪认罚从宽制度中的值班律师——现状考察、制度局限以及法律帮助全覆盖》，载《政法学刊》2018 年第 2 期。

② 如张泽涛教授认为，认罪认罚从宽制度试点工作中值班律师不具有辩护人身份和相关权利，导致值班律师无法为被追诉人提供辩护意见。从我国刑事辩护制度的理论发展与现实需要来看，应当赋予值班律师辩护人的身份。参见张泽涛：《值班律师制度的源流、现状及其分歧澄清》，载《法学评论》2018 年第 3 期。持有类似观点的学者还有谢佑平教授、李建明教授等。

有学者认为,将值班律师"辩护人化"在目前看来过于理想,盲目推广只会给整个法律援助体系带来难以承受之重。[①] 值班律师制度缺乏实效的原因到底为何?赋予值班律师完全辩护权是否真能解决实效困境?学界众说纷纭,尚无定论。笔者认为,值班律师制度与法律援助制度一样,主要问题都在于存在"公益性"和"市场性"的矛盾关系,故讨论值班律师制度的实效困境,必须从法律援助体系的整体视角出发,结合值班律师制度的本质属性和运行规律,才能深入剖析实效困境的根本原因,并相应提出完善建议。

一、值班律师制度的实效困境考察

由于《认罪认罚从宽制度试点工作的办法》(以下简称《认罪认罚办法》)中要求"应当在辩护人或者值班律师在场的情况下签署具结书",认罪认罚案件普遍实现"有人帮助",[②]但调研发现,我国值班律师提供法律帮助多为走走过场,效果十分有限,距"有效帮助"尚有一定距离。[③]

(一)值班律师会见被追诉人的效果不佳

会见被追诉人是值班律师了解案件事实最重要的手段,是提供法律帮助的前提基础,然而调研发现,实践中值班律师会见被追诉人的情况并不乐观,具体表现为"见不到""不愿见""没效果"三种形式。其一,值班律师"见不到"被追诉人。尽管《认罪认罚办法》明确要求"人民法院、看守所应当为值班律师开展工作提供便利工作场所和必要办公设施,简化会见程序",但仍有部分试点地区的看守所会以缺少"委托书"或"法律援助公函"而拒绝值班律师的会见申请。[④] 其二,值班律师"不愿见"被追诉人。一方面,值班律师的办案补贴普遍较低,导致值班律师会见的工作积极性不高;另一方面,尽管有的地区已经试点视频会见方式,但由于通过视频会见,值班律师与被追诉人之间很难进行深入交流,关于证据采信、事实认定、罪名确定以及量刑规范化的适用等专业性问题很难解释清楚。此外,值班律

---

① 参见熊秋红:《审判中心视野下的律师有效辩护》,载《当代法学》2017 年第 6 期。

② 统计数据表明,2017 年前三季度各地值班律师已为犯罪嫌疑人、被告人解答咨询 16.7 万余人次,转交法律援助申请 1.9 万件。参见《司法部就"法律援助值班律师制度"相关问题举行发布会》,载中华人民共和国国务院新闻办公室网,http://www.scio.gov.cn/xwfbh/gbwxwfbh/xwfbh/sfb/document/1565035/1565035.htm,2019 年 8 月 2 日最后访问。

③ 参见王迎龙:《值班律师制度研究:实然分析与应然发展》,载《法学杂志》2018 年第 7 期。

④ 肖沛权副教授曾到福州、广州等地区调研发现此想象。参见谭世贵、赖建平:《"刑事诉讼制度改革背景下值班律师制度的构建"研讨会综述》,载《中国司法》2017 年第 6 期。

师还担心视频会见存在被监听、监控的风险,因此轻易不敢远程视频会见。[①] 其三,值班律师会见被追诉人"没效果"。一般而言,值班律师采用坐班制,事先不知道受助对象是谁,事先也没有机会单独会见犯罪嫌疑人,只有在检察官在场的情况下,格式化地询问犯罪嫌疑人是否自愿认罪认罚,是否还有问题咨询,可以说会见几乎毫无效果。

(二)值班律师提供法律咨询的比例极低

为了保障认罪认罚的明智性,《认罪认罚办法》要求值班律师为犯罪嫌疑人解答法律咨询问题,帮助其准确理解认罪认罚从宽制度的内涵和法律后果。但是,实践中很少有值班律师提供法律咨询服务,也很少有犯罪嫌疑人会主动向值班律师提问。曾有研究显示,51.5% 的犯罪嫌疑人表示"在案件中没有律师的帮助",其中认为不需要提供法律帮助的犯罪嫌疑人占 50.9%。[②]

一方面,认罪认罚案件多为案情简单、事实清楚的轻微刑事案件,犯罪嫌疑人对未来量刑有一定的心理预期,认为寻求值班律师帮助意义不大;另一方面,犯罪嫌疑人和值班律师属临时组合,尚未建立起信任关系,甚至有犯罪嫌疑人怀疑值班律师是司法机关的"帮凶",故不愿意咨询值班律师。另外,值班律师介入时犯罪嫌疑人往往已经答应认罪认罚,此时再过多咨询值班律师于事无补,且存在惹恼检察官的风险。

(三)值班律师提出案件处理意见数量少且质量不高

为了保障认罪认罚的自愿性和真实性,《认罪认罚办法》要求值班律师对强制措施的适用、程序的选择、量刑建议等提出建议与意见,然而实践情况并不理想。

一方面,值班律师提出案件处理意见的数量较少。以 C 市 J 区为例,2017 年认罪认罚案件 789 件,其中有 67 名值班律师提出案件处理意见;2018 年认罪认罚案件 1177 件,其中有 108 名值班律师提出案件处理意见;2019 年(截至 9 月)认罪认罚案件 757 件,其中有 59 名值班律师提出案件处理意见,均不超过一成。

另一方面,值班律师即使提出意见,也多是笼统性意见,实效性不强。值班律师几乎不会针对案件的定罪问题提出意见,主要是针对量刑发表意见,且不提出

---

① 参见胡铭:《律师在认罪认罚从宽制度中的定位及其完善——以 Z 省 H 市为例的实证分析》,载《中国刑事法杂志》2018 年第 5 期。

② 参见李洪杰:《认罪认罚自愿性实证考察》,载胡卫列、董桂文、韩大元主编:《认罪认罚从宽制度的理论与实践——第十三届国家高级检察官论坛论文集》,中国检察出版社 2017 年版,第 285 页。

具体的刑期建议,也不进行具体的阐述论证。如值班律师常提出“犯罪嫌疑人系初犯、主观恶性不大,请检察院在提出量刑建议时酌情从轻处罚”,此类意见很难说服检察官。实践中,假如意见被检察官拒绝,值班律师几乎不会再去尝试说服检察官,更不可能形成控辩双方反复论说的局面。

二、值班律师制度实效困境的原因剖析

针对值班律师制度的实效困境,学界已提出很多原因,包括角色定位不高、能力水平有限、介入时机滞后、立场存在偏差、经费保障不足、质量监管不力等。[①] 笔者注意到,质量达标与否是一个相对概念,是个案质量水平相对于质量评价标准而言的;若个案质量水平高于质量评价标准,则属达标,反之,则为不达标。同理,值班律师提供的法律帮助质量是否达标同时取决于质量评价标准和个案质量水平两个因素,故剖析值班律师制度的实效困境也应从这两个方面切入。

(一)忽视制度本质导致质量评价标准畸高

1.值班律师制度的本质决定其只能提供低限度的法律帮助

首先,值班律师制度的设立初衷是为了建立一种普惠制的法律服务方式,旨在解决我国刑事案件律师辩护率低的问题,弥补我国委托辩护和指派辩护的不足,一定程度上实现“所有人的公正”。[②] 从保障人权角度而言,在审前阶段为所有犯罪嫌疑人均提供全面的刑事辩护帮助诚然是最佳结果,但囿于我国法律援助资源十分有限,无法同时追求法律援助服务的广度和深度,只能退而求其次,将部分资源通过指派辩护提供给更加需要法律援助的人,对于认罪认罚的犯罪嫌疑人,则通过值班律师制度为其提供一种低于辩护标准的有限法律帮助。值班律师制度和指派辩护律师制度同是法律援助体系的重要组成部分,两者相辅相成,互为补充。[③] 若赋予值班律师完整辩护权,就会导致值班律师与指派辩护律师的“角色混同”,打破法律援助体制现有的资源配置秩序,使其不堪重负。可以说,值班律师制度的本质是在法律援助资源有限的情况下进行的一种资源合理配置,就像在司法资源紧缺的情况下,需要同时进行“庭审实质化”改革和“速裁程序”改革

---

① 参见陈瑞华:《认罪认罚从宽制度的若干争议问题》,载《中国法学》2017 年第 1 期;王林林、刘仁文:《我国刑事法律援助制度的现状反思与完善思路——审判中心改革的视角》,载《江西社会科学》2019 年第 3 期。

② 参见韩旭:《2018 年刑诉法中认罪认罚从宽制度》,载《法学研究》2019 年第 1 期。

③ 参见王迎龙:《值班律师制度研究:实然分析与应然发展》,载《法学杂志》2018 年第 7 期。

来分流案件一样。

其次,值班律师制度的本质决定其主要任务是为被追诉人提供应急性、临时性的法律帮助,其制度的生命力在于及时性。值班律师制度起源于英国,最初目的是确保每一位被拘押的人都能迅速地得到建议。① 英国值班律师负责提供法律咨询与帮助、辩护协助,不能进行辩护代理。② 此后,加拿大、日本、澳大利亚等国家纷纷引入值班律师制度,各国值班律师的任务都是为被指控人提供最低限度的法律帮助,如提供法律咨询和建议、解释指控犯罪的性质和法律后果、告知诉讼权利、代为申请保释、讯问被指控人时陪同在场等。值班律师提供服务的内容简单,通常不需要花费过多时间研究案情、准备材料,也不需要阅卷或取证,因此服务成本相对低廉。正如许多学者总结,值班律师就好比医院急诊科的大夫,是在被指控人无法及时获得辩护人的情况下,尽快为其提供必要的法律帮助。③ 值班律师不可能深入介入和全程参与,在追求效率的同时往往以牺牲部分质量为代价,因此不能用指派辩护制度、委托辩护制度的质量标准去评价值班律师的服务质量。另外,需要说明的是,认罪认罚从宽制度中,值班律师制度是保障被追诉人认罪认罚自愿性和明智性的重要措施之一,但并非唯一措施。认罪认罚的自愿性保障还依赖于检察官客观义务、法官诉讼关照义务等的落实。因此,无须也不能对值班律师制度寄予过高期望。

最后,值班律师制度具有社会公益性,这一重要特征决定其只能是低限度的法律帮助。显然,免费的社会救助餐只能用来充饥,而不能要求其色香味俱全,免费的法律帮助服务自然也只能是低限度的。另外,市场经济下律师职业具有逐利性,与法律援助的公益性特征存在天然矛盾,这也是法律援助资源供给不足的根本症结。在资源供给不足的情况下,对法律援助制度的质量提出过高要求,是不符合市场规律的。

2. 错误沿用"实质辩护"标准来评价值班律师法律帮助的效果

就刑事法律援助而言,最为理想的状态当然是所有刑事被追诉人都能获得实质辩护,但受制于有限的法律援助资源,值班律师制度在追求广度的同时只能放弃深度,追求低限度的法律帮助。如此说来,自然不能沿用"实质辩护"标准来评

① 参见魏晓娜:《结构视角下的认罪认罚从宽制度》,载《法学家》2019年第2期。

② 参见顾永忠、李逍遥:《论我国值班律师的应然定位》,载《湖南科技大学学报(社会科学版)》2017年第4期。

③ 参见王爱立主编:《中华人民共和国刑事诉讼法修改条文解读》,中国法制出版社2018年版,第28页。

价值班律师法律帮助的效果。值班律师制度的设立初衷、本质属性决定其质量评价标准也应有所降低,如果用“实质辩护”标准来衡量,值班律师制度必然存在先天性的“质量瑕疵”,但是这类“质量瑕疵”是能为社会所接受的,并不会影响司法公正价值的实现。所以我们应当跳出“实质辩护”的质量评价标准,为值班律师制度理性确定独立的质量评价标准。

值班律师“辩护人化”改革观点就忽视了这一点,奢望单凭值班律师制度完全解决被追诉人的权利保障问题,错误沿用“实质辩护”标准来评价值班律师法律帮助的质量,使大部分应然达标的法律帮助被视为不达标。如此看来,值班律师不具备辩护人的身份和地位并不是值班律师制度实效困境的根本原因。反之,值班律师目前“法律帮助者”的定位是契合其本质属性和运行规律的,而强行进行“辩护人化”改革只会打破法律援助体系的内部平衡,彻底瓦解值班律师制度。

(二)实践运行偏差导致个案质量水平过低

1. 直接原因:值班律师介入时机过于迟延

值班律师介入时机过于迟延主要表现在两个方面:一是介入阶段的迟延。《认罪认罚办法》并未明确规定值班律师的介入时间,仅有签署具结书时需有值班律师在场的刚性要求。实践中,这一规定被异化为值班律师从审查起诉阶段才开始介入,侦查阶段几乎没有值班律师。事实上,侦查阶段是犯罪嫌疑人认罪认罚的黄金时期,此时犯罪嫌疑人的恐惧心理、无助心理最强,心理防线最脆弱,因此更有必要为其提供及时的法律帮助。

二是介入时间迟延。实践中,检察官往往会事先询问犯罪嫌疑人是否同意适用认罪认罚从宽制度、速裁程序、量刑建议,待犯罪嫌疑人全部同意后,检察官再通知值班律师进入讯问室“签字”。① 在犯罪嫌疑人与检察人员已基本达成认罪协商之后值班律师才介入,这会直接影响法律帮助的质量:一是因为值班律师没有充足的时间去了解案件事实,因而无法提出有针对性的案件处理意见;二是因为此时犯罪嫌疑人会有所顾虑,担心反悔会惹怒检察人员而不敢反悔。

2. 深层原因:值班律师的立场有所偏离

应然角度来说,值班律师作为法律援助律师,应当是犯罪嫌疑人、被告人的“盟友”,保障其合法权益。但在司法实践中,这种本该制约程序违法行为的监督

---

① 参见国家检察官学院刑事检察教研部课题组:《检察机关认罪认罚从宽制度改革试点实施情况观察》,载《国家检察官学院学报》2018 年第 6 期。

机制被异化为"背书"的合作机制,有学者称其为"站台效应"。① 一方面,值班律师对自己的立场缺乏准确的认识。大多数值班律师认为自己只是对犯罪嫌疑人、被告人认罪认罚起背书作用,只是公安司法机关节约司法资源的工具。有的值班律师甚至沦为公权力的合作者,为了协助司法机关加快办案进度,成为说服犯罪嫌疑人选择认罪认罚程序的"说客"。② 另一方面,检察机关也无法正视值班律师的功能定位。曾有学者对 Z 省 H 市的认罪认罚从宽制度试点工作进行实证调研,问卷询问 375 名检察官"值班律师在认罪认罚案件中起什么作用(多选)",有 277 人次选择了见证具结书的签署,占五个选项的 53.0%;188 人次选择了给犯罪嫌疑人提供法律咨询,占 35.9%;而认罪协商的认同感很低,仅 7.5%。可见,大部分检察官对值班律师的功能定位存在误解,将其等同于见证人。③ 值班律师立场偏离还会恶化被追诉人与值班律师之间的信任危机。被追诉人更加担心值班律师是办案机关的"傀儡"而不愿提出法律咨询,也不敢相信值班律师的意见建议。可以说,值班律师的立场偏差会导致其制度根本无法发挥实效,可能会使认罪认罚制度彻底丧失正当性。④

3. 重要原因:质量监管体系不完善

值班律师制度的考核与监督能够反向督促法律帮助提高质量,但我国目前对值班律师制度的质量监管体系存在两个重大问题:

其一,考核机制扭曲。目前对值班律师法律帮助的质量评估以公安司法机关的反馈意见为重要参考依据,忽略了作为受助对象的犯罪嫌疑人的意见,有本末倒置之嫌。⑤ 不仅如此,以公安司法机关的意见为依据考核值班律师的工作质量,还会激化值班律师的立场偏差,更加影响法律帮助的态度和质量。

其二,惩戒机制缺位。《律师法》已对一般社会律师损害委托人利益的行为规定了惩戒机制,但对值班律师的不尽职、不尽责行为却没有予以规定。惩戒机制的缺位很难保证所有值班律师都能尽到勤勉义务,值班律师是否会充分履行职责

---

① 参见姚莉:《认罪认罚程序中值班律师的角色与功能》,载《法商研究》2017 年第 6 期。

② 参见史立梅:《认罪认罚从宽程序中的潜在风险及其防范》,载《当代法学》2017 年第 5 期。

③ 参见胡铭:《律师在认罪认罚从宽制度中的定位及其完善——以 Z 省 H 市为例的实证分析》,载《中国刑事法杂志》2018 年第 5 期。

④ 参见杨波:《论认罪认罚案件中值班律师制度的功能定位》,载《浙江工商大学学报》2018 年第 3 期。

⑤ 参见吴高庆、钱文杰:《论认罪认罚从宽案件中的法律帮助律师——以 H 市 F 区的〈实施细则〉为切入》,载《政法学刊》2018 年第 2 期。

更多取决于个人的职业操守。①

4. 对学界提出的办案补贴过低、值班律师能力水平有限等其他原因的反思

其一，办案补贴过低并非值班律师制度陷入实效困境的真正原因。办案补贴过低导致值班律师工作积极性不高，进而影响工作质量的说法，表面看似有一定道理，但实际上有失偏颇。一方面，从经济人角度分析，值班律师的工作积极性同时受制于办案收益（补贴）和办案成本（工作量）两个因素，也就是说，值班律师的工作积极性由单位工作量的办案收益所决定。在值班律师工作量过大的情况下，仅通过提高办案补贴的方式无异于杯水车薪。与其绞尽脑汁想办法提高办案补贴，不如适当减轻值班律师的工作任务。另一方面，有的地区为了提高试点成效，将"按天补贴"改为"按件补贴"。可是，如此高的补贴标准非但没能提高值班律师法律帮助的质量，甚至引发了抢当值班律师的"非正常现象"，②由此可以反推办案补贴过低并非真正原因。

其二，值班律师能力水平有限也非值班律师制度陷入实效困境的真正原因。为了提高法律帮助的质量，确有部分试点地区尝试对值班律师的选任资质进行限制，如杭州市要求值班律师具有3年以上的执业要求，且已承办10件以上的刑事案件，③北京市海淀区法律援助中心遴选出60余名政治素质高、业务精通、责任心强、具备一定年限刑事办案经验的律师，组建专门的法律援助值班律师库，建立一支相对稳定的值班律师队伍。④ 笔者认为，通过限制值班律师的资质来提高法律帮助质量的做法既无必要，也不妥当。在不提高值班律师现有工作任务的情况下，"具备刑事辩护所必需的基本法律知识、技能"的律师，经过司法局、律师协会的短期培训即可担任值班律师，无须要求一定的执业年限、办案经历。理由有三：(1)过度提高值班律师的资质条件，必然会缩减值班律师制度的资源供给，加剧供需矛盾。暂时不对值班律师的执业年限、办案经历等进行限制，不仅可以缓解值班律师供给不足的难题，而且可以为新任律师提供锻炼平台，提高专业技能水平。

---

① 参见臧得胜、杨妮：《论值班律师的有效辩护——以审判阶段律师辩护全覆盖为切入点》，载《法律适用》2018年第3期。

② 参见国家检察官学院刑事检察教研部课题组：《检察机关认罪认罚从宽制度改革试点实施情况观察》，载《国家检察官学院学报》2018年第6期。

③ 参见《法援值班律师明确行为界限　禁借便利招揽案源》，载法治政府网，http://fzzfyiy.cupl.edu.cn/info/2022/7507.htm，2019年8月3日最后访问。

④ 参见蔡长春：《北京17家法律援助中心建立52支总数千人左右相对稳定值班律师队伍　法律援助值班律师"北京模式"形成》，载搜狐网，https://www.sohu.com/a/169594828_123753，2019年8月3日最后访问。

(2)值班律师法律帮助的内容相对简单,主要涉及法律层面的一些问题解答,并不需要丰富的执业经验。另外,为了提高法律职业的专业化水平,2018 年司法部调整“司法考试”为“法律职业资格考试”,可以说,未来新任律师的能力、水平必然有所提高,完全可以胜任值班律师。(3)目前,我国的法律援助资源供给能力尚处于较低水平,不宜对值班律师设定严苛的准入条件。

三、值班律师制度实效困境的破解之道

上文已述,值班律师制度现有的实效困境由质量评价标准畸高和个案服务质量水平过低共同导致。针对前者,应回归制度本质,理性看待现有“法律帮助者”的角色定位,未来在法律援助资源不断丰富的情况下可逐步改善,切勿矫枉过正。针对后者,需尽快完善相关运行机制和保障体系。如此看来,值班律师制度实效困境的破解之道具体包括以下几点:

(一)理性确定值班律师服务范围

值班律师服务范围是质量评价标准的直观体现,也会直接影响个案质量水平。服务范围设置过窄无法实现制度预期效果,设置过宽则会激化法律援助资源的供需矛盾,影响制度顺畅运行。需要结合法律援助资源的现实状况、值班律师制度的本质属性以及运行规律等因素综合确定值班律师的服务范围。

1. 厘清值班律师服务范围与其服务质量的关系

市场经济下值班律师具有逐利性,其服务质量受成本、收益影响,由此衍生出两个命题:第一,拓宽值班律师的服务范围,赋予值班律师更多权利,同时意味着增加了值班律师的服务成本,如赋予值班律师阅卷权、会见权,也就要求值班律师花更多的时间精力去阅卷、会见。拓宽值班律师的权利表面上可以保障其工作顺利进行,实际上可能会因此打击其工作积极性,使所有权利都沦为“纸面”上的权利。第二,法律援助律师制度在收益端已面临严峻挑战,“公民权利、政府责任、律师义务、社会参与”的运行模式已怨声载道。[①] 若盲目拓宽值班律师的服务范围,可能会导致制度整体破产。

值班律师服务范围与其服务质量的关系,大致可用图 1 来说明:

---

① 参见胡铭、王廷婷:《法律援助的中国模式及其改革》,载《浙江大学学报(人文社会科学版)》2017 年第 2 期。

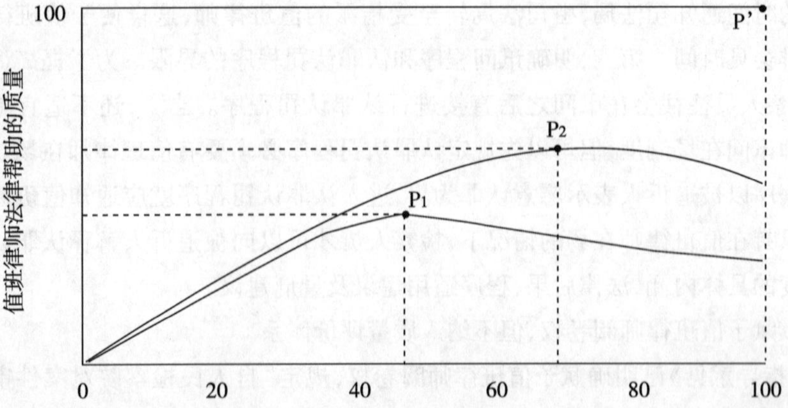

图1 值班律师服务范围

(1)横轴代表值班律师服务范围,100代表值班律师“完全辩护人”化,享有辩护律师的所有权利,承担辩护人所有职责。纵轴代表值班律师法律帮助的质量,100代表最理想效果,即所有被追诉人都可以获得最佳法律援助。(2)一定限度内,扩大值班律师的服务范围、权利范围,有利于保障值班律师顺利工作,法律帮助的质量相应也会有所提高。当值班律师的服务范围达到饱和状态时(P点),法律帮助的质量也达到峰值,此后再继续扩大服务范围,则会产生打击值班律师工作积极性的负作用。(3)饱和状态的临界点受法律援助资源供给能力的影响。随着法律援助资源供给能力的不断提升,值班律师服务范围的饱和值会增大,产生的最佳效果也会提高(由 P_1 变化至 P_2)。(4)当法律援助资源供给绝对充足时,所有被追诉人都可免费获得完全的法律援助(P'点),此时已不存在值班律师和委托辩护律师,只有指派辩护律师,这是最理想的状态。

2. 值班律师需有效会见犯罪嫌疑人

值班律师提供法律咨询、提出处理意见及建议等都需要以会见为基础,会见是值班律师了解案情最简单快捷的方式。“两高三部”《关于适用认罪认罚从宽制度的指导意见》(以下简称《指导意见》)明确指出,“值班律师可以会见犯罪嫌疑人、被告人,看守所应当为值班律师会见提供便利”,因此,看守所不能再以缺少“委托书”或“法律援助公函”为由拒绝值班律师会见犯罪嫌疑人。

此外,保障值班律师的会见权还需注意完善以下几点工作机制:第一,明确规定值班律师单独会见是认罪认罚有效的必要前提。值班律师会见犯罪嫌疑人的过程中,公安司法人员不得在场,更不得监听监视。第二,推行“认罪认罚案件预先通知程序”。检察人员预估犯罪嫌疑人可能认罪认罚的,需提前将讯问犯罪嫌疑人的时间通知司法局,由司法局转至受指派的值班律师,这样便于值班律师合理安排会见时间。第三,明确讯问程序和认罪认罚程序的界限。为了提高诉讼效率,检察人员往往会在讯问之后直接进行认罪认罚程序。当下,还不适宜施行值班律师讯问在场制度,但可以先规定认罪认罚程序必须要有值班律师在场。认罪认罚程序以被追诉人表示愿意认罪为界,进入认罪认罚程序就应通知值班律师到场。只有在值班律师在场的情况下,检察人员才可以向被追诉人解释认罪认罚从宽制度的具体内涵、法律后果、程序适用建议及量刑建议。

3. 赋予值班律师阅卷权,但不纳入质量评价体系

《指导意见》已明确赋予值班律师阅卷权,规定"自人民检察院对案件审查起诉之日起,值班律师可以查阅案卷材料、了解案情"。笔者认为,当下赋予值班律师阅卷权仅具有宣示性意义,而不能将此纳入质量评价体系,也不能强制规定值班律师必须阅卷。

第一,受"案卷中心主义"的影响,阅卷是刑事辩护的核心任务,值班律师阅卷相当于完成了辩护律师大部分的工作量,强制要求值班律师阅卷必然会引发抵触情绪,激化供需矛盾。因此,赋予值班律师阅卷权,保证必要的时候值班律师可以阅卷。

第二,认罪认罚案件多为案情简单、事实清楚的轻微刑事案件,值班律师通过会见犯罪嫌疑人就能了解所有从轻、减轻情节,已足够满足值班律师提出意见的需要,并不需要强制规定值班律师必须阅卷。

第三,我国认罪认罚从宽制度不同于英美法系国家的认罪制度,法官不可仅仅依据被指控人认罪而直接定罪量刑,法官只能将犯罪嫌疑人的认罪供述作为证据之一,仍然要进行实质审查,达到案件事实清楚、证据确实充分的条件方可定罪。如此看来,值班律师不阅卷也不致产生冤假错案。待未来阅卷条件更为便利、法律援助资源供给更加充足的情况下,可以将阅卷纳入值班律师制度的质量评价体系。

(二)"双向"矫正值班律师的立场偏差

值班律师立场准确是制度正当性的基础之一,甚至可以说,相较于委托辩护律师、指派辩护律师,立场准确对值班律师的意义更加重要。一方面,引入值班律师制度的目的是保障认罪认罚的自愿性和量刑协商的平等性,如果值班律师不充当犯罪嫌疑人的帮手,反而成为办案机关的"帮凶",那么不仅无法防止非自愿认罪,还可能加剧量刑协商的控辩失衡,导致司法不公。另一方面,值班律师的工作

会影响后续辩护工作的开展。值班律师为被指控人提供的法律帮助是最及时的,如果在侦查初期犯罪嫌疑人就已被"突破"而违心认罪,后续辩护律师想排除有罪供述就会十分困难。

矫正值班律师的立场偏差会面临两大障碍:其一,由于值班律师和被追诉人系临时搭配,被追诉人对值班律师的信任感不强,值班律师对被追诉人也缺乏责任感。其二,值班律师在提供法律帮助时会进行利弊权衡。值班律师从受助案件中能够获得的利益很少,但可能会因帮助被指控人"对抗"司法机关而破坏自己先前"经营"好的执业便利条件。①

因此,矫正值班律师的立场偏差需要循序渐进,主要从两个方向入手:第一,增加值班律师与办案机关"对抗"的动力,如允许值班律师在取得被追诉人及其近亲属同意后可以担任辩护人,有利于调动值班律师的工作积极性。② 第二,减少值班律师与办案机关"对抗"的阻力,如缩减公安司法机关对法律帮助质量评估的占比,又如更新办案人员的理念,使其正确认识值班律师的功能定位。当然,要求值班律师与办案机关相对独立,不意味着要完全对抗,仍需坚持协商性司法理念,相互协作、沟通交流,打造平等的控辩协商平台。

(三)提高值班律师制度的规范化程度

首先,制定"值班律师法律帮助服务标准和指南"(以下简称"标准和指南"),明确值班律师法律帮助服务需要达到的最低要求,建议采用"主观原则性+客观具体性"的服务标准:主观原则性要求值班律师为了犯罪嫌疑人的合法利益,对法律援助工作保持勤勉、尽责的态度;客观具体性要求值班律师完成法律规定的职责任务。另外,可借鉴杭州经验,对咨询、受理、审查、指派、承办、结案、归档、支付补贴等各个环节都作出规范,从承办案件的"源头"上落实要求,一定程度排除影响服务质量的客观不利因素,确保提供规范的服务程序。③ "标准和指南"重点应规定值班律师的义务和责任,如要求值班律师至少单独会见犯罪嫌疑人一次;要求值班律师告知犯罪嫌疑人有自愿选择认罪的权利、认罪认罚的一般程序及法律后果、涉嫌犯罪的法定刑、检察官可能提出的量刑建议、值班律师关于本案处理的意见。

---

① 参见秦宗文:《认罪认罚从宽制度实施疑难问题研究》,载《中国刑事法杂志》2017年第3期。
② 参见韩旭:《2018年刑诉法中认罪认罚从宽制度》,载《法学研究》2019年第1期。
③ 参见李燕丽等:《提高法律援助案件质量的杭州实践》,载《中国司法》2017年第7期。

其次,灵活安排值班律师的工作地点及方式,“两高三部”2020 年 8 月发布的《关于开展法律援助值班律师工作的意见》对之规定较为笼统,[①]进一步优化值班律师的工作方式可以提高制度运行效果。有的学者建议,由于检察院侦查权被部分转隶和审前羁押率过高等原因,检察院设置现场值班律师必要性不大,应当以电话热线为主。另外,为了给犯罪嫌疑人提供即时初步的法律帮助,应当在公安局、派出所设置值班律师电话热线。[②] 有的学者提出,值班律师的服务形式应结合当地法律援助事业的发展情况、律师执业情况等因素灵活安排,在律师资源相对充足的地区可以采用“定期值班制”,在律师资源相对匮乏的地区可以采用“名簿待命制”[③]。此外,还应在看守所监区设置专门的“12348 法律服务热线”电话亭,以方便在押的犯罪嫌疑人、被告人通过电话进行法律咨询。[④]

再次,规范办案人员的告知义务与通知义务。明确规定权利告知时间,侦查机关在第一次讯问或者采取强制措施之日起,人民检察院自收到移送审查起诉的案件材料之日起 3 日内,人民法院在向被告人送达起诉书副本时,应当告知被追诉者享有获得值班律师法律帮助的权利。明确检察人员在量刑协商之前,需要告知犯罪嫌疑人指控的事实与罪名、法定刑、相关量刑情节、认罪认罚的程序内涵及法律后果、最终量刑建议等内容。检察人员还应当依法通知值班律师介入案件,未通知或通知迟延的,认罪认罚程序无效。

最后,明确规定救济措施。一方面,由于司法机关的过错导致被追诉者未获得值班律师有效帮助的,如办案机关未告知诉讼权利、值班律师未全程参与认罪认罚程序、被追诉人认罪认罚不自愿或不明智的,认罪认罚程序应归于无效。另一方面,由于值班律师能力不足、态度懈怠等原因导致法律帮助质量低下的,被追诉人有权向办案机关申请更换值班律师。

---

① 如第 3 条规定,“法律援助机构可以根据人民法院、人民检察院、看守所实际工作需要,通过设立法律援助工作站派驻值班律师或及时安排值班律师等形式提供法律帮助”;第 5 条规定:“法律援助机构根据人民法院、看守所法律援助工作站法律咨询需求量和当地律师资源状况,合理安排值班律师工作时间。律师值班可以相对固定专人或者轮流值班,在律师资源短缺地区可以探索采用现场值班和电话、网络值班相结合的方式。”

② 参见郑旭、阎玉姣:《英美值班律师制度的借鉴与启示》,载《社会科学动态》2018 年第 7 期。

③ 所谓“名簿待命制”,是指值班律师的名单被编制成手册,由律师协会按照名册上的顺序向犯罪嫌疑人推荐值班律师;如果推荐的值班律师当时无法提供法律服务,即按照名册顺序推荐下一位律师,直到有律师能够提供法律服务为止。

④ 参见吴宏耀:《我国值班律师制度的法律定位及其制度构建》,载《法学杂志》2018 年第 9 期。

（四）完善值班律师服务质量监管体系

值班律师服务质量监管体系可分为三部分：质量管理系统、质量考核机制以及奖惩措施。

其一，借鉴部分试点地区开发法律援助案件质量管理系统。2012 年杭州市法律援助中心开发出法律援助案件质量控制系统，将程序监督、受援人数、满意度调查、法官意见征询、同行评估以及抽样的旁听庭审五方评价纳入同一平台，实现"一案一评"，该系统值得借鉴。另外，值班律师应将案件办理进程及材料及时上传至质量管理系统，法律援助管理人员"全程跟踪"案件办理情况，发现值班律师办案不及时或可能造成延误，通过短信提醒值班律师，若还不及时登记，系统会自动扣分。

其二，完善值班律师服务质量考核机制。首先，应设定考评机制，明确考核内容，确定分值、考核方式及扣分标准。其次，值班律师要对服务过程做好记录，将会见笔录、量刑协商程序记录、对案件处理的意见等书面材料及时交到司法局法律援助中心备案。再次，通过受援人满意度调查、法官意见征询、同行评估等对值班律师服务质量进行综合考核。最后，为了避免司法行政机关或律师协会同时拥有审查权、监督权和评估权而形成权力垄断，堵塞对审查结果和评估结果的异议通道，应当引入专业的第三方机构，负责法律援助从业机构和人员的资质审查和质量评估工作。

其三，明确值班律师法律服务奖惩措施。第一，法律援助机构可以根据评估结果将值班律师的服务质量分为不同档次，按照等级进行差额补贴。第二，值班律师有违法或者违反职业道德、执业纪律行为，情节严重的，可予以暂停律师执业或取消值班律师资格的处分。如湖北省规定值班律师原则上不得在值班日请假，确因特殊原因不能按时值班，须提前 3 日告知派驻法律援助机构。每年请假超过 6 次或累计迟到 3 次或旷班 1 次，取消值班律师资格，并按规定通报律师协会，3 年内不得再次入选值班律师。第三，法律援助机构应定期向公众公开评估结果，对服务尽责、质量优秀的律师、律师事务所予以表扬，对不负责任、办案质量差的律师、律师事务所给予批评。这样能够影响律师或律师事务所的社会影响及未来收益，以此倒逼值班律师法律帮助质量的提高。第四，强化其他监督手段。人民检察院、人民法院在案件办理过程中若发现律师行为不当的，应及时向司法行政机关、律师协会提出建议，并移交相关证据材料。[①] 也可借鉴域外设立法律援助监

---

① 参见陈光中、张益南：《推进刑事辩护法律援助全覆盖问题之探讨》，载《法学杂志》2018 年第 3 期。

督员,监督员定期或不定期地抽查承办律师是否符合标准,并有权通报司法行政机关或律师协会。

(五)持续增强法律援助资源供给能力

资源有限是法律援助制度的根本症结,因此持续增强法律援助资源供给能力是值班律师制度乃至法律援助制度发展的长远之计。

其一,合理设置值班律师的选任范围,拓宽人力资源供给。值班律师的资质条件应与其服务范围相匹配,现阶段无须对值班律师的执业年限、办案经历进行限制,只要具备刑事辩护所必需的基本法律知识、技能的律师,经过司法局、律师协会的短期培训即可担任值班律师,具体理由前文已阐明,在此不再赘述。

其二,深化创新值班律师制度的激励机制,丰富财力资源供给。首先,中央和地方各级政府应当将法律援助工作纳入国民经济和社会发展规划,将法律援助经费列入各级政府财政预算,逐步增加对法律援助事业的财政投入。其次,拓宽法律援助经费来源渠道,可设立中国法律援助基金会以吸纳更多的社会捐助,可发行法律援助公益彩票,还可以尝试将法律保险纳入社会保障体系等。再次,合理调整补贴发放方式及数额。可以考虑设立刑事法律援助专用经费,确保在经费投入上对刑事法律援助优先考虑,优先保障。另外,由于值班律师每天办理的案件数量不固定,因此采用“按件补贴”的方式较为合理,但是应该综合值班律师的劳动付出、服务质量等因素确定经费补贴标准的浮动调节机制。最后,推动政府购买法律援助服务工作机制。法律援助是政府责任,不能让律师来买单,否则,必然会限制社会律师参与法律援助服务的积极性。

其三,除了通过办案补贴刺激值班律师的工作积极性以外,更需要以未来执业收益为抓手刺激值班律师。如可通过司法局、律师协会网站公开招标,建立竞争机制,吸引更多律师参与。又如,司法局、律师协会可以对工作尽职尽责的值班律师给予表彰,对相关案件进行积极报道,提高律师或律师事务所的社会知名度,为律师未来执业带来广告效应。

四、结语

值班律师制度的本质决定其仅能提供有限度的法律帮助,这是法律援助资源有限情况下的无奈之举,因此不能沿用“实质辩护”标准对其进行质量评价,而应适用与其相匹配的标准。值班律师制度实效困境的根本症结在于法律援助资源供给不足,盲目要求值班律师“辩护人化”不仅无法收获成效,反而会恶化援助资源的供需矛盾,导致制度整体破产。总之,提高值班律师制度的实效性不可急于求成,当务之急是矫正制度运行中的实践偏差,长远之计是不断提高法律援助资源供给能力。

(编辑:李冉毅)

认罪认罚从宽制度下值班律师功能的异化与回归

曹盛楠*

摘　要:实践中值班律师的定位发生了异化,由"辩护人"异化为诉讼合法性的"见证者"。产生这种异化的原因一方面主要是值班律师权利与公权力不均衡,另一方面是值班律师权利与自身职责不一致、收益与风险不匹配。为了协调这些冲突,有必要在立法上明确值班律师的辩护人地位,完善阅卷权、会见权的权利保障机制,并赋予值班律师一定程度的讯问在场权、申请调取证据权和出庭辩护权。在提高值班律师基本补贴的基础上,建立与办案质量挂钩的浮动补贴机制,把控值班律师履职的风险,提高值班律师履职的积极性和法律服务的质量。

关键词:值班律师;认罪认罚从宽;异化

一、问题的提出

回顾我国刑事辩护制度40余年的变革,辩护律师的定位从"政府法律工作者"逐渐转变为"法律代理人",参与过程从仅限于审判阶段转变为刑事诉讼的全流程参与,辩护效果也从仅注重辩护律师的有无发展为强调辩护律师的有效辩护。① 2018年《刑事诉讼法》修正时一并新增了值班律师制度和认罪认罚从宽制度,两项试点多年的制度在立法上得到明确,并在实践中共同迅猛发展。2019年1月至2020年8月,共有1,416,417件案件适用了认罪认罚从宽制度办结,仅2020年1月至8月,适用率就达83.5%,其中值班律师为犯罪嫌疑人提供法律帮

* 曹盛楠,西南政法大学法学院硕士研究生。

① 参见陈瑞华:《刑事辩护制度四十年来的回顾与展望》,载《政法论坛》2019年第6期。

助124.6万人次,法律援助工作站已覆盖55%的基层检察院。① 值班律师制度作为被追诉人认罪认罚自愿性、合法性的重要保障,直接关系被追诉人合法权益和司法公正的实现。② 可以说,值班律师制度是保障认罪认罚从宽制度在公正与效率之间衡平运行的关键,其重要性不言而喻。在具有相似性的辩诉交易制度中,辩护人同样为制度的正常运行发挥着至关重要的作用。正如美国学者费希尔所言:"在辩诉交易中,虽然认罪或不认罪的权利属于被告人,但是他们会发现,在没有辩护人的情况下其权利根本得不到任何保护。"③

虽然立法正式确立了值班律师制度,但其运行在实践中趋于形式化,无法保证法律帮助的实质性、有效性。有些学者进行了实证调研,得出的结论也证实了值班律师制度存在较多问题,实践效果并不理想。④ 也有学者指出目前值班律师制度建设脱节,呈现出"形盛而神衰"的局面。⑤ "值班律师的功能面临着异化的问题"这一观点得到了大多学者的认同,他们认为实践中的值班律师从应然的法律帮助人异化为了诉讼行为合法性的"见证人"和"背书者"。⑥ 无论是"形式化"还是"功能异化",都是对目前值班律师制度困境的总结,只不过表达角度不同。本文在厘清值班律师应然地位和功能的基础上,分析实践中值班律师功能异化的原因,从我国实践出发,借鉴域外有益经验,为值班律师制度的完善以及认罪认罚从宽制度的良好运行提出一些建议,以期有益于值班律师制度的研究。

二、值班律师的"正名":辩护人的地位和权利

在2018年《刑事诉讼法》修正一审稿中,值班律师的职责是"为犯罪嫌疑人、被告人提供法律咨询,程序选择建议,代理申诉、控告,申请变更强制措施,对案件处理提出意见等辩护"。值得注意的是,这里使用的是"辩护"一词,而非"法律帮

---

① 参见张军:《最高人民检察院关于人民检察院适用认罪认罚从宽制度情况的报告——2020年10月15日在第十三届全国人民代表大会常务委员会第二十二次会议上》,载《检察日报》2020年10月17日。

② 参见闵春雷:《回归权利:认罪认罚从宽制度的适用困境及理论反思》,载《法学杂志》2019年第12期。

③ [美]乔治·费希尔:《辩诉交易的胜利——美国辩诉交易史》,郭志媛译,中国政法大学出版社2012年版,序言第6页。

④ 具体的实证数据和情况,参见周新:《值班律师参与认罪认罚案件的实践性反思》,载《法学论坛》2019年第4期;李艳飞:《值班律师制度的实证考察与改革展望》,载《行政与法》2019年第3期。

⑤ 参见樊崇义:《值班律师制度的本土叙事:回顾、定位与完善》,载《法学杂志》2018年第9期。

⑥ 参见闵春雷:《回归权利:认罪认罚从宽制度的适用困境及理论反思》,载《法学杂志》2019年第12期;孙长永:《认罪认罚从宽制度实施中的五个矛盾及其化解》,载《政治与法律》2021年第1期。

助”。虽然之后修改时以“法律帮助”替换了“辩护”这一措辞,但这在一定程度上反映了值班律师与辩护人地位的等同性。实际上,值班律师的渊源、职能和权利等都说明了值班律师属于辩护人,只是与委托辩护律师和法律援助律师的职责和工作重心有所差异。

(一)追根溯源:值班律师脱胎于辩护制度

刑事诉讼的历史就是辩护权扩充的历史。① 自《1696 年叛逆罪审判法》使辩护律师合法登上刑事诉讼的“舞台”以来,刑事辩护制度不断完善和发展。值班律师制度肇始于英国。20 世纪 90 年代,为削减因法律援助案件急剧增长而造成的庞大财政开支,英国开展了对法律援助制度的改革。通过出台《1988 年法律援助法》《1999 年接近正义法》等法案,值班律师制度得以确立并完善。② 尽管值班律师诞生的初衷是削减财政开支,但其服务内容也包括在审判阶段为被告人提供出庭代理、辩护活动。值班律师制度为司法成本和人权保障之间的协调提供了较为合理的范式,很大程度上缓和了公正价值和效率价值之间的冲突,因此也逐渐被其他国家和地区采纳。日本③、意大利、新西兰和中国香港等国家和地区也都逐步探索建立值班律师制度以追求对被追诉人权益的全面保障。

我国值班律师制度的探索基本是在制度移植的意义上展开的。2006 年由河南省焦作市修武县率先开始进行实践,之后逐步扩展试点范围。不过这个阶段的值班律师在案件中重点是提供法律咨询类的服务。在新一轮司法体制改革的背景下,相关部门分别在 2014 年和 2016 年出台了《关于在部分地区开展刑事案件速裁程序试点工作的办法》和《关于在部分地区开展刑事案件认罪认罚从宽制度试点工作的办法》,两个规范文件都指出应发展法律援助值班律师制度,且后者进一步要求法律帮助的有效性。司法体制改革背景下的值班律师制度已经不再只是提供应急性法律服务。值班律师与法律援助律师同属于法律援助机构管理,在认罪认罚案件中,对于未委托辩护人的被追诉人,完全承担了保障其合法权益的职责,属于实质辩护的范畴。因此,我国的值班律师制度自建立伊始便带有辩护

① 参见[日]田口守一:《刑事诉讼法》,张凌、于秀峰译,法律出版社 2019 年版,第 172 页。

② 参见张泽涛:《值班律师制度的源流、现状及其分歧澄清》,载《法学评论》2018 年第 3 期。

③ 日本的值班律师与英国、新西兰等国家相比有些不同。日本的值班律师本质上属于委托辩护,作为一种犯罪嫌疑人咨询系统,在提供咨询服务时免除首次律师费用。在日本,承担英国值班律师出庭辩护服务的是国选辩护人制度。参见[日]田口守一:《刑事诉讼法》,张凌、于秀峰译,法律出版社 2019 年版,第 174 页。

人的"标签",其价值基础一直都是人权保障,在认罪认罚从宽制度中,值班律师辩护人的身份没有发生改变。

(二)职能辨析:值班律师仍属于辩护范畴

现代刑事诉讼包含控诉职能、审判职能和辩护职能三种基本诉讼职能。在刑事诉讼过程中,某一诉讼参与人为了维护犯罪嫌疑人、被告人的合法权益而实施一定诉讼行为的,便是履行辩护职能,这一主体便属于辩护人(如果是自行辩护的情况,辩护人与被告人身份重合)。值班律师无论是提供最基础的法律咨询,还是提供程序选择建议的程序性帮助,抑或参与量刑协商的实体性帮助,这些行为的目的均是保障被追诉人的权利。因此,从职能视角看,值班律师的法律帮助行为实际就是履行辩护职能的行为,属于辩护范畴。此外,从立法体例的角度看,2018年《刑事诉讼法》修改,值班律师制度规定在"辩护与代理"一章,这也足以表明其身份属于辩护人。

否认值班律师辩护人身份的观点常以规范文本中的"法律帮助"一词以及值班律师无出庭辩护的权利作为依据。笔者认为这种观点既没有正确解读"法律帮助"的含义,也没有完整理解"辩护"的内涵,将"辩护"狭义理解为审判阶段的实体辩护。

"法律帮助"一词是英文"legal assistance"的中文直译,在英文中"legal assistance"就是指"法律援助"或"律师辩护"。例如,《公民权利和政治权利国际公约》第14条第3项所列举的(丁)项规定:"出席受审并亲自替自己辩护或经由他自己所选择的法律援助(legal assistance of his own choosing)进行辩护……在司法利益有此需要的案件中,为他指定法律援助(to have legal assistance assigned to him)。……"而且在"作准中文本"的翻译中,将上面两处"legal assistance"翻译为"辩护人答辩"和"指定公设辩护人"。[①] 两个翻译文本均将"法律帮助"(legal assistance)理解为"律师辩护"或"法律援助"。可见,"法律帮助"与"法律援助"、"律师辩护"的含义"具有相通性"。

上述限缩性的理解没有看到审前阶段辩护律师的作用和功能,因此很容易否认值班律师的辩护人身份。学界常把值班律师比喻为"急诊科大夫",相应地将辩

---

① 参见《〈公民权利和政治权利国际公约〉中英文对照版》,载原创力文档,https://max.book118.com/html/2019/0128/6243221043002004.shtm,2020年5月8日最后访问。

护律师比喻为日常医生。[①] 这种比喻恰当地表现了值班律师的“应急性”和“临时性”。但正如“急诊科大夫”属于医生,值班律师也本就是辩护人,“应急性”和“临时性”只是值班律师的特征,而不是其本质,这只能说明值班律师的职责重心在于审前阶段,而不能以此来否认值班律师的辩护人身份。

(三)权利对比:值班律师形似于辩护律师

产生诉讼权利的根据是诉讼职能。[②] 既然值班律师行使的是辩护职能,那么其就应当具有辩护人的诉讼权利,规范层面对其权利也有进一步完善的趋势。2020 年 8 月,相关部门出台了《法律援助值班律师工作办法》(以下简称《工作办法》),对值班律师的工作职责、工作程序和工作保障进行了规定,除参与量刑协商权和签署具结书见证权这两项认罪认罚从宽制度的特殊权利外,赋予了值班律师与一般辩护人基本一致的阅卷权、会见权和提出意见权。

首先,《工作办法》明确指出值班律师在审查起诉阶段具有阅卷权。《工作办法》第 21 条规定了案件进入审查起诉阶段后,值班律师可以查阅案卷材料,并且对于实现卷宗电子化的地方,可以进行在线阅卷。在部分地区的规范文件中,更进一步赋予了值班律师摘抄、复制案件相关材料的权利,比如广东省相关部门于 2018 年 10 月印发的《关于开展法律援助值班律师工作的实施意见》(下文简称《实施意见》)的第 11 条规定,值班律师办理认罪认罚从宽案件的,可以查阅、摘抄、复制案件材料。[③]

其次,《工作办法》细化了值班律师会见权的形式和要求。《工作办法》第 6 条规定了值班律师具有与被追诉人双向约见的权利,第 22 条规定了值班律师会见应持律师执业证或者律师工作证、法律帮助申请表或者法律帮助通知书,第 24 条规定了值班律师会见被追诉人不被监听的权利。这些要求和权利与辩护律师基本相似。

最后,《工作办法》第 8 条在重申《刑事诉讼法》第 173 条规定的值班律师提出意见权和事项范围的基础上,吸收了《关于适用认罪认罚从宽制度的指导意见》(以下简称《指导意见》)第 27 条第 2 款的内容,要求人民检察院“未采纳值班律

---

① 参见吴小军:《我国值班律师制度的功能及其展开——以认罪认罚从宽制度为视角》,载《法律适用》2017 年第 11 期。

② 参见汪建成、王明达:《刑事诉讼职能研究》,载《政法论坛》2001 年第 1 期。

③ 参见《关于开展法律援助值班律师工作的实施意见》(粤司规〔2018〕7 号),2018 年 10 月 16 日发布。

师意见的，应当说明理由”。

此外，《工作办法》虽未规定值班律师具有调取证据的权利，但是在实践中，部分地区已经探索建立在非法证据排除程序中，值班律师可以申请调取、协助提供与案件相关的证据材料的制度。例如广东省相关部门颁布的《实施意见》的第12条规定，值班律师在提供法律帮助过程中，根据犯罪嫌疑人、刑事被告人的请求，对刑讯逼供、非法取证情形代理申诉、控告，可以协助申请调取证据材料，协助提供相关证据材料或线索。[①] 值班律师在审前阶段的权利基本与辩护律师无异。

三、透视值班律师功能异化的原因

(一)权利与权力的不均衡

从域外经验来看，协商性司法必须以正当程序为前提，其建立、运行和改进既需要正当程序作为外部环境，也需要正当程序的精神指引，[②]作为协商性司法制度的认罪认罚从宽制度也不例外。但当2018年修改《刑事诉讼法》确立认罪认罚从宽制度时，我国的刑事程序尚未达到“正当化”的要求。举例来讲，我国没有明确规定被追诉人享有“沉默权”，审前羁押期限极长，且庭审形式化的问题并未得到根本解决，导致被追诉人在认罪认罚从宽程序中的自愿性、真实性受到较大的威胁。并且从程序的运行来看，检察官主导决定程序的适用时机和适用方式，甚至由于法律规定“人民法院一般应当采纳量刑建议”，检察官的控诉对案件处置基本具有决定性作用，认罪认罚从宽程序呈现“权力型程序样态”。[③] 在这种现状下，我国的控方权力更加强势。即使搭建好了协商的“谈判桌”，控辩双方也难以进行真正平等的对话。因此，从正当程序的精神出发，在认罪认罚从宽程序中，被追诉人急需辩护人的帮助来保障其平等的协商地位。

但是，值班律师作为认罪认罚从宽制度中大多数被追诉人合法权益的保障者，其权利不仅没有同辩护律师保持一致，反而相差甚远。进一步考察有关规范文件会发现，在值班律师的权利行使和保障层面，相关规定不够全面或不够具体，同法律援助律师和委托律师相比，存在一些实质的差距。

第一，在阅卷权方面，《工作办法》规定值班律师只可以以查阅的方式阅卷，没

---

① 参见《关于开展法律援助值班律师工作的实施意见》(粤司规〔2018〕7号)，2018年10月16日发布。

② 参见孙长永：《认罪认罚从宽制度实施中的五个矛盾及其化解》，载《政治与法律》2021年第1期。

③ 参见龙宗智：《完善认罪认罚从宽制度的关键是控辩平衡》，载《环球法律评论》2020年第2期。

有赋予值班律师摘抄、复制的权利。《工作办法》关于阅卷时间仅规定了“应当及时安排”,没有限制安排阅卷的时间来保障阅卷的及时性,也没有说明阅卷的地点和具体流程。此外,《工作办法》虽规定了“在线阅卷”的新方式,但对具体细节没有涉及,引发了一些问题。比如“在线阅卷”是否意味着阅卷地点可以随意选择?“在线阅卷”的摘抄和复制非常简便,且人民检察院和法院没有明确要求对“在线阅卷”的过程进行监督,是否意味着值班律师可以通过“在线阅卷”的方式行使查阅、摘抄、复制的权利?

第二,在会见权方面,值班律师对权利的行使缺乏完全的自主性。《工作办法》对值班律师的会见权规定了两种行使方式。一种是由犯罪嫌疑人、被告人以口头或书面方式提出约见申请,公安机关、人民检察院、人民法院接受申请书后,通知法律援助机构或现场安排值班律师。另一种是值班律师可以经办案机关允许主动会见。与辩护律师相比,值班律师主动会见一般案件的被追诉人还要经过办案机关的允许,并且《工作办法》对安排值班律师会见也缺乏具体的时间限制。若无法保障会见的自主性和及时性,办案机关可能拒绝或推迟会见,即使给了值班律师主动会见的机会,也将成为无本之木、无源之水。

第三,在调取证据权方面,《工作办法》没有作出相关规定,这也意味着值班律师不具有合法的调取证据的权利。在认罪认罚案件中,证据一般比较简单,值班律师对调取证据的需求较小,那么值班律师有无调取证据的必要?笔者认为虽然实践中的需求较小,但对于某些证据易灭失的情形,值班律师也有固定证据的需要。而且一旦发生了非法取证的情形,若想申请启动非法证据排除程序,根据刑事诉讼法的规定,辩方是需要提供初步的线索或材料的。① 一言以蔽之,没有调取证据的权利,值班律师就缺少了与控方平等对抗的关键“武器”,难以保障协商的合意性。

第四,在出庭辩护权方面,现行规范文件均回避了这个问题。② 也就是说,在规范意义上,值班律师并不具有出庭辩护的合法权利。观察域外的值班律师制度,大部分国家和地区赋予了法院值班律师出庭辩护的权利,某些国家即使对出

① 参见《刑事诉讼法》第 58 条规定:“法庭审理过程中……当事人及其辩护人、诉讼代理人有权申请人民法院对以非法方法收集的证据依法予以排除。申请排除以非法方法收集的证据的,应当提供相关线索或者材料。”

② 曾在 2017 年 8 月发布的《关于开展法律援助值班律师工作的意见》明确否定了值班律师的出庭辩护权:“法律援助值班律师不提供出庭辩护服务。符合法律援助条件的犯罪嫌疑人、刑事被告人,可以依申请或通知由法律援助机构为其指派律师提供辩护。”不过当《工作办法》颁布时该意见已同时废止。因此,现行规范文件并没有明确规定值班律师不享有出庭辩护权。

庭辩护权有所限制,也建立了与法律援助制度的衔接机制,以落实辩护权。前者如加拿大,法院值班律师有权介入法庭中的控辩交易程序,并从被告人的利益出发,提出合适的建议。后者如澳大利亚,如果案件的被告人可能会被判刑且情况紧急,值班律师就可以继续为当事人出庭进行辩护。但是,如果被告人辩称自己无罪或案件不具备紧急性,当事人则应当在法庭审理之前申请法律援助机构派遣律师提供辩护。① 从法律规范层面分析,值班律师在我国认罪认罚案件的审判程序中也是有出庭辩护的必要的。《指导意见》第 39 条要求人民法院在审判阶段需要审查认罪认罚自愿性、合法性,其中重点核实内容的第 5 项规定:"值班律师或者辩护人是否与人民检察院进行沟通,提供了有效法律帮助或者辩护,并在场见证认罪认罚具结书的签署。"值班律师与人民检察院沟通的情况以及提供法律帮助的有效性都可能需要值班律师出庭进行说明。除此之外,《指导意见》第 40 条规定的人民法院可以听取"辩护人对审理认定罪名的意见"以及第 41 条规定的辩护人对量刑建议的异议权,对于没有委托辩护人的被告人而言,这些都需要值班律师或法律援助律师出庭进行辩护。

权利与权力的失衡,使平等协商的"天秤"不可避免地向控方倾斜。值班律师的权利内容被限缩,权利行使缺乏保障,使处于强势地位的检察机关不自觉地产生"值班律师等同于见证人"的认知。有学者以调查问卷的形式,收集检察官对值班律师在认罪认罚案件中作用的看法,结果显示 53% 的检察官选择了"见证具结书的签署",35.9% 的检察官选择了"给被告人提供法律咨询",②值班律师功能的异化可见一斑。

(二)权利与义务的不协调

值班律师的权利不仅难以支撑其与控方平等协商,而且无法与其承担的义务相协调。如上所述,在值班律师和辩护律师的权利保障存在一些实质差距的情况下,二者的义务、服务要求却是一致的,甚至值班律师在某些方面承担的职责要重于辩护律师。

首先在提供服务的质量方面,《工作办法》第 3 条规定,"值班律师应当提供符合标准的法律服务"。《工作办法》的制定根据是《刑事诉讼法》和《律师法》等,

---

① 参见顾永忠、李逍遥:《论我国值班律师的应然定位》,载《湖南科技大学学报(社会科学版)》2017 年第 4 期。

② 参见胡铭:《律师在认罪认罚从宽制度中的定位及其完善——以 Z 省 H 市为例的实证分析》,载《中国刑事法杂志》2018 年第 5 期。

"符合标准的法律服务"中的"标准"也应当与《刑事诉讼法》和《律师法》等规范的要求相一致。因此,二者对服务质量的要求是相同的。

其次,《工作办法》第 6 条规定了值班律师提供法律咨询、提供程序选择建议、帮助申请变更强制措施、对案件处理提出意见、帮助申请法律援助的一般职责。此外,还规定了在认罪认罚案件中值班律师释明认罪认罚性质和相关法律规定,对指控罪名、量刑建议、诉讼程序适用等事项提出意见,签署具结书在场的三项特殊职责。辩护律师的审前职责与值班律师基本一致,甚至由于辩护律师本身就属于委托辩护,所以不用承担帮助申请法律援助的职责。

最后,《工作办法》第 29 条规定了值班律师遵守法纪、正当执业和依法保密的义务,这与辩护律师出庭辩护前的要求基本相同。在服务质量、义务、职责等方面与辩护律师基本一致,甚至犹有过之的情况下,值班律师实质的权利保障却没有到位。这种权利与义务、职责的不协调,导致值班律师难以发挥其原本的功能。

(三)收益与风险的不匹配

值班律师的收益与辩护律师相比,可谓天冠地屦。根据一些学者的调研,实践中部分地区值班律师每天补助为 150 元至 200 元。[①] 笔者对 2018 年以来,六个省市发布的关于法律援助值班律师补贴标准的相关文件进行了汇总分析(见表 1),结论基本与学者们的调研结果一致。

表 1 六省市值班律师补贴标准汇总

	基本补贴	浮动规定
北京市	每人每个工作日补贴 500 元	无
厦门市	每人每天 500 元。认罪认罚法律帮助工作量特别大的案件,根据值班律师职责履行情况,可给予 800 元/件的补贴	直接费用根据实际情况可多给予基本补贴标准的 30%
湖南省	每人每天补贴 400 元	有证据证明办案成本确实明显超过本办法规定的补贴标准的,可适当提高补贴金额,但最多不能超过原标准的 30%

① 龙宗智老师通过调研指出重庆市值班律师每天补助为 150 元至 200 元。张泽涛老师对部分地区进行了调研,结果显示部分地区给予值班律师的补助平均为 150 元 1 天。参见龙宗智:《完善认罪认罚从宽制度的关键是控辩平衡》,载《环球法律评论》2020 年第 2 期;张泽涛:《值班律师制度的源流、现状及其分歧澄清》,载《法学评论》2018 年第 3 期。

续表

	基本补贴	浮动规定
浙江省	每人每天的基本劳务费为省在岗职工日平均工资乘以承办法律援助事项的服务天数，再乘补贴系数的所得数额	补贴系数为0.7—2，最终补贴额在此区间浮动。各级可以根据当地经济发展水平等因素动态调整
陕西省	每人每天补贴100—500元	办案补贴与办案质量挂钩，对优秀案件提高补贴200—500元，对质量较差的案件扣减补贴200—500元
广东省	每人每天基本劳务费用为上一年度本地在岗职工日平均工资乘以不低于1.1倍的系数	补贴与服务质量挂钩，以各项补贴标准为准，根据服务质量上下浮动一定比例

资料来源：《厦门市法律援助经费使用管理办法》（厦司规〔2020〕2号）、《北京市法律援助补贴办法》（京司发〔2018〕86号）、《湖南省法律援助中心法律援助办案补贴经费使用管理办法》（湘司发〔2018〕9号）、《浙江省法律援助经费使用管理办法》（浙财行〔2020〕21号）、《陕西省法律援助经费管理办法》（陕财办政〔2018〕97号）、广东省司法厅、广东省财政厅《关于制定法律援助补贴标准的通知》（粤司办〔2020〕92号）。

表1办案补贴为直接费用和基本劳务费之和，其中直接费用（成本）一般指服务过程中产生的差旅费、邮电费、印刷费等所需费用。浙江省和广东省的基本劳务费用和办案补贴分开计算，值班律师最低收益分别为每人每天218元和303元。① 假设每个案件直接费用占本案补贴费用的50%的话，按基本补贴额计算，在每个工作量正常且达到正常办案质量的案件中，可以预估陕西省、湖南省、北京市、厦门市的值班律师每人每天最低收益分别为50元、200元、250元、250元。以北京市为例，法律援助律师仅侦查阶段办案补贴最低为1850元，同样按照50%的直接费用计算，侦查阶段的最低基本收益约为值班律师的3.7倍。值班律师的收益与法律援助律师便有如此大的差距，遑论与委托辩护律师相比了。

与较低收益相对应的，值班律师履职却承担着较大的风险。虽然辩护律师的工作也承担着较大的风险，但与其相比，值班律师承担的风险是被动接受的，缺乏自主选择性。而辩护律师在是否接受当事人委托之前可以自主选择，可以根据案

① 按2019年浙江省在岗职工日平均工资计算，补贴系数同取1.1。值班律师每人每天补贴额最低为198×1.1约等于218元；按2019年广东省在岗职工日平均工资计算，值班律师每人每天补贴额最低为276×1.1约等于303元。数据源于《2019年度浙江省人力资源和社会保障事业发展统计公报》，载浙江省人力资源和社会保障厅网，http://rlsbt.zj.gov.cn/art/2020/7/13/art_1229249828_2139803.html，2020年12月27日最后访问；《2019年广东城镇非私营单位就业人员年平均工资98889元》，载广东省人民政府网，http://www.gd.gov.cn/zwgk/sjfb/mssj/rjkzpsr/content/post_3010981.html，2020年12月27日最后访问。

件辩护的难易程度和收益等因素自由选择是否接受委托。易言之,如果一个案件的辩护难度较大,风险较高,辩护律师可以拒绝接受委托从而避免这种风险,值班律师则无法拒绝,只能被动承担这种风险。实质上,值班律师的部分风险应当是由国家承担的,我国《法律援助条例》第3条便规定“法律援助是政府的责任”。但在实践中,“政府的责任”往往会转化为“律师的职责”。司法行政机构以命令的方式要求律师承担法律援助义务。[①] 责任带来了风险,责任的转移实际上也是风险的转移。在这种运转体系下,值班律师带有浓厚的“行政色彩”,无法自由选择是否承担案件的相关风险。而一旦发生错案或案件程序出现问题,相关机构可能就会间接对值班律师进行问责或处罚,部分风险便转移到了值班律师身上。

四、协调式的完善路径:值班律师功能的回归

(一)“名正言顺”:明确值班律师的辩护人地位

在我国《刑事诉讼法》的语境下,“法律帮助”与“律师辩护”是分开表述的,这其实也与“法律帮助”一词在我国的演变有关。“法律帮助”一词正式被提出和研究的契机是1996年《刑事诉讼法》的修改。这次修改使辩护律师可以介入侦查阶段,为犯罪嫌疑人提供法律咨询并代理申诉、控告,对刑事辩护的发展具有重大意义。但1996年《刑事诉讼法》第33条规定,“公诉案件自案件移送审查起诉之日起,犯罪嫌疑人有权委托辩护人”。根据本条规定,侦查阶段的律师并不具有辩护人的身份。为界定侦查阶段律师的法律地位,有学者提出侦查阶段律师应当定性为“法律帮助者”或者“法律顾问”。囿于“侦查中心主义”的影响,这种观点逐步被理论界和实务界接受,“法律帮助”一词便为人所熟知。上述演变说明了“法律帮助”一词的诞生,是我国在特定时代背景下独有的概念。一方面,侦查机关对律师介入的抵触情绪较强。另一方面,扩大辩护权是改革的大势所趋。将“法律帮助”与“律师辩护”人为割裂,本质上是立法者对两方面冲突进行调和的结果。它具有一定的现实合理性,但造成了许多问题。实践中律师介入侦查阶段的效果不仅没有达到立法者的预期,反而使律师行使权利面临重重困难。2012年《刑事诉讼法》也因此作出了修改,明确了侦查阶段律师的辩护人身份。与之前介入侦查阶段的律师相似,如今的值班律师同样被界定为“法律帮助者”,实践中也不出所料,陷入了“见证人”的困境。历史的教训告诉我们,应当在立法层面明确值班律

---

① 参见汪海燕:《三重悖离:认罪认罚从宽程序中值班律师制度的困境》,载《法学杂志》2019年第12期。

师的辩护人地位。

笔者认为赋予值班律师辩护人的地位在法理、规范等方面没有较大阻碍,理由如下:首先,赋予值班律师辩护人的身份与立法没有冲突。诚然,刑事诉讼法等规范将值班律师提供的法律服务表述为"法律帮助"。但是,结合上述对"法律帮助"一词含义的分析,可以确定"法律帮助"与"律师辩护"两个概念并非相互排斥而是相互包容的关系。[①] "法律帮助"的表述不能作为否定其"辩护活动"性质的依据。其次,值班律师和法律援助律师都受法律援助机构的管理指派,都属于国家为被追诉人无偿提供的法律辩护服务,二者权利来源具有相同的属性。因此,法律可以将值班律师定位为法律援助辩护下的一种形式,与法律援助律师和委托律师一样具有辩护人身份,只是类型、特点不同罢了。

此外,有学者认为值班律师相应的诉讼权利通过对现行规范进行解释即可得出,因此无须赋予值班律师辩护人的地位,解决问题的方案是以"法律帮助实质化"为目标,完善值班律师的权利与保障机制。[②] 笔者认为这种观点从法教义学的角度为保障值班律师权利提出了一种较为可行的理论依据,具有一定的合理性。但是,从长远来看,否定值班律师的辩护人地位不利于其权利的进一步完善,在法律没有明确赋予值班律师出庭辩护权的情况下,从上述观点中无法得出值班律师具有出庭辩护权利的应然结论。而且,正所谓"名不正则言不顺",侦查阶段辩护律师地位的演变已然提醒我们,抹去"法律帮助者"的辩护人身份可能会在实践中造成误解和歧义,影响值班律师权利的落实。因此,为了值班律师制度的长远发展,纠正实践中发生的部分"曲解"现象,应当明确值班律师的辩护人地位。

(二)权责统一:加强值班律师的权利保障

如上所述,权利小、职责重是实践中值班律师的真实写照,也是其功能异化的客观原因。从理论上讲,扩大权利和减轻职责都可以实现二者的协调,当然,二者也可以同时进行。不过考虑到认罪认罚从宽制度下,需要从严要求以保障值班律师的服务质量,不宜减轻其职责。因此,应采取保障和扩充值班律师权利的方法去实现权责的统一,促进其功能的回归。

一方面,针对《工作办法》已经明确赋予值班律师的会见权和阅卷权,应当完

---

① 参见姚莉:《认罪认罚程序中值班律师的角色与功能》,载《法商研究》2017 年第 6 期。

② 参见蔡元培:《法律帮助实质化视野下值班律师诉讼权利研究》,载《环球法律评论》2021 年第 2 期。

善保障机制,将权利落到实处。对于会见权而言,应最大限度地排除会见障碍,在一般案件中值班律师主动约见被追诉人不需要经过办案机关同意。会见的及时性是会见权的重要内容,必须明确安排会见的时间,要求办案机关在接到申请后,至迟 48 小时内安排会见。对于阅卷权而言,应当赋予值班律师包含摘抄、复制的完整阅卷权,并且需要对"及时安排,提供便利"进行解释。参照辩护律师阅卷权的相关规定,考虑到认罪认罚案件较短的审查起诉期限,对于无法及时安排的情况,检察机关应当说明理由并在一日内尽快安排,并为值班律师行使阅卷权安排专门的场所和设备。此外,还应当明确在线阅卷的要求、流程和权利边界,必要时,检察机关可派员提供帮助。

另一方面,虽然《工作办法》未明确规定,但应当赋予值班律师一定程度的讯问在场权、调取证据权以及出庭辩护权。首先,犯罪嫌疑人的认罪常发生在侦查阶段,尤其是在讯问过程中。据统计,我国被追诉人在侦查人员初次讯问时的认罪率维持在 70% 以上,至侦查终结时的认罪率可达到 90.4% 。[①] 因此,如何保障被追诉人在侦查阶段认罪认罚的自愿性、合法性显得尤为重要,而加强侦查阶段的律师帮助,赋予值班律师讯问在场权是较为可行的解决方案。正如德国学者许乃曼所言:"若要让刑事协商合法地成为终结程序的工具,强化侦查程序中的辩护是十分必要的。"[②]讯问在场权是指在侦查阶段中,当侦查机关进行讯问时辩护律师均有权在场,犯罪嫌疑人也有权要求辩护律师在场。它对确保犯罪嫌疑人口供的真实性与合法性具有非常重要的意义。[③] 我国理论界也曾讨论过讯问在场权的域外经验和赋予律师该权利的可行性,但迫于当时律师其他权利尚未落实、看守所设施不完善等原因,这一议题便被搁置。如今,认罪认罚从宽制度的推进和相关配套措施的完善为赋予律师讯问在场权提供了新的契机。认罪认罚从宽制度的良好运行尤其需要保障被追诉人认罪认罚的自愿性、真实性和合法性,看守所日益完备的设施建设和法律援助工作站的建立也为值班律师行使讯问在场权提供了较大便利,应当借此"东风",赋予其讯问在场权。这样既可以最大限度地保障侦查阶段犯罪嫌疑人的合法权益,也可以为赋予所有辩护律师讯问在场权提供经验和根据。

其次,为了使值班律师全面了解案件信息,掌握更多协商"筹码",有必要赋予

---

① 参见闫召华:《口供中心主义研究》,法律出版社 2013 年版,第 141 页。

② [德]贝恩德·许乃曼:《公正程序(公正审判)与刑事诉讼中的协商(辩诉交易)》,载陈光中主编:《公正审判与认罪协商》,法律出版社 2018 年版,第 38 页。

③ 参见陈少林:《论辩护律师的在场权》,载《法学评论》2000 年第 5 期。

值班律师申请调取证据的权利，但不宜赋予其自行调取证据的权利。原因有二：一是自行调查取证的行为可能涉及第三方利益，而值班律师同被追诉人之间接触时间较短，且有时并非只为一人服务，建立的关系缺乏稳定性和约束性，其自行调查取证的行为缺乏正当性根据。二是相较于申请调取证据，自行调查取证对辩护律师的意义不大。“正是由于只有国家才能直接诉诸强制权力去收集证据，保障辩方申请国家调查证据的权利得到实现，在某种意义上比赋予辩方自行调查取证权更为重要。”①

最后，认罪认罚制度中也同样需要保障犯罪嫌疑人、被告人的辩护权。但如果对所有认罪认罚案件都允许值班律师出庭辩护，进行从侦查阶段到审判阶段的“一条龙服务”的话，一方面会与其应急性、临时性的特征不符，另一方面可能会加剧律师资源缺乏的困境。对此，笔者认为，可以通过值班律师制度与法律援助制度的衔接来协调这种矛盾。实践中值班律师相较于其他法律援助律师而言，其执业经历和办案经验往往稍逊一筹。② 这种差别也在一定程度上反映了律师资源的紧缺。因此，在设计衔接机制时，应当考虑到律师经历和经验的差异性。结合以上因素，关于赋予值班律师出庭辩护权和构建两种制度的衔接机制，笔者提出以下设想：第一，对于适用速裁程序的认罪认罚案件，被告人申请值班律师出庭说明情况或值班律师自己申请出庭的，人民法院应当同意值班律师出庭说明情况，值班律师就这类案件主要是说明其是否提供了有效法律帮助以及帮助的具体情况。第二，对于不适用速裁程序的认罪认罚案件（包括适用速裁程序后，出现某些情形依法需要转换程序的案件），被告人可以自己申请或委托值班律师申请法律援助机构指派律师。但是若辩方在开庭前没有申请，人民法院应当立即通知法律援助机构指派法律援助律师为其出庭辩护。如果在审前程序负责案件的值班律师符合法律援助律师的资格和要求，那么法律援助机构原则上应当指派该值班律师作为法律援助律师出庭为被告人辩护。如果不符合要求，法律援助机构可以另行指派其他法律援助律师为被告人提供出庭辩护服务。

---

① 李昌盛：《论拒绝辩护方查证申请的正当事由》，载《安徽师范大学学报（人文社会科学版）》2020年第4期。

② 如上海市出台的《本市开展法律援助值班律师工作的实施办法》（沪司规〔2017〕4号）第5条规定，“法律援助机构应当挑选政治思想素质高、业务精通、责任心强、具备一年以上执业经历的律师作为值班律师人选”。并且根据笔者2019年在H省某市实习所了解的情况，一些执业经历极短的刚毕业的实习大学生在经过简单培训后即可提供值班律师服务。而一般情况的法律援助律师普遍要求具备3年以上执业经历。

(三)积极履职:完善值班律师的补贴机制,厘清风险归属

收益低、风险大是值班律师履职积极性较低的重要原因。因此,为了提高值班律师的履职积极性,提升法律服务质量和效果,应当协调值班律师收益和风险之间的冲突。

第一,在收益方面,要提高值班律师的基本补贴标准,建立灵活合理的补贴机制。一言以蔽之,应当结合当地经济发展水平,在提高基本补贴的基础上,根据帮助阶段的不同、案件的复杂程度等因素为值班律师制定阶梯式的基本补贴标准,并将基本补贴同直接费用相分离,直接费用纳入政府公务报销体系,单独对基本补贴实行浮动计算,案件质量与最终收益挂钩。

第二,风险问题主要是由于责任主体的混淆,使原本属于国家机关承担的风险转移到了值班律师身上。因此厘清风险归属便是控制风险的有效方式。具体而言,考核标准应当重视法律帮助的有效性和实质性,对于切实履行职责的值班律师,只要有相关证据加以证明其提供了实质有效的法律帮助,即使发生错案,也无须承担相关责任。

第三,可探索建立公设辩护人制度来分担值班律师的风险。值班律师并非完全意义上的行政人员,他具有行政和市场的双重性质,所以将本应由国家机关承担的风险转移到值班律师身上是不合理的。而公设辩护人由公权力机关管理,本质上属于公务人员,自然需要履行属于国家的责任并承担相应的风险。并且公设辩护人制度能够弥补值班律师服务"碎片化""阶段化"的不足,最大限度维护被追诉人的合法权益。不过,对于该制度的具体运行仍需进一步的探讨。

五、结语

认罪认罚从宽制度的建立和推进既体现了国家治理体系和治理能力现代化的新要求,也对值班律师制度的改革提出了新目标。"他山之石,可以攻玉",值班律师制度在域外发展多年,在协商性司法制度中发挥着重要的作用。但我们在借鉴、完善该制度的同时,应当正视我国司法实践与域外的两处不同:一是我国刑事程序尚未完全实现"正当化",认罪认罚从宽制度缺乏坚实的正当程序基础,控辩双方力量失衡。这也就导致作为认罪认罚从宽制度配套措施的值班律师制度,承担的任务更为严峻。二是虽然在"刑事辩护全覆盖"改革的推动下,全国刑事案件辩护率已经大幅提升,但与域外相比还是有一定差距。前者要求我们有必要最大限度地保障、扩充值班律师的权利,对值班律师队伍进行较为严格的管理和要求。

后者要求我们采取措施扩大值班律师的工作队伍，保障其履职积极性，提高刑事案件的辩护率。二者陷入了“质”和“量”的矛盾。但正所谓“橘生淮南则为橘，橘生淮北则为枳”，我们完善值班律师制度不能“照猫画虎”，必须正视这两个差异，从我国实践出发去协调好二者的矛盾。一方面，在规范层面上明确值班律师辩护人的地位，完善权利保障机制，赋予值班律师的讯问在场权，保障法律帮助的有效性、实质性。另一方面，赋予值班律师调取证据权和出庭辩护权应有一定的限制，通过建立与法律援助律师的衔接机制，协调各方冲突。并且以提高基本补贴、制定“阶梯式”的补贴标准和厘清风险归属的方式来提高值班律师的参与热情，扩大值班律师队伍。总之，值班律师制度的改革只有以我国的国情为基础，作为重大刑事法律制度改革内容的认罪认罚从宽制度的发展才能符合中国的实践，进而才能有力推进国家治理体系和治理能力的现代化。

（编辑：李冉毅）

企业合规案件附条件不起诉制度构建

——以最高人民检察院企业合规典型案例为视角

陈　佳　刘　畅*

摘　要:从世界范围内来说,以美国为代表的企业合规治理是当前的立法趋势。最高人民检察院于2020年和2021年分别开展了企业合规的两批试点工作,在目前的合规试点中取得了一定的成效,对于经济社会发展有着深远影响。但是,结合最高人民检察院发布的两批典型案例来看,我国的企业合规案件的处理仍然存在问题,比如检察建议缺乏强制效力、认罪认罚从宽制度与合规关系不明确以及相对不起诉制度存在扩张适用的风险等。因此,为了满足实践的需求,建立起完善的合规不起诉制度是明智之举。

关键词:企业合规案件;附条件不起诉;典型案例

一、问题的引入

为了保护民营企业健康发展,服务“六稳”“六保”,张军检察长在2021年最高人民检察院工作报告中指出:“对企业负责人涉经营类犯罪,依法能不捕的不捕、能不诉的不诉、能不判实刑的提出适用缓刑建议,同时探索督促涉案企业合规管理,促进‘严管’制度化,不让‘厚爱’被滥用。”在此背景下,最高人民检察院于2020年和2021年分别开展了企业合规不起诉的两批试点工作,第一批试点选择了上海、江苏、山东、广东的6家基层检察院,第二批则扩展到了北京、辽宁、上海、江苏、浙江、福建、山东、湖北、湖南、广东10个试点省市,可以说目前的企业合规不起诉制度实践正在如火如荼地进行中。在最高人民检察院企业合规不起诉的

* 陈佳,西南政法大学法学院硕士研究生,重庆市江北区人民检察院企业合规检察研究基地研究人员;刘畅,西南政法大学法学院硕士研究生,重庆市江北区人民检察院企业合规检察研究基地研究人员。

浪潮下,各个试点地区也制定了相关合规不起诉文件,如辽宁省制定的《关于建立涉罪企业合规考察制度的意见》、浙江省岱山县人民检察院《涉企案件刑事合规办理规程(试行)》,等等。

而典型案例作为具有普遍代表和指导意义的案件,可以作为研究我国企业合规制度基本情况的切入点。因此,本文通过对最高人民检察院典型案例的实证研究,意图实现对合规不起诉实践中的试点工作出现的问题进行分析,并寻求合规不起诉与现有刑事诉讼制度的契合程度与矛盾点,以达到诉讼制度之间的平衡与协调。

二、典型案例的特点

(一)企业合规与认罪认罚从宽制度相结合

由表1可见,在最高人民检察院两个批次共计10个典型案例中,共有5个案例中有认罪认罚情节,可见二者在试点地区司法机关的实际适用中有密切联系。其中,就第一批案例和第二批案例的适用而言,还存在显著差异。首先,就适用比例而言,第二批指导案例相较于第一批而言有显著提升。在最高人民检察院2021年6月3日发布的第一批4个指导案例中,只有"上海市A公司、B公司、关某某虚开增值税专用发票案"适用了认罪认罚从宽制度,适用比例为25%。但是在2021年12月15日发布的第二批6个指导案例中,有4个案例均适用了认罪认罚从宽制度,适用比例约为66%。第二批指导案例相较于第一批指导案例的适用率显著提升,这体现出最高人民检察院以及试点地区的检察院将二者结合适用的倾向越来越强。其次,就结合的方式而言,第一批指导案例中检察机关仅仅是在案件办理过程中既适用了认罪认罚从宽制度,又适用了企业合规制度,并未体现二者的协调和量刑互动。而第二批指导案例中大部分的做法是将涉案企业认罪认罚作为合规适用的前提条件,体现出了二者的互动。

表1 最高人民检察院典型案例中适用认罪认罚从宽制度的案件

案件名称	与认罪认罚从宽制度关系
上海市A公司、B公司、关某某虚开增值税专用发票案	同时适用两个制度
上海J公司、朱某某假冒注册商标案	将认罪认罚作为合规适用前提
山东沂南县Y公司、姚某明等人串通投标案	将认罪认罚作为合规适用前提、相对不起诉理由

续表

案件名称	与认罪认罚从宽制度关系
随州市Z公司康某某等人重大责任事故案	将认罪认罚作为合规适用前提
海南文昌市S公司、翁某某掩饰、隐瞒犯罪所得案	同时适用两个制度

(二)企业合规与相对不起诉、法定不起诉、检察建议相结合

在10个合规典型案例中,共有7个案例以检察机关作出不起诉决定结案。其中既包括适用相对不起诉的案件,如"山东沂南县Y公司、姚某明等人串通投标案",也包括法定不起诉的案件,如"王某某、林某某、刘某乙对非国家工作人员行贿案"。可以看出在目前的合规案件中,检察院往往是将相对不起诉和法定不起诉两项制度作为合规案件的程序激励。

同时,在作出不起诉决定后,检察院多以提出检察建议的方式,有针对性地指出问题,进一步提出整改建议要求,督促涉案企业履行合规承诺,比如"新泰市J公司等建筑企业串通投标系列案件"和"海南文昌市S公司、翁某某掩饰、隐瞒犯罪所得案"等。

(三)案件办理期间较短

虽然也存在检察机关在侦查阶段开始进行合规程序的案件,但是大部分合规程序往往是在公安机关移送审查起诉之后才开始的,因此受制于检察机关的审查起诉期间,合规制度也只能在短时间内进行(见表2)。比如在"新泰市J公司等建筑企业串通投标系列案件"中,在两个月之内,检察院要同时完成对于犯罪事实、情节、证据、犯罪性质和罪名的审查以及对于合规的考察。同时,实践中由于合规案件的复杂性,部分案件的处理超出了法定的审查起诉期限,如"山东沂南县Y公司、姚某明等人串通投标案"等。即使超过了审查起诉期限,在诉讼过程中的合规处理期限也只有数月,与美国相比合规案件的办理期限大大缩短。

表2 典型案例审查起诉期限

张家港市L公司、张某甲等人污染环境案	4个月
上海市A公司、B公司、关某某虚开增值税专用发票案	5个月
王某某、林某某、刘某乙对非国家工作人员行贿案	1个月

续表

新泰市J公司等建筑企业串通投标系列案件	1个月
上海J公司、朱某某假冒注册商标案	10个月
张家港S公司、睢某某销售假冒注册商标的商品案	未进入审查起诉阶段
山东沂南县Y公司、姚某明等人串通投标案	9个月
随州市Z公司康某某等人重大责任事故案	7个月
深圳X公司走私普通货物案	2个月
海南文昌市S公司、翁某某掩饰、隐瞒犯罪所得案	7个月

三、典型案例中的实践问题

(一)检察建议缺乏强制效力

最高人民检察院于2018年12月通过的《人民检察院检察建议工作规定》曾对检察建议划分为五种类型,分别是再审检察建议、纠正违法检察建议、公益诉讼检察建议、社会治理检察建议以及其他检察建议。在企业合规改革试点中,社会治理检察建议这一检察机关参与社会治理的形态被广泛激活,体现了检察机关承担社会职能、参与国家治理的担当。但是,也应当认识到检察建议在企业合规整改过程中缺乏反制措施的问题。

在最高人民检察院发布的典型案例中,许多企业都是在检察院作出不起诉决定,法院作出轻缓化的判决之后,检察院发布检察建议对企业提出整改建议要求,督促涉案企业履行合规承诺,比如“王某某、林某某、刘某乙对非国家工作人员行贿案”“新泰市J公司等建筑企业串通投标系列案件”等。这个时候司法程序已经进行完毕,检察建议本身又缺乏强制力,那么如何解决涉案企业不按照检察机关的要求进行合规整改就成了一个现实的问题。

(二)认罪认罚从宽制度与合规关系不明确

2021年6月发布的《关于建立涉案企业合规第三方监督评估机制的指导意见(试行)》(以下简称《合规试行意见》)明确规定适用企业合规的前提条件即涉案企业、个人认罪认罚。但是,根据最高人民检察院于2021年12月8日印发的《企业合规典型案例(第二批)》,对部分涉案企业适用企业合规也没有要求涉案企业或个人认罪认罚。[①] 实务部门对《合规试行意见》的非完全遵守体现了两种制度之间存在的矛盾点。事实上,合规不起诉改革的推进与现有的认罪认罚从宽制度如何对接,无论是理论上还是实务中还都处于探索阶段。那么,对涉企犯罪案件适用企业合规第三方监督评估机制进行合规整改的前提是否必须要求认罪认罚?未来企业合规方面的制度构建是否必然与认罪认罚相结合?认罪认罚从宽制度与企业合规不起诉之间是否存在表面上的不协调?其内在的制度逻辑是否是一致的?两种制度是否可以如学者所言"认罪认罚与企业合规在顺应时代发展的需求方面,亦呈现出高度的一致性"?[②]

(三)相对不起诉制度存在扩张适用的风险

在最高人民检察院发布的两批共10个指导案例中,"山东沂南县Y公司、姚某明等人串通投标案""深圳X公司走私普通货物案""王某某、林某某、刘某乙对非国家工作人员行贿案"均适用了相对不起诉制度,由此可以看出,相对不起诉的案例在所有典型案例中占据约33%的比例。此外,还有4个案例并未明确不起诉类型,也存在相对不起诉的可能性。但是,按照《刑事诉讼法》第177条第2款的规定,相对不起诉的适用条件是"犯罪情节轻微",就意味着根据《刑法》及相关解释规定为犯罪情节严重的不能适用本条,且相对不起诉的决定仅仅是依据犯罪时所表现出的社会危害性,而不能包括案发后所进行的合规建设和整改。然而,在"深圳X公司走私普通货物案"中,X公司偷逃税款合计397万余元,按照《关于办理走私刑事案件适用法律若干问题的解释》属于数额特别巨大,因此属于《刑法》中规定的"特别严重情节"。对符合了"特别严重情节"的案件,根据案发后的合规建设情况适用相对不起诉制度,显然突破了《刑事诉讼法》所规定的相对不起诉的适用条件,因此在企业合规的附条件不起诉制度缺位的情况下,相对不起诉存在被扩张适用的风险。

四、附条件不起诉制度构建的必要性分析

(一)为检察院整改意见提供强制效力保障

如前所述,检察建议本身缺乏强制效力,那么检察院是否可以通过其他手段

① 参见《最高人民检察院关于印发〈企业合规典型案例(第二批)〉的通知》,案例二张家港S公司、睢某某销售假冒注册商标的商品案,案例五深圳X公司走私普通货物案。

② 参见杨帆:《认罪认罚视域下企业合规的程序激励体系构建》,载《江海学刊》2021年第5期。

来保障检察建议的实施呢？笔者对此持否定态度。在当前的制度下，检察院为了保障检察建议的充分实施，对于涉案企业可能采取的威慑手段主要是以下两种：其一是再次提起公诉，其二是移送行政机关给予行政处罚。首先，再次提起公诉这种手段的使用具有极大的条件限制。就再次提起公诉而言，按照《人民检察院刑事诉讼规则》第369条的规定："人民检察院根据刑事诉讼法第一百七十五条第四款规定决定不起诉的，在发现新的证据，符合起诉条件时，可以提起公诉。"由此可以得知，在没有新的证据的情况下，检察院不能对涉案企业进行重复追诉。正如上述上海市A、B两公司与关某某虚开增值税专用发票一案，一旦作出不起诉决定，除了有新的证据的情形，企业就不会有因同一事实再次进入刑事诉讼程序的危险。其次，行政处罚无法充分替代刑事责任。根据《人民检察院刑事诉讼规则》的规定，检察院有权要求行政机关对被不起诉人作出行政处罚。[①] 但是，合规不起诉制度的正当性基础，除了现代刑法的组织体责任论外，还有高额罚款、配合调查、完善合规计划等义务所带来的刑罚替代功能。[②] 因此，当企业没有遵循检察意见，就意味着上述义务并没有充分履行，因此对其不起诉的正当性基础也就不复存在。一旦不起诉的正当性基础消失，就意味着只能对涉案企业追究刑事责任，这种情况下行政责任必然是无法替代的。

因此，现有制度不足以解决检察建议的强制效力保障，有必要通过其他制度的构建，来保障检察机关整改意见的实施。大部分学者赞同在企业合规领域建立附条件不起诉制度，[③]笔者亦赞同此观点。正如杨帆教授所说："对涉嫌犯罪的企业，通过实施附条件不起诉，以正向激励（最终不起诉）与反向惩罚（起诉定罪）的鲜明对比，帮助或强制企业重建合规体系，最终达到对企业违法犯罪起到预防和保护的作用。"[④]在附条件不起诉制度中，检察院先作出合规整改检察建议，在整改期结束后再作出起诉或者不起诉决定。由于存在不起诉的正向激励和起诉的反向惩罚，再加上定罪处罚对于企业的严重影响和水波效应，检察建议的充分实施就有了保障。

---

① 参见《人民检察院刑事诉讼规则》第373条第2款规定："对被不起诉人需要给予行政处罚、政务处分或者其他处分的，经检察长批准，人民检察院应当提出检察意见，连同不起诉决定书一并移送有关主管机关处理，并要求有关主管机关及时通报处理情况。"

② 参见陈瑞华：《刑事诉讼的合规激励模式》，载《中国法学》2020年第6期。

③ 参见赵恒：《涉罪企业认罪认罚从宽制度研究》，载《法学》2020年第4期。

④ 参见杨帆：《企业合规中附条件不起诉的立法研究》，载《中国刑事法杂志》2020年第3期。

(二)理顺附条件不起诉和认罪认罚从宽制度的关系

首先,认罪认罚从宽制度在刑事实体法上的依据在于:犯罪人在行为后的认罪悔罪并愿意接受刑罚处罚的态度,体现了其人身危险性的下降,这意味着对其的特殊预防必要性有所降低,为国家机关对其作出轻缓化处理乃至出罪创造了条件。从这个意义上讲,附条件不起诉制度也有相同的效果:附条件不起诉是由企业在检察机关的整改建议下,完善内部合规体系,是另一种形式的“悔罪态度”的表现。换言之,附条件不起诉制度恰恰是认罪认罚从宽制度在单位犯罪领域的另一种形态。

其次,犯罪嫌疑人、被告人认罪认罚后,在程序上获得的激励效果体现为“程序上的从简”。陈瑞华教授认为,以效率为导向的认罪认罚从宽制度与需要大量人力、物力、财力投入的合规整改之间存在冲突,认罪认罚从宽制度与企业合规是两种性质不同的制度,可谓风马牛不相及。① 实际上陈瑞华教授将认罪认罚从宽中的“从宽”片面地理解为诉讼程序的简化。但即使是“从宽”中的“程序上从简”这一层面,附条件不起诉制度也并没有违反。在合规附条件不起诉模式下,看似审查起诉花费的时间和财力远大于非认罪认罚案件中审查起诉阶段的花费,但是合规不起诉案件最后会得到不起诉的结果,刑事诉讼程序直接就终止了,无须进行后续的审判乃至刑罚执行活动,刑事诉讼得以提前结束。况且由第三方监督评估组织主要负责涉案企业的日常合规整改工作,已经使得司法资源耗费最小化。

最后,企业合规附条件不起诉制度与认罪认罚从宽制度在制度逻辑上都具有激励性,是理顺二者关系的关键因素。对认罪认罚的犯罪嫌疑人,检察机关可以不起诉;涉案企业表示愿意接受合规整改的,合规整改情况可以作为有效答辩,以换取轻缓化的刑事处理。应当充分理解二者之间在“激励效果”上的共融共通性,发挥刑事诉讼法秩序的整体效能。

(三)避免相对不起诉制度的异化和滥用

我国现行的不起诉类型有:法定不起诉、酌定不起诉、证据不足不起诉、附条件不起诉、特定条件下不起诉。在合规不起诉引入我国刑事诉讼法之前,有必要从各个不起诉制度背后的价值出发,厘清各种不起诉的适用情形。除了特定条件下不起诉和附条件不起诉制度之外,其他的不起诉类型的价值主要在于根据不同

---

① 参见陈瑞华:《企业合规不起诉改革的八大争议问题》,载《中国法律评论》2021年第4期。

案件社会危害性大小差异和罪刑相适应的原则给予案件区别处理,因此都是针对案中的证据和罪行等因素,而不是案后因素。而合规不起诉制度的特殊价值则在于激励企业完善内部治理与风险防控机制,[①]因此根据案后的合规整改表现决定是否作出起诉决定。典型案例中"深圳 X 公司走私普通货物案"根据企业的案后合规整改表现,对于不满足不起诉条件的案件作出了相对不起诉决定,不仅突破了现行刑事诉讼法的规定,更混淆了相对不起诉和附条件不起诉的不同价值。由此可见,典型案例中所反映出的实践问题,本质上其实是对于相对不起诉制度的异化与滥用。

因此,在厘清各种不起诉制度背后的价值之后,有必要就激励企业完善内部治理与风险防控机制的特殊需要,构建独立的附条件不起诉制度,以防止实践中由于缺乏企业附条件不起诉制度规范,而滥用相对不起诉制度的现象。

五、企业附条件不起诉制度构建的可行性

(一)理论可能性

在企业合规案件附条件不起诉制度的正当性基础问题上,主要存在两种观点:第一种观点认为,企业合规不起诉正当性主要是基于法益修复理论、有效犯罪预防理论、公共利益考量理论。[②] 第二种观点认为,企业合规不起诉是企业自身责任论的必然结果。[③] 在这个问题上,笔者支持前者的观点。企业自身责任论认为,企业是为自己的行为承担自我责任,[④]而企业的意志只能通过其规章制度和政策目标等体现,因此企业消除导致企业员工违法犯罪的外部因素(不合理的规章制度、政策目标等)即可免除刑事责任。这种观点是对传统的单位犯罪代位责任论的突破,但是这种观点解决的是企业从根本上构成还是不构成犯罪的问题,应当是企业犯罪法定不起诉的理论基础,而不能作为企业附条件不起诉的理论基础。原因在于我国附条件不起诉制度的本质在于对已经构成犯罪的案件,基于各种公共利益和犯罪预防等因素权衡下放弃追诉,这种特性在未成年人附条件不起诉制度"涉嫌刑法分则第四章、第五章、第六章规定的犯罪,可能判处一年有期徒刑以下刑罚,符合起诉条件"的规定中就可见一斑。

---

① 参见肖沛权:《企业合规不起诉制度的实践流变、价值及其构建》,载《山西大学学报(哲学社会科学版)》2021 年第 5 期。

② 参见陈瑞华:《企业合规不起诉改革的八大争议问题》,载《中国法律评论》2021 年第 4 期。

③ 参见黎宏:《企业合规不起诉:误解及纠正》,载《中国法律评论》2021 年第 3 期。

④ 参见黎宏:《企业合规不起诉:误解及纠正》,载《中国法律评论》2021 年第 3 期。

因此,附条件不起诉的理论可能性基础就在于法益修复理论、有效犯罪预防理论、公共利益考量理论之中。企业在合规整改中通过赔偿被害人、补缴税款、恢复原状等挽损措施,①有效地实现了对于受损的社会关系的修复;并且建立了防范风险的制度体系,能够大大减少犯罪行为再次发生的风险;企业通过附条件不起诉制度免于刑事追诉,避免了严重的“水波效应”,也可以有效维护企业员工、债权人和市场的公共利益。

(二)规范可能性

2012 年《刑事诉讼法》修正后,新增了未成年人附条件不起诉制度。这项制度从表面上来看,凝聚了国家对涉罪未成年人的关爱,是“教育、感化和挽救”司法政策在起诉制度中的具体体现。② 但是从实质上来说,其背后还蕴含着对犯罪的特殊预防这一重要价值取向。而从这一角度来讲,将附条件不起诉的适用主体从未成年人扩展到企业就具有了正当性基础。具体而言,附条件不起诉可以在两个层面上对犯罪特殊预防发挥功效:第一,通过附条件不起诉的适用,使犯罪嫌疑人免予被追诉,免予被贴标签,较早回归社会。第二,通过附条件不起诉的适用对犯罪嫌疑人的人格施加影响,帮助其成为遵纪守法的社会公民。③ 这两个功效可以被概括为“去标签化”和“帮助改造”,都可以和企业合规不起诉相契合。首先,从“去标签化”的角度来说,受到过刑事追诉乃至审判对于一个企业的影响往往会产生巨大的“水波效应”,而附条件不起诉制度可以在最大限度内挽救企业,防止企业社会评价降低而丧失交易机会,保障企业回归正常运行。其次,从“帮助改造”的角度来说,企业合规不起诉中,检察机关往往会通过制发检察建议等形式,给予企业合规体系和运行整改建议,而企业在检察建议的指导下,改善自己的经营模式和风险防控机制。这个过程可以说是企业填补管理漏洞、促进合法经营的过程,也体现了刑法的特殊预防功能。

从最高人民检察院发布的典型案例中也不难看出,企业附条件不起诉制度的许多典型案例参照了未成年人附条件不起诉制度的立法模式,包括特定的适用条件、考验期限以及违反条件的制裁措施,等等。

---

① 参见陈瑞华:《企业合规不起诉改革的八大争议问题》,载《中国法律评论》2021 年第 4 期。

② 参见王满生:《未成年人附条件不起诉制度的实施与完善》,载《甘肃社会科学》2019 年第 4 期。

③ 参见陈晓宇:《冲突与平衡:论未成年人附条件不起诉制度》,载《中国刑事法杂志》2012 年第 12 期。

六、企业附条件不起诉制度的具体构建

附条件不起诉制度与美国的暂缓起诉制度最相似，但如果要适用于单位犯罪，则需要进行改造，如扩大适用范围、延长考察期等。

（一）扩大现有附条件不起诉的适用范围

关于合规是否仅适用于单位犯罪一直广受争议，有学者认为企业合规不仅可以适用于单位犯罪，与单位犯罪相关联的个人犯罪也能成为合规适用的对象。笔者纵观支持这种观点的学者论述，其理由无非有三：一是从适用空间来考虑，认为单位犯罪的实发数量有限，如果合规仅适用于单位犯罪，合规制度无异于名存实亡；[①]二是单位意志与个人意思难以区分；三是《合规试行意见》从形式上明确规定合规也可以适用于与单位犯罪相关的个人犯罪。首先，梳理合规理论的历史，可以发现合规出于对企业的保护，把企业从个人犯罪中剥离，正如有学者言，“把企业合规制度引入刑事法的初衷和动力是区分企业责任和个人责任，并将合规作为企业出罪或减轻处罚的抗辩理由”，如果认为合规也能适用于个人犯罪，岂不是与合规理论的初衷相悖。其次，认为单位犯罪的实发数量有限导致仅适用单位犯罪的合规适用空间狭窄，从而秉持合规同样适用于个人犯罪的立场，是站不住脚的，必须承认刑事法个别犯罪罪名的制定与犯罪实发量有一定关系，但不能反过来说因为某犯罪实发量相对较少，适用空间狭窄，那么这个罪名或这项制度就没有存在必要性。最后，《合规试行意见》是在试点期间，检察机关在总结试点的经验与问题的基础上发布的指导后续试点工作的指导意见。也就是说，该意见并非最终成文规定。在笔者看来，合规应当只针对企业，而且不论企业规模。从域外经验看，建立合规制度的国家之合规多适用于大中型企业，不仅是出于合规成本的考量，还有大中型企业的水波效应。此外，我国开展的针对小微企业的合规试点，为合规不起诉适用范围的拓展提供了有益经验，至于合规成本的问题，可以针对不同规模的企业制定不同的合规标准，并且在试点中也有一些减少小微企业合规成本压力的实践经验，如深圳市宝安区的一个合规案例，由地方财政负担小微企业的合规监管费用。[②]

---

① 参见薛阿敏：《检察视角下企业合规不起诉制度建构的可能和限度》，载《上海公安学院学报》2021年第4期。

② 参见李玉华：《企业合规不起诉制度的适用对象》，载《法学论坛》2021年第6期。

在合规试点期间,大多明确适用于可能判处3年以下有期徒刑的轻罪案件,如南京市建邺区人民检察院《关于涉企犯罪案件中适用认罪认罚从宽推进企业合规的实施意见(试行)》规定适用对象为可能被判处3年有期徒刑以下刑罚的案件,①《试行办法范本》将刑期限定在有期徒刑3年以下。但也有部分试点地区将范围扩大至可能判处10年以下有期徒刑的,如深圳市龙华区人民检察院出台的《关于对涉民营经济刑事案件实行法益修复考察期的意见》从反面规定,可能判处10年以上有期徒刑的案件一般不适用合规制度,辽宁省对于涉嫌可能判处3年以上10年以下有期徒刑的案件,有条件地适用合规。当然,对于刑期为有期徒刑10年以上的案件不适用合规是各地一致的做法。从域外实践来看,企业合规不起诉的适用并无犯罪轻重的限制。也有学者质疑,重罪适用合规可能会放纵犯罪。但是涉案企业要想得到合规不起诉的结果,需要付出巨大代价来进行强制改造,并实现重生的效果。这也符合我国保护民营经济的政策倾向。

(二)对合规整改进行持续监控

"检察建议模式"为人诟病的一点是由于检察建议缺乏强制力,企业在获得相对不起诉决定书后,对于检察机关要求其开展合规建设的检察建议不一定遵守执行,那么合规效果微乎其微,甚至放纵犯罪;而部分学者呼吁建立的"附条件不起诉模式"并不存在此种问题。在美国,检察官与涉案企业达成协议后,会要求涉案企业在检察官设立的考验期间建立并执行合规体系。若检察官认为企业履行了协议所确定的义务,就不再向法院提起公诉,案件最终以涉案企业免予定罪与刑事处罚而告终。② 而我国类似于暂缓起诉的、目前适用于未成年人犯罪的附条件不起诉制度,正是检察机关先对涉案的未成年人的改造进行考察后再作出是否起诉的决定。涉案企业要想拿到不起诉书,必须接受检察机关对其在考验期的改造评估。易言之,在考验期间,涉案企业有效完成合规整改,检察机关一般应当作出不起诉决定;相反,如果涉案企业在考验期未能有效整改,如实施新的犯罪、拒不实施合规计划等,那么检察机关应当撤销附条件不起诉决定,向法院提起公诉。总之,在考验期间,检察机关需要对涉案企业进行持续监控,再根据改造情况作出是否起诉的决定,以确保合规整改的实效性。

---

① 参见赵运锋:《刑事合规附条件不起诉立法思考和内容构建》,载《上海政法学院学报(法治论丛)》2021年第6期。

② 参见陈瑞华:《美国暂缓起诉协议制度与刑事合规》,载《中国律师》2019年第4期。

(三)规定较长的考验期以充分实施和考察合规建设

从域外合规经验来看,设置较长的考验期是诸多国家的通常做法。如在美国的暂缓起诉协议制度中,为了保障合规计划的完善,涉案企业定期将合规计划的履行情况向有关机关汇报。美国司法实践也践行这一点,在 2018 年美国司法部与 Transport Logistics International 公司达成的暂缓起诉协议中,该公司承担在 3 年的考验期内每年定期就补救和实施合规计划和内部情况的报告义务。[①] 在我国试点过程中,考验期一般集中在 1 个月至 1 年,如辽宁省人民检察院所设定的考验期为 3—5 个月,“在第一批典型案例中,张家港市 L 公司、张某甲等人污染环境案中考察期大致为 2 个月”,又如“湖北一民营企业在经营中涉嫌犯罪,检察机关办案中促其合规整改,6 个月后,经第三方严格评估、确认合格,依法决定不起诉”[②]。但是由于国内企业合规经验不足,考验期过短会让合规流于形式,因此需要设置一个较长的考验期来保证合规整改的实质效果。大部分学者皆支持合理的考验期为 1—3 年,[③]笔者也认为此期间比较合适,其理由在于合规整改是一个宏大复杂的过程,出于诉讼效率与合规计划有效完成的可能性等因素的综合考量,考验期太短不足以让涉案企业有效完成合规计划,产生合规实效;若考验期太长,则案件久拖不决,涉案企业也难免拖延。此外,根据不同企业规模设置不同的考察期,小微企业可以在 1 年以下,中型企业可以在 1—2 年,大型企业在 2—3 年,当然,在实践中,检察机关可以根据涉案企业的具体情况作相应调整,综合考虑。

七、结语

不同于一般的企业犯罪的处理模式,企业刑事合规制度从市场主体内部入手,不断增强企业防范法律风险、抵御市场风险的能力,避免陷入刑事风险之中。[④] 所以,企业合规建设可以在一定程度上预防未然之罪,具有一定的制度优越性。

---

① See Transport Logistics International Inc. Agree to Pay $2 Million Penalty to Resolve Foreign Bribery Case, https://www.justice.gov/opa/press-release/file/1043241/download (accessed Apr. 8, 2019).

② 张军:《最高人民检察院工作报告——2022 年 3 月 8 日在第十三届全国人民代表大会第五次会议上》,载最高人民检察院网,https://www.spp.gov.cn/spp/gzbg/202203/t20220315_549267.shtml,2022 年 7 月 7 日最后访问。

③ 参见肖沛权:《企业合规不起诉制度的实践流变、价值及其构建》,载《山西大学学报(哲学社会科学版)》2021 年第 5 期;练泰霖:《附条件不起诉与民营企业犯罪治理研究》,载《菏泽学院学报》2021 年第 4 期。

④ 参见童建明:《充分履行检察职责 努力为企业发展营造良好法治环境》,载《检察日报》2020 年 9 月 22 日。

而对于那些涉嫌实施犯罪行为的企业而言,在刑事法中确立以合规换取宽大刑事处理的机制,是督促其实施有效合规计划的必要条件。[①] 在相对不起诉制度和附条件不起诉制度之中,只有附条件不起诉制度才能真正保证企业的合规有效整改,消除犯罪隐患。因此,未来应当借鉴未成年人附条件不起诉制度,逐步建立起企业合规领域附条件不起诉制度,更好地保障市场经济的平稳健康运行。

(编辑:陈真楠)

① 参见陈瑞华:《刑事诉讼的合规激励模式》,载《中国法学》2020年第6期。

院校荐稿

推荐人语

本文从我国侦查阶段阅卷权缺失的原因出发,阐述了赋予律师侦查阶段阅卷权的重要意义,同时考察了域外的相关实践,在此基础上提出了较为可行的改革方案。文章指出,考虑到完全开放侦查卷宗可能带来信息泄露等风险,应当有限度地确认我国辩护律师在侦查阶段的阅卷权,并为律师阅卷提供技术保护措施,明确救济途径。在推进以审判为中心的诉讼制度改革的背景下,该文对于侦查阶段律师阅卷权的本土化具有一定的价值。

刘计划　中国人民大学法学院教授

“审判中心”视角下律师侦查阶段阅卷权探析

李　洁*

摘　要:提升辩护力量是破解“侦查中心”、促进“审判中心”地位的重要途径。在我国,由于侦查权强大、辩护权不受重视以及开放侦查卷宗可能引发风险等原因,律师阅卷权作为辩护权的重要内容在侦查阶段还没有被确定。从转变“侦查中心”、增强辩护力量、配套“审判中心”诉讼制度改革来看,现阶段我国赋予律师侦查阶段阅卷权已十分必要。考虑到完全开放侦查卷宗可能带来信息泄露、人身安全威胁等风险,可以参考域外阅卷制度设计,有限度地确认我国辩护律师侦查阶段阅卷权,明确辩护律师有权查阅犯罪嫌疑人供述、辩解、有犯罪嫌疑人参与的侦查行为笔录以及相关录音录像,并配套相关技术保护措施,保障律师在侦查阶段顺利、合法地阅卷。

关键词:审判中心;侦查中心;辩护权;阅卷权;电子卷宗

一、问题缘起:辩护律师阅卷权之缕析

我国传统刑事司法一直践行着“由供到证”的侦查模式,具体体现为立案后,

---

* 李洁,中国人民大学法学院硕士研究生。

侦查机关"千方百计"获取犯罪嫌疑人的有罪供述,再根据该供述补足相关物证,最终形成"完美"的证据链证明被告人有罪,达到迅速破案的目的,由此引发了不少冤假错案。① 在这套侦查模式操作下,口供成为指引侦查方向的重要源泉,侦查阶段犯罪嫌疑人难以获得律师有效帮助、检察机关监督能力有限,滋生了大量侦查违法行为,严重损害了被追诉人的人身利益。破除不健康的侦查模式需要引入侦查阶段辩护方的有效监督。加强侦查阶段辩护律师参与是提高辩护力量、保障司法公正的有力手段。当下,"捕诉一体"、认罪认罚从宽制度等改革大大丰富了检察机关的职能与力量,也进一步扩大了控辩双方力量、地位的差距。为维系"控辩平等"的现代刑事司法原则,进行诉讼改革、扩大检察权的同时,也必须考虑提升辩护力量。"审判中心"诉讼制度改革要求各诉讼主体的全面参与,必须思考如何将辩护主体引入侦查阶段、推进"审判中心"诉讼制度改革。在"审判中心"视角下通过研究律师阅卷权审视侦查阶段控辩力量失衡问题,具有重要的现实意义与时代内涵。

刑事诉讼中的律师阅卷权系辩护律师查阅、摘抄、复制案卷的权利,来源于被追诉人的知悉权②,即被追诉人在被指控或抓捕时拥有知悉其理由的权利。阅卷权是律师辩护权中重要的子权利。③ 我国律师辩护权除阅卷权外,还包括会见权和调查取证权,且三者呈相辅相成的关系,共同服务于辩护权的行使。从理论上来说,为实现高效辩护,辩护人应该首先通过查阅卷宗、调查取证来了解案件事实,再与被追诉人会见核实证据情况、了解本人意见,最后设计出合适的辩护思路为被告人提供法律帮助。然而在我国立法中,三项权利的行使时间呈倒置状态。根据《刑事诉讼法》的规定,会见通信权、调查取证权(这里仅是指的《刑事诉讼法》第 41 条规定的间接调查取证权)于侦查阶段可以行使,但阅卷权只能在审查起诉后行使,同时辩护律师也只能在移送审查起诉之日后,才能向被追诉人核实证据。缺乏侦查阶段阅卷的前提,辩护人在侦查阶段行使会见通信权、调查取证权的效果也会大打折扣,实质上阻碍了侦查阶段律师辩护职能的完整发挥。

我国刑事诉讼法学界大部分学者都希望立法尽快赋予辩方在侦查阶段的阅卷权,只是对于保障方式有所差异。有的学者呼吁仿照英美法系引入"证据开示"

---

① 参见何家弘主编:《迟到的正义:影响中国司法的十大冤案》,中国法制出版社 2014 年版,第 277 页。

② 参见林钰雄:《刑事诉讼法》(上册　总论编),中国人民大学出版社 2005 年版,第 171 页。

③ 参见杨开湘编著:《刑事诉讼法》,中南大学出版社 2016 年版,第 91 页。

制度,[①]有的认为应当参照俄罗斯立法赋予辩护人讯问在场权,[②]还有的认为只需继续完善律师阅卷制度,并赋予辩护律师在侦查阶段的阅卷权。[③] 笔者赞同第三种观点。完善律师阅卷制度能够有效缓解审前阶段控辩不平等的问题,监督侦查活动合法展开、及时保障被追诉人人身权益,同时最符合我国现实国情,改革阻力较小,具有充分的法治实施土壤。本文从辩护律师侦查阶段阅卷权缺失的原因展开,结合刑事诉讼法基础理论与域外立法参考,试图探索符合我国国情的辩护律师侦查阶段阅卷制度。

二、原因探析:侦查阶段阅卷之壁垒

为什么辩护律师的阅卷权在侦查阶段迟迟没有规定?笔者认为主要是受到我国侦查权过于强大、"侦查秘密"原则以及辩护权不被重视的影响。同时,开放侦查阶段的卷宗还可能产生侵犯隐私、证人安全受到威胁等风险。

(一)侦查权的强大

侦查权的强大既体现在我国刑事诉讼立法方面,也体现在司法实践方面,"侦查秘密原则"是其阻碍侦查阶段辩护律师阅卷的主要体现,促使我国"口供中心主义"形成,引发不少冤假错案。

侦查权的强大在立法方面体现为以下几点。第一,刑事诉讼法关于三机关职权的规定中始终以公安顺序在先。我国《刑事诉讼法》第3条关于刑事诉讼中专门机关的职权规定以及第19条的立案管辖规定,都是依照先公安、再检察、后法院的顺序排列,给人以公安才是主导刑事诉讼程序的专门主体的错觉,而在日本、德国刑诉法中并没有关于公检法三机关的职权规定,且管辖只列"法院之审判管辖",侦查管辖并入"侦查"一节,真正体现了以"审判为中心"的立法规范。第二,我国将"侦查"列为单独一章,且置于"公诉""审判"程序之前。而德国则将侦查

---

① 参见宋英辉、魏晓娜:《证据开示制度的法理与构建》,载《中国刑事法杂志》2001年第4期;孟庆胜、刘宏成:《论刑事诉讼庭前证据开示——以新〈律师法〉之律师阅卷权切入》,载《法学杂志》2009年第2期。

② 参见田荔枝:《论我国侦查讯问阶段律师在场制度的构建》,载《法学论坛》2009年第3期;林林:《侦查程序律师在场权辨析》,载《法律适用》2004年第12期。

③ 参见张玉镶、门金玲:《刑事辩护律师阅卷权利体系的合理架构与立法规制》,载《中国刑事法杂志》2008年第2期;王金华、余经林:《试论侦查阶段的辩护律师阅卷权——以新〈律师法〉的不足为视角》,载《法治研究》2009年第4期;孙远:《论侦查阶段辩护律师的阅卷权》,载《法律适用》2015年第2期。

仅仅作为“公诉至准备”列在了“一审程序”之下，对比中可以发现两国对侦查阶段和审判阶段的不同重视程度。第三，我国《刑事诉讼法》仅“侦查”一章就有49条法律规定，是“总则”“证据”专章法条数量的3倍之多，且侦查条款在内容上多为授权性。[①] 例如公安在侦查环节为调查案件事实、收集证据材料，可以讯问犯罪嫌疑人、询问被害人、搜查、查封，适用扣押、拘留、逮捕等强制措施，审查批准逮捕由检察机关批准，其他侦查活动的开启和适用期限都直接由公安机关内部决定。而在德国以及我国台湾地区，侦查环节强制措施的适用必须得到法院的批准，法律对于各种侦查手段的适用时限也有明确限制。可见，相比于域外国家和地区的法律规定，我国立法凸显了侦查权内容丰富、适用限制少、侦查权独大的特点，侦查阶段缺乏其他刑事诉讼主体的参与和监督，在一定程度上促成了“侦查中心”的畸形诉讼构造。

侦查权独大在司法实践中带来的问题是“案卷中心主义”和“口供中心主义”。“案卷中心主义”即刑事侦查、审查起诉、审判都以刑事案卷为中心，卷宗开启以及主要完成都是在侦查阶段，侦查机关搜集证据、记录案件事实，形成卷宗，案卷随着不同诉讼阶段传入不同主体，检察官、法官查明案件事实主要以卷宗中记载的信息为准。案卷制度切实可行且便携，推动了刑事诉讼的高效审理，但在司法公正方面则存在不足。因为侦查机关是追诉机关，其角色担当使之积极追求犯罪嫌疑人、被告人有罪，因而侦查机关制作的卷宗里多体现的是被告人的有罪证据和“有罪事实”，对于无罪和罪轻的证据记录甚少，带有“有罪”导向；同时，又因为检察官、法官调查取证能力有限，对侦查机关所记录的案件事实和证据材料审查力度不够，对案卷过度依赖，受本就不“客观公正”案卷的影响，很容易产生先入为主的有罪观念，催化“本无罪却被判有罪”的冤假错案发生。此外，口供是案卷的重要证据内容，“案卷中心主义”又会带来“口供中心主义”，催化各类违法侦查行为的发生。“口供中心主义”是指在诉讼过程中刑事追诉活动主要围绕犯罪嫌疑人、被告人的口供进行，口供是定案主要依据的诉讼理念和办案方式。[②] 具体体现在刑事侦查过程中犯罪嫌疑人被频繁讯问，讯问笔录数量庞大。在“口供中心主义”指导下，侦查人员往往利用犯罪嫌疑人对追诉机关掌握案情程度不知情的心理，破除其心理防线，千方百计让犯罪嫌疑人作出有罪供述，进而根据口供

① 参见刘计划：《以审判为中心刑事诉讼制度改革中的几个认识问题》，载《苏州大学学报（哲学社会科学版）》2017年第1期。

② 参见闫召华：《口供中心主义评析》，载《证据科学》2013年第4期。

线索补充相关物证,形成"看似完美"的证据链,迅速破案的同时忽视了对案件事实真相的挖掘。更甚的是,为了迅速获取口供,侦查机关可能采取暴力、威胁、殴打抑或不让吃饭、休息等刑讯手段逼迫犯罪嫌疑人作出有罪供述,这些在河南赵作海案、湖北佘祥林案、湖南杨明银案等一系列冤假错案中都有体现。尽管2012年修改后的《刑事诉讼法》第55条已经明确规定仅有犯罪嫌疑人口供不能作为定罪依据,且以非法方法收集的口供必须严格排除。但据笔者在检察院实习了解到,在绝大部分的刑事案件(尤其是轻罪案件)中,口供的证据效力仍然是最高的,有口供证据加上其他少量物证补充,案件起诉到法院基本就能判定有罪,"口供中心主义"能大大提高刑事办案效率,所以至今仍普遍存在于刑事诉讼过程中。

侦查权的强大加深了侦查阶段的封闭性,并将"侦查秘密"原则作为侦查人员反对、阻碍辩方参与侦查的"蒙羞布"。"侦查秘密"原则是指侦查工作要尽可能保密,防止被相关利害主体知悉后篡改、损毁证据,影响侦查工作的开展。"侦查秘密"形成的具体原因主要有两个:(1)侦查机关是案卷证据材料的唯一制作主体;(2)侦查阶段缺乏强有力的法律监督。"侦查秘密"保证侦查机关及时搜集、整理证据,推动侦查顺利进行,是行使国家追诉职能的有力保障,但也极大地阻碍了辩方参与侦查。例如据莆田市城厢区人民检察院在2019年对警察、律师、检察官的调查问卷显示,90%左右的警察与70%以上的侦监检察官都否定审查逮捕阶段应当赋予辩护律师阅卷权,认为过早地透露证据给辩方破坏了"侦查秘密",不利于其顺利开展侦查,因此反对律师通过阅卷参与侦查。① 显然,赋予辩护律师侦查阶段的阅卷权,犯罪嫌疑人通过与律师的会见、通信了解到侦查机关把握案件事实的程度,没有了"信息落差"的心理预期,就可以更自由地决定自己应当如何陈述,犯罪嫌疑人在侦查阶段作出的认罪陈述在某种程度上会大大减少,就会导致案件直接证据锐减,使得侦查机关更难把握案件事实,辩方掌握案件事实的程度驱平于侦查方,不利于"口供中心主义"下侦查工作的顺利进行。此外,不排除有些律师在了解案件证据事实后还可能鼓励犯罪嫌疑人不配合侦查机关讯问,或者怂恿其翻供。

总之,强大的侦查权使得我国侦查阶段具有极强的封闭性。在侦查机关看来,向辩方开放侦查卷宗有悖"口供中心主义",导致他们不能像从前那样顺利、快速地开展工作,只会给侦查工作带来更多麻烦,且侦查机关在很大程度上能自行

---

① 参见莆田市城厢区人民检察院课题组等:《论"捕诉一体"后检察机关审查逮捕期间律师阅卷权——以两岸相关制度的比较为例》,载《现代法治研究》2019年第2期。

决定侦查措施的适用,无须其他主体参与和监督,因此认为侦查阶段不应该赋予辩护律师阅卷权。

(二)辩护权的不被重视

我国辩护律师在侦查阶段阅卷权的缺失还受到辩护权不被重视的影响,该情形在立法与司法实践层面均有体现。

一是赋权立法缓慢。1979 年《刑事诉讼法》规定辩护律师只能在审判阶段介入刑事诉讼,审前阶段辩护律师基本无法行使任何辩护权;1996 年《刑事诉讼法》才正式确立了律师的会见权、调查取证权、阅卷权,规定会见权和部分调查取证权可以在侦查阶段行使,而阅卷权只能自审查起诉之日起部分行使,且会见需要得到批准,阅卷范围也有所限制;2012 年《刑事诉讼法》则规定在会见权方面,除三类特殊案件外,律师只需凭借三证即可会见犯罪嫌疑人,无须侦查机关批准;在阅卷权方面,辩护律师可以自人民检察院对案件审查起诉之日起,查阅、摘抄、复制全部案卷材料。回应学界的呼声,虽然每次立法修改都有进一步完善辩护制度,但从未一步到位,而是进程缓慢。且最近一次的 2018 年《刑事诉讼法》修改并未触及到辩护制度的推进,而主要是调整了职务犯罪的侦查权,即从检察院侦查转隶至监察委调查。同时,《监察法》也并未明确律师在职务犯罪调查期间的辩护问题:以往对于特别重大贿赂犯罪案件,辩护律师在侦查阶段经过人民检察院批准就可以会见犯罪嫌疑人,现在特别重大贿赂犯罪案件由监察委调查,因为《监察法》并未规定律师会见问题,在监察调查案件中,律师移送审查公诉前基本无法行使会见、调查取证权;另外,由于监察机关的调查权、留置权等不属于《刑事诉讼法》的规范范围,且《刑事诉讼法》只规定律师可以在侦查阶段反映意见,《监察法》又并未规定律师在调查阶段的权利和义务,因此,律师对于职务犯罪案件在移送审查起诉前基本无法介入,这些都给律师辩护工作带来巨大挑战。可以说,自 2012 年开始,我国律师辩护制度已经将近十年没有得到突破性的进展,甚至在 2012 年到 2018 年一定程度上呈现出了被削弱与倒退的特点。

二是侵害律师利益救济机制不够科学、公正。不同于德国、俄罗斯建立的法院审前救济制度,我国《刑事诉讼法》于 2012 年确立了由检察机关为律师提供救济的程序机制。2012 年修正的《刑事诉讼法》第 47 条规定,辩护人、诉讼代理人认为公安机关、检察机关、人民法院及其工作人员阻碍其依法行使诉讼权利的,有权向同级或者上一级人民检察院申诉或者控告。尽管最高人民检察院在近两年来开展了不少保障律师职业权利专项监督活动,将保障律师会见、阅卷、调查取证等作为监督重点,指导全国各地检察机关积极履行监督与救济职责,还发布了不少指导性案例。但宥于检察机关本身作为追诉机关的身份定位,我们不禁提出疑问:当辩护人指控公安、检察阻碍其依法行使诉讼权利时,检察机关能够提供有效的救济吗?并不具有中立地位的检察机关能够成为法院阻碍辩护人依法行使诉讼权利的裁判者吗?且检察机关类似于行政化审查后做出的裁判是具有强制力的吗?仅仅提高检察人员的思想认识恐怕是不够的,只有确立辩护人向法院寻求权利救济的制度才能有效保障辩护权的正常行使。①

三是会见、调查取证难问题持续存在。据有关学者对全国律协维权中心公布的拒绝律师会见典型维权案例整理得出,办案机关拒绝律师会见的理由主要有以下几种:(1)任意扩大两类需经许可的案件范围;(2)以"专案组不同意""案件系属省公安厅、市公安局督办"等不合法理由搪塞;(3)变相增加"侦查部门来函""某司法局审查批阅会见"等超过三证的手续材料;(4)以未预约为由拒绝会见。②其中第一点在"扫黑除恶"案件中最为常见。根据《刑事诉讼法》第39条的规定,只有危害国家安全犯罪、恐怖活动犯罪案件律师在侦查期间会见在押的犯罪嫌疑人需要经过批准,但近日随着扫黑除恶精神的传达,部分办案机关自主地将涉黑涉恶案件律师会见归入到被批准范围内,以"案件涉黑、需办案部门同意"限制律师会见,严重阻碍了辩护律师诉讼权利地正常行使。例如,湖南肖某江、肖某清、宋某3位律师于2018年12月至2019年2月,分别多次前往湖南省某市看守所和两个县看守所会见涉嫌非法采矿罪的犯罪嫌疑人马某民、余某和胡某军时,看守所均以"案件涉黑""办案单位有禁见函"为由拒绝律师会见,最后经常德律协与常德市公安局沟通协调,3位律师才成功会见了犯罪嫌疑人。③ 且受到新冠肺炎疫情影响,出于疫情防控需要,许多看守所甚至已经不安排律师会见。例如,长沙律师协会通知:受疫情影响,长沙市第一、第二、第四看守所自2021年10月19日起停止律师线下会见,恢复时间待定,确有会见需求的,需到长沙市司法局律师远程视频会见中心提前预约,且预约的看守所必须具备远程视频会见设备条件。然而司法局安排的视频会见根本无法满足全省律师会见需求,且很多的看守所都不

① 参见刘计划:《刑事诉讼法总则检讨——基于以审判为中心的分析》,载《政法论坛》2016年第6期。

② 参见马春娟、李明:《刑事辩护全覆盖视域下律师会见权研究》,载《太原师范学院学报(社会科学版)》2019年第2期。

③ 参见《全国律协通报:律师惩戒(21个)典型案例》,载搜狐网,https://www.sohu.com/a/315988204_464165,2022年5月28日最后访问。

具备线上会见条件。可见,疫情下,律师会见基本处于完全停滞状态,司法实践中对于律师会见权应有的关照与保障并未履行到位。在调查取证方面,根据相关实证调查结果显示,42.1% 的律师在侦查阶段从未进行过调查取证工作,[①]且进行调查取证的律师也十分担忧受到刑事追诉影响。《刑法》第 306 条规定的辩护人、诉讼代理人毁灭证据、伪造证据、妨害作证罪始终是悬在律师头上的达摩克利斯之剑。据全国律协的有关调查显示,1997 年至 2007 年的 10 年间,因第 306 条被追诉的律师多达 140 多人,而最终被判定有罪的只有 32 起。[②] 被追诉妨害作证的职业风险导致律师在调查取证时束手束脚,极大地限制了该权利的正常行使,许多律师已经不愿再办理刑事辩护案件。

可见,无论是在立法还是实践层面,辩护权推进进程都很缓慢甚至停滞。《刑事诉讼法》对保障律师辩护权没有加以应有的重视,推进侦查阶段辩护律师阅卷权也必然遭受重重困境。

(三)开放卷宗引发风险

赋予侦查阶段阅卷权必然要求开放部分侦查卷宗,若没有做好技术保密措施,很可能产生侵犯隐私、证人安全受到威胁等风险。侦查卷宗是最为原始且完整的卷宗,其中不乏涉案各类主体的个人信息,而我国《刑事诉讼法》与相关司法解释并未明文规定侦查阶段对于各类主体信息材料都必须采取保密措施,《刑事诉讼法》第 64 条仅对危害国家安全犯罪、恐怖活动犯罪、黑社会性质的组织犯罪、毒品犯罪等社会危害性程度较高的案卷中相关当事人的个人信息进行保护,向律师开放侦查卷宗信息资料,显然存在相关主体个人信息被泄露的风险。

此外,若是未被采取羁押措施的犯罪嫌疑人或者其亲属、好友通过与律师交流,了解到了作证其有罪的证人家庭住址或者联系方式,还可能引发证人安全问题。通过阅读并未采取相关技术保密措施的侦查卷宗并与犯罪嫌疑人交流,辩护律师可能无意或有意地将证人的联系方式、家庭住址透露给相关被追诉方。犯罪嫌疑人了解到作证其有罪的证人证言,还掌握了证人的联系方式、家庭住址,基于怨恨、打击报复之情,很有可能会亲自或者安排他人对证人进行骚扰、报复甚至严

---

① 参见刘方权:《侦查阶段律师辩护问题实证研究》,载《四川大学学报(哲学社会科学版)》2016 年第 3 期。

② 参见黄广明、赵佳月、徐琳玲:《专家称刑法 306 条助长司法机关报复刑辩律师》,载新浪网,https://news.sina.com.cn/c/sd/2011-09-02/121923094980.shtml,2022 年 5 月 31 日最后访问。

重伤害。例如1998年在山东日照发生的"证人被杀血案",起因是刘某安被认定强奸未遂,判处有期徒刑3年,刘某安认为村民胡某娟在该案中依法出具的书面证言是导致他被判处刑罚的直接原因(其实,该案中证人胡某娟没有出庭质证,而是向警方出具了有本人签名的书面证言),刘某安对其怀恨在心,出狱后曾多次对胡家寻衅滋事、扬言报复。1998年7月9日下午,刘某安用随身携带的镢头对胡某娟和其儿子刘某星头部猛砸数下,致两人颅骨粉碎性骨折、脑挫裂伤当场死亡。颇具玩味的是,该案在日照某法院开庭之前,法院事先给该案直接证人发了《出庭通知书》,他们都收到了,也按了手印,但开庭那天,4名证人一个也没到庭。[①] 由此可见,证人的相关作证信息没有受到保密处理,会导致人身安全受到威胁,紧接着,会有越来越多的证人因害怕、恐惧而拒绝出庭作证,产生不利于案件事实查明、司法公正实现的恶性循环。且我国刑事案件中,证人出庭作证率本来就低,根据有关学者的调研,我国基层法院刑事案件中的证人出庭率普遍低于5%,甚至在部分省份不到1%。[②] 尽管证人是否愿意出庭受很多方面影响,但如果对证人的保护等措施得当,出庭的证人绝不会只有如此比例,证人保护制度不足对于现阶段诉讼制度改革鼓励证人出庭作证的政策亦有很大的不利。如何平衡律师的诉讼权利与相关主体隐私保护、保障证人人身安全也是刑事卷宗制度必然要解决的困境。

三、制度必要:侦查阶段阅卷之意义

尽管赋予辩护律师侦查阶段阅卷权可能带来侦查公开的风险,但律师辩护权利体系是否完备是权衡一个国家司法公正程度的重要指标,不应该以"侦查秘密"原则就完全阻碍辩护人正常地行使其诉讼权利。在我国"审判中心"改革视野下,赋予辩护律师侦查阶段阅卷权还具有极大的必要:赋予辩护律师侦查阶段的阅卷权有助于监督侦查活动合法展开、增强辩方力量、推进控辩平等,亦能有效配套"捕诉一体"、认罪认罚从宽等诉讼改革措施,最终有利于破除"侦查中心"的畸形构造、实现"审判中心"的正确定位。

---

① 参见《证人被杀血案震惊全国　恶果频现保护成一纸空文》,载搜狐新闻网,http://news.sohu.com/20100114/n269574543_1.shtml,2022年5月28日最后访问。

② 参见韩旭、王剑波:《刑事庭审质证运行状况实证研究——以100个庭审案例为样本》,载《法治研究》2016年第6期;龙宗智:《庭审实质化的路径和方法》,载《法学研究》2015年第5期。

(一)转变侦查中心

审判中心是我国司法界提出的独特术语,对应于侦查中心[①],侦查中心转向审判中心核心要求就是提高侦查公正性和促进审前辩方参与,赋予侦查阶段辩护律师阅卷权有利于转变侦查中心。

其一,让辩护律师参与侦查阅卷有利于监督侦查讯问活动合法展开,推动侦查公正化、法治化进程。通过阅览侦查讯问笔录,首先辩护律师可以及时发现犯罪嫌疑人陈述的矛盾之处,再通过及时向犯罪嫌疑人核查案件细节,将有关错误的笔录信息反映给侦查机关,从而帮助侦查机关更清楚、客观地掌握案件事实;其次,辩护律师在侦查阶段给予犯罪嫌疑人法律指导与意见,能促使其更加少地受侦查机关"诱导"而更自由地陈述,防止"刑讯逼供"等产生;最后,在整体浏览所有卷宗信息后,若辩护律师发现有利于犯罪嫌疑人的证据而并未放入侦查卷宗的,还可以向侦查机关反映或者提供证据来源,有助于全面移送证据,有助于法官全面客观地作出公正判决。总而言之,赋予辩护律师侦查阶段阅卷权能大大降低侦查机关对口供的依赖性,把侦查重点转移至其他证据,积极推动证人出庭制度完善,提高侦查水平与技术,推动侦查公正、全面展开,符合审判中心改革要求。

其二,赋予侦查阶段辩护律师阅卷权还有利于提高审前程序的公开性与可参与性。审前程序改革的重点系提高审前程序的公开性与可参与性[②],审前公开性要求尽可能公开审前各诉讼活动的执行,可参与性要求尽可能让各类诉讼主体都参与到审前活动中来,其本质是对审前活动的合法性进行监督。侦查是审前程序的主要诉讼活动,是庭前证据材料形成、收集、固定的重要阶段,可以说是整个刑事诉讼的基础;辩护律师系刑事诉讼重要主体,本身就负有对侦查活动合法性进行监督的法定权利[③],然而由于侦查阶段阅卷权的缺失,这一监督权似乎仅停留在法条表面,而未落入实践。对侦查活动合法性监督的缺失显然不利于审前程序公开性与可参与性的推进。健全辩护人的权利保障制度是"审判中心"改革的重要任务,实现侦查阶段律师的阅卷权理应纳入这一制度的考量范围。

① 参见陈光中等:《中国司法制度的理论基础研究》,经济出版社2010年版,第5页。

② 参见陈卫东:《论检察机关的犯罪指控体系——以侦查指引制度为视角的分析》,载《政治与法律》2020年第1期。

③ 《刑事诉讼法》第38条规定:"辩护律师在侦查期间可以为犯罪嫌疑人提供法律帮助;代理申诉、控告;申请变更强制措施;向侦查机关了解犯罪嫌疑人涉嫌的罪名和案件有关情况,提出意见。"

(二)增强辩护力量

在当前刑事诉讼制度改革下,检察权得到了不断强化,控辩双方力量与地位差距越来越悬殊,控辩平衡要求控辩双方平等武装,即被追诉人在面临侦查指控时应具有与公诉机关相等的对抗力量。[①] 当下,维系控辩之平衡的关键就在于增强辩护之力量、保障辩护之权利。

"刑事诉讼的历史是扩大刑事辩护权的历史。"[②]经历了 1997 年、2012 年、2018 年的三次修改,我国《刑事诉讼法》在推进律师辩护上在不断完善和改进,但现阶段仍存在权利保障不足的问题。我国《刑事诉讼法》第 34 条明确了侦查阶段律师具有辩护人的身份,《刑事诉讼法》第 38 条规定,辩护律师在侦查阶段可以为犯罪嫌疑人提供法律帮助,也可以向侦查机关了解案件的有关情况。然而阅卷权作为辩护权应当享有的诉讼权利并未同步跟进,在缺乏阅卷权保障的情况下,辩护律师即便是向侦查机关提出"了解案情"的请求,也会显得"十分站不住脚"。

建立侦查刑事辩护制度的目的是使嫌疑人于侦查中即可获得辩护人实质的法律帮助,[③]辩护人的身份与职责也决定了其必须在对犯罪嫌疑人人身安全最为不利的侦查阶段提供及时、有效的帮助与救济。"如欲扩张检察权限,必须同时考虑提升辩方地位。"[④]赋予辩护律师侦查阶段阅卷权有利于保障其诉讼权利正常行使,实现侦查阶段的有效辩护,促进侦查、审判阶段的控辩平衡,也为法官公正裁判创造了前提。

(三)配套诉讼改革

诉讼制度改革对推进审判中心不可或缺。自 2018 年起,我国开启了"捕诉合一"的诉讼制度改革,2020 年起,认罪认罚从宽制度在我国刑事司法实践得到普遍适用,赋予辩护律师侦查阶段阅卷权能有效配套这两项改革措施,促进司法公正。

辩护律师在侦查阶段参与阅卷有助于适应"捕诉合一"下检察节奏,保障有效辩护。"捕诉合一"作为近年来检察系统内部重大改革措施,具体含义是将批准逮

---

① 参见刘忠:《未完成的"平等武装":刑辩律师非知识技艺理性的养成》,载《中外法学》2016 年第 2 期。

② 参见[日]田口守一:《刑事诉讼法》,刘迪、张凌、穆津译,卞建林审校,法律出版社 2000 年版,第 89 页。

③ 参见陈运财:《侦查与人权》,台北,元照出版有限公司 2014 年版,第 96 页。

④ 林钰雄:《刑事诉讼法》,(上册　总论编)中国人民大学出版社 2005 年版,第 31 页。

捕权与起诉权由同一检察官合一行使,以提高刑事审判效率。不可否认的是,在"诉累重重"的"司法爆炸时代","捕诉合一"制度大大加速了刑事诉讼流程的推进,提高了刑事审判效率,但也造成了侦查环节控辩双方力量悬殊的问题。在"捕诉一体"下,检察机关在批捕阶段就可以完成对案件的实质化审查,有的甚至将审查批准逮捕与审查起诉环节压缩成一个程序,因此审查起诉速度大大加快,推动案件更快地进入审判阶段,与之伴随的,辩护律师阅卷时间大大减少。我国辩护律师自审查起诉之日起才能开始行使阅卷权,而绝大部分的阅卷工作都需要在庭审前完成,因而检察机关审查起诉时间大大缩短会直接导致辩方参与阅卷的时间大大压缩。可见,"捕诉合一"为检方提供了一个"独秀舞台",却对辩护提出了更大挑战。刑事司法改革的最终任务是实现公平正义,"捕诉合一"的根本目的是提高案件质量,而非一味提升审判速度,在提高案件质量上,我们不仅需要专业的检察队伍,也需要引入辩护力量。给予辩护方侦查阶段同等的阅卷权,让辩护律师在侦查阶段参与阅卷,一方面可以顺应改革状态下检方的"快节奏",为辩护律师设计辩护思路提供充分准备时间;另一方面也可以通过律师对侦查行为与结果的监督,保障侦查机关准确把握案件事实。

赋予侦查阶段辩护律师阅卷权还有助于保障认罪认罚的自愿性。认罪认罚从宽制度是 2018 年《刑事诉讼法》修改新增的部分,[①]该制度适用于任何罪名,由于被追诉人可以随时反悔,保障认罪认罚的自愿性是该制度的重要内容。实践中发现认罪认罚从宽的案件中"反悔"现象非常普遍,其主要原因在于侦查中对犯罪嫌疑人案件知情权保障不足。[②] 现行法律法规并未赋予犯罪嫌疑人在侦查阶段接触、查阅卷宗的权利,尽管认罪认罚具结书应当涵盖案件主要事实,但犯罪嫌疑人往往只能通过与公安、检察、法院的谈话了解案件部分信息,尚且无法形成完整的案件事实。若犯罪嫌疑人在侦查阶段还不清楚案情的情况下"不明不白"地签署了认罪认罚从宽具结书,而后通过审查起诉阶段辩护律师阅卷得知完整的案情信息,很有可能不认可被指控的犯罪事实,因而反悔,影响案件侦查、起诉、审判流程的顺利运行。可见,对犯罪嫌疑人知情权的保障不足可能造成司法资源的浪费,违背认罪认罚从宽制度的设计初衷。

完善辩护律师阅卷制度可以很好地保障认罪认罚从宽适用中犯罪嫌疑人的

---

① 《刑事诉讼法》第 15 条规定:"犯罪嫌疑人、被告人自愿如实供述自己的罪行,承认指控的犯罪事实,愿意接受处罚的,可以依法从宽处理。"

② 参见黄博儒:《被告人认罪认罚反悔现象探究——以 100 份二审刑事裁判文书为分析样本》,载《江西警察学院学报》2019 年第 1 期。

自愿性。犯罪嫌疑人通过与律师会见通信，能全面了解司法人员掌握证据情况以及其被指控的犯罪事实和罪名，在律师提供的专业建议下，谨慎地作出是否认罪的决定。诚然，保障犯罪嫌疑人自愿性的直接方式是赋予其阅卷权，但并不现实：其一，犯罪嫌疑人法律知识欠缺，若自已本人阅卷，则无论是从效率还是效果来说都不如辩护律师；其二，犯罪嫌疑人与案件有着密切的利害关系，若直接赋予其阅卷权有可能导致案卷被篡改或者有关证据被损毁，从而阻碍侦查。由律师阅卷虽然是间接保障犯罪嫌疑人的知情权，但凭借辩护律师更高的法律水平与职业道德可以将阅卷权的效益发挥到最大，相比于延长审查起诉阅卷时间、加强辩护律师职责等方法，直接赋予辩护律师阅卷权在现阶段也更具可操作性，极大地保障了犯罪嫌疑人知情权，符合认罪认罚从宽案件“有效辩护”的要求，又能兼顾“侦查秘密”原则。

四、域外参考：侦查阶段阅卷之设计

实际上，侦查阶段辩护律师了解、熟悉案件事实已经成为国际社会普遍要求与司法实践，不少国家和地区都在立法上确定了这一权利，但各国家和地区在阅卷形式、阅卷范围、阅卷保障制度上又有差别。

（一）阅卷形式

各国家和地区律师侦查阶段熟悉案情可以主要分为三种形式：阅读卷宗、律师在场、证据开示。第一种阅读卷宗即律师通过有关部门制作卷宗后提供复制案卷材料服务来进行阅卷，该形式主要被德国、法国、意大利以及我国台湾地区大陆法系地区适用。例如法国《刑事诉讼法典》第114条规定“在每一次讯问受审查人或听取民事当事人的陈述之前，最晚四个工作日，应当将诉讼案件提交律师查用。受审查人第一次到案或者第一次听取民事当事人的陈述之后，案卷亦在所有工作日随时提交律师查用。”[①]意大利《刑事诉讼法典》第366条规定“除有关的专门规定外，关于公诉人和司法警察实施的、辩护人有权参与的活动的笔录，在有关活动完成后的第3日以内，存放在公诉人的秘书室，辩护人有权在随后的5日中查阅并获取副本。”[②]适用第二种律师在场制度的国家有英国和俄罗斯，律师阅卷通过

① 《世界各国刑事诉讼法》编辑委员会编译：《世界各国刑事诉讼法》（欧洲卷·上），中国检察出版社2016年版，第536、583页。

② 《世界各国刑事诉讼法》编辑委员会编译：《世界各国刑事诉讼法》（欧洲卷·下），中国检察出版社2016年版，第1688页。

侦查讯问在场就可以实现。英国是利用积极对抗类律师在场权实现律师阅卷的典型代表,[①]控辩双方的交流集中于律师被追诉人被询问时在场的积极对抗。讯问时律师在场,可以直接了解案件事实和证据情况,无须再通过另外的阅卷制度了解案情。因此,在英格兰和威尔士,犯罪嫌疑人和律师没有阅卷权,所有的案卷信息都是警察以口头方式提供。[②] 2001 年颁布的俄罗斯《联邦刑事诉讼法典》第 53 条第 5 款[③]也引入了律师在场制度,方便辩护律师更直接知悉案情。律师在场权的设置本是出于平衡诉讼构造、保障被追诉人侦查阶段人权的需要,实质上也成为辩护律师在侦查阶段及时知悉案件事实的一种新方式。讯问时辩护律师在场,一方面可以监督侦查讯问的合法性,保障被追诉人作出供述的自愿性;一方面,也能充分熟悉控方掌握本案证据的情况,为辩方参与案件侦查、了解案情奠定了重要基础,可以更好地维护被追诉人利益。但其在具体实施时也必须妥善解决好两大问题:一是律师数量要予以配套;二是如何兼顾"侦查秘密"原则,否则也难以真正地发挥侦查讯问律师在场制度的效果。第三种证据开示对应当事人主义诉讼模式,具体是指控辩双方掌握的与案件有关的所有事实材料,无论是有罪证据还是无罪证据,都应向对方完全披露,强调控辩双方互相的证据披露。[④] 证据开示虽起源于英国,但在美国发展最为典型。美国的证据开示主要在审前动议阶段进行,对于重罪案件则在预审阶段进行,控辩双方都需要进行开示。日本刑事诉讼制度在"二战"后受到美国的影响,吸收了大量当事人主义因素,也引入了证据开示程序。日本在 2004 年通过《关于修改刑事诉讼法等部分条文的法律》,正式确立和完善了证据开示程序:证据开示发生在第一次公审之日前的整理程序中,检察官应当向辩方展示其预定在公审时上交的证明材料,其他证据如果辩方提出要求,检察官经综合考量也可以展示;辩方亦需要将可能在庭审中支持其法律主张的证据材料展示给控方,在日本,证据开示对控辩双方既是一种权利也是一项义务。[⑤]

---

① 参见陈卫东、孟婕:《重新审视律师在场权:一种消极主义面向的可行性——以侦查讯问期间为研究节点》,载《法学论坛》2020 年第 3 期。

② See L. Skinns, *The Right to Legal Advice in the Police Station: Past, Present and Future*, 1 Criminal Law Review 19(2011).

③ 参见《世界各国刑事诉讼法》编辑委员会编译:《世界各国刑事诉讼法》(欧洲卷 · 上),中国检察出版社 2016 年版,第 402 页。

④ 参见陈令春、席刚:《刑事诉讼律师阅卷权之缺陷与证据开示制度之构建》,载《山东审判》2006 年第 3 期。

⑤ 参见宋英辉、孙长永等:《外国刑事诉讼法》,北京大学出版社 2011 年版,第 479 页。

(二)阅卷范围

即使采取同一阅卷形式,各国家和地区辩护律师在侦查阶段阅卷范围上也会有不同的规定,但总的来说,英美法系的阅卷范围要广于大陆法系。美国 2002 年修正后的《联邦刑事诉讼规则》第 16 条详细规定了控辩双方应当开示的证据。控方应该向辩方开示的证据包括:被告人的口头陈述、书面陈述或者记录、犯罪前科以及从被告人处获得的或原属于被告人的书面文件和实物、身体、精神方面或其他科学检查和测试报告、与被告人精神状况相关的专家证词。而辩方开示证据则集中于"不在犯罪现场""执行公务""精神障碍"三种积极抗辩主张①,这类证据辩方必须在庭审前事先告知控方。而在大陆法系中,我国台湾地区规定的阅卷范围相对最大,我国台湾地区 2017 年修改后的"刑事诉讼法"第 33 条规定:"辩护人于侦查中之羁押审查程序,除法律另有规定外,得检阅卷宗及证物,并得抄录或摄影。"②侦查阶段辩护阅卷范围原则上是及于所有证据材料,但该"法条"后一款也规定了"辩护人持有或获知之前项证据资料,不得公开、揭露或为非正当目的之使用"。德国、俄罗斯、意大利则都将侦查阶段阅卷范围集中于犯罪嫌疑人在该阶段参与的相关活动笔录。俄罗斯《联邦刑事诉讼法典》第 53 条第 6 款细致规定了侦查阶段律师阅卷的范围:羁押笔录;有关适用强制性处罚措施的裁决;犯罪嫌疑人、刑事被告人参与实施的侦查行为笔录;以及其他向犯罪嫌疑人、刑事被告人出示的抑或应当向其出示的文件。③ 意大利《刑事诉讼法典》第 366 条规定:"除有关的专门规定外,关于公诉人和司法警察实施的、辩护人有权参与的活动的笔录,在有关活动完成后的第 3 日以内,存放在公诉人的秘书室,辩护人有权在随后的 5 日中查阅并获取副本。"④德国《刑事诉讼法》第 147 条规定:"对已准许辩护人在场或本应准予其在场的法官调查行为作的笔录以及鉴定人的鉴定,在程序的任何阶段都不得拒绝辩护人查阅。"⑤除此之外,为防范侦查风险的产生,德国《刑事诉讼法》第 147 条第 2 款第 2 句还规定"如果查阅可能危及侦查目的,则可以拒绝辩护人查阅案卷或案卷的个别材料"。

---

① Federal Rules of Criminal Procedure §16,18 U.S.C §353(2002).

② 林钰雄:《刑事诉讼法(上)》,台北,新学林出版股份有限公司 2019 年版,第 234 页。

③ 参见黄道秀译:《俄罗斯联邦刑事诉讼法典(新版)》,中国人民公安大学出版社 2006 年版,第 57 页。

④ 《世界各国刑事诉讼法》编辑委员会编译:《世界各国刑事诉讼法》(欧洲卷·下),中国检察出版社 2016 年版,第 1688 页。

⑤ 宗玉琨译注:《德国刑事诉讼法典》,知识产权出版社 2013 年版,第 138 页。

(三)阅卷保障

"没有救济就没有权利",只有为权利保障设置有效的司法救济,该权利的存在才能具有法律上意义。美国在证据开示程序中除了明确规定控辩双方开示的内容外,还设置了强制开示程序令,即在一方要求的情况下,另一方既没有在审前动议阶段,也没有在预审阶段开示,一方可以申请法院发布司法令的方式强制对方开示。① 德国、意大利则规定了司法审查制。在德国,如果检察官在侦查阶段作出了不合理的拒绝辩方阅卷的决定,该决定会成为即时司法审查的对象。② 德国《刑事诉讼法》第147条第5款第2句规定:"对准予查阅案卷,在侦查程序中以及程序具有确定力地终结后,由检察院处置,除此之外,由处理案件法院之审判长裁决。检察院如果在案卷中注明侦查终结后拒绝查阅卷宗或者拒绝准予第三款的查阅,或者如果被指控人行动自由被剥夺,辩护人可以申请依照第一百六十二条有管辖权的法院裁决。法院应当审查所申请的调查行为在法律上是否准许。"③意大利《刑事诉讼法》除确定了"预审法官司法审查制"以外,④还在第366条规定相关阅卷笔录必须在有关活动完成的第3日内制作完成,辩护人有权在随后的5日中查阅并获取相关副本。⑤ 同时,第391条第2项第5目还明确了侦查阶段的强制辩护"为与在同一诉讼或牵连诉讼中或因某一关联犯罪受到调查或者受到指控者会晤、听取其陈述或者获取信息,应至少提前48小时通知其辩护人,该辩护人必须在场。如果该人没有辩护人,根据进行调查活动的辩护人的请求,法官按照第97条的规定任命辩护人"⑥。

除此之外,赋予侦查阶段辩护律师阅卷的权利也是国际法律文件的普遍要求。1990年第8届联合国预防犯罪和罪犯待遇大会通过的《关于律师作用的基本原则》第1条明确规定:"一切个人都有权请求由其选择的一名律师协助保护和确立其权利并在刑事诉讼的各个阶段为其辩护。"1994年世界刑法学会第15届代表

---

① 参见王天民:《英美两国刑事证据开示制度》,载《厦门大学法律评论》(2008年上卷),厦门大学出版社2008年版,第230页。

② 参见[德]托马斯·魏根特:《德国刑事程序法原理》,江溯等译,中国法制出版社2021年版,第69页。

③ 宗玉琨译注:《德国刑事诉讼法典》,知识产权出版社2013年版,第139、162页。

④ 参见陈瑞华:《比较刑事诉讼法》(第2版),北京大学出版社2021年版,第530—533页。

⑤ 参见《世界各国刑事诉讼法》编辑委员会编译:《世界各国刑事诉讼法》(欧洲卷·下),中国检察出版社2016年版,第1688页。

⑥ 《世界各国刑事诉讼法》编辑委员会编译:《世界各国刑事诉讼法》(欧洲卷·下),中国检察出版社2016年版,第1695页。

大会通过的《关于刑事诉讼法中的人权问题的决议》第18条规定:"国家必须从刑事诉讼程序一开始,便保护保证刑事被告人聘请律师的权利,如果被告人没有聘请律师,国家应让其免费享受律师的帮助。"《公民权利与政治权利国际公约》第14条第3款也规定:"在判定对他提出的任何刑事指控时,人人完全平等地有资格享受以下的最低限度的保证:(甲)迅速以一种他懂得的语言详细地告知对他提出的指控的性质和原因;(乙)有相当时间和便利准备他的辩护并与他自己选择的律师联络。"加强侦查阶段辩方的权利保障,已经成为国际刑事司法普遍要求。① 我国《刑事诉讼法》规定辩护律师要到审查起诉阶段才能行使阅卷的权利,辩护律师难以在侦查阶段为犯罪嫌疑人提供有效的法律帮助,已经跟不上国际刑事司法趋势。

综合以上域外参考,笔者认为应当继续完善我国阅卷制度,在《刑事诉讼法》中明确侦查阶段辩护律师具有阅卷权,并限定相关阅卷范围和配套制度保障措施。其一,证据开示程序度虽然有利于实现审前阶段控辩双方的相对平衡、防止一方"证据偷袭"、提高刑事审判效率,我国已有不少学者呼吁引入"证据开示模式",但该制度的形成土壤是当事人主义诉讼模式,且需要较为强大的律师制度予以支撑,在我国短期内无法建立起来。其二,律师在场制度设计初衷是为了加强对侦查活动的监督,而非完整地参与侦查阅卷,律师通过侦查机关对犯罪嫌疑人讯问时在场了解到的案件信息与证据材料数量有限且内容零散,并不能有效保障该阶段律师的阅卷权、实现有效辩护。因此,继续完善律师查阅案卷材料的制度,更容易为各方接受,更便于操作,也更符合我国的实际情况。②

但若是完全地开放侦查卷宗,将刑事案件的证据情况和相关参与人的信息资料完全披露给辩护律师,也很有可能产生信息泄漏风险,若辩护律师通过会见传达给犯罪嫌疑人,还可能引发损毁证据、报复报案人、怂恿证人做假证等风险,不利于侦查的顺利进行。因此,在设计卷宗阅卷制度时需要严格限定阅卷的范围和限度,例如可以参考德国立法设计出一套有限度的辩护律师阅卷体系,通过对阅卷的方式、范围等采取部分限制和保护措施既可以起到保障律师阅卷权,又可以起到在一定程度上保护"侦查秘密"原则的作用,是职权主义国家中设计、完善阅卷制度的有效方案。

---

① 参见王艳等:《刑事辩护的理论研讨与制度完善》,清华大学出版社2018年版,第215—216页。

② 参见陈光中主编:《中国司法制度的基础理论专题研究》,北京大学出版社2005年版,第327页。

五、制度建议:侦查阶段阅卷之构建

律师阅卷权与“侦查秘密”并非对立关系,而是可以通过制度创新实现融合与共赢。参考其他国家法律规定与我国司法实践,笔者设计了以下改革思路:立法上首先肯定侦查阶段辩护律师享有阅卷权,其次通过电子卷宗技术限制阅卷范围,主要开放与被追诉人有关的侦查笔录,最后配套个人信息保护、律师保密义务、设置救济渠道等,保障侦查阶段辩护律师阅卷权便利、合法行使,服务于我国诉讼制度的改革推进。

(一)修法确认权利

虽然赋予辩护律师侦查阶段阅卷权可能在一定程度上破坏“侦查秘密”原则或者产生侦查风险,但不能以此剥夺辩护律师在该阶段应有的诉讼权利。律师是法治建设的重要力量,有效辩护是保障犯罪嫌疑人合法权益的核心前提。世界上众多主流法治国家都已经赋予辩护律师侦查阶段知晓、查阅案件信息的权利,为充分保证侦查阶段辩护权的有效行使和及时维护犯罪嫌疑人合法诉讼利益不受侵犯,我国应当考虑赋予该阶段辩护律师一定的阅卷权利。

实际上,我国《刑事诉讼法》有关条款似乎已经包含辩护律师在侦查阶段可以阅卷的意思,因此只需对其进行修改或补充即可。《刑事诉讼法》第 38 条规定,辩护律师在侦查期间可以了解犯罪嫌疑人涉嫌的罪名和案件有关情况并提出意见。第 41 条规定,辩护人认为在侦查期间公安机关收集的证明犯罪嫌疑人、被告人无罪或者罪轻的证据材料未提交的,有权申请人民检察院、人民法院调取。按照一般逻辑,辩护律师了解案情的主要方式就是阅卷,若侦查阶段辩护律师没有阅卷权,不能详细审阅案件信息,则基本不可能发现公安机关移交到检察机关的案卷里是否遗漏可能证明犯罪嫌疑人、被告人罪轻或者无罪的证据材料。法律的稳定性要求法条精准、明确,因此应当尽快修改法律,明确相关模糊规定。具体的立法表达可以参考《模范刑事诉讼法典》的规定设立,[①]如:侦查阶段,辩护律师有权在公安机关或人民检察院查阅、摘抄、复制与部分案件有关的诉讼文书和证据材料,但有关案件的内部讨论记录除外。

---

① 参见陈卫东主编:《模范刑事诉讼法典》(第 2 版),中国人民大学出版社 2011 年版,第 137 页。

(二)限定阅卷范围

在明确赋予辩护律师阅卷权后,还必须考虑限定律师的阅卷范围,这是避免破坏"侦查秘密"原则、防止侦查风险产生的必要措施。学界对于限定阅卷范围的方式主要有以下两种观点:(1)根据阅卷时间限定阅卷范围;规定辩护律师仅能在审查逮捕期间阅卷,逮捕前不能参与阅卷,与之相对应的,阅卷权的内容和范围随着羁押期间而逐步丰富;[①](2)根据阅卷内容进行限定,例如,只赋予辩护律师对侦查期间犯罪嫌疑人录音录像查阅的权利,主要是为防止刑讯逼供行为,监督侦查活动合法进行。[②] 笔者认为这两种观点都有些瑕疵。首先,按照所处阶段来划分阅卷范围不太现实,在"能不捕就不捕、能不诉就不诉"的检察政策下,有相当一部分犯罪嫌疑人没有被批准逮捕而被采取了其他强制措施,若阅卷权仅限制在审查批准逮捕期间,会存在并未被逮捕的犯罪嫌疑人的辩护律师无从行使该阶段阅卷权的问题,这显然不公平。其次,该做法也不利于全面履行辩护律师的职责。根据事实为犯罪嫌疑人、被告人减轻或者免除法律责任是辩护律师的法定义务,进入侦查程序后,犯罪嫌疑人就已经进入国家公权力的对抗范围,辩护律师为履行法定义务,必须借助阅卷掌握案件信息,但录音录像不能完整、清晰地呈现案件事实,对律师阅卷帮助作用小,辩护律师仅凭讯问的录音录像不太可能完整掌握案件主要事实,其虽能在一定程度上监督侦查活动合法进行,但对于维护犯罪嫌疑人诉讼利益作用小,不便于履行辩护职能。

为更好地保障律师阅卷权,笔者认为,在阅卷范围上,可以参照德国、俄罗斯、意大利立法规定,主要赋予律师对相关行为笔录的阅卷权。德国《刑事诉讼法》规定辩护律师在侦查阶段能完全查阅的是被告人的讯问笔录、律师应当在场的法院调查活动笔录以及鉴定意见,在不影响危及侦查目的限度下且犯罪嫌疑人出于待审羁押下,辩护律师可以查阅其他案卷。[③] 俄罗斯《联邦刑事诉讼法典》则是规定辩护人在侦查阶段仅能了解被追诉人参加的侦查行为笔录、拘捕笔录以及强制处分决定。考虑需要保护证人安全的司法需要,在阅卷范围上,可以先不开放涉嫌其他主体的案卷信息材料,仅开放辩护律师对侦查阶段犯罪嫌疑人供述、辩解以

① 参见莆田市城厢区人民检察院课题组等:《论"捕诉一体"后检察机关审查逮捕期间律师阅卷权——以两岸相关制度的比较为例》,载《现代法治研究》2019 年第 2 期。

② 参见彭俊磊、张新凯:《论辩护律师对侦查讯问录音录像的阅卷权》,载《云南警官学院学报》2018 年第 3 期。

③ 参见宗玉琨译注:《德国刑事诉讼法典》,知识产权出版社 2013 年版,第 138 页。

及有犯罪嫌疑人参与的侦查行为笔录,包括逮捕、辨认、检查、鉴定笔录材料的查阅权限。这些证据是与被追诉人诉讼利益息息相关的,且较少涉及其他主体信息,应当成为辩护方阅卷范围。进一步地,需要建立并实施所有案件讯问录音录像制度,并开放犯罪嫌疑人参与的所有侦查行为录音录像给辩护律师。赋予侦查阶段辩护律师对犯罪嫌疑人相关笔录以及录音录像的查阅,既能监督侦查活动合法进行,及时维护犯罪嫌疑人合法权益,又能在一定程度上保障侦查效率,避免破坏侦查。

(三)配套技术保护

考虑到有数量庞大的讯问侦查行为笔录以及录音录像视听资料,且需配套相关信息保密技术措施,采取电子方式阅读卷宗最为合理可行。现阶段,电子卷宗已经克服技术障碍,成为我国阅卷的主要方式。最高人民检察院发言人在“启动律师网上阅卷工作”记者会上提到,现在律师阅卷无须跑到检察院,只需要通过登录网站完成身份检验后申请网上阅卷,待有关人员审核通过申请后,就可以实现远程网上阅卷。电子卷宗可以实现律师远程阅卷,达到方便省时的效果,律师频繁跑检察院阅卷的现象会渐渐减少,甚至消失。早在2018年,成都市人民检察院就与公安机关就签订了刑事电子卷宗制作协议,由侦查机关制作电子卷宗,因而到了审查起诉阶段,公安机关能很快地将电子卷宗传送给检察院,极大地便利了检察工作的开展。①

因此,侦查阶段也可以建立类似的阅卷系统。侦查机关创立阅卷专用网站,将相关卷宗材料上传至系统,根据不同诉讼阶段开放不同阅卷范围的材料。然后将阅览案卷账号密码提供给有关律师,同时安排专门工作人员负责律师的登录审核工作,办案律师登录即可实现远程阅卷。此外,还可以在电子卷宗系统上创建一个律师反馈窗口,辩护律师阅卷若发现任何疑问,可以及时向侦查机关反馈,方便侦查机关及时更新、修正案卷信息,甚至还能协助侦查机关及时调整侦查思路,指明侦查方向,有利于辩护律师与侦查机关建立良性互动,使案件证据得到客观公正的搜集。

此外,需要在电子卷宗上设置信息保密措施。虽然限定阅卷范围已经尽可能排除了相关主体个人信息泄露的风险,但考虑到侦查卷宗是最为原始、完整的卷

① 参见朱桐辉、王玉晴:《顶层设计与绩效改革——检察机关电子卷宗的应用效果透视》,载《昆明理工大学学报(社会科学版)》2019年第6期。

宗,相关鉴定意见、决定文书上还有可能存在其他利害关系主体的个人资料。因此,为了防止侵犯公民隐私权,侦查机关需要通过技术保密措施对案件相关当事人的个人信息加以保护。例如,制作卷宗时应当除去相关当事人不愿泄露的个人信息或者可能泄露国家秘密的信息,将电子卷宗处理好再提供给辩护律师阅卷。

最后,还要加大对侦查机关办公硬件上技术维护的财政支持,注重对制作卷宗人员的专门培训。侦查电子卷宗的组织主体是侦查机关,因此需要考虑在侦查机关办公处设置相应的阅卷技术室,为制作、修改、补充卷宗提供长期、稳定的技术支持,同时,也要对相关组织人员进行技术培训,确保其能及时掌握电子卷宗技术。

综上,采取电子阅卷方式,并严格限定阅卷范围和配套相关技术保护措施,既可以方便律师快速、及时、灵活地阅读卷宗,又能大大避免完全开放侦查卷宗的风险,一举两得。

(四)开放救济途径

一项好的制度不仅需要设计创新,还要现实可行。建立侦查电子卷宗制度,还必须考虑开放相关救济途径,保护律师能及时、有效阅卷。

第一,要严格规定辩护律师阅卷保密义务,建立起一套律师阅卷保密规则。辩护律师自身除了遵守《律师法》第38条规定之外,还应当充分遵守保密规则与职业道德,不得利用阅卷获得的案件信息帮助犯罪嫌疑人、被告人故意作虚假陈述或者威胁相关证人串供。司法机关要担当起共同监督律师履行保密义务的责任,若有发现违法行为应当及时警告或者制止,若涉嫌触犯刑法的要及时追究相关刑事责任。有关群众发现类似行为的,也可以向人民法院、律师协会或有关司法行政部门举报,人民法院可以根据事实情况给与被告人和辩护律师相应的法律制裁,构成严重程度的,省、自治区、直辖市人民政府司法行政部门则可以永久吊销其律师执业证书。

第二,尽可能地扩宽阻碍辩护律师阅卷的救济渠道。立法明确规定方便辩护律师阅卷是相关司法人员必须履行的法定义务,对于任意拖延、阻扰辩护律师正常阅卷的消极行为要及时进行批评、惩戒;同时,要提供权利被侵犯的救济窗口,在侦查机关设置相应的监督检举处,及时收集律师对阅卷工作的建议、反馈以及对有关违法行为的检举、举报,为辩护律师侦查阶段阅卷工作的展开提供有力的救济保障。

日本学者田口守一在评价日本辩护制度时曾说:"当今日本刑事司法中的辩

护制度是一个极为重要的课题,它被称之为是'决定现行法生死存亡的核心点',是预测'日本刑事司法中未来的关键'。"①笔者认为,当今中国的辩护制度也是决定中国刑事司法未来走向的核心点和关键。在推进"以审判中心"的诉讼制度改革洪潮下,律师不应当只能"低声哭泣",而应成为改革的有力参与者,甚至是主要推动主体。诉讼制度改革下一步重点应该转到推进律师辩护制度、增强辩方力量上来,其中侦查阶段的律师阅卷权问题理应被广泛关注并妥善解决。出于人权保障和控辩平衡的需要,刑事诉讼法应当准许律师对犯罪嫌疑人供述、辩解、有犯罪嫌疑人参与的侦查行为笔录以及相关录音录像阅卷权利,并采取相关措施保障该权利的合法行使,推动阅卷从有限度到未来全部实现。

(编辑:武小琳)

① [日]西原春夫主编:《日本刑事法的形成与特色》,李海东等译,法律出版社、日本成文堂 1997 年版,第 431 页。

推荐人语

党的十八届四中全会通过的《中共中央关于全面推进依法治国若干重大问题的决定》明确提出推进以审判为中心的诉讼制度改革和完善刑事诉讼中的认罪认罚从宽制度，二者在实践中和理论上均产生了较大的争议和分歧。文章从制度史解释、诉讼构造分析和司法改革方向三个角度反思了以审判为中心与认罪认罚从宽制度的关系，具有较强的理论价值和实践意义。

肖沛权　中国政法大学教授

以审判为中心与认罪认罚从宽制度关系的理论反思

刘金松*

摘　要：从制度史角度观之，“以审判为中心”的诉讼制度改革是在我国刑事诉讼横向构造改革走入“深水区”的情况下，针对刑事诉讼纵向构造提出的改革理念；而认罪认罚从宽制度则是在我国审判阶段的程序分流走到极致和“瓶颈”的情况下生成的，其目的在于发挥程序分流的功能，服务以审判为中心的诉讼制度改革。从诉讼构造角度观之，现有法律规范要求认罪认罚从宽制度坚持并服务于以审判为中心的诉讼制度改革；但由于我国刑事正当程序建设尚未完成，实践中认罪认罚从宽制度与以审判为中心的诉讼制度改革在价值理念、诉讼格局以及权力要素等方面存在制度竞争的关系。从司法改革角度观之，未来需要抓住庭审实质化、程序分流和司法公正三个改革关键点，在大力发展程序分流机制的前提下，确保从诉讼职能上实现以审判为中心，在审判环节中实现以庭审为中心，在追求司法公正的过程中发展协商性程序正义以理顺二者之间的关系。

关键词：以审判为中心；认罪认罚；制度史解释；诉讼构造；程序分流

* 刘金松，中国政法大学诉讼法学博士研究生。

一、引言:为什么成为问题?

目前确实到了检视认罪认罚从宽制度与以审判为中心的诉讼制度改革的关系问题的时候了。一段时间以来,认罪认罚从宽制度改革和以审判为中心的诉讼制度改革,成为刑事诉讼法学研究中的“爆款”理论和两个极具知识增长点的分支。司法改革举措频出,①各种研究成果应接不暇。② 由实务界和学术界共同推动的这两项重要改革措施,对司法实践和刑事诉讼理论研究产生了巨大的影响,也带来了诸多的问题。当我们称赞以审判为中心的诉讼制度改革带来的庭审对抗性增强、证人出庭率上升、庭审实质化程度提高时,③当我们为认罪认罚从宽制度改革带来的“协商型诉讼”“公力合作模式”“刑事诉讼的第四范式”等诉讼模式转型和诉讼理论创新欢欣鼓舞时,④诸多的实践问题浮现出来,包括:认罪认罚从宽案件的诉讼重心前移会不会冲击审判中心?认罪认罚案件要不要坚持以审判为中心?检察主导和审判中心是什么关系?认罪认罚案件法院一般应当接受检

① 以“以审判为中心的诉讼制度改革”为例,从党中央到最高司法机关和地方司法机关等发布的关于推进以审判为中心的诉讼制度改革的文件内容和要求来看,以审判为中心的诉讼制度改革经历了从理念到制度化的过程,目标逐渐聚集到审判功能的发挥和庭审的实质化改革上来。2014年10月23日,党的十八届四中全会发布《中共中央关于全面推进依法治国若干重大问题的决定》,要求“推进以审判为中心的诉讼制度改革,确保侦查、审查起诉的案件事实证据经得起法律的检验。全面贯彻证据裁判规则,严格依法收集、固定、保存、审查、运用证据,完善证人、鉴定人出庭制度,保证庭审在查明事实、认定证据、保护诉权、公正裁判中发挥决定性作用”。该文件同时也要求,“完善刑事诉讼中认罪认罚从宽制度”。2016年6月27日,最高人民法院、最高人民检察院、公安部、国家安全部、司法部联合下发了中央全面深化改革领导小组第25次会议审议通过的《关于推进以审判为中心的刑事诉讼制度改革的意见》。2017年2月17日,最高人民法院印发《关于全面推进以审判为中心的刑事诉讼制度改革的实施意见》的通知,要求从“坚持严格司法原则,树立依法裁判理念”“规范庭前准备程序,确保法庭集中审理”“规范普通审理程序,确保依法公正审判”“完善证据认定规则,切实防范冤假错案”“完善繁简分流机制,优化司法资源配置”这五个方面推进以审判为中心的诉讼制度改革。2017年11月27日,为进一步落实党中央的决定和上述改革文件的要求,“充分发挥审判特别是庭审在刑事诉讼中的决定性作用,构建更加精密化、规范化、实质化的刑事审判制度”,最高人民法院进一步推出了“三项规程”,即《人民法院办理刑事案件庭前会议规程(试行)》《人民法院办理刑事案件排除非法证据规程(试行)》《人民法院办理刑事案件第一审普通程序法庭调查规程(试行)》。

② 截至2022年3月18日,在中国知网以“认罪认罚”为主题词进行搜索,共有期刊论文2847篇,其中中文社会科学引文索引(CSSCI)论文739篇,学位论文1123篇,报纸文章270篇。

③ 参见左卫民:《地方法院庭审实质化改革实证研究》,载《中国社会科学》2018年第6期。

④ 参见樊崇义:《我国当代刑事诉讼模式的转型图景》,载《检察日报》2019年12月25日;陈瑞华:《刑事诉讼的公力合作模式——量刑协商制度在中国的兴起》,载《法学论坛》2019年第4期;熊秋红:《比较法视野下的认罪认罚从宽制度——兼论刑事诉讼的“第四范式”》,载《比较法研究》2019年第5期。

察院的量刑建议,会不会冲击法院独立的量刑裁判权?等等。这些问题不仅引发了司法实务的冲突与混乱,也使得学术研究者陷入困惑和焦虑。诸如"余金平交通肇事案""浙江仙居法院二审改判案"引发的实践争议和理论探讨就是两种制度改革产生的问题的缩影。① 最高人民法院和最高人民检察院的大法官和大检察官也对认罪认罚案件中的"主导"和"中心"有不一样的意见,这也使得审判中心与认罪认罚的关系越发扑朔迷离。②

一言以蔽之,目前确实到了审视认罪认罚从宽制度与以审判为中心的诉讼制度改革在刑事诉讼程序中的复杂性、回应二者在实施过程中引发的诸多问题的时候了。鉴于此,我们需要从三个维度对认罪认罚从宽制度与以审判为中心的诉讼制度改革的关系进行讨论:首先,从制度史解释的角度厘定两种概念的内涵和边界;其次,从诉讼构造的角度探讨二者在规范上和实践中的关系;最后,寻找改革关键点为二者未来的改革方向选择提供理论思路。

二、制度史解释:"以审判为中心"与认罪认罚从宽制度的生成

从制度改革史来看,"以审判为中心"的诉讼制度改革是在我国刑事诉讼横向构造改革走入"深水区"的情况下,伴随着对刑事诉讼纵向构造改革的需求而产生的;而认罪认罚从宽制度改革则是在我国审判阶段的程序分流走到极致和"瓶颈"的情况下生成的。

(一)终于牵住"牛鼻子":"以审判为中心"话语的产生

"以审判为中心"是一种针对刑事诉讼的纵向构造改革所提出的理念,③其意在对诉讼阶段论进行检讨,对案卷笔录中心主义进行矫正,对侦查中心主义进行纠偏。④ 从1979年到目前为止,我国《刑事诉讼法》分别在1979年、1996年、2012年、2018年进行过四次修改。每一次的《刑事诉讼法》修改都意味着若干司法改革措施的确立和实施。观察2014年以前每一次大规模司法改革的内容都会发

① 参见顾永忠:《对余金平交通肇事案的几点思考——兼与龙宗智、车浩、门金玲教授交流》,载《中国法律评论》2020年第3期;范跃红、徐静、陈乐乐:《认罪认罚了,量刑从宽建议为何未采纳》,载《检察日报》2019年9月21日。

② 参见陈国庆:《量刑建议的若干问题》,载《中国刑事法杂志》2019年第5期;胡云腾:《正确把握认罪认罚从宽 保证严格公正高效司法》,载《人民法院报》2019年10月24日,第5版;朱孝清:《认罪认罚从宽制度中的"主导"与"中心"》,载《检察日报》2019年6月5日。

③ 参见汪海燕:《中国刑事审判制度发展七十年》,载《政法论坛》2019年第6期。

④ 参见叶青:《以审判为中心的诉讼制度改革之若干思考》,载《法学》2015年第7期。

现,我国司法改革的措施集中于控辩审三方的诉讼地位和权利义务的改革,以及他们之间诉讼控制权的分配问题,这种改革是一种在刑事诉讼的横向构造层面展开的改革。以 1996 年《刑事诉讼法》修改推动的审判方式改革为例,案卷移送制度废除后,法官的调查权尤其是庭外调查权、庭前实质审查权等被极大地限缩,法律将法庭调查的主导权交给了控辩双方,法官成为消极中立的“主持人”;引入控辩对抗机制后,被追诉人和辩护律师的阅卷权、当庭质证权等权利得到前所未有的保障,公诉方承担被告人有罪的证明责任被明文规定下来。然而,1996 年的审判方式改革由于没有触及刑事诉讼的纵向构造,很多改革措施如案卷移送制度、律师调查取证制度、质证需要的证人出庭制度等在实践中大多无法实施,很快遭遇反弹。之后,2012 年《刑事诉讼法》修改基本上延续了对我国刑事诉讼横向构造改革进行调整的思路,继续对控辩审三方的诉讼地位和权利义务作出技术性地完善。

但是,随着一系列震惊全国的冤假错案被报道,包括多年前的杜培武案、佘祥林案,以及近年来陆续平反的张氏叔侄案、呼格吉勒图案、陈满案、聂树斌案等,揭示出来的公检法三机关重配合轻制约、有罪推定、刑讯逼供、轻视辩护方的作用等问题,[①]表明仅仅从刑事诉讼横向构造层面对司法体制和诉讼制度进行改革已经无法解决频繁发生的冤假错案对司法公正和司法权威带来的严重冲击。从技术层面看,庭审虚化是产生冤假错案的一个重要原因,即庭审没有贯彻证据裁判原则,在证据适用,事实认定等方面存在严重问题。正因如此,以一系列冤假错案的曝光为契机,最高人民法院在第六次全国刑事审判工作会议上提出,审判案件应当以庭审为中心,即事实证据调查在法庭、诉辩意见发表在法庭、定罪量刑辩论在法庭、裁判结果形成于法庭。“四个在法庭”的理念可以概括为“庭审中心主义”。然而,仅有庭审中心主义是不够的,冤假错案与诉讼模式有莫大的关联。[②] 由于审前程序司法审查和司法控制的缺失,司法裁判无法对审前程序形成有效地制约和监督。媒体曝光的大量冤假错案的教训表明,公安机关刑讯逼供产生了错误的侦查结论,检察院的把关作用虚化,甚至为违法侦查行为背书,依靠逮捕羁押等直接绑架审判程序,整个刑事诉讼呈现“侦查中心主义”的特征,[③]依靠案卷笔录的勾连,侦查阶段成为决定被告人命运的阶段,体制性地酿成了冤假错案。正是在这

① 参见陈永生:《刑事冤案研究》,北京大学出版社 2018 年版,第 50—76 页。

② 参见陈卫东:《以审判为中心:当代中国刑事司法改革的基点》,载《法学家》2016 年第 4 期。

③ 参见陈瑞华:《论侦查中心主义》,载《政法论坛》2017 年第 2 期。

种背景之下，党的十八届四中全会发布《中共中央关于全面推进依法治国若干重大问题的决定》，要求推进以审判为中心的诉讼制度改革，确保侦查、审查起诉的案件事实证据经得起法律的检验。可以说，从党中央层面提出的“以审判为中心”的诉讼制度改革，抓住了刑事诉讼制度改革的“牛鼻子”。

基于上述讨论，“以审判为中心”的基本内涵应当被界定为：侦查、起诉活动应当面向审判、服从审判要求，同时发挥审判在认定事实、适用法律上的决定作用。“以审判为中心”最重要的意义是保障案件质量，防止冤假错案，实现司法公正。①

（二）突破程序分流的“瓶颈”：认罪认罚从宽制度的确立

认罪认罚从宽制度的立法目的在司法改革的轨迹中呈现出“扩张”和“波动”的趋势，②即从试点初期的“节约司法资源，提高诉讼效率”，到试点中期的“推动宽严相济的刑事政策具体化、制度化”“推动刑事诉讼程序制度的层次化改造，推进以审判为中心的诉讼制度改革”，再到《关于适用认罪认罚从宽制度的指导意见》中的“准确及时惩罚犯罪、强化人权司法保障、推动刑事案件繁简分流、节约司法资源、化解社会矛盾、推动国家治理体系和治理能力现代化”，等等。可以看出，任何单一的表述都难以充分表达认罪认罚从宽制度丰富的价值内涵。③ 但是，从改革轨迹中我们也可以发现，程序分流一直被当作认罪认罚从宽制度的核心目标而得到强调，而且其关键是将程序分流的端口从审判程序移至审前程序中。

以审判为中心的诉讼制度改革的核心要求之一，是实现庭审实质化。④ 庭审实质化的一系列改革措施，包括证人出庭、增强法庭对抗、贯彻直接言词原则等，意味着庭审的规范化、精密化和复杂化，必然要求更多的司法资源投入审判程序中；同时，全面推开的法官员额制改革、司法责任制改革等还处于适应和转变的过程中，这在客观上限制了那种办公室快速处理案件的司法现象，也由此导致审判程序不堪重负；除此之外，在经济快速发展、社会处于不断转型的大背景中，随着醉驾入刑、劳教制度废除、⑤犯罪轻刑化、行政违法与刑事犯罪的紧密交叉导致行政犯时代的到来，刑事犯罪的数量极速增长，大量案件涌入审判程序中，法院本就

① 参见龙宗智：《“以审判为中心”的改革及其限度》，载《中外法学》2015 年第 4 期。

② 参见张泽涛：《认罪认罚从宽制度立法目的的波动化及其定位回归》，载《法学杂志》2019 年第 10 期。

③ 参见汪海燕：《重罪案件适用认罪认罚从宽程序问题研究》，载《中外法学》2020 年第 5 期。

④ 参见汪海燕：《论刑事庭审实质化》，载《中国社会科学》2015 年第 2 期。

⑤ 参见汪海燕、付奇艺：《后劳教时代的改革径路——以程序与实体的交互影响为视角》，载《法学杂志》2015 年第 7 期。

面临的"案多人少"矛盾更加凸出。①

针对持续增长的案件压力，法院系统进行了积极的改革。1996 年开始，法院系统就逐渐推行了"简易程序""普通程序简化审"等程序分流措施，但是仍然无法克服"简者不简，繁者不繁"的问题。② 2014 年开始，在最高人民法院和最高人民检察院的推动下，刑事速裁程序也从试点走向全国，③并最终确立于《刑事诉讼法》当中。到目前为止，审判程序已经形成了"普通程序—简易程序—速裁程序"三级递简的程序分流格局。但是，这种在审判阶段开展的司法分流措施，无法有效控制进入审判程序的案件总量，④无法缓解案件不断增长带来的压力，也没有充分发挥审查起诉阶段在程序分流上的功能。从比较法的角度来看，域外法治发达国家如美国、德国的刑事司法系统应对案件压力的经验表明，只有将案件在审前程序中就快速分流出去，才能最终缓解审判阶段的案件压力，才能将有限的审判资源投入到少数重大复杂的刑事案件中去。

正是在这个背景下，认罪认罚从宽制度这样一个程序分流措施应运而生。认罪认罚从宽制度将"认罪协商"或"量刑协商"机制引入审查起诉程序中，赋予检察官相应的职权并对其构建相应的激励机制，用量刑从宽的方式吸引大量被追诉人在审前程序中自愿如实供述犯罪事实，承认指控的罪名，接受处罚，最终通过检察机关的不起诉裁量权的运用在审查起诉阶段结束案件，或者通过控辩合意形成的精准化量刑建议的行使，由法官在审判阶段快速处理案件。

基于上述讨论，认罪认罚从宽制度的基本内涵应当界定为：以程序分流为目标，以被追诉人接受指控为基础，以量刑协商为核心，从而通过不起诉决定或法院审核的方式处理案件的一种诉讼程序。

三、诉讼构造分析："以审判为中心"与认罪认罚从宽制度的关系

刑事诉讼目的决定刑事诉讼构造，而刑事诉讼构造决定刑事程序的功能。⑤

① 参见陈卫东：《认罪认罚从宽制度研究》，载《中国法学》2016 年第 2 期；魏晓娜：《完善认罪认罚从宽制度：中国语境下的关键词展开》，载《法学研究》2016 年第 4 期。

② 参见汪海燕：《中国刑事审判制度发展七十年》，载《政法论坛》2019 年第 6 期。

③ 参见全国人民代表大会常务委员会《关于授权最高人民法院、最高人民检察院在部分地区开展刑事案件速裁程序试点工作的决定》；最高人民法院、最高人民检察院、公安部、司法部印发《关于在部分地区开展刑事案件速裁程序试点工作的办法》的通知（法〔2014〕220 号）。

④ 参见魏晓娜：《完善认罪认罚从宽制度：中国语境下的关键词展开》，载《法学研究》2016 年第 4 期。

⑤ 参见汪海燕：《刑事诉讼模式的演进》，中国人民公安大学出版社 2004 年版，第 469 页。

因此,有必要借助刑事诉讼构造论的分析功能,对认罪认罚从宽制度与以审判为中心的诉讼制度改革的关系问题作出分析。

(一)规范上:认罪认罚仍然遵循以审判为中心

2016 年 11 月 11 日,最高人民法院、最高人民检察院、公安部等印发《关于在部分地区开展刑事案件认罪认罚从宽制度试点工作的办法》的通知,拉开了认罪认罚从宽制度改革的帷幕,该办法指出,认罪认罚从宽制度的推行"有利于探索构建科学刑事诉讼体系,推进以审判为中心的刑事诉讼制度改革"。可以看出,认罪认罚从宽制度改革是服务于以审判为中心的诉讼制度改革的,认罪认罚从宽制度仍然需要遵循以审判为中心。

第一,定罪量刑的决定权仍然由法院行使,诉讼结果仍然形成在法庭。根据《刑事诉讼法》及司法解释的相关规定,进入审判程序的认罪认罚案件,案件的事实及量刑建议都必须经过法院开庭审查,是否合适和采纳还是由法院审判以后才能最终决定,法院有权变更罪名、调整量刑,等等。除此之外,法院还要着重审查被告人认罪认罚的自愿性、真实性与合法性;审查量刑协商过程是否合法、规范;审查被告人获得法律帮助的情况,等等。正因为如此,胡云腾大法官强调,"认罪认罚从宽制度仍然是坚持'以审判为中心'的,只不过与传统的'以审判为中心'表现形式有所不同"①。

第二,适用认罪认罚的重罪案件,仍然需要进行充分的实质化审理。根据《刑事诉讼法》对审判程序的设计,不同的案件类型对审理程序的要求是不一样的。适用普通程序、简易程序和速裁程序对庭审实质化的程度要求也是不一样的。那些刑罚较重的案件、危害国家安全和恐怖主义活动犯罪等影响重大的犯罪案件,以及根据刑事政策要求需要严厉打击的涉黑涉恶等犯罪案件,仍然需要按照庭审实质化的要求进行审理。② 在重罪案件中,即使被告人认罪认罚,根据《刑事诉讼法》第 215 条和第 223 条对简易程序和速裁程序适用的除外规定,法庭一般也需要适用普通程序进行审理,进行充分的法庭调查和法庭辩论,对个别证据、证言有疑问的,证人仍然需要出庭接受控辩质询,确保据以定案的证据的真实性和可靠性。

---

① 胡云腾:《正确把握认罪认罚从宽 保证严格公正高效司法》,载《人民法院报》2019 年 10 月 24 日。

② 参见汪海燕:《重罪案件适用认罪认罚从宽程序问题研究》,载《中外法学》2020 年第 5 期。

第三,检察主导与审判中心并不矛盾。我国《宪法》第140条规定公检法三机关在刑事诉讼中分工负责,互相配合,互相制约。检察机关提出的检察主导是以自身的逮捕权、公诉权和检察监督权等为基础的,[①]并没有侵犯到法院的审判权,也没有违背分工负责的宪法原则。而且“检察主导”在理论上更加聚焦于审前程序和认罪认罚案件中的检察主导责任,[②]这符合刑事诉讼的规律,也有助于推进以审判为中心的诉讼制度改革。即使《刑事诉讼法》第201条规定,认罪认罚案件法院一般应当采纳检察院的量刑建议,但是仍然要求法院对基础事实、罪名、量刑等进行实质性审查。《关于适用认罪认罚从宽制度的指导意见》还进一步强调了法院对认罪认罚案件进行实质性审查的必要性,并对审查对象、审查方法作出了细化。因此,“检察主导”是一种“责任”而非一种“权力”,[③]与以审判为中心并行不悖,相互促进。[④]

(二)实践中:错位的制度竞争

认罪认罚从宽制度与以审判为中心事实上并没有处在同一位阶上,两者都是诸多制度、程序和规则的集合体,原本谈不上“竞争”或者“冲突”。但具体到个案的处理程序中,尤其是适用速裁程序处理案件时,其程序外观的确与以审判为中心的诸多改革要求相违背,比如省略法庭调查和法庭辩论后,无法再做到事实证据调查在法庭、定罪量刑辩论在法庭。因此,需要对这种实践问题作出解释。

从制度经济学的角度来看,制度对于制度中的行动者来说是一种激励结构,它影响着社会与法律演进的方式。[⑤] 制度的运行必然产生相应的成本,而制度成本的高低极大地影响着资源配置的效率。[⑥] 不同的制度会为程序运行设置不同的制度成本,在一个资源相对自由流通的情况下,资源会从制度成本高的地方流向制度成本低的地方,制度成本低的地方因此具有了竞争优势。具体到认罪认罚从

---

① 参见朱孝清:《认罪认罚从宽制度中的“主导”与“中心”》,载《检察日报》2019年6月5日。

② 参见万毅:《论检察官在刑事程序中的主导地位及其限度》,载《中国刑事法杂志》2019年第6期;汪海燕:《认罪认罚从宽制度中的检察机关主导责任》,载《中国刑事法杂志》2019年第6期。

③ 参见龚云飞:《检察机关在刑事诉讼中的主导责任——访中国政法大学教授樊崇义》,载《检察日报》2019年10月28日。

④ 参见姜洪、史兆琨:《认罪认罚从宽“控辩审”三人谈——大检察官大法官大律师以同堂讲授形式开展培训》,载《检察日报》2019年11月21日。

⑤ 参见[美]道格拉斯·C.诺斯:《制度、制度变迁与经济绩效》,刘守英译,上海三联书店1994年版,第3页。

⑥ 参见张五常:《经济解释:张五常经济论文选》,商务印书馆2000年版,第517—518页。

宽制度与以审判为中心的诉讼制度改革中来，我们可以发现，作为解决案件的不同制度安排，认罪认罚从宽制度所需要的制度要素相对较少，而以审判为中心支撑下的各种程序运作则意味着更多的司法资源和制度成本。从这个角度来看，认罪认罚从宽制度与以审判为中心的诉讼制度改革在实践中确实有一些矛盾之处。

首先，公正与效率的价值竞争。认罪认罚从宽制度更加强调从诉讼效率的角度出发服务于程序分流的目的，正式的、非正式的沟通都可以用于案件的处理和解决。[①] 而以庭审实质化为代表的以审判为中心的诉讼制度改革更加强调正当程序的价值，其场域更聚焦于庭审，强调诉讼的参与性、中立性、对等性、及时性、终结性等。因此，如果在实践中由相同的执行者同时推行两种价值取向不同的改革时，难免发生认知上的混淆。也正是因为认罪认罚从宽制度的可操作性和便利性，一旦配套制度改革完善，通过认罪认罚从宽制度处理的案件必然超过适用普通程序处理的案件。美国刑事司法系统通过辩诉交易处理了95%以上的案件即是例证。

其次，诉讼重心前移与庭审中心的诉讼格局竞争。有研究者指出，认罪认罚从宽制度的持续推进，已经在实践中形成了一种“以审查起诉为重心”的程序格局：认罪认罚从宽的实施以审查起诉环节为制度依托，作为制度核心的量刑协商也在审查起诉阶段完成，在审查起诉阶段形成的承载控辩合意的量刑建议也要求法院一般应当采纳。[②] 这种与“以庭审为中心”互斥共存的“以审查起诉为重心”程序格局所产出的案件成品，至少在程序历程上显著区别于那些适用庭审实质化要求处理的案件。不难发现，审查起诉阶段不需要庭审的仪式性和对抗性，也不需要贯彻直接言词原则，比起通过庭审实质化地处理案件，的确更具优势。

最后，量刑建议精准化与量刑裁量权的权力要素竞争。在司法实践中，即使是在认罪认罚从宽制度推行之前，“绝大多数案件的被告人都做出了有罪供述，控辩双方在这些案件中几乎对被告人是否构成犯罪的问题没有明显的争议……中国刑事审判的核心问题是量刑问题，而不是定罪问题”[③]。在构建出相对独立的量刑程序以前，法院几乎不受控辩双方限制地行使量刑裁判权。在庭审实质化推开以后，学界一直都在呼吁庭审应当构建相对独立的量刑程序，对量刑程序予以

---

① 参见左卫民：《量刑建议的实践机制：实证研究与理论反思》，载《当代法学》2020年第4期。

② 参见李奋飞：《以审查起诉为重心：认罪认罚从宽案件的程序格局》，载《环球法律评论》2020年第4期。

③ 陈瑞华：《论量刑程序的独立性——一种以量刑控制为中心的程序理论》，载《中国法学》2009年第1期。

诉讼化的改造,做到定罪与量刑并重。[①] 而认罪认罚从宽制度推行以后,更加强调控辩双方在审查起诉阶段就量刑达成一致意见,公诉人在提出量刑建议时,不仅需要明确主刑、附加刑的类别,还需要就刑期、罚金数额提出具体意见,在认罪认罚案件中一般还提出精准量刑建议,最为关键的是,除《刑事诉讼法》第 201 条规定的例外情况外,法院一般应当采纳检察院的量刑建议。从结果来看,2020 年全年适用认罪认罚从宽的案件,法院的量刑结果与检察院的量刑建议一致的比例接近 95% 。[②] 对此,学界一般认为,控辩合意限制了法院在量刑问题上的自由裁量权。[③] 不难发现,通过认罪认罚从宽制度的推行,检察院在量刑问题上获得了更多的话语权,而法院在量刑问题上的自由裁量权则受到了限制。

四、改革关键词:程序分流、庭审实质化与司法公正

以审判为中心的诉讼制度改革与认罪认罚从宽制度改革在制度定位上,恰好分属正当程序建设阵营和协商性司法范畴。而我国是在刑事正当程序建设尚未完成的情况下,就展开了协商性司法的改革探索,其中的制度风险不言而喻。[④] 因此,认罪认罚从宽制度与以审判为中心的诉讼制度改革远未完成,并将长期处于改革进行时。理顺二者的关系,化解二者同时推行所产生的矛盾并提供理论上的解决思路,是理论研究者义不容辞的责任。以前文的分析为基础,理顺认罪认罚从宽制度与以审判为中心的诉讼制度改革,需要抓住程序分流、庭审实质化、司法公正这三个关键的改革发力点。

(一)关键词之一:程序分流

程序分流是认罪认罚从宽制度与以审判为中心的诉讼制度改革相辅相成的重要表现。认罪认罚从宽制度的推行是通过程序分流,为实现庭审实质化创造条件,最终推进以审判为中心的诉讼制度改革。结合前文的制度史分析,我们不难得出这样一个结论,即认罪认罚从宽制度就是站在程序分流这个角度服务于以审判为中心的诉讼制度改革的。

---

① 参见汪海燕:《论刑事庭审实质化》,载《中国社会科学》2015 年第 2 期。

② 参见张军:《最高人民检察院工作报告》(第十三届全国人民代表大会第四次会议 2021 年 3 月 8 日),载最高人民检察院网,https://www.spp.gov.cn/spp/gzbg/202103/t20210315_512731.shtml,2021 年 3 月 20 日最后访问。

③ 参见闫召华:《论认罪认罚案件量刑建议的裁判制约力》,载《中国刑事法杂志》2020 年第 1 期。

④ 参见魏晓娜:《背叛程序正义:协商性司法研究》,法律出版社 2014 年版,第 159 页。

庭审实质化的实现必然以有力的审前分流机制为前提。只有将那些不需要实质审判的案件通过不起诉决定或者确认式庭审的方式分流出去,才能节省更多的司法资源处理疑难复杂案件,在疑难复杂案件中适用公正审判的全部要求。从比较法的经验来看,以当事人主义诉讼模式为底色的美国刑事司法,同时并行以公正审判为目标的陪审团审判和放弃陪审团审判的辩诉交易两种制度;以职权主义诉讼模式为底色的德国刑事司法,也有正式审判程序与认罪协商程序、处罚令程序的制度设计。两个国家的协商性司法都起源于案件压力,①并且均以为正式的审判制度提供足够的司法资源为正当化理由。这些发展经验对我国的认罪认罚从宽制度同样具有借鉴作用。

从案件类型和罪刑轻重的标准限定认罪认罚从宽制度的适用范围,确保程序分流有针对性。认罪认罚从宽制度没有限制地适用于所有案件类型,使得其裹挟了过多的利益,引发了诸多争议。例如,要求在所有的认罪认罚中,法院都一般应当接受检察院的量刑建议,如果无期、死刑的重罪案件适用这条规定将导致民众无法接受。因为仅从从控辩合意的角度难以论证重罪案件中法官发现实质真实和确保程序公正的责任得到减轻。从比较法经验来看,德国刑事司法系统发展认罪协商程序,是从经济犯罪、轻罪入手的,并且在积累相当程度的经验后才在重罪案件中推行通过认罪协商进行程序分流的方式。② 而我国台湾地区"刑事诉讼法"第455条第1款规定,协商程序适用的案件范围为"除所犯为死刑、无期徒刑、最轻刑本刑三年以上有期徒刑之罪或高等法院管辖第一审案件者外",因为"容许重罪案件协商,会造成刑法的规范激励法目的被减弱或损害"③,同时,"重罪案件,在接受与不接受之间,对推定无罪之被告而言,此压力实过大,不宜允许当事人间就重罪案件进行协商"④。可见,职权主义诉讼模式发展协商性司法的经验表明,从案件类型以及罪刑轻重的角度划定协商性司法与对抗式司法的适用范围,能够减少认罪认罚从宽制度推行带来的很多争议,从而有效地推进程序分流。这一思路可以作为对我国认罪认罚从宽制度进行纠偏的一个药方。

---

① See Thomas Weigend & Jenia Iontcheva Turner, *The Constitutionality of Negotiated Criminal Judgements in Germany*, 15 German Law Journal. 81(2014);[美]乔治·费希尔:《辩诉交易的胜利——美国辩诉交易史》,郭志媛译,中国政法大学出版社2012年版,第28—32页。

② 参见魏晓娜:《背叛程序正义:协商性刑事司法研究》,法律出版社2014年版,第63页。

③ W.哈塞默:《刑事程序中的法定性与便宜性》,陈志龙译,载《刑事法杂志》1996年第3期;转引自魏晓娜:《背叛程序正义:协商性刑事司法研究》,法律出版社2014年版,第83页。

④ 王兆鹏:《论刑事诉讼新增订之协商程序(上)》,载《司法周刊》2004年第1181期;转引自魏晓娜:《背叛程序正义:协商性刑事司法研究》,法律出版社2014年版,第83页。

除此之外,可以通过完善不起诉制度和“确认式庭审”的审判方式促进程序分流。根据《公民权利和政治权利国际公约》第 14 条的规定,每一位被追诉人都有获得公正审判的权利,而每一位被追诉人都有权放弃获得公正审判的权利。① 构建认罪认罚从宽制度有利于保障被追诉人放弃公正审判的权利得到实现。在认罪认罚从宽制度确立之前,除了检察院法定、酌定和证据不足不起诉之外,所有需要追究刑事责任的被告人都需要进入审判程序,经历大致相同的审判过程,其刑事责任才能得到解决。这期间由于我国的高速捕率以及办案期限与羁押期限合一的问题,②大多数被告人一直被羁押到判决交付执行。如果强制措施制度不改变,将所有案件都留待审判程序解决,必然不利于克服高羁押率引发的诸多问题。而认罪认罚从宽制度的实施,鼓励被追诉人行使选择权,在审前程序中认罪认罚,从而获得检察官对符合条件的案件作出不起诉决定;在审判程序中根据不同案件类型适用不同的审理程序,例如,鼓励符合条件的适用速裁程序,以便法官以“确认式”庭审的方式审理案件,③使被告人获得刑罚上的从宽优惠,并得到缩短羁押期限的程序福利。然而,目前司法实践中检察官适用不起诉决定进行程序分流的比例较低,并且面临一系列制度障碍,④因此,未来的改革需要对检察院的不起诉权进行扩充和完善,也需要防范法院“确认式庭审”的审判方式带来的风险。

(二)关键词之二:庭审实质化

庭审实质化是认罪认罚从宽制度改革与以审判为中心的结合点。所谓“庭审实质化”,是指应当通过庭审的方式认定案件事实并在此基础上决定被告人的定罪量刑。其有两方面的要求:“一审应当成为诉讼的中心阶段,被告人的刑事责任应当在审判阶段,而不是侦查、审查起诉或其它环节解决;另一个是庭审是决定被告人命运的关键环节,即‘审判应当以庭审为中心。事实证据调查在法庭,定罪量刑辩护在法庭,裁判结果形成于法庭。’”⑤可以说,研究认罪认罚从宽制度与以审判为中心的诉讼制度改革的关系问题,无法绕开庭审实质化问题的讨论。但是学界在讨论其中的关系问题时,存在几个误区需要加以澄清。

---

① 参见顾永忠:《关于“完善认罪认罚从宽制度”的几个理论问题》,载《当代法学》2016 年第 6 期。

② 参见汪海燕:《刑事诉讼法律移植研究》,中国政法大学出版社 2015 年版,第 306—307 页。

③ 参见李奋飞:《论“确认式庭审”——以认罪认罚从宽制度的入法为契机》,载《国家检察官学院学报》2020 年第 3 期。

④ 参见刘甜甜:《解构与重建:论酌定不起诉从宽的困境消解》,载《中国刑事法杂志》2020 年第 5 期。

⑤ 汪海燕:《论刑事庭审实质化》,载《中国社会科学》2015 年第 2 期。

其一,以审判为中心的诉讼制度改革与庭审实质化改革不能画等号。有学者不无悲观地指出,推进以审判为中心的诉讼制度改革与学界所倡导的"审判中心主义"从制度定位、价值追求、改革内容以及推进路径来看并不是一回事,[①]诸多改革措施只是对以往的原则、制度和规则的重申和强调,以审判为中心几乎等同于庭审实质化。[②] 这些观点不无道理。然而,我们没有必要因为改革的措施不到位而否定整个改革的方向。以审判为中心,其参照系是侦查和审查起诉这两种诉讼职能;以庭审为中心或者庭审实质化,其参照系是庭前会议、庭后程序和庭下程序等审判阶段的不同诉讼环节。[③] 同时,以审判为中心解决的是刑事诉讼纵向构造的问题,而庭审实质化解决的是刑事诉讼横向构造的问题,二者是截然不同的。以审判为中心必然要求庭审实质化,但庭审实质化并不能完全代表以审判为中心。未来,既需要在诉讼职能上坚持以审判为中心的诉讼制度改革,还需要在审判环节中坚持庭审实质化改革,两措并举相互促进。

其二,以审判为中心并不要求所有的案件都要通过审判的方式解决,也不意味着起诉到法院的案件都需要通过相同的审理方式解决,认罪认罚的轻罪案件需要遵循自己的一套实质化审理方式。任何理论体系都有适用的边界,庭审实质化理论与程序分流理论、程序简化理论并不矛盾。相反,程序分流、程序简化是庭审实质化得以实现的重要保障。如果认为庭审实质化要求进入审判程序的案件都需要适用相同的审理方式,对相关问题的批判将成为无源之水。比如,适用速裁程序审理的案件,虽然从外观上看庭审流于形式,但它是建立在被告人同意以及庭前的控辩合意基础之上的,当被告人自愿放弃正当程序的保障以求尽快脱离讼累时,他的选择应当得到尊重;与此同时,即使是认罪认罚的轻罪案件,法院也需要将被告人认罪认罚的合法性、自愿性和真实性作为实质审查的对象并进行实质化的审理,从而防范虚假认罪、强迫认罪等现象的发生。未来的司法改革中,办案人员和学术研究者都应当转变理念,以更宽阔的视野看待庭审实质化的整体效能和局部适用之间的关系。

其三,我们不只需要关注被追诉人认罪认罚的案件如何处理,更应当关注的是被追诉人不认罪认罚的案件应当怎么处理。不可否认的是,近年来,无论是学术界还是实务界,更加强调和关注认罪认罚从宽制度,而不是以审判为中心的诉

---

① 参见樊传明:《审判中心论的话语体系分歧及其解决》,载《法学研究》2017 年第 5 期。

② 参见张建伟:《审判中心主义的实质内涵与实现途径》,载《中外法学》2015 年第 4 期。

③ 参见陈卫东:《以审判为中心:当代中国刑事司法改革的基点》,载《法学家》2016 年第 4 期。

讼制度改革。我们甚至有合理的理由推测,对认罪认罚从宽制度投入的研究精力和司法资源已经超过了庭审实质化。这种现象是不正常的。究其原因,我国是在刑事诉讼的“第三范式”(主要是以正当程序为中心的当事人主义和职权主义诉讼模式)尚未发育充分的情况下,就匆匆构建以被追诉人放弃审判为核心的刑事诉讼“第四范式”①,在法官无法对审前拘留、羁押等强制措施和查封、冻结、扣押等涉案财物处置措施,以及审查起诉等程序决定进行司法审查和司法控制的情况下,协商性司法的运作过程是缺乏程序监督的;在被追诉人没有确立基本的沉默权、不被强迫自证其罪特权、快速审判权、对质权等的情况下,放弃审判的协商性司法将建立在绩效考核和部门办案利益之上,权力运作逻辑将会掩盖权利保障,其可能引发的道德风险和错案风险是令人担忧的。因此,在未来相当长的一段时期内,将庭审实质化建设作为司法改革的重心才是合理的选择。

(三)关键词之三:司法公正

司法公正是认罪认罚从宽制度和以审判为中心的诉讼制度改革的共同追求。无论是通过对抗式司法解决案件,还是通过认罪认罚从宽制度解决案件,两种程序类型都必须保证各自产生的裁判结果具备基本的可接受性。裁判结果的可接受取决于两个层面:从结果来看,需要满足实体真实的要求;从过程来看,需要满足案件处理过程的公正要求。通过哪种程序更能发现真实,无法通过纯粹的逻辑推理简单地得出结论。而确保案件处理过程的公正,则是司法程序的局内人和局外人都能“看得见的正义”。

以审判为中心的诉讼制度改革要求审判能够对侦查和审查起诉程序进行实质性的制约和监督,并且具备通过庭审实质性地产生诉讼结果的能力。这要求刑事庭审贯彻一系列诉讼原则,如无罪推定原则以及证据裁判原则;也要求被告人享有不被强迫自证已罪的特权、沉默权、获得律师有效法律帮助权、对质权等。从庭审的运作过程来看,庭审还应当贯彻直接言词原则,切断卷宗移送所导致的庭审虚化问题,保证有争议的关键证人、鉴定人出庭接受交叉询问,及时排除非法证据以免污染法官的心证,等等。一言以蔽之,以审判为中心的诉讼制度改革所追求的公正目标并不是空洞的,而是实实在在的落脚于具体的诉讼原则和被告人的权利保障当中的。然而,上述诉讼原则和被告人权利在我国刑事诉讼中的确立或

① 熊秋红:《比较法视野下的认罪认罚从宽制度——兼论刑事诉讼的“第四范式”》,载《比较法研究》2019年第5期。

实施都面临很多问题，①需要在未来的司法改革中予以解决。

更重要的是，通过以审判为中心确立的诉讼制度和证据规则，可以为认罪认罚从宽案件的办理提供正当程序的标准指引，从而为协商性程序正义的发展奠定基础。认罪认罚案件的办理需要遵循以审判为中心的诉讼制度改革的要求，而集中体现审判中心精神的庭审实质化改革所遵循的证据裁判原则、直接言词原则、控辩平等对抗原则等，可以为认罪认罚案件坚持程序公正和实体真实提供榜样。同时，如果承认协商性司法没有背离程序正义原则，那么，就有必要从原有的程序正义理论中引申出"协商性程序正义理论"，将包括可弃权性、弃权的自愿性、可协商性、可收益性以及最低限度的参与性等程序正义要素，作为评价认罪认罚从宽制度是否公正的重要标准。② 通过确立新的标准，将协商性司法纳入到程序正义的轨道，将会为认罪认罚从宽制度的立法完善和司法适用提供相应的指引。

五、结语：重视法教义学方法的发展与运用

认罪认罚从宽制度与以审判为中心的诉讼制度改革处于我国刑事正当程序建设和协商性司法兴起的交汇口。二者原本相辅相成，互为支撑，但由于刑事司法的正当程序尚未建立，就将二者同时推进司法改革的轨道，难免引发实践困惑和理论争议。从制度史解释的角度来看，以审判为中心是针对刑事诉讼的纵向构造提出的改革理念，意在扭转原有诉讼模式的弊端，防范冤假错案，维护司法公正；而认罪认罚从宽制度滥觞于审判程序分流乏力、速裁程序兴起之际，意在通过程序分流保障以审判为中心的诉讼制度改革得以顺利推行。然而，司法改革和理论研究都存在偏颇之处，司法界和法学界"各行其是"，③理论研究的巨大争议也加剧了司法实践的复杂性。二者在改革推行过程中都存在不少问题，很多问题还发生了碰撞。因此，未来的司法改革如果要凝聚各方共识，必须考虑实务界和学术界共享一套话语体系，以遵循既有法制为基本立场，运用法教义学的方法推进学术研究并指引司法改革。

虽然刑事诉讼法经常处于修改当中，但是不可否认的是，我国刑事诉讼已经形成了一个权威的法律文本和相对稳定的制度体系，一个"大致合理的法秩序"④

① 参见汪海燕：《刑事审判制度改革实证研究》，载《中国刑事法杂志》2018 年第 6 期。

② 参见陈瑞华：《论协商性的程序正义》，载《比较法研究》2021 年第 1 期。

③ 参见苏力：《司法改革的知识需求——波斯纳〈各行其是〉中文版译序》，载《法治现代化研究》2017 年第 1 期。

④ ［德］卡尔·拉伦茨：《法学方法论》，陈爱娥译，商务印书馆 2003 年版，第 77 页。

已经形成。这要求我们做到,首先,理论研究要从刑事诉讼法的规范出发,并受到现有制度体系的约束,不能仅仅从域外经验中总结一个所谓的符合诉讼规律的"审判中心主义"的概念和模式抛给实务界就交差了事,也不能将其作为正义的鞭子随意抽打司法实践,我们更需要对制度改革面临的诸多障碍进行研究。其次,司法实务推动改革应当限定改革方案的适用空间和推进方式,要避免以规范性文件的方式取代或者突破《刑事诉讼法》,要明确执行《刑事诉讼法》本身的规定,比起通过规范性文件进行运动式治理更有利于保持法律秩序的稳定性和权威性。最后,由于司法改革的复杂性和令出多门的特点,我们进行法解释学研究时,应当明确,追寻立法目的并不是追寻立法者的目的。[①] 法律一经颁布,即脱离包括立法者在内的任何人的意志,盲目追求立法者意志的解释方法并不是法治思维。法治是按法律的意志行事,而不是按照立法者的意志行事。社会生活和司法实践都是鲜活的,我们需要结合法治传统和司法实践对《刑事诉讼法》进行实质解释。如果囿于"立法者"或者"司法改革决策者"的意志,那一定不能充分阐释法律的意志,而且还可能将司法以及司法改革的实际需要泯灭在执法者和执法部门的利益当中。

(编辑:王彪)

---

① 相关讨论,参见汪海燕等:《刑事诉讼法解释研究》,中国政法大学出版社 2017 年版,第 89—94 页。

推荐人语

认罪认罚从宽与审判中心主义的关系问题早在二者先后出现时就引起了理论与实务界的注意。最初，侧重繁简分流与程序简化的认罪认罚从宽被认为是侧重庭审实质化的审判中心主义的配套机制，认罪认罚从宽的出现是为了更好地实现审判中心主义，就如同美国辩诉交易的出现是为了维持整个对抗式刑事司法机器正常运转一般。但随着认罪认罚从宽在我国持续且精细的发展，审判中心主义的发展似乎陷入停滞，这种发展程度的巨大反差就使得二者的关系逐渐从和谐互补走向了矛盾交锋。余某平案成为新一轮讨论的导火索，检察机关的量刑建议权是否褫夺法院的审判权，法院的司法审判是否破坏控辩双方的合法认罪认罚协议，成为这场讨论的核心议题。因此，如何正确认识二者关系，将成为未来较长时间困扰我国刑事诉讼程序发展的难题。就这一点而言，本文最大的贡献是从检察建议权和审判权的关系入手讨论认罪认罚从宽与审判中心主义的关系，运用比较研究的方法分别介绍域外处理二者关系的"检察建议主导模式"、"审判权主导模式"与"平衡模式"，并指出我国认罪认罚从宽与审判中心主义矛盾出现的核心原因为司法权力配置失衡。随后，本文提出增强审判权的事实查明效能，提高检察建议权的限制功能，扩大被害方的诉讼参与等均衡司法权配置的措施，就具有较强说服力。

孔令勇　安徽大学法学院教授

比较法视野下认罪认罚与以审判为中心的交锋

——以检察建议权与审判权的关系模式为切入

张　恒*

摘　要：认罪认罚从宽制度与审判为中心的改革在实践中存在矛盾，本质上是我国刑事诉讼构造内部检察权与审判权的权力配置问题。本文通过归纳域外协商性司法制度的运行模式，分析不同模式在本国诉

* 张恒，安徽大学法学院硕士研究生。

讼体系中运行的优缺点,探索协商性司法制度与诉讼构造间的关系,分析导致矛盾产生的原因。本文从诉讼构造层面出发,对我国认罪认罚从宽制度与以审判为中心改革间的矛盾进行分析,提出建立配套制度以平衡检察权与审判权间的权力配置,实现诉讼程序高质量运行。

关键词:比较法;认罪认罚;以审判为中心;诉讼构造

一、引言

2019年北京市第一中级人民法院二审审理了余某平交通肇事案,此案原为较简单、明晰的普通交通肇事案件,却因检察院与法院之间关于量刑的"拉锯战"而引发广泛关注。[①] 此案的焦点在于检察院在认罪认罚案件中的量刑建议权与法院在"以审判为中心"诉讼理念下的审判权间的冲突,究其根本原因是存在于我国刑事诉讼构造中检察院权力与法院权力的权力平衡问题,属于我国刑事诉讼构造的内部矛盾。

我国的认罪认罚从宽制度属于协商处理案件的制度,马明亮教授首次提出将控辩双方在诉讼中的合作定义为协商性司法并加以了系统论证。广义的协商性司法包括英美法系国家的"辩诉交易"和大陆法系国家的协商性司法制度。[②] 我国的认罪认罚从宽制度源于对英美法系中"辩诉交易"的借鉴,在中国共产党第十八届中央委员会第四次全体会议通过的《中共中央关于全面推进依法治国若干重大问题的决定》中首次提出,将其作为"优化司法职权配置"的重要途径。[③] 此后在2018年《刑事诉讼法》修改中,正式在立法层面予以确立。此后多部门联合发布该制度的适用指导意见,对适用的基本原则、当事人权益保障等作出了具体规定。[④] 在认罪认罚从宽制度中,检察院的角色被定位为协商参与者,作为国家公权力代表与犯罪嫌疑人就案件处理情况达成"协议"。在犯罪嫌疑人选择适用认罪

---

① 该案中,余某平因酒驾引发交通事故并致人死亡,在逃离后又回到现场观望案件处理情况。后一日到公安机关自首,赔偿受害人家属160余万元并取得受害人家属谅解。根据余某平的认罪认罚并积极赔偿的情况,检察院作出从宽处理意见,提出判处有期徒刑三年、缓刑四年的量刑意见。但门头沟区人民法院经审理未采纳处理意见,认为其故意逃逸,主观恶性较大,作出两年有期徒刑的判决。后余某平不服判决上诉,检察院也提出抗诉,二审由北京市一中院审理,二审法院认为案件事实清楚,其认罪认罚应当从轻处罚,但酒驾逃逸且致人死亡应从重处罚,决定判处余某平有期徒刑三年半。参见北京市第一中级人民法院(2019)京01刑终628号刑事判决书。

② 参见马明亮:《协商性司法——一种新程序主义理念》,法律出版社2007年版,第7页。

③ 参见《中共中央关于全面推进依法治国若干重大问题的决定》,2014年10月23日中国共产党第十八届中央委员会第四次全体会议通过。

④ 参见最高人民检察院等《关于适用认罪认罚从宽制度的指导意见》(高检发〔2019〕13号)。

认罚后，检察院在审判过程中对犯罪嫌疑人具有一种保护者的角色定位。根据规定，检察院应当依据"协议"提出量刑建议，且该量刑建议一般应为确定刑，这也是犯罪嫌疑人在选择适用认罪认罚从宽制度时与检察院所达成的某种心照不宣的"交易"。犯罪嫌疑人意图达成此"交易"的目的在于量刑的确定性。当达成认罪认罚的"司法交易"结果难以在实际审判活动中被法院予以确认时，该制度就难以推行适用。尽管认罪认罚适用于刑事诉讼的全过程，但从实践经验以及节约司法资源层面来看，主要发生在侦查、审查起诉阶段，这意味着对于大多数认罪认罚案件，在进入审判阶段时检察官已提出量刑建议。

同时近年来我国正逐步推进"以审判为中心"的诉讼体制改革，2016 年多部门联合颁布《关于推进以审判为中心的刑事诉讼制度改革的意见》，拉开了以审判为中心的序幕。同时在 2018 年新修订的《刑事诉讼法》中，对检察院的量刑建议法院应当如何使用作出了"一般应当采纳"的规定。[①] 由此可以看出，在"以审判为中心"的诉讼体制中，法院在认罪认罚案件中的审判权不受检察院量刑建议权的绝对制约。这就导致认罪认罚在实践中适用存在阻碍。检察院为提高认罪认罚从宽制度的适用率，一般需要给出较为明确的量刑承诺，在此情况下认罪认罚从宽制度才有可能被犯罪嫌疑人所接纳。同时，若检察院对犯罪嫌疑人作出的量刑建议无法实际兑现，易影响辩护权的有效行使。本文基于比较法视角，通过分析相关代表国家有关协商性司法制度的运行模式，同时分析其在本国诉讼构造中的运行模式，对我国检察院量刑建议权与法院审判权的权力配置进行分析。"以审判为中心"是我国未来诉讼体制发展的大趋势，[②]认罪认罚从宽制度则应定位为诉讼体制改革大方向下的具体制度安排。[③] 当认罪认罚从宽制度在我国目前的刑事诉讼体制运行过程中产生问题时，应通过调整配套制度，在"以审判为中心"改革的大方向下，使之相辅相成、和谐运行。

二、域外关于检察建议权与审判权间的架构模式

检察建议权与审判权间的配置模式与一国的诉讼构造具有紧密的联系。至

---

① 《刑事诉讼法》第 201 条规定，"对于认罪认罚案件，人民法院依法作出判决时，一般应当采纳人民检察院指控的罪名和量刑建议"以及"人民检察院可以调整量刑建议。人民检察院不调整量刑建议或者调整量刑建议后仍然明显不当的，人民法院应当依法作出判决"。从上述规定可以看出，对于检察院的量刑建议法院并非必须采纳，且法院此种拒绝适用行为缺少约束。参见郭烁：《控辩主导下的"一般应当"：量刑建议的效力转型》，载《国家检察官学院学报》2020 年第 3 期。

② 参见张建伟：《认罪认罚从宽处理：中国式辩诉交易？》，载《探索与争鸣》2017 年第 1 期。

③ 参见王迎龙：《协商性刑事司法错误：问题、经验与应对》，载《政法论坛》2020 年第 5 期。

于刑事诉讼构造的分类,诸如帕克(Herbert L. Packer)主张的正当程序模式和犯罪控制模式,[①]达马斯卡(Mirjan R. Damaska)提出的科层模式和协作模式,[②]以及我国理论界一般所作的当事人主义、职权主义、混合式三分法,基本上都是从"职权主义/当事人主义"的通用范式角度进行分析的。[③] 从诉讼构造形成的角度来看,不同种类诉讼构造的形成不只是由司法建构者不同的价值取向所造成,而是由经济历史条件等多重因素所综合决定的。[④] 一般来说,传统经济生产中采用有组织生产的国家,国家组织体系较为发达,意味着国家公权力相对发达,在建构诉讼构造时会偏重发挥国家公权力的优势,呈现偏职权主义的倾向。如我国古代,属于典型的小农经济、有组织生产;德国处于欧洲平原地区,农业生产同样属于有组织生产。古代英国虽建立了君主制,但由于国土面积狭小,下级政权体系并不发达,且英国文明类型属于海洋文明,更强调个体的力量,这就使得英国在刑事诉讼构造中会更偏向发挥个体的力量,形成当事人主义诉讼构造。同属古罗马法地区,英国发展出当事人主义诉讼构造,德国、法国形成职权主义诉讼构造,就体现了刑事诉讼构造与地域经济基础之间存有较为密切的联系。不同的诉讼构造在应用协商性司法制度时也表现出不同的特征。

(一)检察建议主导模式

1. 检察建议主导模式的兴起

检察建议主导模式主要存在于海洋法系国家的诉讼构造中。美国形成当事人主义的诉讼构造与美国建国初移植英国法律体系有着密切的联系。至于为何不是英国率先发展出"辩诉交易"制度,是由美国社会经济历史等诸多方面因素造成的。美国作为辩诉交易最早兴起的国家,"辩诉交易"制度在布拉迪诉美国案中正式予以确立。后在 1974 年颁布的《联邦刑事诉讼规则》中进行了明确规定。[⑤] 辩诉交易就是通过检察官与犯罪嫌疑人就案件处理结果达成一定的协议,由被告

---

① See Herbert L. Packer, *Two Models of the Criminal Process*, 113 University of Pennsylvania Law Review 1(1964).

② See Mirjan R. Damaska, *Structures of Authority and Comparative Criminal Procedure*, 84 Yale Law Journal 480,481(1975).

③ 参见施鹏鹏主编:《现代刑事诉讼模式对话与传统》,中国政法大学出版社 2021 年版,第 3 页。

④ 参见李心鉴:《刑事诉讼构造论》,中国政法大学出版社 1992 年版,第 58 页。

⑤ 参见陈瑞华:《美国辩诉交易程序与意大利刑事特别程序之比较(上)》,载《政法论坛》1995 年第 3 期。

以放弃当庭申诉的权力换取检察官起诉部分罪名或减轻起诉罪名的制度。① 检察官对犯罪嫌疑人提出的量刑意见在审判中具有决定性作用,呈现出检察建议权对审判权的“压制”。美国形成检察建议主导模式的辩诉交易体制与其诉讼构造及形成该诉讼构造的社会历史背景有着密切联系。辩诉交易作为犯罪嫌疑人与公权力之间的诉讼交易,必然率先出现在当事人主义诉讼模式的国家中。因为职权主义诉讼模式的一个显著标志就是法官推进诉讼进程,主动调查取证,而相对不重视当事人的权利。美国作为一个当事人主义诉讼构造的国家,具有兴起辩诉交易的先天条件。相较于同属海洋法系的英国,美国率先兴起辩诉交易,是由于相较于英国,美国的国土面积更大,特别是随着人口增长,美国对司法资源的需求量迅速上升,必然需求一种快速分流式的诉讼制度以节省司法资源。这也体现在美国建国初,包括在 18 世纪前,美国的辩诉交易并没有出现。19 世纪后辩诉交易才逐渐兴起。② 出现这一现象的主要原因就是随着工业革命以及美国对西部的开发,人口与国土面积迅速增长,对司法资源的需求度同步增加。美国的辩诉交易在刑事诉讼构造中表现为检察建议主导模式,是由节省司法资源的诉讼目的以及当事人主义诉讼构造中法官权力偏弱等多方原因共同造成的。

在美国兴起辩诉交易后,世界上有许多国家开始将辩诉交易移植到本国诉讼体制中,其中不乏与美国基本相同的检察建议主导模式。例如埃塞俄比亚于 2011 年正式将辩诉交易制度引入。该政策规定,检察官将撤销一项指控,或将一项指控更改为较轻的罪行,或放弃某些犯罪事实,并保证对被告从轻判决,以换取认罪协议。③ 从检察官可以对犯罪嫌疑人作出量刑保证的规定可以看出,埃塞俄比亚基本上照搬了美国检察建议主导模式。

2. 检察建议主导模式的优点

检察建议主导模式的一个显著优势就在于对司法资源的节约。通过上述刑事诉讼构造形成的经济基础剖析可知,当事人主义诉讼构造中国家公权力本身就偏弱,作用于司法领域则体现为司法资源的紧缺,故而期望借助当事人的力量。而由于美国国土面积的扩张及人口增长,必然需求辩诉交易来节省司法资源,并且由于传统法官力量偏弱,辩诉交易在刑事诉讼构造中就具有检察建议占主导的

① See Garner, Bryan A., *Black's Law Dictionary*(*7th edition*),West Publishing Co.,1999,p. 1173.

② See John F. Padgett, *Plea Bargaining and Prohibition in the Federal Courts*,1908 – 1934: *Courts as Complex Organizations*,24 Law & Society Review 413(1990).

③ See Abebe Assefa Alemu, *Appraisal of Plea – Bargaining in the Criminal Justice Policy of Ethiopia*, 5 Bahir Dar University Journal of Law 266,291(2015).

特征。此类检察建议主导模式可以有效节约司法资源,如在美国一般刑事案件中,需要挑选陪审员,消耗大量司法资源,但通过检察建议主导模式的“辩诉交易”,可以实现有效节约。法院只需依据控辩双方的交易内容作出裁判即可。同时在长期司法实践中,作为辩诉交易一方的检察官对司法实践中某类案件的可交易尺度有比较准确的认知,在正常情况下不会出现过于不当的量刑意见。

检察建议主导模式的另一个优点在于对司法目的的实现。理查德·萨斯坎德(Richard Susskind)将“结果思维”作为构建、分析诉讼制度的重要理论,即我们制定各种司法制度并对其加以实践的目的为何。① 从“结果思维”角度来看,一国通过刑事诉讼对犯罪人的犯罪行为加以审判,并非以惩罚为主要目的,虽然在有些学者看来这也是我国刑事诉讼的重要目的之一。但对犯罪人加以刑罚的背后最终目的仍为预防犯罪,维护社会的稳定性。笔者看来,对犯罪人的犯罪行为加以审判是为改变其行为观念,从而不再作出类似行为,这才是对罪犯进行改造的最终目的。在检察建议主导模式中,由于被告认可了检方提出的量刑建议,意味着其认识到错误并寻求改变,在此种情形下,诉讼最终目的已经较好地实现,此时量刑建议是否适当并无绝对重要性。若不采用检察建议,罪犯存在在案件审理过程中产生被欺骗意识的可能性,由此导致罪犯生成逆反心理,反而不利于罪犯主观心理态度的改变从而预防再犯。

3. 检察建议主导模式的缺陷

如同众多学者对辩诉交易的批驳,检察建议主导模式同样存在诸多缺陷。首先,检察建议主导模式存在滋生腐败的风险。在检察建议主导模式中,检察官提出的量刑建议会被法官确定为具有司法效力的判决。尽管检察建议一般比较适当,但不免存在腐败而过度轻判或选择性起诉的情况。在检察建议主导模式中,检察官的量刑建议权缺少制约,表现在刑事诉讼构造中则为检察建议权对审判权的压制。其次,检察建议主导模式在定罪时易出现错误。对于某些社会经验不足的无辜被告,即使检察官手中证据并不充分,同样可以通过引诱、威胁等方式,使当事人放弃庭上申辩的权利,导致出现错误定罪的情况。并且由于检察建议占主导,即使法官对案件可能存在误判存有认识,也难以通过行使审判权加以制止。这反映出检察建议主导模式中存在实质主义难以实现的风险。最后,检察建议主

① 参见[英]理查德·萨斯坎德:《线上法院与未来司法》,何广越译,北京大学出版社 2021 年版,第46页。

导模式受到大陆法系国家学者抨击最为根本的依据就在于其对国家公权力的"交易"。[①] 国家公权力作为国家行使刑事审判权的根本力量源泉,被检察工作人员作为行为内容与当事人之间进行"交易",会导致国家公权力权威性的削弱,不利于司法威严性的确立。检察建议主导模式中,检方"交易"国家公权力的行为缺少约束,会对未来刑事司法权力的行使带来不利影响。

(二)审判权主导模式

1.审判权主导模式的兴起

审判权主导模式主要兴起在大陆法系国家,以德国、意大利的协商性司法制度为主要代表。此外与美国属于同一诉讼构造类型的英国,也采取了审判权主导模式。作为老牌的大陆法系国家,德国为典型的职权主义诉讼构造。"二战"前德国并无辩诉交易,即使在"二战"后,德国的辩诉交易也发展缓慢,德国协商性司法起步较晚,以致在20世纪70年代有英美法系学者称德国为"没有辩诉交易的土地"[②]。协商性司法在德国为何发展缓慢及兴起因素,主要因为作为职权主义诉讼构造国家,如上所述,德国有着深厚的职权主义诉讼构造的生长土壤。德国的经济生产方式为典型的有组织生产方式,无论是传统的农业组织生产还是工业革命后的工厂化有组织生产。并且德国法律受普鲁士法律影响深远,而普鲁士作为典型的集中制国家,国家公权力强大,表现在诉讼构造中为充分发挥国家公权力在追溯犯罪中的作用,不具备产生协商性司法的基础。但随着"二战"后专制政府垮台,民主思潮的兴起以及个体精神觉醒,德国的政治制度开始变化。并且由于战后为恢复经济以及美国为打造欧洲冷战桥头堡,德国大量引入美国的生产方式,个体精神的觉醒使得德国司法领域进一步注意当事人在诉讼中的权利。战后社会秩序的不稳定表现为犯罪人数急剧上升,犯罪类型多元化,对司法资源的需求度迅速上升,实用主义思潮兴起,司法体制需求一种可以迅速完结案件的制度,协商性司法应运而生。

德国关于协商性司法的法律规定在第153条至第153条b中,其中第153条a规定有"经负责开启审理程序的法院以及被指控人同意,检察院可以……"。[③] 由此可以看出,德国检察官虽负有选择提起公诉的权力,但被法院的严格制约。

---

① 参见马明亮:《协商性司法——一种新程序主义理念》,法律出版社2007年版,第162页。

② John H. Langbein, *Land and Without Plea Bargaining: How the Germans Do It*, 78 *Michigan Law Review*, Michigan Law Review 204, 206(1979).

③ 参见德国《刑事诉讼法》第153条至第153条b。

意大利的法律规定有“依当事人要求裁判”的特殊制度,同时还规定法官可以拒绝适用答辩协议,但应通知被追诉人并予以记录。① 由此可看出在意大利协商性司法制度中,检察官和当事人可以选择是否适用该制度,但法院拥有最终是否适用的决定权。英国则在特尼尔案件中建立了“特尼尔规则”,由此正式确立辩诉交易制度。② 根据“特尼尔规则”,控方和辩方可以就起诉罪名以及量刑等案件处理情况与法官协商,控方不能提出具体确定刑的量刑建议,但法院一般会依据轻罪指控作出判决。由此可以看出尽管英国在诉讼规则层面构建的属于审判权主导模式,但在实践层面仍是偏向检察建议主导模式。

至于为何德国、意大利的协商性司法制度作为移植英美法系辩诉交易的产物,没有走上英美法系检察建议主导模式,而走向完全相反的审判权主导模式,主要有以下原因。首先,德国、意大利等国的职权主义诉讼构造根基深厚,仅移植某项司法制度无法改变本国的根本性诉讼构造,且移植的诉讼制度需为本国诉讼构造服务。故而在德国、意大利的协商性司法制度中,仍注重法官在调查案件事实中的作用,表现为审判权主导模式。其次,德国、意大利等国对实体真实主义的追求。大陆法系的国家在构建刑事诉讼制度时具有明显的追求案件的公正正确处理的倾向,并构建了如“起诉法定主义”“法官审问制”“口供补强规则”等一系列制度,强调通过庭审查明案件事实,故在构建协商性司法制度时,仍偏向法官调查核实。

2. 审判权主导模式的优势

审判权主导模式的优势之一是对公正的保障,并起到扼制腐败的作用。在审判权主导模式中,犯罪嫌疑人与代表国家公权力的司法人员的协商主要存在于审判阶段,以法官为中心展开,且不同于检察建议主导模式所采用的有罪供述,审判权主导模式主要为犯罪自白供述,由犯罪嫌疑人对案件的主要情况予以供述,而非对检察官提出罪行的肯定。这就使法官可以有效了解案件的主要情况,并从一个客观裁判者的角度出发对案件作出判决,实现案件处理结果的公正。同时由于案件的协商过程主要处于审判阶段,这意味着检方的自由裁量权被有效限制,检察官选择性起诉的权力有效受到制约,审判过程的协商可以通过不同阶段的诉讼程序实现有效制约,有效制止在协商过程中的腐败行为。

---

① 参见 2020 年意大利《刑事诉讼法》第 444 条至第 461 条。

② 参见[英]麦高伟、杰弗里 · 威尔逊主编:《英国刑事司法程序》,姚永吉等译,何家弘审核,法律出版社 2003 年版,第 138 页。

审判权主导模式的另一个优势是对当事人诉讼权利的维护。审判权主导模式的协商过程主要在庭审阶段,由犯罪嫌疑人对案件主要情况进行介绍,犯罪嫌疑人在此过程中可以对案件情况、性质、情节等提出反驳意见,并且此类辩解对协商结果成立与否并不产生影响,有效保障当事人诉讼权利的行使。在当事人主义国家的检察建议主导模式中,辩诉交易反而未重视庭审中当事人诉讼权利的行使,当事人在庭审中没有提出不同意见的权利,只能对检察官的有罪指控予以承认,对其有效行使诉讼权利造成不利影响。

3. 审判权主导模式的缺陷

首先,审判权主导模式中有关司法协商程序主要发生在审判阶段中,意味着法官需要了解案件的主要情况。这在一方面有利于查明案件事实,同时保证了当事人在审判中行使其诉讼权利。在另一方面,由于辩论的展开,意味着在庭审中需要耗费更多的时间、精力,这与引入协商性司法的初衷相左。从刑法经济学的角度来看,协商性司法最大的意义就是对司法资源的节约,以一种便捷、高效的手段实现案件的快速、较公正审理。但在审判权主导模式中,由于对公正价值目标的过度强调,事实上阻碍了协商式司法的展开,不利于诉讼效率的提升。

其次,在审判权主导模式中,法官是协商性司法制度运行的中心角色,检察官地位相对被削弱。由于大陆法系国家法官在审判中负有重要职责,负有推进诉讼进行并调查取证等职责,且法官日常需要处理众多案件。这意味着法官难以有效、全面参与每一个案件。作为主办案件的检察官对某个案件的知晓程度是优于法官的。但由于检察官在协商中的权力相对偏弱,出现对案件了解更充分的人员(检察官)话语权相对弱于对案件了解不太充分的人员(法官),不利于协商性司法的展开,也不利于诉讼效益的最大化。

(三)检察建议与审判权平衡模式

1. 检察建议与审判权平衡模式的形成

检察建议与审判权平衡模式主要存在于混合式诉讼构造国家,以日本为突出代表。2018年6月日本新修《刑事诉讼法》正式实施,首次规定了司法合意制度,从法条第350条之2起到第350条之15止,规定了“合意及协议手续”。日本“司法合意”制度是指被告人通过协助检察官侦破与其刑事案件相关的他人刑事案件,以此与检方就自己案件的处理情况进行协商的制度。[①] 从适用程序来看,日本

① 参见2018年新修日本《刑事诉讼法》第350条之2至第350条之15。

的司法交易制度主要是当事人与检察官之间,在符合某些条件的情况下,达成某种司法协议。但法案同时专门规定了审判手续特例。根据审判手续特例规定,尽管达成司法协议主要由当事人与检察官进行协商,但在协商结果进入审判程序时,法官需要对合意进行审核,判断该合意是否存在、合意是否反映双方真实意愿,并可以对案件的主要证据进行审核,保证合意是公正、客观的。在日本的司法交易制度中,检察官负有进行司法交易的主要职责,同时法官可以在审判程序中,通过审核机制对交易内容进行监督,尽管在许多情况下此类审核只是程序性审核,但会对检察官从事司法交易的行为加以制衡,形成检察建议与审判权平衡模式的司法交易体制。

日本构建检察建议与审判权平衡模式的司法交易制度,有着内在的社会历史原因。首先,“二战”以来,日本的经济发展有黄金十年,也有《广场协议》后的低谷时期,“暴力团”等黑社会性质组织合法化,社会治安形势严峻,近十年来犯罪数量虽逐步下降,但绝对数量仍然偏多。① 犯罪中可完全查明的案件比例偏低,司法资源紧张,需要一种快速处理案件的制度。其次,从发展历程看,日本的诉讼构造经历学习职权主义,再到“二战”后学习当事人主义的转变,形成一种混合式诉讼构造。其中既重视通过法官履行职能调查取证,又有效保障当事人的诉讼权利。因此在学习英美国家“辩诉交易”的过程中,不能实现整体移植,而是将其嫁接在混合式诉讼构造的基础上,发挥法官在诉讼中的作用。同时不同于统大陆法系国家完全走上审判权主导模式,在日本混合式诉讼模式中,法官地位并不像职权主义国家般完全占据主导地位。在此情形下,日本发展出检察建议与审判权平衡模式。

2. 检察建议与审判权平衡模式的优势

检察建议与审判权平衡模式形成较晚,是在检察建议主导模式与审判权主导模式的基础上,通过吸收两者的优势所构建一种控辩双方协商的诉讼制度,有效地解决了前两种模式的一些弊端,具有独特的优势。首先,检察建议主导模式有利于防止司法违规交易以及腐败。日本出台了《检察审查会法》,专门建立检察审

① 根据历年日本法务省法务年鉴显示,自 2014—2020 年,日本检察院受理事件总数(通常受理人员)呈逐年下降趋势,从 1,237,233 人降至 803,752 人,可以看出日本刑事案件数量呈下降趋势,特别是自 2018 年以来,呈加速下降趋势,但绝对数量仍处在较高水平,并且根据 2019 年日本《犯罪白皮书》统计,近 7 成犯罪属于盗窃类刑事案件,存在适用“司法合意”制度的广泛空间。参见日本法务省官网,https://www.moj.go.jp/,2022 年 4 月 5 日最后访问。

查会作为公诉监督机关,对司法交易案件是否符合法律规定进行审理。① 若检察审查会认为司法交易不适当,则可否决此交易的效力。同时日本还专门设立了审判手续特例制度。由法官对合意进行审查,从程序上防止违规交易的现象。代表公权力的检察官作为司法交易主要参与者,其行使司法交易的行为受到多方监管,同时作为监管方的法官等人员在司法交易中的权力并不像审判权主导模式般占据主导地位,检察建议权与审判权在司法交易架构中达成有效的平衡状态。其次,日本的司法交易模式有效推动案件的快速处理,在一定程度上节约了司法资源。由上所述,日本的刑事案件中,难以查清的案件占据较大比重,且其中大部分属于有组织犯罪。日本司法交易制度的适用前提是犯罪嫌疑人协助检察官侦破他人案件,在节约司法资源的同时,有效查清案件事实,不仅有利于本案件的处理,也有利于其他案件的调查。最后,日本的司法交易制度有效保障了犯罪嫌疑人在诉讼中的权利。不同于英美法系中"辩诉交易"适用的前提是当事人在庭审中作有罪答辩,在日本司法交易制度中,犯罪嫌疑人在庭审中的基本权利得到有效保障。犯罪嫌疑人在庭审中应履行合意中所约定的事项,但并不因此丧失保持沉默以及拒绝强迫自证其罪的权利。

3. 检察建议与审判权平衡模式的弊端

虽然检察建议与审判权平衡模式有效兼顾了检察建议主导模式与审判权主导模式的优势,但其内部仍存有难以调和的矛盾。首先日本的司法交易制度容易导致出现犯罪嫌疑人作伪证、虚伪陈述、捏造案件事实等问题。② 司法交易制度适用的前提条件是犯罪嫌疑人协助检察官侦破他人案件,在一些情况下,犯罪嫌疑人为寻求自己案件可以适用司法交易制度,实施作伪证、虚伪陈述、捏造案件事实等行为。检察官为查明供述是否属实,会消耗更多的司法资源。其次,不利于司法交易制度有效发挥其效能。日本构建的司法交易制度中,为解决英美法系"辩诉交易"中的违规交易、腐败等问题,设置了检察审查会以及法官监督等程序。尽管只是对合意进行程序性书面调查,但该程序同样会给法院带来新的程序负担,与建构司法交易制度来提高诉讼效率的愿景相反。

---

① 参见丁相顺:《日本检察审查会制度的理念、实施与改革》,载《国家检察官学院学报》2005 年第 3 期。

② 参见日本新时代刑事特别部门会议第 19 次会议,载日本法务省官网,http://www.moj.go.jp/content/000108363.pdf,2022 年 4 月 6 日最后访问。

(四)域外三种主要司法协商模式与诉讼构造的关系分析

检察建议主导模式、审判权主导模式、检察建议与审判权平衡模式这三种主要司法协商模式,基本对应了当事人主义、职权主义、混合式三种基本诉讼构造,反映了不同法系国家在配置检察建议权与审判权关系时不同倾向,同时证明检察建议权与审判权的关系与一国的诉讼构造密切相关。如上比较来看,不同模式的区别在于法官与检察官在协商过程中的权力配置地位不同。讨论一个国家检察权与审判权的关系,本质上是对该国的刑事诉讼构造进行讨论。若不能有效平衡一国的刑事诉讼构造中检察权与审判权的关系,将对该国司法制度的运行产生严重影响。以上三种主要司法协商模式在实际运行中同样存在诸多问题,这对我国如何解决相关问题带来警醒。解决我国认罪认罚从宽制度与以审判为中心的矛盾,应从检察权与审判权配置的诉讼构造层面进行分析。化解认罪认罚从宽制度与以审判为中心之间的矛盾,根源在于平衡检察机关权力与法院权力,需要解决我国刑事诉讼构造内部的权力配置问题。

三、我国司法协商制度运行冲突与诉讼构造内部矛盾

(一)历史沿革与发展原因

以认罪认罚从宽制度为代表的我国司法协商制度并非近 20 年兴起的概念,从司法制度的本质来看,早在我国第一部《刑事诉讼法》以及后来 1996 年《刑事诉讼法》中,都暗含着大量协商性质的司法制度,如自首、立功等制度,都是犯罪嫌疑人通过供述自己或他人罪行以换取在量刑上的宽容。在 1996 年《刑事诉讼法》,以及后来的 2012 年《刑事诉讼法》中,以认罪认罚从宽制度为显著标志,包括速裁程序、简易程序等多种分流程序的建立,体现了协商性质的司法制度在我国的迅速发展。近十几年来我国协商性司法制度迅速发展主要有以下原因。

首先,近 20 年来我国刑事案件数量总体呈现上升态势,需要更有效率的案件处理方式。20 年间伴随我国社会发展,人员流动性增强,社会治安状况越发复杂,导致刑事案件数量上升。近年来我国刑事案件数量不断上升,①尽管我国在社会

---

① 根据历年最高人民法院报告显示,以每五年刑事案件总量分析为例:1998—2002 共审理 282.8 万件案件。2003—2007 为 338.5 万件,同比上涨 19.68%。2008—2012 为 414.1 万件,同比上涨 22.33%。2013—2018 为 548.9 万件,同比上涨 32.55%。2018—2021 年总计案件数量已达到 486.7 万件,每年稳定在 120 万件左右,可预见到 2022 年年底,我国 2018—2022 年五年间刑事案件数量会比五年前进一步上升。参见最高人民法院网,https://www.court.gov.cn/,2022 年 4 月 8 日最后访问。

治安领域投入大量资源，社会治安总体态势良好，但巨大的人口总量以及各地区间发展水平的差异导致我国刑事案件绝对数量仍然偏多，案件数量的上升加剧了司法资源的紧张程度。同时我国坚持对法律从业者资格进行严格限制，司法资源的增长未跟上案件数量的上涨速度。协商性司法制度的实践经验表明其可以有效缓解司法资源紧张状况，自然逐渐被引入我国司法制度中。

其次，我国刑事诉讼制度逐渐注重保障当事人在诉讼中的权利。自第一部《刑事诉讼法》颁布以来，我国刑事诉讼构造经历了由超职权主义诉讼构造到强职权主义诉讼构造，再到2012年《刑事诉讼法》中，吸收大量当事人主义诉讼构造的合理因素，构建出被称为控辩式的刑事诉讼构造，刑事诉讼中有关当事人权益保障越发完善。[①] 从上述一国诉讼构造取决于其经济基础的分析来看，我国诉讼构造的发展趋向也完全符合这一规律。改革开放后，经济社会的发展使得个体的社会话语权提升，作用在刑事诉讼领域表现为诉讼中当事人的话语权提升。协商性司法的不断发展就是当事人在刑事诉讼中权利扩张的显著表现，被追诉方开始拥有对案件处理结果进行协商的权利。

最后，案件日益复杂化需破解。我国犯罪发展的一个显著特点是犯罪日益复杂化，有组织犯罪数量上升，个案牵扯出一串甚至一窝相关案件。证人出庭率较低，且证人证言的可信度并不高。特别是随着科技发展，犯罪手段日益隐蔽化、科技化，对司法实务人员办理案件造成更大困难，司法机关为查清案件事实需要耗费极大精力。而认罪认罚从宽制度适用的前提为如实供述自己的罪行，且在一些共犯案件中，还需供述其他犯罪参与人，这就有效节约了司法资源，破解案件复杂化的难题。

（二）认罪认罚制度与以审判为中心改革的矛盾

十八届四中全会通过的《中共中央关于全面依法治国若干重大问题的决定》将以审判为中心的诉讼制度改革作为推进严格执法的主要举措。[②] 关于其内涵，学界目前有三种主流观点。第一种观点认为以审判为中心等同于审判中心主义，其他诉讼阶段均是为审判阶段的诉讼活动服务，强调庭审实质化。[③] 第二种观点则是从诉讼目的角度出发，认为以审判为中心目的在于正确处理案件，在诉讼整

---

① 参见施鹏鹏：《为职权主义辩护》，载《中国法学》2014年第2期。

② 参见习近平：《关于〈中共中央关于全面推进依法治国若干重大问题的决定〉的说明》，载《〈中共中央关于全面推进依法治国若干重大问题的决定〉辅导读本》，人民出版社2014年版，第61—62页。

③ 参见陈光中、魏晓娜：《论我国司法体制的现代化改革》，载《中国法学》2015年第1期。

个阶段均要贯彻统一的诉讼证明标准。① 第三种观点认为以审判为中心不等于审判中心主义,而是强调法院的定罪权,主张要把整个诉讼体系的重点放在一审程序中。② 但此三种观点都指出,以审判为中心会提升法院在诉讼体系中的地位,相应地检察院在整个诉讼体系的地位就会下降,特别是在 2018 年《监察法》出台以及检察院改革后,检察院权力进一步弱化,进入权力低谷时期。推进认罪认罚从宽制度的适用要求检察院在诉讼中拥有较强的话语权,以审判为中心则要求庭审实质化、强化法院职权,这与认罪认罚从宽制度所追求效率、要求强化检察院职能间存在冲突。认罪认罚制度与以审判为中心改革的矛盾主要体现在以下几个方面。

1. 证明标准不统一

认罪认罚从宽制度存在降低证明标准的倾向。建构该制度的一个重要价值考量就是寻求案件的快速处理,在此过程中保持一贯的高证明标准并不实际。一方面由于认罪认罚,降低了法官对案件的重视程度,且由于可以对犯罪嫌疑人从宽处理,量刑幅度增大,法官在审查证据、对证明体系进行审核的过程中,容易产生松懈心理,导致证明标准降低。另一方面,有学者指出,对于认罪认罚案件就应降低证明标准,从而提高诉讼效率。③ 此观点也得到众多司法实务人员的支持。而以审判为中心则重视案件处理结果的公正,需要以较高的证明标准保证案件处理结果的公正性,对于所有案件,均需以严格一致的证明标准对案件进行审查,不能因认罪认罚就降低标准。我国推进以审判为中心改革的重要目的之一就是为保障案件处理结果的公正性,让案件处理结果经得起考验。以审判为中心要求充分发挥法官的主观能动性,积极参与案件,证明体系会随着对案件的知晓程度上升而越发完善,同时基于社会主义正义观,包括案件终身负责制等制度的实行,必然会在司法实践中逐步形成较高的证明标准。

2. 庭审地位不同

认罪认罚从宽制度为更好地提高诉讼效益,寻求庭审虚化。④ 其适用的理想状态为控辩双方在庭审开始前已经就案件的处理情况等达成协议,庭审辩论大大弱化甚至省略,诉讼效益最大化。但由此导致法官沦为“盖章官”。庭审仅作为国

---

① 参见魏晓娜:《以审判为中心的刑事诉讼制度改革》,载《法学研究》2015 年第 4 期。

② 参见兰跃军:《以审判为中心的诉讼制度改革的历史背景与理论困境》,载上海市社会科学界联合会编:《治国理政:新理念、新思想、新战略》,上海人民出版社 2016 年版,第 308 页。

③ 参见最高人民检察院《关于人民检察院适用认罪认罚从宽制度情况的报告》,载最高人民检察院网,https://www.spp.gov.cn/zdgz/202010/t20201017_482200.shtml,2022 年 4 月 9 日最后访问。

④ 参见戴鹏:《认罪认罚从宽:“以审判为中心”的抵牾与协调》,载《北方法学》2021 年第 4 期。

家公权力对案件处理结果的认证程序,忽视了庭审对查明案件事实、行使诉讼权利的重要意义。尽管庭审程序是诉讼的重要组成部分,但在追求效率的背景下,庭审反而成为耗费司法资源最为严重的环节,为追求效率主张压缩甚至虚化庭审。而以审判为中心则坚持庭审实质化,要求在任何案件中,法官需主持控辩双方在庭审中有效展开举证、质证等活动。在我国还要求法官为查明案件事实主动调查取证。对于庭审地位重视程度也是二者之间的主要矛盾之一。

3. 诉讼价值理念不统一

认罪认罚从宽制度追求的诉讼价值理念是提高诉讼效率,降低诉讼成本。以刑法经济学为理论基础,认罪认罚从宽制度寻求以一种更有效率、更经济的方式来处理案件,只要纠纷可以被有效化解,对查清案件事实的期望度并不高,具有典型的实用主义倾向。而以审判为中心则以保证案件的正确处理为其诉讼价值理念,坚持"实体真实主义",注重对案件事实的查明力度。法官在审判活动中必须有效介入案件,保证审判结果所依据的案件事实客观真实,强调对犯罪行为的有效惩处,从而保障审判结果的公正性。

(三)我国刑事诉讼构造的内部矛盾

认罪认罚从宽制度与以审判为中心之间的矛盾本质上是存在于我国刑事诉讼构造内部的矛盾,即在传统职权主义诉讼构造的基础上引入当事人主义的相关制度的排异现象。二者间产生排异现象的原因在于两种诉讼构造间的差异,对实现案件裁判目的的诉讼路径的不同价值取向。达马斯卡教授将此两种诉讼构造归结为对抗模式与非对抗模式,认为此两种模式间的主要区别在于当事人与法官在案件调查中的职权与地位的不同。① 在对抗模式中,案件事实的查清主要依靠双方的质证;而在非对抗模式中,主要依靠法官主动调查。由认罪认罚从宽制度与以审判为中心之间的矛盾引发的、存在于我国刑事诉讼构造内部的矛盾并不仅仅是当事人与法官在诉讼中的地位与职权矛盾,还包括诉讼构造中检察权与审判权之间的权力架构问题。不同诉讼构造中的制度在一国的和谐运行有待于控、辩、审三方权力合理架构。只有在相对平衡的配合与制约关系中,才能实现诉讼效益与结果公正的兼顾。

目前我国在司法实践中所出现的诸多问题的根源就在于控、辩、审三方权力

① See Mirjan R. Damaska, *Evidentiary Barriers to Conviction and Two Models of Criminal Procedure: A Comparative Study*, 121 University of Pennsylvania Law Review 570,510(1973).

关系呈现失衡倾向。在我国固有的偏职权主义诉讼构造中,由法官主导庭审,注重法官的独立性。检察院具有法律监督职能,从而实现公检法分工、配合、制约。[①]但辩方力量相对孱弱,因此在2012年《刑事诉讼法》修改后,逐步加强对辩方诉讼权利的保护。随着近年来检察机关权力逐渐受限制,三方原有的相对平衡状态被打破,特别是检察院与法院间的权力平衡状态被打破,而新的平衡还未建立。在认罪认罚案件处理过程中,检法双方存在权力失衡情况。因此应当通过构建相关制度,使检察权与审判权找到新的平衡点。一方面保障法院可以有效、独立行使审判权,确保案件处理结果的公正性;另一方面要保证检察院能够有效行使法律监督权,实现二者之间的平衡与制约。

四、认罪认罚从宽制度与以审判为中心的协调措施

(一)强化审判阶段案件事实查清力度

社会价值取向决定公平正义在刑事诉讼价值中仍将占据主导地位,法院在查清案件事实中的作用应当得到保障。在认罪认罚从宽制度所追求的诉讼效益价值与"以审判为中心"改革所追求的公正价值发生冲突时,必须将案件的正确、公正处理作为第一要务。对《刑事诉讼法》第201条的理解中,学界存在对"一般应当采纳"的广泛争议,认为该条对控审分离、法院审判权的独立性造成影响。在我国刑事诉讼构造整体偏向职权主义的大背景下,应明确以下两点。

第一,坚持庭审实质化,推进以审判为中心改革。以审判为中心在于保障审判活动在整个诉讼活动中的主体地位,是"未经人民法院判决不得确定有罪"原则的重要体现。

以审判为中心的改革具有明显的职权主义色彩,在当下我国的诉讼体制中是一种正确选择。我国的刑事诉讼构造所体现的国家追诉制度具有明显的国家权力主导色彩,本身就具有职权主义倾向,加之对实质正义追求的法律文化等因素,在可预见的未来,我国刑事诉讼构造仍会呈现偏向职权主义的特征。故应当坚持推进以审判为中心的改革,加强审判阶段对案件事实的查清力度,在检察建议权与审判权发生冲突的情况下,首要保障实质化审判权的实现。

第二,"一般应当采纳"仅是在一般情况下,并非全部案件。关于《刑事诉讼法》第201条,"一般应当采纳"体现检察院仅为建议权而非决定权,是检察机关在

① 参见陈光中主编:《刑事诉讼法》(第6版),北京大学出版社、高等教育出版社2016年版,第103页。

具体案件中对案件处理结果的一种请求，最终决定权仍然保留在法院。并且第201条存在严格的适用前提限制。法院在对案件事实存有疑问或认为量刑建议不适当的情况下，有权对案件进行实质化审理以查清案件。从刑事诉讼纵向构造来看，审判阶段是诉讼各阶段中控、辩、审三方完整诉讼构造的体现。在此阶段，由于各方当事人的完整参与，更有利于完整地呈现案件事实，提高案件处理结果的正确性。

（二）提高检察建议权的制约效能

推动认罪认罚从宽制度的适用，应提高检察建议权的制约效能。不可否认的是，近年来由于案件数量的上升，司法资源的紧张情况加剧，现实情况对快速处理案件的程序存有需求。认罪认罚从宽制度的高效率，使其存有广泛应用空间，在与以审判为中心的矛盾解决中，应优化认罪认罚从宽制度的适用环境。目前，检察机关适用认罪认罚从宽制度的难题之一就在于如何保障协商结果被审判组织有效认定。犯罪嫌疑人选择适用认罪认罚从宽制度的一个重要前提在于其与检察机关达成的司法协议可以被审判组织有效认定，外化为公权力的处理结果。实现这一目的需要强化检察机关建议权在整个诉讼体系中的话语权，强化检察建议权在认罪认罚案件中对审判权的制约效能。通过有效制约，提高司法协议被审判组织认可的可能性，具体来说应做到以下两点。

第一，法院认定量刑建议不当，在查清案件事实并依法改判前，应当前置通知检察机关调整量刑建议程序。目前法律规定，法院在认定量刑建议不当并依法改判前，与检察机关的事前协商并非必经程序，这就削弱了检察机关在认罪认罚案件中话语权，对该制度的应用造成阻碍。因此应当建立前置通知检察机关调整量刑建议程序，对于不适当的检察建议，法院在查清案件事实后，应先与检察机关进行协商，重新尝试与犯罪嫌疑人达成新的司法协议。同时在重新协商无法达成新的认罪认罚协议时，也有利于当事人为庭审做好准备，保障诉讼权益的有效实现。

第二，扩大"上诉不加刑"制度的适用范围。除可以通过前置通知检察机关调整量刑建议程序来提高检察建议权制约效能外，在实践中，检察院更多是通过提出抗诉的方式。但根据"上诉不加刑"规定，仅有当事人一方提出上诉的案件才适用此原则，检察机关提出抗诉将导致案件不再受此原则的限制。如开篇案例中，存在上级法院通过运用此诉讼规则规避限制，进一步加重当事人刑罚的情况。更不利于认罪认罚从宽制度的适用，同时导致表面上是检察建议权制约审判权的抗诉制度反而成为制约检察机关提出意见的制度。不仅是对认罪认罚从宽制度的限制,更是对检察院行使监督权的限制。因此应当扩大"上诉不加刑"的适用范围,具体来说,在认罪认罚案件中,若法院未采纳检察院量刑建议,检察院认为量刑过重提出抗诉,抗诉意见中量刑请求低于一审判决所确定的刑罚时,应当同样适用"上诉不加刑"原则,从而保障在认罪认罚案件中检察机关可以有效通过抗诉制度,推动法院采纳其量刑建议,实现对审判权的制约。

(三)增强被害方参与的司法协议效力

认罪认罚从宽制度与以审判为中心的改革的冲突焦点就在于公正与效益之争,在我国社会背景下,我国刑事诉讼构造更倾向于对公正的保障,以正确、公正处理案件作为化解社会矛盾的重点。但从诉讼目的来看,诉讼是为解决社会矛盾服务,而完全公正的案件处理方式并非化解社会矛盾的最优解。恢复性司法的观点认为,将纠纷恢复至未发生的状态才是化解社会矛盾的最优方式,在案件处理过程中应当充分听取被害方的意见。①

实践中认罪认罚主要发生在侦查、审查起诉阶段,是控辩双方就案件处理结果进行协商的成果。根据法律规定,被害方对量刑协议存有异议的,不影响该制度的适用。被害方只能通过抗诉或者通过审判监督程序提出异议。从另一个角度来看,若被害方有效参与并认可认罪认罚协议的,则证明被害人对案件处理结果表示认可,由犯罪行为所产生的社会矛盾已被有效化解。在此种情况下,应增强被害方参与的司法协议效力。即使在法院审理后发现量刑建议不适当的情况下,由于存在被害方的肯定,法院也应认可量刑建议的内容。此种制度具有以下优点。首先,被害方参与可以有效节约司法资源。对于被害方参与并认可的认罪认罚案件,法院可以只作形式审查,诉讼程序被极大简化。审判程序由于控辩审三方的参与,往往需要耗费大量司法资源,对这一环节的简化将大大缓解司法资源紧张的压力。其次,此种案件处理方式更有利于社会关系的修复。我国刑事诉讼的目的之一是维护社会主义社会秩序,一方面通过刑事诉讼追诉犯罪,发挥刑罚的威慑作用,减少类似犯罪行为;另一方面则应重视刑事诉讼对已被犯罪行为侵害的社会关系的修复作用。以往学者更注重追诉犯罪对被害方的安抚作用,而忽略了被害方对案件处理结果的预期度与认可度。并非所有案件中被害方所追

---

① 参见陈瑞华:《刑事诉讼的私力合作模式——刑事和解在中国的兴起》,载《中国法学》2006 年第 5 期。

求的目的均为严惩罪犯,被害方对案件处理的意见应作为量刑的重要参考标准,以此推动社会关系的修复。在认罪认罚案件中,应当有效听取被害方对案件处理结果的意见,若其有效参与协商过程并提出处理意见,从修复社会关系的角度来看,法院对此不应再做过多介入,对依据此协商结果作出的量刑建议应当予以认可。最后,推动案件事实的查清。由于存在被害方的加入,便于在协商过程中听取各方声音,同时受认罪认罚会从宽处理的影响,被追诉人心理负担较小,并且若经被害方同意,法院应当采纳由此达成的司法协议,不能径行改判,犯罪嫌疑人会更倾向于向侦查机关、检察机关供述案件情况,寻求达成司法协议,从而有利于查清案件事实。

五、结语

认罪认罚从宽制度与以审判为中心改革之间的矛盾,本质上是我国刑事诉讼构造内部检察权与审判权配置的矛盾,是职权主义诉讼构造与当事人主义诉讼相关制度在司法实践中共同运行的矛盾。从域外的制度构建及实践经验可以看出,处理好一国诉讼构造中协商性司法制度的运行问题对提高诉讼效率、保障案件处理结果的公正性具有重要意义。目前不同模式的协商性司法制度在运行过程中均存在公正与效益间的取舍问题。解决这一问题需要从诉讼构造层面出发,分析诉讼过程中控、辩、审三方权力架构模式,通过平衡控、辩、审三方在司法实践中的权力配置,实现司法体系的高质量运行。解决我国认罪认罚从宽制度与以审判为中心的矛盾,关系我国国家机构权力架构的根本性问题。通过构建多种配套机制实现相互制约、平衡运行,在"以审判为中心"改革的大背景下,无疑是正确选择。

(编辑:武小琳)

推荐人语

《刑法》第201条第4款规定了逃税罪"不予追究刑事责任"的事由，其性质和适用存在较大争议。本文以司法实践中的典型案例为基础，考察了逃税罪"不予追究刑事责任"条款的适用状况，梳理了逃税罪"不予追究刑事责任"条款的功能定位，分析了逃税罪行政程序前置的正当基础，本文将有助于对该条款的正确理解和科学适用。

谢登科　吉林大学法学院教授、博士生导师

逃税罪行政程序前置的实践检视与价值坚守

李　旭*

摘　要： 自《刑法修正案(七)》在《刑法》第201条增加"不予追究刑事责任"条款以来，其功能一直存有争议。对其性质认识的不同直接影响法院对该条款的适用，部分法院认为司法机关直接处理属于逾越行政前置程序；亦有法院持相反态度，认为法律尚未明文规定行政程序优先，且逃税罪的构成要件亦不以税务机关先行处理为要件。随着刑法的规制范围日益膨胀，应以我国犯罪成立理论为基础明确该条款性质，坚守刑事法治底线。就行政程序前置的正当性而言，其符合逃税罪立法目的，契合刑法谦抑性原则内涵，对行政权与司法权运行边界作出有效划分。

关键词： 逃税罪；不予追究刑事责任；行政程序前置；谦抑性原则

一、问题的提出

随着法定犯时代的到来，刑事法律规制的边界不断扩大，严格遵守刑法罪刑法定原则、谦抑性原则才是坚守刑事法治底线的题中应有之义。《刑法修正案(七)》第3款对偷税罪作出重大修改，由"偷税罪"改为"逃税罪"，旨在规范行为

* 李旭，吉林大学法学院硕士研究生。

人“逃”的行为，并且在《刑法》第201条增加第4款“不予追究刑事责任”的规定，即逃税主体在不具有但书规定的情形下，积极补缴税款、滞纳金，接受行政处罚，则不对其追究刑事责任。逃税罪具有双重违法性，适用该条款不仅涉及刑法、行政法、诉讼法等多个部门法，同时也关涉国家权力分配的运行架构，即刑事司法权与行政处罚权的关系。在行刑交叉的案件中，通常存在行政管辖权与刑事管辖权谁优先的争论？以逃税案件为例，“不予追究刑事责任”条款本应对该问题起到定分止争的作用，即行政程序前置。但是笔者通过在威科先行法律信息库以“逃税罪”为案由，“前置条件”、“前置程序”或“第201条第4款”等为关键词对案件进行检索筛选可知，逃税案件是否应当先由税务机关进行处理，人民法院仍存有不同的观点，大致分为“前置必要说”和“前置非必要说”。“前置必要说”是指逃税案件在进入刑事司法程序前必须先由税务机关进行处理，否则不满足启动刑事追诉的条件，行为人不构成逃税罪。① “前置非必要说”是指鉴于现行相关法律、司法解释尚未明确规定行政程序是对逃税罪进行刑事追诉的前置条件，故无论逃税案件是否经过税务机关处理，只要具有逃税事实且达到相应的数额比例，就构成逃税罪，应予以追究刑事责任。“不予追究刑事责任”条款只是对已经构成逃税罪的初犯，在满足特定条件下予以从宽处理的特别规定。② 司法裁判结果的差异既有违最高人民法院对案件同案同判的要求，也不利于实现依法保护企业家合法权益的政策要求。2021年5月，最高人民法院发布了关于“人民法院充分发挥审判职能作用保护产权和企业家合法权益”的第三批典型案例，其中第二件是湖北洁达环境工程有限公司、李某明逃税案③（以下简称洁达公司和李某明逃税案）。本案的争点正是对“不予追究刑事责任”条款的理解与适用，即在逃税案件中，行政程序是否系启动刑事司法程序的必经前置程序。

---

① 参见淮北市天奥物资贸易有限公司、朱某刚逃税、职务侵占案，安徽省淮北市相山区人民法院(2017)皖0603刑初80号刑事判决书；黄某、吴某某虚开增值税专用发票案，湖北省潜江市人民法院(2018)鄂9005刑初68号刑事判决书；马某偷税案，山东省潍坊市中级人民法院(2014)潍刑二终字第30号刑事裁定书等。

② 参见曹某某、王某某、王某、王某1、郭某某逃税罪案，甘肃省天水市麦积区人民法院(2016)甘0503刑初168号刑事判决书；殷某逃税案，河北省隆化县人民法院(2017)冀0825刑初150号刑事判决书；任某强虚开增值税专用发票、用于骗取出口退税、抵扣税款发票案，河南省南乐县人民法院(2019)豫0923刑初280号刑事判决书等。

③ 参见《最高法发布第三批保护产权和企业家合法权益典型案例》，载最高人民法院网，https://www.court.gov.cn/zixun-xiangqing-303681.html，2022年6月13日最后访问。

案例一:洁达公司和李某明逃税案

李某明作为湖北洁达环境工程有限公司的法定代表人,因被公司办公室主任黄某某实名举报,荆州市地方税务稽查局对该案进行调查,后在未通知补缴、未给予行政处罚的情况下,直接将案件移送公安机关,公安机关遂立案侦查。

在本案中,鉴于荆州市地方税务稽查局未下达追缴通知书作出行政处罚就直接将案件移送公安机关立案侦查,在洁达公司和李某明被认定构成逃税罪后,其在之后的上诉以及申诉中均提出原判决未适用《刑法》第201条第4款规定属于适用法律错误,并指出税务稽查局的移送程序以及公安机关的刑事立案程序存在严重违法。但是,荆州市中级人民法院却认为,《刑法》并未要求税务机关在发现逃税行为后必须先作出处理,《税收征收管理法》及相关行政法律法规亦未明确行政处理是追究行为人刑事责任的前置程序。① 直到洁达公司和李某明逐级申诉到最高人民法院,最高人民法院才以原审适用法律确有错误为由,指令湖北省高级人民法院对本案进行再审。② 再审中,湖北省人民检察院出庭检察员针对该条款的适用发表意见:"本案对当事人应当先行行政追缴或行政处罚,再进入刑事追诉程序。相关行政机构没有经过行政追缴或行政处罚程序,且当事人已补缴完税款,应当适用《刑法》第201条第4款的规定。"湖北省高级人民法院对案件再审后认为,根据《税收征收管理法》的相关规定,税务机关发现可能存在逃税行为后,应当先进行税务检查,再根据检查结论对逃税主体进行纳税追缴或行政处罚,对涉嫌犯罪的纳税人移送司法机关。本案未经税务机关依法下达追缴通知即移送公安机关立案侦查并追究洁达公司和李某明的刑事责任,剥夺了纳税义务人纠正纳税行为的权利,没有经过行政程序而由侦查机关直接介入,不符合《刑法》修订后的立法精神。据此,湖北省高级人民法院判决撤销原裁判,宣告洁达公司和李某明无罪。③

通过对人民法院的裁判理由进行梳理可知,洁达公司和李某明从被判有罪到改判无罪的关键,是对《刑法》第201条第4款的理解与适用,即行政处理是否为启动刑事司法程序的必经前置程序。从最高人民法院的再审决定书以及湖北省

---

① 参见湖北洁达环境工程有限公司、李某明逃税上诉案件,湖北省荆州市中级人民法院(2014)鄂荆州中刑再终字第00001号刑事裁定书。

② 参见湖北洁达环境工程有限公司、李某明逃税案,最高人民法院(2019)最高法刑申231号再审决定书。

③ 参见湖北洁达环境工程有限公司、李某明逃避缴纳税款再审案,湖北省高级人民法院(2019)鄂刑再5号刑事判决书。

高级人民法院的判决书中可知,逃税行为应先由税务机关进行处理,公安机关直接介入有违立法精神。鉴于《刑法》第201条第4款出台已逾10年,司法实践中的做法仍存在差异,因此,为正确适用"不予追究刑事责任"条款,提升营商环境法治化水平,必须先厘清该条款的功能定位。

二、逃税罪"不予追究刑事责任"条款的功能定位

通过对检索到的案件筛选后进行分析发现,其中68%的人民法院将税务机关处理后,行为人是否履行纳税义务、接受行政处罚作为认定构成逃税罪的必备要件,即采取"前置必要说"的观点;32%的人民法院认为逃税罪的认定并不以税务机关的先行处理为构成条件,即采取"前置非必要说"的观点(见图1)。

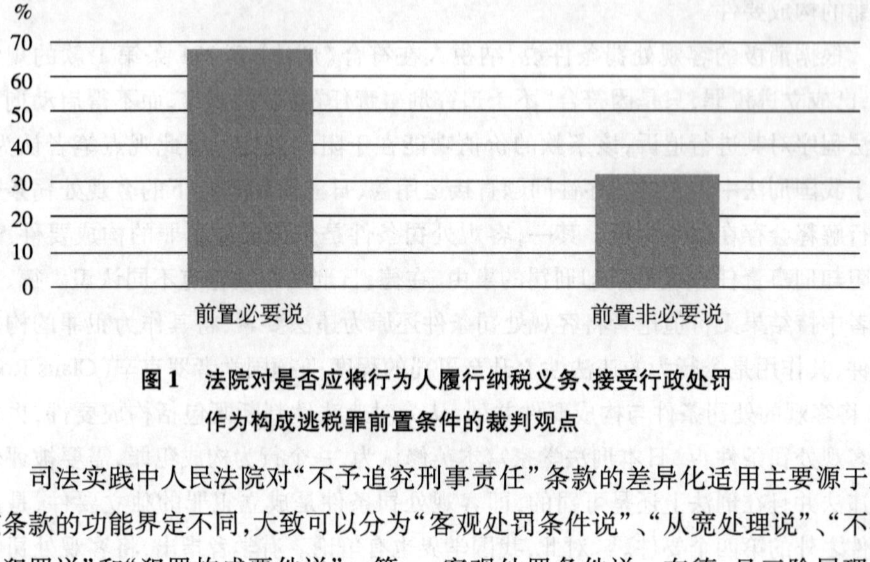

图1 法院对是否应将行为人履行纳税义务、接受行政处罚作为构成逃税罪前置条件的裁判观点

司法实践中人民法院对"不予追究刑事责任"条款的差异化适用主要源于对该条款的功能界定不同,大致可以分为"客观处罚条件说"、"从宽处理说"、"不视为犯罪说"和"犯罪构成要件说"。第一,客观处罚条件说。在德、日三阶层理论下,犯罪成立需要满足构成要件符合性、有责性和违法性三个要件,且三要件之间是递进关系。一个行为要经过多层过滤才能确定是否成立犯罪。客观处罚条件则是独立于犯罪成立之外,决定行为人是否会受到刑罚处罚的客观事实。[①] 既然行为在满足三个要件时并不必然产生刑罚,这就为客观处罚条件的存在预留了空间。客观处罚条件中的消极的客观处罚条件,作为与犯罪成立无关、犯罪构成要件之外的条件,其功能在于决定行为人构成犯罪后是否可以对其发动刑罚权。鉴

① 参见黎宏:《论"客观处罚条件"的若干问题》,载《河南省政法管理干部学院学报》2010年第1期。

于“不予追究刑事责任”条款不是为了说明具备什么条件才追究刑事责任,而是旨在表明具备什么条件就不追究刑事责任,[①]故该条款不是成立逃税罪的构成要件,而是处罚阻却事由。第二,从宽处理说。“不予追究刑事责任”条款是对本已构成犯罪,需要追究刑事责任的行为人作出宽大处理的特别规定。[②] 第三,不视为犯罪说。我国《刑法修正案(七)(草案)》说明中提到:“《刑法》第201条增加第4款旨在对属于初犯,经税务机关指出后积极补缴税款和滞纳金,履行了纳税义务,接受行政处罚的,可不再作为犯罪追究刑事责任。”[③]根据起草说明,学者通常将该条款定义为“初犯免责”[④]。第四,犯罪构成要件说。刑事责任是行为符合构成要件后应当承担的不利后果,所谓的“不予追究刑事责任”是指“不应以犯罪论处”[⑤],即在税务机关作出处理后,行为人是否履行纳税义务、接受行政处罚是认定成立逃税罪的构成要件。

根据消极的客观处罚条件说,纳税人在符合《刑法》第201条第1款的规定时,已成立逃税罪,只是因符合“不予追究刑事责任”条款的规定,而不得启动刑事司法程序对其进行追诉,该条款的价值功能在于阻却处罚。据此观点笔者认为,对于我国刑法中涉及的程序性问题直接运用德、日三阶层理论下的客观处罚条件进行解释会存在以下困境。其一,客观处罚条件是作为成立犯罪的构成要件,还是阻却刑事责任亦或是阻却刑罚的事由,在德、日刑法中就存有不同认识。德、日学者中持结果无价值论者将客观处罚条件还原为违法要素,将其作为犯罪的构成要件,其作用是令行为的违法性上升至可罚的程度;[⑥]德国学者罗克辛(Claus Roxin)将客观的处罚条件与构成要件并列,认为对违法性判断既包括构成要件,也包括客观处罚条件。[⑦] 日本刑法学家宫本英修认为,一个行为构成犯罪,需要被评价为违法并且在刑法上还是可罚的,即客观处罚条件是成立犯罪的独立要件,是三要件之外的第四个要件。[⑧] 对此,我国学界也有争论。有学者指出,将客观处罚条件理解为犯罪成立后对犯罪进行处罚的客观事实,是对客观处罚条件以及大陆法

① 参见张明楷:《逃税罪的处罚阻却事由》,载《法律适用》2011年第8期。

② 参见黄太云:《偷税罪重大修改的背景及解读》,载《中国税务》2009年第4期。

③ 《刑法修正案(七)草案全文及说明》,载全国人大网,http://www.npc.gov.cn/zgrdw/huiyi/lfzt/xfq/2008-08/29/content_1447399.htm,2022年6月16日最后访问。

④ 李翔:《论逃税犯罪中的初犯免责》,载《中国刑事法杂志》2009年第7期。

⑤ 赵震:《行政处罚作为逃税案刑事司法的前置程序问题研究》,载《中国检察官》2011年第20期。

⑥ 参见卢勤忠:《程序性附加条件与客观处罚条件之比较》,载《法学评论》2021年第1期。

⑦ 参见武亚非:《内在客观处罚条件的性质定位与主观认定新进路》,载《中国刑事法杂志》2017年第3期。

⑧ 参见冯军:《德日刑法中的可罚性理论》,载《法学论坛》2000年第1期。

系刑法犯罪成立理论的误解，即"客观处罚条件并不是犯罪成立之后对处罚起到作用的客观事实，而是决定犯罪是否成立的实质要素"[①]。根据张明楷教授的观点，其既主张不能将"不予追究刑事责任"条款作为逃税罪的构成要件，又强调行为在符合《刑法》第 201 条第 1 款规定时不得直接对其追究刑事责任，必须先由税务机关作出处理，只有在不满足第 4 款规定时，才能够启动刑事司法程序，对行为人追究刑事责任。按照上述逻辑，客观处罚条件恰恰属于成立犯罪的构成要件，而非阻却责任的事由。其二，客观处罚条件是德、日三阶层犯罪构成体系下的产物，而我国传统的犯罪构成理论不同于三阶层理论，采取的是平面的四要件犯罪构成体系。刑事责任作为连接犯罪与刑罚的纽带，行为符合犯罪构成，就需要追究刑事责任，即行为在符合犯罪所必备的主、客观要件总和时，则成立犯罪，具备发动刑罚权的理由。[②] 因此，犯罪构成是认定行为人成立犯罪并对其追究刑事责任的唯一标准，不可能出现行为在符合犯罪构成要件后，还需要再判断该行为是否符合其他条件，以此决定是否进行刑事处罚。[③] 此外，在我国刑法中，犯罪体现着法益侵害性和应受处罚性，行为符合犯罪构成要件，就意味着该行为需要受到刑法的规制并受到刑罚处罚，这也是从我国《刑法》第 13 条对犯罪概念的定义中得出的必然结论。

具体到逃税案件，在纳税人行为满足《刑法》第 201 条第 1 款时，直接认定其构成逃税罪，又在其符合第 4 款规定时阻却刑罚，这种逻辑会引发社会公众对该条款的正当性产生质疑，认为有钱可以买刑，会导致司法公信力的丧失。根据我国《刑事诉讼法》第 12 条的规定，未经人民法院依法判决，对任何人都不得确定有罪。行为人在履行纳税义务，接受行政处罚后，并未被法院作出有罪宣告，其并不构成逃税罪。从行为人的内心接受度看，其亦不会认为自己曾是犯罪分子。在我国司法实践中尚未接受消极客观处罚条件说，也没有法院按此理论作出的判决。[④]"不视为犯罪说"同样存在上述问题，该观点主张纳税人已经构成逃税罪，但在税务机关下达追缴通知后，因其积极履行纳税义务，接受行政处罚，故不再认定为犯罪。反之，其如果不满足"不予追究刑事责任"条款的要求，仍会被按照逃税罪定

---

① 王珏：《罪责原则和客观处罚条件》，载《浙江社会科学》2016 年第 11 期。

② 参见高铭暄、马克昌主编：《刑法学》，北京大学出版社、高等教育出版社 2000 年版，第 52、212 页。

③ 参见黎宏：《论"客观处罚条件"的若干问题》，载《河南省政法管理干部学院学报》2010 年第 1 期。

④ 参见万国海：《逃税罪"不予追究刑事责任"条款的理解与适用》，载《政治与法律》2019 年第 12 期。

罪量刑,这种观点亦与我国犯罪构成理论相悖离。“从宽处理说”主张“不予追究刑事责任”条款是对已经构成逃税罪的初犯,在其满足该款规定的客观条件下予以从宽处理的特别规定,而并非阻却责任条款,且不应将行政处理作为追究行为人刑事责任的前置程序。据此观点,税务机关通常未对行为人作出处理就将案件移送司法机关,行为人在立案后积极履行纳税义务、接受行政处罚的,法院通常认为行为人对危害后果进行了积极补救,鉴于行为人弥补了国家税收损失,故作出定罪免刑或者缓刑的判决。①

从最高人民法院以法律适用错误为由指令湖北省高级人民法院对洁达公司和李某明逃税案再审,以及湖北省高级人民法院的无罪判决可知,公安机关直接介入有违“不予追究刑事责任”条款的立法精神,在处理逃税案件时,税务机关应享有优先处理权。鉴于洁达公司和李某明已经补缴全部税款,缴纳全部罚金,再审法院对其宣告无罪。据此可得,“犯罪构成要件说”更符合我国刑法理论。根据我国犯罪论体系,犯罪是刑事责任产生的法律事实根据,刑事责任是犯罪的必然法律后果。② 而追究刑事责任的唯一根据则是行为人的不法行为符合刑法规定的犯罪构成要件,根据犯罪构成要件齐备就成立犯罪、成立犯罪就需要追究刑事责任的逻辑,应当将《刑法》第 201 条第 4 款归属于逃税罪构成要件的内容,即逃税行为在符合该条第 1 款规定时,还不得认定构成逃税罪,只有不符合第 4 款的规定,才满足逃税罪的全部构成要件,可对行为人追究刑事责任。鉴于对逃税罪的认定需要将行为人先前的逃税行为与之后的履行行为结合起来进行综合判断,这就要求税务机关对逃税案件先行作出处理,并根据行为人的履行情况判断是否需要对其追究刑事责任。《刑法修正案(七)》增加《刑法》第 201 条第 4 款的规定看似是对构成要件的扩容,实质是缩小刑法规制的范围,抑制刑法的膨胀。如果不强调行政程序前置,反将刑事司法程序前置,则会扩张刑事犯罪的边界,亦与刑法精神相悖。故对于逃税行为不能动辄就认定为犯罪,发动刑法进行规制,肆意扩大犯罪范围。否则,刑法干预的前置性会限制国民的自由权利,也会动摇刑法的根基。

---

① 参见付某滥用职权、逃税、行贿、虚开发票案,河北省阜城县人民法院(2017)冀 1128 刑初 1 号刑事判决书;任某强虚开增值税专用发票、用于骗取出口退税、抵扣税款发票案,河南省南乐县人民法院(2019)豫 0923 刑初 280 号刑事判决书。

② 参见陈兴良主编:《刑法学》(第 3 版),复旦大学出版社 2016 年版,第 205 页。

三、逃税罪行政程序前置的正当性论证

(一)符合逃税罪立法目的

根据犯罪构成要件说,税务机关发现行为人实施逃税行为并达到一定比例时,享有优先处理权,即逃税案件应先由税务机关对案件进行处理,再根据调查结果、行为人的主观恶性、纠正不法行为的态度等进行综合判断后,再决定是否将案件移送司法机关立案侦查。通过税务机关的先行处理给予行为人改过自新的机会,恢复税收征管秩序,保障税收的足额入库正是对宽严相济刑事政策的贯彻落实。

第一,维护税收征管秩序,保证国家税收收入。税权包括税收立法权、税收征管权和税收收益权,[①]逃税罪旨在保护国家的税收征管权以及税收收益权。行政程序前置是立法给予行为人纠错的机会,为避免进入刑事司法程序承担刑事责任,通常在税务机关下达追缴通知书后,行为人会积极履行。在符合《刑法》第201条第4款的规定后,行为人的违法行为得以纠正,税收收入实现足额入库,国家的税收征管权和税收收益权并未受到实质侵害,故"不予追究刑事责任"条款可以达到"双赢"的法律效果。反之,逃税案件直接由公安机关立案侦查,难免会对企业或个体经营者的信誉、生产经营活动造成负面影响。[②] 比如刘晓庆偷税案,案件还在处理中,公司已无法维持经营。此外,案件直接进入刑事司法程序亦会加剧行为人的消极对抗情绪,不仅导致国家税收无法得到保障,更与宽严相济的刑事政策相悖。故税务机关在发现逃税行为时就应当保护好税源,给予行为人改过自新的机会,让其通过自我纠错的方式回归社会,而非直接移送司法机关对行为人适用最严厉的刑罚。

第二,构建容错纠错机制,彰显人文关怀。从行为人的角度看,"不予追究刑事责任"条款是立法给予其纠错的机会。虽然行为人实施了逃税行为,但是其能在税务机关作出处理后,积极纠正不法纳税行为,则不构成犯罪。反之,若其不履行义务,没有悔改表现,刑法所保护的法益被实质侵害,就需要对其进行刑事追诉。该条款既表明国家对行为人容错的态度,给予其纠错的机会,又以保留刑法威慑力的方式确保行政处理结果的落实。从执法者的角度看,该条款体现司法权退后,强调行政权优先的理性执法观,即并非发现逃税行为,就以刑事处罚为目的

① 参见张守文:《税权的定位与分配》,载《法商研究(中南政法学院学报)》2000年第1期。

② 参见黄太云:《偷税罪重大修改的背景及解读》,载《中国税务》2009年第4期。

进行刑事追诉,而是以纠错为基点给予行为人纠正不法纳税行为的机会,彰显执法的人性化特点。在洁达公司和李某明逃税案中,湖北省高级人民法院在裁判文书中也明确表示,未经税务机关先行处理直接移送司法机关,是对纳税义务人纠正纳税行为权利的剥夺,有违立法精神。

"不予追究刑事责任"条款也存在质疑的声音,认为其是引发逃税行为的"催化剂"。有学者指出这会产生事与愿违的效果,比如会变相鼓励纳税人实施逃税行为,刑法所具有的一般预防功能也无法实现。[①] 笔者认为该观点值得商榷。首先,"不予追究刑事责任"条款虽然摒弃重刑主义思想,拒绝片面从严,但并非绝对从宽。该条款的适用有其前提条件,不满足条件仍会被追究刑事责任。并且行为人通常会面临高额罚款,比如在薇娅逃税案中,浙江省杭州市税务局稽查局依法对薇娅作出税务行政处罚决定,追缴税款、加收滞纳金并处罚款高达13.41亿元。[②] 此外,该条款亦并非可以无限制地重复适用,行为人在具有《刑法》第201条第4款但书规定的情形时,就不得再适用"不予追究刑事责任"条款。可见,该条款不是无限度的"宽",其也保留着刑法的威慑力以确保法律效果的实现。其次,"不予追究刑事责任"条款能够实现一般预防的功能。2018年9月30日江苏省税务局依法向范冰冰正式下达《税务处理决定书》和《税务行政处罚决定书》后,2018年10月影视行业纳税人开展了自查自纠,截至2018年年底,自查申报税款高达117.47亿元,已入库115.53亿元。部分纳税人表示"通过自查自纠,不仅体会到了严格执法的力度,亦感受到了优化服务的温度,接受了一次深刻的法治教育,增强了诚信纳税的意识"[③]。可见,在影视界该条款正是以范冰冰逃税案为契机,使其价值得到有效实现,既保障国家的税收收入,又体现出执法观念的进步,实现预防与教育的有机统一。

(二)契合刑法谦抑性内涵

在法治道路上推进国家治理体系和治理能力现代化,固然离不开刑法,但不是所有被期待的社会效果均需通过发动刑法来实现。"谦抑"一词源于日本,主张并非所有违法行为均是刑法规制的对象,只有在不得已时才能发动刑法。刑法谦

① 参见郭昌盛:《逃税罪的解构与重构——基于税收制度的整体考量和技术性规范》,载《政治与法律》2018年第8期。

② 参见刘悦、贺佳:《从"薇娅被罚"看平台经济规范健康发展》,载《中国电信业》2022年第2期。

③ 《影视行业自查申报税款117.47亿元》,载经济参考网,http://dz.jjckb.cn/www/pages/webpage2009/html/2019-01/23/content_50232.htm,2022年7月1日最后访问。

抑性原则是由刑法在法律体系中的地位及其处罚严厉性决定的。刑法作为保障法,具有事后性特征,只有在其他法律不足以抑制违法时,才能适用刑法。[①] 立法在逃税罪中设置行政处理前置程序,强调通过行为人的主动纠错来阻却逃税罪成立,以期在法益保护与人权保障之间找到最佳平衡点,即"不予追究刑事责任"条款仍保留刑法制裁的威慑力,并以其威慑力保障行政法律的实施,这也正是对刑法谦抑性原则的新表达。

逃税罪作为行政犯,是否需要适用刑法进行规制,需要进行双重违法性判断。行政犯的违法性判断可以"质量差异论"为基准,行政不法与刑事不法在核心领域存在质的差别,在外围空间则存在量的差别。[②] 就逃税行为而言,行政不法和刑事不法指向的法益是相同的,区别在于对法益侵害的程度不同,故需要从量上进行判断。行政不法属于第一层次,刑事不法属于第二层次。符合行政不法未必会符合刑事不法,而符合刑事不法必然属于行政不法。正如有学者指出:"当一项行为违反了行政法的规则秩序,就满足了行政法上'恶'的要求,但是只有在此违法行为有造成刑法所保护的核心价值与利益体系的积极减少时,才能认为有搭建行政不法与刑事不法沟通桥梁的必要,此时才可能具有刑法'恶'的性质。"[③]即逃税行为因违反相关行政法律法规首先属于行政不法,能否上升到刑事不法则需要判断该行为是否达到刑法所要求的法益侵犯程度。

法益侵犯性,是指行为对国家和人民利益所造成的危害。因适用刑法的成本高昂,在刑事领域强调严重的社会危害性。《刑法》第 13 条但书对认定犯罪提出了定量要求,即"情节显著轻微危害不大的,不认为是犯罪"。逃税行为是否达到严重的社会危害性,首先需要对行为人的犯罪情节(包括主客观要素)进行综合判断。对于客观要素的判断,陈兴良教授举过一个例子:"在近亲盗窃的情况下,其所盗窃的财物属于家庭或者近亲属的财物这一性质,可以使盗窃行为的危害性质降低,成为判断情节显著轻微的一个要素。"[④]例子中受害人是行为人的家庭成员或近亲,在处理此类案件时应尊重当事人意愿。行为人获得亲人谅解后,一般不被认定为犯罪。同理,逃税罪旨在打击行为人"逃"的行为,法律是国家意志的体现,在逃税案件中国家作为受害者可以给予行为人纠正其纳税行为的机会,《刑法

① 参见张明楷:《论刑法的谦抑性》,载《法商研究(中南政法学院学报)》1995 年第 4 期。

② 参见孙国祥:《行政犯违法性判断的从属性和独立性研究》,载《法学家》2017 年第 1 期。

③ 魏昌东:《行刑鸿沟: 实然、根据与坚守——兼及我国行政犯理论争议问题及其解决路径》,载《社会科学文摘》2019 年第 1 期。

④ 陈兴良:《但书规定的法理考察》,载《法学家》2014 年第 4 期。

修正案(七)》在《刑法》第 201 条增加“不予追究刑事责任”条款正是国家赋予行为人一项纠错的权利。行为人可以通过补缴税款、缴纳罚款的方式弥补因其逃税给国家造成的税收流失,恢复税收征管秩序。鉴于国家税收收入并未减少,故可认定客观层面情节显著轻微。同时,行为人积极补救的态度亦可证明其主观恶性小,有悔改的表现,故可认定主观层面情节显著轻微。其次,逃税罪保护的法益是国家的税收征管秩序以及税收收入。行为人积极履行纳税义务,接受处罚后,国家税收征管秩序得以恢复,国家税收收入得到保障,此时刑法所保护的核心价值与利益体系并未减少,故应当认定行为人的逃税行为尚未达到刑法所要求的法益侵犯程度。通过上述分析可知,在逃税罪的构成要件中增加“不予追究刑事责任”条款,意味着在对行为人追究刑事责任前,给其一个纠错的机会。行为人能够按照税务机关的要求恢复法益,则不构成犯罪,即以刑法的威慑力保障行政处理结果的落实,若行为人未履行行政处理决定,其违法性则由行政不法上升为刑事不法,需对其追究刑事责任。在刑法规制范围不断扩张的时代,明确行政处理前置正是对刑法谦抑性原则的坚守。

(三)合理划分行政权与司法权的运行边界

随着法定犯时代的到来,现代法秩序下行政处罚与刑罚作为二元惩戒体制的接续与区分问题日益凸显。① 以逃税罪为例,行政机关与司法机关何者享有优先权,“不予追究刑事责任”条款对此问题作出了回应,即立法者通过增加《刑法》第 201 条第 4 款赋予税务机关对逃税案件享有优先处理权,该规定要求司法权尊重行政权的优先地位,且不得越界。通过对检索案件进行分析发现,在司法实践中,存在司法机关以其他罪名对行为人进行侦查、起诉、审判,但在刑事司法程序进行中,又发现行为人涉嫌逃税,在没有经过税务机关处理的情况下直接判决行为人构成逃税罪。比如张某甲逃税案②、任某强逃税案③。人民法院审查逃税案件,应以税务机关先行处理为前置条件。若案件已经进入刑事司法程序,在辩方提出抗辩时,法院不应继续审理案件。因为行政程序前置既蕴含行为人对法益恢复的期待,也强调税务机关应依法履行其职责。上述法院直接审理不仅剥夺了行为人纠错的权利,也造成刑法干预前置,降低了犯罪的门槛,有违“不予追究刑事责任”条

---

① 参见赵宏:《行刑交叉案件的实体法问题》,载《国家检察官学院学报》2021 年第 4 期。

② 张某甲逃税案,山东省枣庄市市中区人民法院(2014)市中少刑初字第 74 号刑事判决书。

③ 任某强虚开增值税专用发票、用于骗取出口退税、抵扣税款发票案,河南省南乐县人民法院(2019)豫 0923 刑初 280 号刑事判决书。

款的立法精神。

但也有学者顺势指出,行政处理前置会导致逃税行为的追究完全依赖于税务机关启动,容易出现“以罚代刑”现象,造成行政权挤压甚至替代司法权等后果。①这一观点亦值得商榷。首先,2021 年《行政处罚法》的一大突破就是明确行政机关与司法机关的案件移送制度,由原来的“单向移送”改为“双向移送”。该规定与“不予追究刑事责任”条款相呼应,在一定程度上完善了程序双向衔接的现实困境。因此,逃税案件尚未经过税务机关处理不得移送司法机关,即使移送司法机关也不得进行刑事追诉,应交由税务机关先行处理。不得因税务机关不作为便寻求刑罚处理仅属于违法的行为,这不仅导致刑罚权的扩张,更违反刑法人权保障的理念。其次,法律具有指引作用,《税收征收管理法》第五章法律责任规定了追缴税款、行政处罚等措施,如前所述,行为人适用“不予追究刑事责任”条款不仅会面临高额罚款,同时该条款亦保留对其追究刑事责任的权利,即该条款以刑法的威慑力作为激励手段保障行政法律责任的实现,符合刑法保障法的定位。再次,处理逃税案件行政处理前置的立法精神是在刑事法律中体现,立法者在增加“不予追究刑事责任”条款时必然会对逃税罪所保护的法益以及行为人的社会危害性、人身危险性进行综合考量。行政处理优先是出于刑罚制裁严厉性的考量,是刑法基于其定位的自我选择,并非是被其他部门法挤压后的退位。最后,税务机关处理逃税案件具有无可比拟的专业优势,这正是司法机关所欠缺的。由税务机关先行处理不仅可以节约司法资源,集中司法力量打击情节更为严重、性质更为恶劣的犯罪,也能尽快恢复被破坏的税收征管秩序,保障国家税收的实现。因此,刑法作为其他部门法的保障法,即使“不予追究刑事责任”条款具有“以罚代刑”之嫌,上述理由也足以证明其存在的正当性。

四、结语

在风险社会的助推下,司法权前置干预行政权问题日益凸显,大量违反行政法律法规的不法行为被作为刑法规制的对象。在积极刑法观的影响下,刑罚也逐渐被作为保护法益、预先降低风险的手段。刑法的根基是通过限制国家的刑罚权,保障公民的自由和人权。只有在其他法律不能有效抑制犯罪,其他制裁手段不充分时,才能发动刑法。在刑法不断扩张的时代背景下,将《刑法》第 201 条“不予追究刑事责任”条款作为逃税罪成立的构成要件,是对司法权冲动的有效克制,

① 参见熊亚文:《逃税罪初犯免责:价值、困境与出路》,载《税务与经济》2019 年第 2 期。

确保在尊重行政权优先的前提下维护税收征管秩序。由此可知,该条款不仅具有阻却犯罪成立的价值功能,同时也以刑法的威慑力保障行政责任的实现。自 2009 年《刑法修正案(七)》增加该条款以来,其性质一直处于争议之中,人民法院对该条款的理解也存在差异。故应以我国刑法犯罪论体系对该条款进行分析,坚守刑事法治底线。行政处理前置程序的设计符合逃税罪立法目的,契合刑法谦抑性原则内涵,同时也对行政权与司法权的运行边界作出有效划分。最高人民法院将洁达公司和李某明逃税案作为典型案例予以发布,明确表达了在税务案件中行政处理前置的观点,为各机关在今后处理逃税案件时正确适用“不予追究刑事责任”条款指明了方向,同时也为行为人维护自身合法权益提供了法律路径。有效实现行政执法与刑事司法的双向衔接,对涉及逃税的案件可以在税务机关与司法机关之间建立信息互通平台,及时传递案件信息,提高行政执法与刑事司法的办案效率。

(编辑:陈真楠)

推荐人语

刑事远程审判作为新技术嵌入刑事司法领域，在既往探索实践中以其高效、经济等诸多优点获得肯定，但同时刑事远程审判中被追诉人合法权利的保障也成为司法实践中的重要课题。本文探讨了被追诉人参与刑事远程审判面临其合法权利因远程方式而受到减损的各种风险，特别提到被追诉人个人信息权利可能受到侵害的情况，并从立法与技术方面提出完善建议，对于被追诉人在刑事诉讼过程中逐步建立其对刑事远程审判的信任与认可，使该制度保持旺盛生命力具有借鉴意义。

田力男　中国人民公安大学教授

刑事远程审判被追诉人权利保障问题研究

张玉英*

摘　要：刑事远程审判充分运用现代信息技术，突破传统线下审判业务模式，以低成本高效率的方式，推进司法体制改革不断走向深入。前期的试探摸索试点遇上疫情暴发倒逼，刑事远程审判在其内生力和外在推动力的作用下被大规模运用。刑事远程审判的跳跃式发展也让人们在肯定其正向价值的同时不得不看到其隐匿在下的权利保障风险，和在实现诉讼过程提速的同时面临程序正义的风险。被追诉人的程序选择权、认罪认罚的自愿与真实、质证与辩护权、个人信息等均在信息化技术介入刑事庭审后受到了威胁。本文通过技术嵌入理论、技术正当理论、控辩平等原则作为理论补给，从立法改善与技术保障两方面，提出通过规则专门独立化、值班律师法律帮助实质化、赋权、新技术引入等手段，在非接触式的庭审中更加保护被追诉人的合法权利，更加凸显被追诉人的诉讼主体地位，也为刑事远程审判的下一步推行提供参照和依据。

关键词：刑事远程审判；被追诉人权利；控辩平等；技术赋权

---

* 张玉英，中国人民公安大学法学院硕士研究生。

当今人类社会进入信息时代,司法制度同步提升综合治理与服务能力是为数字社会的发展和网络空间治理提供强劲的司法保障的应有之义。自2020年新冠肺炎疫情暴发,我国的智慧法院建设充分显示其本领,2020年,全国法院在线立案78.2万件,在线开庭89万次,在线调解415.6万次,实现"审判执行不停摆、公平正义不止步"①。2021年该数据进一步增长,全国法院在线立案1143.9万件,在线开庭127.5万场,在线调解超1000万件。② 在这些新兴技术与司法制度相结合"智慧"中,最为引人注目的是刑事远程审判的大规模运用。

远程审判是指利用网络、大数据和人工智能等现代信息技术建立声音和图像传输通道,借助其它终端设备,使身处不同空间的审判人员、案件当事人和其他诉讼参与人在法庭或远程审判地点同步开展审判、宣判等活动并形成最终裁判的诉讼模式。远程审判是司法信息化、智慧化建设的必然产物,是数字化技术渗透到司法领域的必然结果。③ "远程审判"由"远程"和"审判"两个关键词构成,前者指示了其"技术属性",即利用互联网、大数据、云计算、移动互联、人工智能、区块链等信息化技术,实现远程、异地审判活动;后者重申其"司法属性":即使在审理方式上与传统法院存在不同,其为审判执行活动服务的本质属性也不会改变,在基本的诉讼规则等方面上仍然要遵循程序法基本原理。传统诉讼理论认为,在刑事诉讼过程中,相比于其他参与人,被追诉人的权利总是处于被国家公权力侵犯的风险之中,因而最易遭受侵害。刑事远程审判作为传统刑事诉讼方式的延伸,被追诉人在程序选择上是否知情且同意,其认罪、认罚是否自愿与真实,以及是否能保障权利不受不法侵害,是否能实有效参与审判审查获得公正结果,都受到了人们的质疑。

因此,本文将从刑事远程审判的发展沿革论起,分析其对于被追诉人权利保障的正向价值,探讨其运用对被追诉人权利侵害的潜在风险,再以技术理论和控辩平等原则作为理论补给,为刑事远程审判在保障被追诉人权利方面提出优化建议。

一、我国刑事远程审判的发展沿革

2016年9月12日,最高人民法院出台了《关于进一步推进案件繁简分流优化

① 肖育斌主编:《中国法律年鉴》,中国法律年鉴社2021年版,第187页。

② 参见周强:《最高人民法院工作报告——2021年在第十三届全国人民代表大会第四次会议上》,载最高人民法院官网,http://gongbao.court.gov.cn/Details/342529c11d2af722964a6b1c961105.html,2022年3月20日最后访问。

③ 参见陈静:《刑事案件"云庭审"的问题及回归——基于疫情防控背景的考察》,载上海市法学会编:《上海法学研究》2020年第4卷,上海人民出版社2021年版,第318页。

司法资源配置的若干意见》。其中第一次以全国性文件形式规定，对于适用简易程序的刑事案件，经当事人同意可以采用远程方式参与庭审。① 该规定的发布寓意着刑事远程审判模式的合法性开始得到承认。

自 2017 年 8 月至 2018 年 9 月，杭州、北京、广州三地的互联网法院相继成立，标志着我国法院信息化建设时代的开启。最高人民法院也于 2018 年 9 月发布了《关于互联网法院审理案件若干问题的规定》，其中对在线诉讼规则、电子数据审查等方面作出规制，智慧法院的全面建设开始。

2020 年 2 月 14 日，为有效控制新型冠状病毒疫情在国内蔓延，维护诉讼当事人合法权益，最高人民法院印发了《关于新冠肺炎疫情防控期间加强和规范在线诉讼工作的通知》，大力推动在线诉讼，为疫情防控期间的远程审判执行活动提供强有力的司法保障，确保在线诉讼活动规范有序。该通知明确了刑事案件可以采取远程视频方式讯问、开庭，并提出其适用范围。随后，全国各地法院开始大范围采用远程视频审理刑事案件。

2021 年 6 月 16 日，最高人民法院进一步对远程审判模式进行完善，《人民法院在线诉讼规则》应运而生，对包括特定刑事案件在内的远程审判制度化。2021 年 12 月 30 日，最高法又颁布了《人民法院在线调解规则》。这两个文件，对于在线诉讼和在线调解的适用范围、法律效果、程序要求等都给出了规则指引。但两个规则没有对信息系统建设、应用、保障和管理提出具体要求，且绝大部分程序操作细则都是针对民事案件的远程审判，对刑事远程审判的关键环节鲜有涉及且没有与民事部分加以区分。对于刑事远程审判，相比于之前“犹抱琵琶半遮面”的境地，规则仅进一步对刑事远程审判适用范围予以简单明确，刑事速裁程序案件，减刑、假释案件，其他特殊原因不宜线下审理的刑事案件，刑事附带民事诉讼执行案件以及其他适宜采取在线方式审理的案件，人民法院综合考虑案件情况、当事人意愿和技术条件等因素，可以适用在线诉讼。

2022 年 2 月 22 日，最高法举行新闻发布会，发布《人民法院在线运行规则》，并于 2022 年 3 月 1 日起施行。该规则主要成果在于跟进 2021 年《民事诉讼法》修改的有关在线诉讼的内容，对远程审判的信息系统组成、运维保障、依托平台等方面及时地作出了调整和修改，而专注于刑事远程审判方面的内容却变化不大。

---

① 最高人民法院《关于进一步推进案件繁简分流优化司法资源配置的若干意见》（法发〔2016〕21 号）第 10 条规定：“创新开庭方式。对于适用简易程序审理的民事、刑事案件，经当事人同意，可以采用远程视频方式开庭。证人、鉴定人、被害人可以使用视听传输技术或者同步视频作证室等作证。”

总体来看,目前关于远程审判的规范性文件,大都以司法解释形式发布,其效力位阶天然地就决定了其与法律的强制力不可同日而语,但是其内容又超越了司法解释的范围,有“立法”之嫌。[①] 与此同时,地方各级法院在司法实践中先行探索智慧法院建设所形成的自己的“规范”也因为各地经济与技术发展水平所限而差异较大,平台不统一、效果参差不齐、技术漏洞、当事人不满、数据孤岛等不同程度的现象仍此起彼伏地出现,这些现象的存在都不利于贯彻和升华“以人民为中心”的发展思想和数字正义所倡导的“用户平等地适用技术”等理念。更不说基于刑事案件的特殊性,上述文件中的规则许多并不适用于刑事案件,如证据交换、证据认定等的规定不能满足刑事远程审判的需要,程序适用条件、范围等也具有很大模糊性,一定程度上违反了程序法定原则,在实践操作中也很容易造成对被追诉人权利保障的忽略。

二、刑事远程审判对被追诉人权利保障的正向价值

刑事远程审判的快速发展对于被追诉人权利保障也有不可否认的正向价值。

首先,在疫情防控常态化的现在来看,刑事远程审判在疫情防控避免接触的要求下发挥了重要作用,使得疫情期间司法审判工作不会陷入停滞,刑事被追诉人不会长期被羁押,其权利也不会长期处于悬而未决的风险状态,对于被追诉人的心理健康有利。

其次,刑事远程审判突破了时空限制,有效避免了疫情扩散,也预防各地不同时空的司法人员与被追诉人交叉感染。身处异地的司法工作人员或者同案被追诉人利用智能网络技术建立音视频同步联系,实现“屏对屏”实时互动交流,减少了近距离接触感染病毒的风险,对于被追诉人身体生理健康的保障有利。

再次,刑事远程审判提升了审判质效。刑事远程庭审一定程度上解决了证人出庭作证难的问题,正义的可得性获得有效改善,有利于保障被追诉人获得公正裁判。司法实践表明,远程视频作证的应用是提高证人出庭率的有效途径。远程视频作证是嵌入远程审判的一个环节,依托现代多媒体技术,建立证人与法庭之间影像实时互联,通过网络视频履行作证义务,对于节约作证成本,提高作证积极性,推进庭审实质化有独特价值。[②]

---

① 参见陈卫东、崔永存:《刑事远程审判的实践样态与理论补给》,载《中外法学》2021 年第 6 期。

② 参见王令宝、王婷婷、杨雷振:《移动微法院远程视频作证常态化建设困境与解局——以远程视频作证规则构建为研究重点》,载刘贵祥主编:《审判体系和审判能力现代化与行政法律适用问题研究——全国法院第 32 届学术讨论会获奖论文集》(上),人民法院出版社 2021 年版,第 240 页。

最后,刑事远程审判极大地提高了诉讼效率,最大限度地实现了诉讼经济,使被追诉人早日从讼累中解脱,也免去了异地押解被追诉人接受审判的奔波劳累之苦。疫情之初,多地出现案件积压,许多被追诉人被超期羁押,权利受到侵犯。刑事远程审判制度的存在,无论是时间和期间的精简,还是文书交接与衔接的过程,都保证了被追诉人能够在最短的时间内接受审判,有利于法庭高效、准确地查明案件事实并作出公正裁判。这样可以尽快确定被追诉人处于罪与非罪边缘的法律地位,从而避免诉累给被追诉人造成困难。美国、澳大利亚等国早在疫情暴发之前就开始了远程审判制度的探索并形成雏形,但通常仅适用于部分案件或部分案件的部分庭审阶段。在疫情期间,部分国家通过有关法律规范讯速拓宽了远程审判的应用领域,一定程度上减缓了审限拖延、超期羁押和积案现象的发生。

三、对被追诉人权利保障的风险检视

从以审判为中心的刑事诉讼制度改革来看,庭审实质化对于强化审判职能、规范庭审程序提出了更高要求,远程审判虽然能够更好地保障被追诉人健康,提高诉讼效率,但法律及司法解释没有明确具体的操作规程,程序控制难度较大,再加上难以预料的技术风险和法律适用面临的困难,可能会使整个刑事审判面临实体公正与程序正义的双重考验。[①] 面对国家司法机关在智能技术加持下更加强大的追诉力量,刑事被追诉人的个人权利极容易被忽视。

(一)程序参与权难以真正实现的风险

被追诉人获得法庭审判的机会可以称为程序参与权,是指诉讼主体有充分机会且有意义地参与刑事裁判过程,并在形成裁判结果方面发挥有效作用。其正当性来源在于被追诉人的权利和利益可能会被刑事裁判或诉讼结果直接影响。

被追诉人知情权是实现其他诉讼权利的逻辑前提。"在个体知情权缺失的情形下,个体的选择权可能变成一种非理性选择,丧失其意义。"[②]而在此"知情"基础上的"同意"正是司法裁判得以认可和执行的渊源。在司法实践中,一些法院是以发放《刑事案件远程审判告知书》的方式来使被追诉人"行使"其知情同意权。甚至某些法院为了追求结案数量,追求工作报告中"好看的数据",不阐释告知书

---

① 参见尹逊航:《刑事速裁程序场域中远程审判的展开》,载《人民司法》2019 年第 4 期。

② 丁晓东:《法律如何调整不平等关系?——论倾斜保护型法的法理基础与制度框架》,载《中外法学》2022 年第 2 期。

内容就径直要求被追诉人在告知书上签字,或只简单告知远程审判流程而不详细说明法律后果,被追诉人由于知识水平和诉讼地位的限制,无法完全表达出自己的真实意愿。处于被羁押状态的被追诉人出于对司法工作人员的惧怕、服从等直接签字,但其实根本不知道该文书的含义,更不必提了解其中利害关系,无法通过自身的选择进行合理的风险防范或利弊权衡。在这种情况下,虽有文书“证明”被追诉人“知情且同意”,但事实上被追诉人并没有真正地知情,也没有真正理解并同意放弃他获得传统对席审判的机会。

现行法律规范并没有就被追诉人实现权利的方式、有关司法机关的告知义务及其不履行告知义务的法律后果以及被追诉人获得救济的手段等具体事项做出明确的规定,不符合庭审实质化的要求,对于被追诉人参与庭审维护自己的合法权利具有极大的风险。

(二)传统诉讼权利损害的风险

首先,在刑事远程审判中,被追诉人的质证权将会被“空置”,特别是对实体证据的质疑与抗辩更是如此。实物证据的实质是以物品的性质、外在形式和存在状况来证明案件事实,通常要经过法庭宣读、出示、辨认、触摸等方式,方能确定其证明能力,从而作为定案证据被固定。在远程审判过程中,被告人通常仅能通过电子显示屏看到、知道公诉人在法庭上所提供的实物证据,而无法亲身接触、识别。如果不能真正地接触到纸质的、实体的证据的话,必定对证据真实性、关联性等的认定产生一定的影响。质证权还包括被追诉人与证人之间对质诘问,通过证人的肢体动作、眼神、面部表情等,对证词的真伪做出判断。刑事远程审判也会在这方面削弱被追诉人的正当权利。

其次,以刑事速裁程序的远程审判为例,对速裁程序进行审查,其重点在于被告人认罪认罚的自愿性与真实性。然而,在远程审判中,由于被告人在羁押地点接受审判,无法保障其供认的自愿性,从而无法有效地排除非法证据,保障被追诉人的正当权利。实践经验表明,即使是被告人线下亲自出庭,也难以排除存在其非自愿认罪认罚的情况,而在远程审判模式下,被告人当庭答复法官与隔着屏幕经过仔细斟酌后进行视频陈述,其效果会产生很大的差异。另外,从证据法学角度来看,情态证据也是法官对被追诉人悔罪表现等进行考量的一个重要方面,在远程庭审中,现有视频音频连通技术下隔着电子屏幕,对追诉人肢体小动作、声音、面容表情、眼神等都不能很好地进行观察,不利于被追诉人通过其情态表达、质证、表现其悔罪诚意等,法官也难以形成心证。

最后,刑事远程庭审中被追诉人最重要的诉讼权利——辩护权被弱化。第一,从中国裁判文书网上发布的数据来看,目前在我国适用远程审判模式开庭的刑事案件中,约有40%的被告人无法得到辩护人的法律帮助。[①] 第二,远程审判模式下被追诉人与其辩护律师的会见权仍得不到保障。一方面,法院没有为被告人和辩护人的会见提供方便;另一方面,辩护人和被告人通常处于不同空间,被追诉人在看守所羁押,而辩护人远程会见只能前往法庭或法院指定场所。二者之间如果没有及时地交流,辩护人将无法准确地把握被告人在法庭上的心理状态,也无法理解被告人对本案的真实感受,更不能确定被告人有没有受到刑讯逼供,不能对其认罪处罚的自愿性、合法性进行核查,从而严重弱化律师在远程审判中的辩护和代理能力。线下审理时,被告人与辩护人在休庭时可能进行秘密协商;而转到线上审理时,被告人与辩护人的秘密协商的空间将不复存在,被告人面对涉及自身重大利益的事项时不能再求助于辩护人将自己的想法清楚表达出来,被告人只能孤立无援地面对专业性极强的公诉机关的控诉,控辩不平等的情况将进一步加剧,对被告人而言殊为不公。

(三)个人信息保护权被虚置的风险

在司法信息化的大背景下,利用大数据、人工智能等现代技术,公权力机关搜集、存储和使用个人信息的能力得到了极大的提升,但以被追诉人为首的信息主体的个人信息被泄露甚至滥用的风险也随之越来越大。在刑事远程审判中,被追诉人个人信息、案件基本情况、证据材料都是以电子数据的形式存储在法院在线诉讼系统内的,且不提故意复制泄露信息的便捷性,光是技术漏洞就会将被追诉人的个人信息置于险境。

特别是适用刑事远程审判案件基本都是轻微刑事案件,被追诉人在刑事诉讼结束后还需要回归正常的社会生活。其个人信息保护权不仅对于被追诉人自己,对于被错误追诉的无辜者,以及被告人的家属也尤为重要。司法实践中,由于被告人的信息被曝光后,影响被告人家属的正常生活,甚至造成家属自杀,毁掉一个家庭的例子比比皆是。被追诉人作为信息主体,法院作为信息处理者,双方存在事实上的强弱不平等关系。在刑事远程审判中,被追诉人身份信息,无论与案件

① 该数据系以"在线诉讼"为关键词在裁判文书网上搜索所得。数据始自《人民法院在线诉讼运行规则》颁行后,截至2021年12月。将案件类型限定为刑事案件。共检索到裁判文书32篇,其中有辩护人的20篇,没有辩护人的占比37.5%。

有关无关,都被司法机关牢牢掌握并存储于司法系统中。被追诉人与拥有强大物力、财力并掌握一定技术知识的司法工作人员相比,是对信息处理关系中的弱势信息主体。

《人民法院在线运行规则》突出强调了对用户信息保护的要求,第 34 条规定要“建立健全用户信息保护机制”;第 35 条规定“保证在线诉讼、在线调解等司法活动中的个人隐私、个人信息……等数据依法予以保密,不被随意泄露或非法向他人提供”;第 36 条明确要求“各级人民法院应当指导、监督智慧法院信息系统建设、运行和管理中的个人信息保护工作”“各级人民法院应当加强司法公开工作中的个人信息保护”。但总的来说,该规则对远程审判中的个人信息保护仅作出了原则性的要求,十分抽象、模糊,具体的保障措施和手段缺失,被追诉人个人信息保护权几乎被虚置,因此在个人信息保护方面对被追诉人进行倾斜性保护势在必行。

四、刑事远程审判被追诉人权利保障的理论补给

(一)技术嵌入理论

技术的引进往往伴随着组织形式、结构和功能的改变,在司法领域也是如此。早期对此方面的研究以技术决定论为基础,但该理论缺乏对变化过程的分析,失之毫厘,谬以千里。此后,基于建构主义的各种学说都在技术与人类的能动性关系方面存在一定的偏差。2007 年,沃尔科夫(Olga VolRoff)等人提出了技术嵌入的概念。技术嵌入理论从批判现实主义角度对技术引入是怎样导致组织变化的问题进行了再一次的探讨,并指出技术的发展对组织结构的影响和作用,即技术通过影响各要素的物质构成、行为构成和认知构成,间接引起各个组织要素的变化、要素间关系的变化,进而引起整个组织制度层面的变革。这为我们对技术与组织关系的研究提供了一个新的视角,并为我们在大数据时代下就如何发展包括刑事远程审判在内的智能化司法提供了一个基本的理论框架。

我国刑事远程审判目前以实践需求为导向,在传统庭审的操作空间中引入了计算机信息化技术,通过对庭审中的“行为交互”方式进行创新,[①]使得某些复杂问题得以简化,从而极大地提高了司法效率,但问题是目前刑事远程审判的运行框架依然是传统的诉讼规则体系。依据技术嵌入理论,我们要打破技术壁垒实现信息共享,对处于司法信息化情势下处于弱势地位的被追诉人一方倾斜帮助。在

① 参见陈卫东、崔永存:《刑事远程审判的实践样态与理论补给》,载《中外法学》2021 年第 6 期。

最后的制度精细化阶段或制度再生阶段，要自觉地根据技术的逻辑和规则推动刑事远程审判不断创新，实现制度变革。

（二）技术正当程序理论

现行司法解释的原则性规定和不同地区法院各自在实践中摸索的各具特点的具体模式，使刑事远程审判游离于法律正当程序之外，出现了程序上的违法、技术上的滥用，技术规则和程序法理的缺乏致使刑事远程审判的发展受到严重阻碍，停滞不前。① 为解决司法技术产品在司法实践中所面临的实体和程序正义风险问题，同时解决传统正当程序理论在司法信息化形势下解释力失灵的问题，在此背景下，技术正当程序理论进入人们的视野。此理论着眼于技术要素对司法公正的影响，注重建立技术产品的发展指引和准入机制，并强调优化远程庭审的使用者体验。

因此，基于技术正当程序理论，贯彻落实科技赋权理念，健全权利保障制度对于刑事远程审判制度来说势在必行。刑事远程审判是一种变革传统诉讼方式的创新模式，它以让渡传统的"接受直接审讯和线下对质"之诉讼权利为"代价"，要弥补这些诉讼权利缺口，必须在远程审判制度建设中适时地进行相应的权利补充。

（三）对于控辩平等原则的功能修正

目前国家将司法信息化作为一场深刻的自我变革，推进司法审判和现代科技深度融合，健全智慧审判、智慧执行、智慧服务、智慧管理体系。但司法信息化建设将侦查机关、公诉机关、审判机关更进一步地连接起来，却忽视了辩护一方，辩护一方只能依靠自己的力量勉强跟上和适应智慧司法一体化建设，二者之间的数据鸿沟被进一步拉大，加剧了控辩不平等。

以刑事远程审判中质证环节为例，第一，因被追诉人对起诉方收集证据的方式知之甚少，公诉方可能会违反法定程序，利用其技术和专业知识优势滥用职权收集证据，将被追诉人"钉在被告席上"致使法院基于非法证据对被追诉人作出有罪判决。② 第二，将原先以非电子数据方式呈现的实物证据、纸质化证据等电子

---

① 参见陈卫东、崔永存：《刑事远程审判的实践样态与理论补给》，载《中外法学》2021 年第 6 期。

② 参见郑曦：《超越阅卷：司法信息化背景下的刑事被告人数据访问权研究》，载《河南大学学报（社会科学版）》2020 年第 2 期。

化,则会增加被追诉方的案件负担,导致双方举证能力进一步的不对等。技术壁垒和应用成本的增加构成了新的数据鸿沟,扩大了刑事案件双方当事人本就不平等的诉讼能力差距。第三,刑事远程庭审的审理流程严重依赖互联网信息技术,相比于汇聚了强大人力、物力、财力的公诉机关,对于不擅长相关技术、没有足够与控方匹敌的数据收集能力的被追诉人来说,程序选择权的丧失意味着沉重的打击。与之形成鲜明对比的是,检察机关具有技术、经济上的显著优势,可以更好地利用大数据辅助决策,从而选择更好的诉讼策略,控辩双方的行权基础差距显而易见。另外,相比于公诉方专门的场所,各地并未设置为辩护人、非羁押被追诉人及其他诉讼参与人提供服务的第三方远程审理场所,也未赋予辩方远程会见权、远程阅卷权等与刑事远程审判相适宜的相关权利。远程审判的运作方式需要优化,技术红利的分配也需要平衡。

修正控辩平等原则功能在愈演愈烈的控辩失衡局面下必须发挥其该有的作用,"在打击和保护、国家利益与被追诉人个人利益之间,维持一种基于社会合理性的均衡"①,使处于弱势地位的被追诉方与各方面处于优势地位的公诉方在法庭上平等地进行对抗,让庭审实质化落到实处。

五、刑事远程审判被追诉人权利保障的优化路径

(一)法律应对:更高层次立法保障被追诉人权利

2022年1月1日起施行的《民事诉讼法》基于前期民事诉讼繁简分流的试点,将有益经验法定化,确认了在线诉讼的法律效力。参考民事领域远程审判的经验,刑事远程审判也应适应发展变化,将刑事远程审判的效力在《刑事诉讼法》中予以确认。且目前关于远程审判的规则等规范性文件,虽大都以司法解释形式发布,但是又超越了司法解释的范围,有"立法"之嫌。因此,笔者建议从以下几条进路完善刑事远程审判有关法律规范,更好地保障被追诉人权利。

第一,构建独立的刑事远程审判规则体系,增加技术准入规则和监督体系规定。

现行的刑事诉讼法规范对智能技术在刑事司法领域的应用(包括刑事远程审判)进行了限制和阻碍,但为了适应人工智能技术的应用,全面修订《刑事诉讼法》势在必行。但技术难度大,修改时间长,且传统的刑事诉讼模式也有不可取代的价值。所以,在法律规范上,可以采用"传统智慧"和"现代智慧"相结合的"二元"

① 龙宗智:《刑事庭审制度研究》,中国政法大学出版社2001年版,第41页。

模式,先行制定智能化的专门规范以规制刑事远程审判方式是有意义和必要的。在此专门独立的刑事远程庭审规范中,应当包括技术准入和技术监督规则。由于技术系统掌握了被追诉人的个人信息、证据等重要信息,参与建设刑事远程审判系统的技术需有准入和监管规则,该技术的安全防护等级必须经过国家信息安全级别的认证,以确保信息的真实、完整,使被追诉人对远程审判方式加以信赖,从而安心选择该模式,不必担心其合法权利被减损。

第二,充分发挥值班律师作用,使之法律帮助实质化。

刑事远程审判是在被追诉人同意的基础上进行的,而被追诉人若反对适用,则无论案件多么简单明了都无法使用该模式开庭。为了在提高刑事远程审判适用率,提高诉讼效率的同时充分保障被追诉人合法权益,就要充分发挥派驻在看守所、检察院等地的值班律师的作用,使之为被追诉人提供有效法律帮助。一方面,通过值班律师提供法律咨询、诉讼援助等服务,确保被追诉人面临程序选择时知情同意权的真正实现。反过来另一方面,值班律师到场充分说明远程审理案件的优劣,也有利于防止在远程审判进行中或进行完后,被追诉人对选择适用远程审判方式反悔,导致为远程审判付出的成本沉没“做了无用功”,也减少以“适用远程审判方式乃程序违法”为理由的上诉,节约司法成本,真正实现轻微刑事案件快速办理机制的价值目标。

庭审是体现程序正义的关键环节。特别是在我国目前的司法体制和环境下,由于侦查阶段和起诉阶段相对封闭,加上公安机关和检察机关的公诉思维影响,认罪认罚的案件,必须经过法院审判程序,必须确认案件事实以及被告人认罪的自愿性和合法性。此外,在刑事远程审判的情况下,被追诉人放弃传统正式的审判程序,其诉讼权利和公平审判机会受到了极大的限制。为了确认被告人供述或接受的自愿性,保障被告人的合法权益,更有必要让值班律师充分参与庭审,确保案件的程序正义和实体正义。值班律师在审判阶段发挥保障作用有两个前提条件:一是做好必要的辩护准备,以查阅案卷、庭审前会见被告人为最基本要件;二是出庭辩护。但在目前的司法实践中,上述两个前提条件都有所欠缺。关于值班律师在审判阶段是否可以查阅案卷材料,《刑事诉讼法》等相关规范性文件并无具体规定。而值班律师能否出庭辩护,既不是《刑事诉讼法》明令禁止的,也不是明确授权的。① 因此笔者建议:一是要明确赋予值班律师与刑事远程审判相适应的

---

① See XU Shenjian, *On the Substantiation of the Lagel Aid of Duty Lawyes*, 10 China Legal Science 31 (2022).

远程阅卷权和出庭辩护权,使值班律师对于被追诉人的法律帮助实质化;二是要探索设立专用于值班律师远程会见的系统,以保证会见被追诉人时不被监听;三是要加强建设适应刑事远程审判模式的软硬件设施,例如,在看守所以外的第三方地点设立远程会见室,给非羁押被追诉人、值班律师及辩护人独立的会见场所,真正保障远程会见权。

第三,通过赋权补足刑事远程审判模式下被追诉人权利缺口。

作为一种改变传统诉讼方式的创新模式,刑事远程审判的应用以让渡"接受直接审理和获得线下对质"的传统诉讼权利为"代价"。纵观倾斜性保护型法律,常常对弱势主体赋权,对强势主体施加相应责任和监管。要弥补二者间的这种差距,必须在制度建设中适时地对处于劣势的被追诉人予以相关配套性权利保障。基于技术赋权理念,将包括但不限于在线阅卷权(有学者认为应当将其扩大至数据访问权)、远程会见权、程序选择权、程序救济权、技术解释申请权等一系列权利,赋予被追诉人以补足其权利缺口。① 本文仅就几个关键权利进行展开论述。

其一,被追诉人救济权的完善。此处所谓的"救济权",就是指被追诉人有权在认为其权利因远程审判受到明显削弱或因被隐瞒、诱骗而选择该方式时申请退出转向传统庭审模式,以及由于远程审判而造成程序瑕疵或违法而上诉的权利。相应地,如果在远程审判过程中,法官发现被追诉人,特别是老年人对庭审中使用的智能技术不信任甚至有抵触心理,认为本案不宜采用远程方式审理,可以依职权变更为传统的庭审模式。由于网络中断、视频画面模糊、声音卡顿等技术差错的出现,被追诉人有权提出异议,法官需依个案情况采用对被追诉人提供解释、部分环节重新线上进行、转为线下审理等手段分别处理。

其二,被追诉人个人信息保护机制的完善。依据技术正当程序理论,在刑事远程审判中也应当通过赋权和设定义务的方式实现被追诉人个人信息保护,具体应当对被追诉人赋予前提性权利、程序性权利和反制性权利,适度引入个人信息保护的法律原则与机制,等等。在保护程序主体权益、促进刑事司法技术有效运用的双重目的影响下,以规范刑事司法活动为核心的技术正当程序理论和以社会认同、职业伦理为核心的司法伦理规则共同形成了刑事司法智能化发展的行为规制理念与司法人文止境。例如,将被追诉人的阅卷权升级为数据访问权,一定期限内要求司法机关封存或者删除收集的个人信息或者不收集、不保存有关个人信

① 参见陈卫东、崔永存:《刑事远程审判的实践样态与理论补给》,载《中外法学》2021 年第 6 期。

息,尊重被追诉人的被遗忘权等[①]。无救济就无权利,对个人信息保护所规定的有关权利必须得到救济权利的保障才能得以实现,参考传统诉讼权利,可以通过检察监督等方式对其进行救济。

(二)技术保障:寻求司法新技术引入刑事审判

在司法信息化的大背景下,计算机信息技术和司法的结合达到了前所未有的紧密程度,刑事远程审判必然会受到信息技术的制约。随着5G技术的不断发展,我们可以不断寻求引入新技术,以弥补技术漏洞,规避被追诉人权利被侵害等风险。例如,5D全息投影技术(front - projected holographic display),也称虚拟成像技术,是利用干涉和衍射原理记录并再现物体真实的三维图像的技术,[②]将其引入刑事司法领域,就能实现全息庭审。借助云端AI、AR、VR等技术或设备,使得远程画面异地实景呈现,达到增强庭审仪式感和威严的效果,同时增强庭审的对抗性,保障被追诉人权利,使其获得公正审判,符合庭审实质化的要求。再如,进一步探索区块链(blockchain)技术存证,推进司法区块链平台建设。区块链技术不依赖额外的第三方管理机构或硬件设施,没有中心管制,除了自成一体的区块链本身,通过分布式核算和存储,各个节点实现了信息自我验证、传递和管理,再加上其非对称加密的特性,确保区块链上存储的数据高度可靠且不可篡改。[③] 区块链技术与刑事审判的深度融合是未来的发展趋势,严格区块链存证审查标准,充分发挥区块链技术优势,保证使用司法区块链存证系统电子数据的真实与完整,解决刑事司法案件中电子数据认定难的问题。

(编辑:武小琳)

① 参见郑曦:《作为刑事诉讼权利的个人信息权》,载《政法论坛》2020年第5期。

② 参见沈晓霞:《全息投影技术发展前景广阔》,载人民网,http://ip.people.com.cn/GB/n1/2017/0330/c136655-29178544.html,2022年3月12日最后访问。

③ 参见《区块链产品及解决方案服务》,载华为云,https://www.huaweicloud.com/product/bcs.html,2022年3月28日最后访问。

推荐人语

智慧法院的建设丰富了诉讼的方式和手段，尤其在疫情时代，在线诉讼应用范围迅速扩张。该文以2021年《人民法院在线诉讼规则》的生效为背景，从技术与审判结合的角度对在线诉讼加以讨论，选题具有时代性和现实性。以审判的物理“分裂”状态为切入点，对在线诉讼制度的应用价值进行了再衡量，提出的对策建议具有可采性。该文结构合理，层次清晰，是一篇值得阅读的文章。

田力男　中国人民公安大学教授

分裂式法庭审判问题探析

——以技术与审判之间的张力为视角

郝良珍*

摘　要：《人民法院在线诉讼规则》明确赋予了分裂式法庭审判的合法性地位，技术性变革于法律当中的应用离不开技术与法律之间的关系探讨。分裂式法庭审判作为法律应用的一部分，其与技术的耦合难免出现张力。分裂式法庭审判技术给司法过程带来了极大的效率解放并具有理论正当性，但其仍处发轫阶段，“技术——分裂式审判”之间尚有司法剧场效应缺失、低效节点过多、违背司法原则和赋予当事人过多技术负担的张力，本文通过对二者之间张力的审视，提出从审判能力和技术的提升、多向改变对低效节点的消除、审判适用范围的限缩、异步审理期限的明确以及针对区块链证明相关问题的对策以期消弭技术与分裂式审判之间的张力，并提出部分改革建议促进分裂式法庭审判长远发展。

关键词：分裂式法庭审判；技术应用；在线诉讼规则；区块链存证

党的十八大以来，党中央对互联网建设和发展给予了高度关注，在思想、理论

* 郝良珍，中国人民公安大学法学院硕士研究生。

层面为智慧法院建设指明了方向，算法、区块链存证、远程交互等现代信息技术将得到更加广泛应用，智慧法院建设处在了关键发展期。① 在诉讼过程中，参加庭审的主体相处同一空间开展诉讼行为本是我国乃至全世界的传统庭审方式，但随着信息交流技术进步以及相关技术的提升，科学技术的嬗变触动了审判形式的变迁。传统"同场审判"被分裂为"二场""三场"甚至"多场"的形式开展。不同诉讼参与人与审判人员实现了同时不同空或者时空皆异的分裂审判方式。自2000年伊始我国电子诉讼便已启动建设，②在新冠肺炎疫情暴发期间，为避免疫情暴发风险，分裂式法庭审判应用范围大幅扩张。为规范分裂式法庭审判应用，2021年我国最高人民法院发布了《人民法院在线诉讼规则》，明确赋予了以互联网的形式开展法庭审判的合法性。至今分裂式法庭审判已成为未来法庭审判的主要改革方向。分裂式审判在技术层面和制度层面已有所建设，就应用范围来看，大部分集中于民事、行政案件领域，在刑事司法领域，多集中于事实清楚、简单的案件。分裂式法庭审判的应用具有降低人工成本、提升诉讼效率的优势，但技术于司法的运用仍处于发轫阶段，具有异化倾向，与技术应用之间存在张力，仍有发生司法风险的或然性。因此，我们应积极运用风险审视的视角来批判看待分裂式法庭审判的技术应用，以期预防和修正新技术应用所携带的风险，消弭技术与分裂式审判之间的张力。

一、分裂式法庭审判的概念及其特征

分裂指事物分开，一个整体分成两个或者两个以上的部分。在生物学中，分裂多用于表示细胞、器官等研究对象的一种变化形式。在医学当中，分裂多用于形容精神活动不协调等医学疾病。在社会学层面，分裂也多用于政党、国家的结构变化。在法律用语当中，笔者通过检索工具对各部门法法条进行检索发现，"分裂"一词多用于刑法中的分裂国家犯罪当中，用于形容法庭审判还并未出现先例。自公元前6世纪的城邦制下雅典陪审法庭审判伊始，③法庭审判便以处于同一时空秩序的形态进行开展，各诉讼参与主体皆处于同一场域下实施诉讼行为开展诉讼活动。法律规范的效力主要源于人们对某些魅惑性权威，例如神权色彩对法律

① 参见《周强：全面深化智慧法院建设》，载中国长安网，https://baijiahao.baidu.com/s?id=1685063485966181551&wfr=spider&for=pc，2021年10月11日最后访问。

② 参见王福华：《电子诉讼制度构建的法律基础》，载《法学研究》2016年第6期。

③ 参见孔晶：《希腊古典时期诉讼制度研究》，华东政法大学2010年博士学位论文，第20页。

权威性的加持,司法裁判的过程也离不开魅惑性权威的辅助。[①] 在信息技术快速发展的背景下,法庭审判衍生出了各诉讼参与人处于不同时空、场域的状态下开展诉讼活动的分裂形式,将原本同时同空的法庭审判整体分裂为两个甚至两个以上分处不同空间的法庭。在我国在线诉讼规则当中,在线诉讼是指人民法院、当事人及其他诉讼参与人等通过互联网或者专用网络在线完成立案、调解、证据交换、询问、庭审、送达等全部或者部分诉讼环节的活动。[②] 因而,笔者将分裂式法庭审判定义为一种各诉讼参与主体通过互联网或者专用网络在不同空间状态下在线完成法庭审判活动的法庭审判方式。相比于传统同场法庭审判方式而言,分裂式法庭审判具有如下特点。第一,场所分裂。分裂式法庭审判下,审判人员可以处于法院审判庭,当事人可以身处居住场所或者其他适宜法庭审判的场地,人民法院也可以对其场所进行指定。第二,部分案件可以异步审理,在部分民事、行政案件中,各诉讼主体还可通过非同步的方式开展证据交换、调查询问、庭审等诉讼活动。[③] 第三,较多技术加持。法庭技术可以被定义为使用电子设备形式为司法程序提供协助的系统或方法。从技术使用频率上来看,虽然传统庭审方式也在使用技术,但分裂式审判相对其而言在诉讼环节中使用的技术偏多。从技术的种类上而言,传统庭审多使用案件流程跟踪、文件存储等技术,分裂式审判除使用上述技术外,主要还使用信息交流技术、证据存储核验技术等。从技术使用的地位上看,技术在传统庭审中处于辅助地位,仅作为审判附加工具加以使用,而在分裂式法庭审判当中,技术处于支撑地位,脱离了远程信息交流技术则分裂式法庭审判无法开展。第四,适用范围有限。在案件范围上,《人民法院在线诉讼规则》将分裂式法庭审判限制在民事、行政、刑事案件范围,并且刑事案件适用空间逼仄,限制在刑事速裁程序案件,减刑、假释案件,以及因特殊原因不宜线下审理的刑事案件。[④] 在诉讼环节上,《人民法院在线诉讼规则》关于立案、证据交换等诉讼活动的规定,原则上均不适用于刑事案件。[⑤] 在上述四点不同特征中,其中,技术加持是分裂式法庭最为明显、不可阙如的一个重要特征,法庭审判作为一项维护社会公平正义重要司法活动,大量技术迅速嵌入其中,难免在“技术——审判”之间产

① 参见段厚省:《远程审判的双重张力》,载《东方法学》2019 年第 4 期。

② 《人民法院在线诉讼规则》第 1 条。

③ 《人民法院在线诉讼规则》第 20 条。

④ 《人民法院在线诉讼规则》第 3 条。

⑤ 参见刘峥、何帆、李承运:《〈人民法院在线诉讼规则〉理解与适用》,载《人民司法》2021 年第 19 期。

生张力，延宕人民法院智能化进程。由于刑事案件适用范围有限，实践中使用分裂式审判多用于民事案件，因而笔者将本文讨论范围集中于民事案件审判。

二、"技术——法律"之间张力的分析思路建构

法庭审判过程中，远程信息交流技术的嵌入拓展了庭审的方式，在原有现场式庭审的基础上，衍生出了分裂式的法庭审判程序。通过远程方式开展审判活动一方面节约了审判过程中的时间成本、路途成本，另一方面在疫情背景下有助于减少非必要的接触。分裂式法庭审判相较于传统庭审，一个显著的不同就是我们需要认真对待分裂式法庭审判中"法律"与"技术"的关系。这种审判方式正在影响技术与法律、甚至技术与人之间的关系格局。分裂式法庭审判规则构建了一项新兴审判制度，新制度主义者诺思认为：无论是惯例、法律还是契约，制度总是处在演化之中，制度的作用是通过事先建立明确规范、架构来加强事态发展的可控性。① 对于分裂式法庭审判制度，我们需着眼于"技术——审判"之间的张力，借助技术分析思路看待不断变化的法律世界问题。

"人把世界作为对象整体摆到自身面前来，并把自身摆到世界面前去。"②海德格尔认为技术是人在世界当中的显现。"制定法并不表达传统，而是人类意志。"③拉德布鲁赫认为制定法是人类意志的表达。技术和法律都是人和社会的产物，是以人和社会为基础建构起来的。基于此，我们可延伸思考④。其一，技术和法律是人的主体性的展现，人和人的社会作为主体，技术和法律是其建构。技术的社会形成论认为，社会不同群体的需求、背景以及政治格局等决定着技术的未来走向。⑤ 因而，法律的运作也在不同程度地影响着技术发展方向。其二，技术既然是人的建构，从辩证的角度看待，其也必然具有两种属性：一方面，法律世界中的技术是主体性的"展示"，其产生和应用源于法律现实的需要，是司法运作争取解放的行为结果，给司法实践带来了一定的正向价值；另一方面，技术具有"双重性"，在应用过程中势必会释放出相反的力量，这种力量可以体现在个体层面、国家层面、社会层面等不同维度，在法律维度表现为在技术与法律之间出现张力，如

---

① 参见[美]道格拉斯·C.诺思：《制度、制度变迁与经济绩效》，杭行译，韦森译审，格致出版社、上海三联书店、上海人民出版社2014年版，第6页。

② [德]海德格尔：《林中路》，孙周兴译，商务印书馆2019年版，第264页。

③ [德]拉德布鲁赫：《法学导论》，米健译，商务印书馆2013年版，第14页。

④ 参见安维复：《走向社会建构主义：海德格尔、哈贝马斯和芬伯格的技术理念》，载《科学技术与辩证法》2002年第6期。

⑤ 参见陈其荣：《科学技术哲学论集》，上海人民出版社2017年版，第217页。

刑事偶然性加剧[①]、算法自动化决策与正当程序冲突[②]等现象,法庭审判作为法律应用的一部分,技术在其嵌入的过程中势必也会产生对立的力量,我们必须对其之间产生的张力进行检视。

法律在影响技术发展进路的同时,技术也给其带来了解放价值,同时二者之间的张力伴随产生。因而,笔者意图以"技术——分裂式审判"之间的张力为中心,以此来分析信息交流等技术在分裂式法庭审判中的应用,意图为消除技术与分裂式审判之间的张力提供可行性进路。

三、技术应用给分裂式法庭审判带来的解放

在分裂式法庭审判程序中对技术带来的解放进行审视,我们可以从实践和理论两个角度进行分析。侧重实践角度而言,分裂式法庭审判程序促使"诉讼程序生产力"提升;侧重理论角度而言,其也为分裂式法庭审判程序提供了程序正当性论证。

(一)分裂式法庭审判技术的实践解放分析

法律规则和市场价格都构成了对行为人的约束条件,规则如同价格在潜在地对人们作出的选择产生作用,因此可以确信法律规则约束下的行为选择和市场价格下的行为选择所依据的逻辑大致相同。[③] 面对分裂式审判与现场庭审审判的两种审判方式,出于利益考量,多数人在规则允许范围内会选择更为便利的前者。技术给予审判规则改变的空间,规则的变动也影响着人们在司法程序中的行为选择。对于分裂式法庭审判而言,其全面适用必将需要投入资源以对传统庭审结构实现改造,用以建设可以包容两种审判方式的法庭结构和制度,包括分裂式法庭审判设备的建设、技术使用研发投入、制度的变迁以及预防潜在风险等内容,多集中于分裂式审判方式适用之前。待投入达到一定程度,则转变为司法回报,表现为社会整体层面司法效率的提升,对公平正义的普及和相关主体诉讼成本的降低,针对案件难易程度对司法资源做出合理配置,大多体现于分裂式审判适用过

---

① 如对测谎仪技术的过度依赖会导致归责、惩罚的不公平处理。参见[美]安德烈亚.罗思:《论机器在刑事审判中的作用》,赖玉强、蒋艳林译,载赵万一、侯东德主编:《法律的人工智能时代》,法律出版社2020年版,第170—176页。

② 指算法自动化决策的嵌入使行政活动逃避了行政正当程序的控制。参见张凌寒:《算法自动化决策与行政正当程序制度的冲突与调和》,载《东方法学》2020年第6期。

③ 参见冯玉军:《法经济学范式研究及其理论阐释》,载《法制与社会发展》2004年第1期。

程之中。例如,天津市第一中级人民法院通过“远程视频庭审”审理的一起离婚纠纷上诉案件,既防止了交叉感染,又节约了司法成本。① 又如《人民法院在线诉讼规则》当中规定适用在线诉讼的案件,人民法院应当利用技术手段同步生成电子卷宗,相关电子诉讼材料的签字确认、送达皆可通过网络在线进行。可见,技术于司法程序中的嵌入在保障了疫情防控的同时,还节省了司法人员和诉讼参与人往返的时间成本,极大地提高了诉讼效率,节省了司法资源,实现了效率价值的最大化,在一定程度上保障了当事人的相关诉讼权利。②

(二)分裂式法庭审判的正当性分析

传统诉讼活动突破同一建筑空间,使用远程设备和技术开展司法审判活动,带来的不仅仅是法经济视角下的效率提升、当事人讼累的减轻,还与我国“执法为民”的理念相契合。“马锡五审判方式”在司法过程中,“马锡五式审判人员”携卷将法庭建设在人民群众的身边,深刻体现了我国法治建设中以人为本的特色,拉动了司法亲民化建设。在不同的时代背景下,司法亲民化理念需要秉持,然其实践的方式可以改变。在分裂式法庭审判过程中,审判主体与原被告双方的诉讼关系并未改变,在原有的诉讼结构下,审判机构仍保持原有的功能和地位。与传统审判程序相比,分裂式庭审方式下各方无须再为开庭奔波劳累,消耗时间和金钱成本。例如在合肥市中级人民法院审理的一起民间借贷案中,三名被告身处三地,相隔百余公里,利用“智慧法院”审判系统,各方在不同场所、无人员聚集状态下,实现了分处不同地区的诉讼参与主体“面对面”交流。③ 由此看来,分裂式审判使司法更加契合人民群众需求,符合“司法为民”的价值理念。

四、“技术——分裂式审判”之间存在的张力

(一)技术使用之虚拟性与分裂式审判存在张力

传统庭审方式之所以可以被分裂成多场的形式,主要还是依赖于媒介技术,同时也包含了区块链存证技术、存储技术、验证技术等附加辅助。而媒介技术具有虚拟性,人像传送、声音记录、图片存储等是人在虚拟世界以电子化形式进行的

① 参见《院领导远程开庭审理一起民事案件》,载天津市第一中级人民法院网,https://tj1zy.chinacourt.gov.cn/article/detail/2020/03/id/4828734.shtml,2021 年 10 月 20 日最后访问。

② 参见田力男:《远程侦查讯问程序问题研究》,载《中国刑事法杂志》2021 年第 5 期。

③ 参见周瑞平、张敏:《合肥首次运用远程视频庭审系统审理民事诉讼案》,载中国法院网,https://www.chinacourt.org/article/detail/2017/03/id/2559782.shtml,2021 年 10 月 25 日最后访问。

建构,是人造世界的展现,媒介技术力求对现实世界作出真实反映,例如音像追求清晰、立体以及3D技术在法庭审判当中应用[①],这反映出媒介技术在逐步克服虚拟特性。虚拟性体现在审判过程中,则表现为司法剧场效应的缺失。司法的剧场化是指在以“剧场”为符号意象的人造建筑空间内进行的司法活动类型。[②] 从空间上来讲,整体性和封闭性是“剧场化”的明显特征,剧场观演者与参演者处在同一场域,强调亲历性。从形式上来讲,仪式性也是剧场的必备要素。场景的布置、衣服穿着甚至场内所允许存在的动作、声音都有较为具体的要求标准。人们通过精心设置特定的剧场来达到预设目的或者为特定行为活动提供支持。分裂式庭审虽大大提升了诉讼效率,但也将传统庭审所具备的剧场要素冲击掉落,主要体现在以下几个方面。

首先,现实层面在脱离现场化的同时,实质上也降低了人与人之间行为交往的社会性。法官、当事人以及其他诉讼参与人面对冰冷沉默的电子设备开展诉讼行为,无法和日常生活正常交流一样通过察言观色来判定背后的准确含义。

其次,《人民法院在线诉讼规则》虽然规定了案件审判可以由人民法院指定出庭场所来保持法庭审判严肃性,[③]但相比而言仍有缺憾。在传统庭审肃穆的场景布置下,特别是宣布开庭与休庭、敲击法槌、宣告判决等种种体现法庭严肃性的要素与现场庭审相比难以发挥教化威慑作用。因此分裂式法庭审判使法庭严肃性降低的缺陷为人所诟病。

最后,远程庭审缺乏秩序性。民事案件多涉及当事人人身、财产等重要权益,对证据的审查、法庭的举证质证、辩论等审判环节需要慎之又慎,远程庭审一般需要数个小时甚至更长时间,而期间很容易出现视频卡顿、断网等意外情况,极易对法庭的审理秩序造成侵犯。

(二)技术使用之低效节点与分裂式审判存在张力

技术于司法审判中的低效并非单指审判效率的降低,还囊括整个审判进程的迟延,可以体现于诉讼的各个方面,而出现低效的原因并非仅纯粹的源于技术本

---

① 参见《3D展示!济南中院首次运用“3D证据建模技术”在线开审一起专利权纠纷案件》,载微信公众号“济南中院”,https://mp.weixin.qq.com/s/X4qcoWwNk3aS3GyNLbBGpQ,2021年10月26日最后访问。

② 参见舒国滢:《从司法的广场化到司法的剧场化——一个符号学的视角》,载《政法论坛》1999年第3期。

③ 《人民法院在线诉讼规则》第24条。

身,多数时候是人为产生。一方面,“最小化参与、最大化效率”的技术应用逻辑并不必然衍生出效率提升的理想效果。[①] 分裂式法庭审判的多数程序节点需要的是反向应用逻辑,即人为参与频率在某些节点上应高于技术参与。如对判决的产生主要由法官根据案件整体情况作出判断而非凭借科学技术生产。另一方面,技术是人的建构,技术无法完全脱离人为操作进行自我产生创造、使用、更新从而具有完全独立自主性。分裂式法庭审判处于适用之初,效率优势还并未凸显。如在四川省成都市双流区人民法院的60名受访者中,35人感觉分裂式审判所耗费的时间更多一些,另有19人认为分裂式审判起到了诉讼时间缩减的作用,4人未给出答案,2人给出了“差不多”的模糊性答案。[②] 笔者认为,分裂式法庭审判中存在低效节点阻碍了审判进程。

首先,在材料提交节点,纸质材料向电子材料的转化是否真正可以加快诉讼进程?《人民法院在线诉讼规则》第13条规定,当事人提交的电子化材料,符合“对方当事人对电子化材料与原件、原物的一致性未提出异议”、“电子化材料形成过程已经过公证机构公正”、“电子化材料已在之前诉讼中提交并经人民法院确认”等情形之一的,才可以认定符合原件、原物形式要求。据此,相较于传统庭审直接提交诉讼材料,在线诉讼则多出一道材料电子化上传的程序。诉讼中呈交的材料繁多(起诉状、答辩状、书证等),再将其电子化是否真正加快诉讼进程?并且对于一部分当事人来讲,将材料进行电子化会平添技术困难,是否会对当事人增加诉讼负担?《人民法院在线诉讼规则》虽规定当事人将线下材料电子化处理确有困难的,人民法院辅助当事人进行材料转化,[③]但这仍需当事人前往法院进行操作。

其次,在证据证明节点。近些年,区块链存证技术迅速嵌入我国司法实践过程,在“同步存证”的情况下,人民法院只需着重通过“技术核验”证明上传后的证据未被篡改即可。而对于一些上链前即已存在的证据,相对而言问题较多。[④] 相关审查主体仍需对证据上链前的真实性进行核查,相比于直接在链上生成的证据而言,上链前生成的证据多出一道入链前真实性审查程序。因而,原始生成还是后期上链转化区块链证据生成方式对司法机关的证据审查效率产生了重要影响。

---

① 参见徐雅倩:《技术、国家与社会:技术治理的现代面向及其反思》,载《自然辩证法研究》2021年第6期。

② 左卫民:《中国在线诉讼:实证研究与发展展望》,载《比较法研究》2020年第4期。

③ 《人民法院在线诉讼规则》第11条。

④ 参见蒋鸿铭、吴平平:《〈人民法院在线诉讼规则〉区块链证据规则若干问题探析》,载《法律适用》2021年第7期。

(三)技术使用之原则违背与分裂式审判存在张力

使用技术将“面对面”交流之形式代替为“屏对屏”的交流形式,技术在保留现实要素的属性之时,也改变了其存在的形式和传播途径。然而,这种交流方式归根结底是在直接交流中间嵌入了外在媒介。相对于传统庭审而言,目前在线诉讼法庭审判中所使用的技术根本不可能对其100%进行还原,因此,分裂式法庭审判技术具有间接性,这与法庭审判的直接原则和集中审理原则相违背。

直接原则强调对法庭审判程序的支配性。包括两方面的含义:一是“在场原则”,各诉讼参与主体精神和体力上都必须参与至审判活动当中;二是“直接采证原则”,即从事法庭审判的法官在法庭调查和采纳证据过程中必须亲力亲为,证据只有经过法官以直接采证方式获得才能作为定案的根据。① 直接原则本是为应对书面审理和间接审理而应用,在分裂式庭审方式下,审判人员与各诉讼参与方在空间上处于分离状态,对证据的审查、当事人以及其他诉讼参与人的陈述等审判活动的开展处于间接状态,这与我国直接审理原则相违背,不利于案件公正审理。如在实践调查中,部分被访谈的法官表示法官着法袍坐在庭上的直接发问和在屏幕上对当事人发问的效果差距很大,从而影响了法官对法庭证据的审查。② 如前所述,分裂式法庭审判违背了直接原则,庭审的教化等辐射功能也被减弱。

集中审理原则与并行审理原则相对,旨在追求尽快将一个诉讼事件审理完成后,再行安排另外一个诉讼事件的审理。③《人民法院在线诉讼规则》第20条第1款规定:“经各方当事人同意,人民法院可以指定当事人在一定期限内,分别登录诉讼平台,以非同步的方式开展调解、证据交换、调查询问、庭审等诉讼活动。”有学者认为,异步审理方式仍然为间断性的审理方式,偏离了民事诉讼集中审理原则中案件审理集中、证据调查集中、言词辩论集中的要求。④

(四)技术使用之负担性与分裂式审判存在张力

新技术的应用不可避免地会对嵌入领域产生冲击,体现于审判程序当中还表

---

① 参见陈瑞华:《刑事审判原理论》,北京大学出版社1997年版,第183页。

② 参见左卫民:《中国在线诉讼:实证研究与发展展望》,载《比较法研究》2020年第4期。

③ 参见林洋:《互联网异步审理方式的法理思辨及规则建构》,载《甘肃政法学院学报》2020年第4期。

④ 参见杨瑞:《异步审理方式对民事诉讼法理的挑战与回应》,载李峰主编:《司法智库》2019年第1卷,厦门大学出版社2019年版,第168页。

现为对诉讼权利的影响。司法实践中，区块链证据仍然在采取“证据链+国家公证”的传统证明模式，借助公证机构公证力为其背书，摒弃了区块链本身的技术证明作用。[①] 然则区块链存证的技术价值绝不仅限于此。分裂式法庭审判过程中，技术的使用有时会给当事人造成权利“负担”。司法审判对于区块链证据仍秉持“谁主张，谁举证”的举证策略，而牵扯到区块链技术证明的专业领域问题，绝大多数当事人不明白区块链的工作机制，需要委托或者借助相关专业人士帮助，针对存证平台、信息系统和技术使用的合规合法性作出证明。也很有可能囿于专业知识不够而导致当事人放弃针对区块链存证的举证，甚至放弃自身利益的追讨终止诉讼。将技术性问题交由毫无技术背景的当事人解决，这与开展在线诉讼的便民利民等原则相违背。而《人民法院在线诉讼规则》第19条虽规定当事人可申请具有专门知识的人就相关技术问题提出意见，但这是否又涉及“成本——效益”之问题？

五、消除“技术——分裂式审判”之间张力的进路

总的来看，在线诉讼中关于分裂式法庭审判的相关规定与我国司法改革相向而生。关于技术与分裂式审判之间张力产生的原因，既有技术本身带来的弊端，也有人为规定的不恰当之处。只有在对器具的实践活动与它的制作目标相一致时，器具才称之为有效。[②] 因此，若想对技术与分裂式审判之间的张力进行消弭，一方面需要对原有技术要素或者相关规定作出改变，另一方面需要在原有存在的基础上加以创新，加入新的要素和规定对其进行完善，使技术的使用符合原有创设目的。

（一）审判能力与技术的双向提升

分裂式法庭审判实现了不在同一物理空间开展法庭审判的“多场”审判方式。很多学者指出其造成法庭审判仪式性丧失这一弊端。有人认为，学者们之所以产生这一反思，原因是我们运用了“工业时代思维”去思考“信息时代思维”的法庭转变，[③]分裂式法庭审判并未造成仪式性要素的缺失，更多的是囿于各要素通过网络形式呈现在电子屏幕里面，以致产生各要素展现的现实性不足的臆想。对于法

① 参见张中、赵航：《建立区块链证据采信新规则》，载《检察日报》2021年6月25日，第3版。

② 参见包国光：《海德格尔生存论视域下的技术》，中国社会科学出版社2011年版，第96页。

③ 参见陈锦波：《论信息技术对传统诉讼结构的结构性重塑——从电子诉讼的理念、价值和原则切入》，载《法制与社会发展》2018年第3期。

庭审判要素的“物理存在”转为“电子存在”,呈现形式的转换并未改变其真实性。对于仪式性的意涵,或许需要突破原有思维禁锢,去审视分裂式法庭审判对于外在交流形式改变的同时,有没有对法庭审判的核心价值进行扭转。另外,笔者建议还可以从审判能力与技术的双向提升对虚拟性予以消解。

一方面,分裂式法庭审判处于不同空间状态下开展,并且处于初始阶段,审判人员对审判进程的驾驭掌控能力与传统庭审相比稍有逊色。为了保证分裂式审判的有效进行,审判人员不仅需要灵活运用法学专业知识的能力,还应加强信息网络技术的应用能力,加强对其操作技能的培训。将专业知识能力与技术操作能力结合,充分提升审判人员的远程审判能力。另一方面,仪式性要素已经尽可能在分裂式法庭审判中体现,以消弭信息交流技术的虚拟性。但除场景、物品的构造之外,还应着重于技术的升级来加强交流的流畅性、语音清晰性等,提升交往行为的真实感。另外,在一些学者的实践调查中反映分裂式审判中一些当事人极易出现随意走动、通话等扰乱法庭秩序现象,[①]笔者建议应出台与分裂式审判配套的法庭秩序维护规则,因分裂式审判中违反法庭秩序行为具有高发性特点,应适当加大对违反法庭秩序的司法惩戒力度。

(二)以多向改变消除低效节点之存在

技术源于需求,但技术也创造需求。局部来看,分裂式法庭审判当中的一些节点具有重复性以致具有明显低效性。对于分裂式法庭审判技术的构建,应当在加快诉讼进程的同时将程序公正作为底线并结合现有技术发展程度从整体的角度加以看待。首先,对于材料的呈交方式,笔者认为应加入“材料邮寄”程序供当事人进行选择,一是出于对材料数量众多的考量,二是邮寄方式可以避免上传材料的技术难题。对于审判人员来说,无论是采取电子化还是邮寄的方式进行材料提交,都不会给其增加审阅负担,因而,给予当事人两种方式予以选择并作出对比,有利于当事人作出对自身更为便宜的选择。其次,采取电子化确实比邮寄材料更便宜的,对于当事人材料上传涉及的技术问题,急需提升当事人一方参与分裂式审判的基础技术能力,而当事人群体范围广泛,整体水平提升难度较大,实践中可以将技术能力提升主体集中于律师,集中开展培训并作为职业技能纳入考核,以便担任代理人时可以协助当事人开展技术操作。最后,对于上链前的证据真实性证明导致当事人成本增加的问题,以及区块链存证涉及的专家辅助人出庭

---

① 参见左卫民:《中国在线诉讼:实证研究与发展展望》,载《比较法研究》2020年第4期。

的问题。区块链本身的优势在于上链后证据真实性的保障,而上链前证据真实性的证明程序延宕了区块链证明的效率。因此,应增加司法机关、存证平台、当事人之间的数据对接、证据举证和交换,增加“即时上链”的区块链证据比例,减少对区块链证据上链前真实性的证明程序。①

于效率公正之间的平衡来讲,采取成本较高的方式本意是在保持最大化效率提升的情况下,维护法庭审判的程序正义。以更宽广的角度来看,分裂式法庭审判的整体成本是有所降低的,因而增加了裁判上正义之供给的充分性,缓解了国民对于裁判正义的“饥渴”。②

(三)适用范围限缩与明确期限以弥补原则

对于直接原则的违背,笔者建议将分裂式法庭审判的适用范围加以限缩,从而减轻其不良影响。纠纷属性与程序类型的区分对是否可以适用分裂式法庭审判具有重要影响,分裂式法庭审判于民事诉讼中的全面适用存在一定隐患,从纠纷属性来讲,金钱债务、人身关系等案件需要从难易程度方面对分裂式审判的适用加以限缩;从程序类型上来讲,案件所适用的是一审程序还是二审程序、事实审还是法律审、是民事特别程序、督促程序还是普通程序,可以根据程序的繁简程度对分裂式法庭审判的适用加以区分。③ 因而,对于适用范围的限缩,笔者建议在结合案件难易复杂程度的基础上加以考量分裂式审判适用的程序类型,主要侧重于简易案件以及偏程序性审理案件,对难度较大、复杂的案件以及偏事实性审理的案件谨慎适用。另外对于直接原则的违背还可以通过技术加以弥补。随着5G、3D投影等技术的发展,在分裂式审判过程中可以实现对庭审参与者的动作、神态以及其他细节性的观察,并且,对于重点内容,法官与当事人等还可以借鉴体育比赛慢动作回放的方式对存疑环节进行重点审查。④

对于集中审理原则的违背,应确定具体的“行权期”,贯彻适时提出主义以及失权主义的要求。⑤ 现行规定仅要求人民法院在一定期限内,要求当事人开展异步审理活动。而在民事诉讼中,双方当事人都需承担诉讼促进义务,面对对方提

① 参见张中、赵航《建立区块链证据采信新规则》,载《检察日报》2021年6月25日。
② 参见段厚省:《远程审判的双重张力》,载《东方法学》2019年第4期。
③ 参见高翔:《民事电子诉讼规则构建论》,载《比较法研究》2020年第3期。
④ 参见左卫民:《中国在线诉讼:实证研究与发展展望》,载《比较法研究》2020年第4期。
⑤ 参见林洋:《互联网异步审理方式的法理思辨及规则建构》,载《甘肃政法学院学报》2020年第4期。

出的观点或者要求,必须在合适的时机予以反驳、防御,否则会产生相应失权效果。① 因而笔者建议分裂式审判的规定应明确异步审理的具体间隔期限,对于超过期限参加审理活动的当事人规定具体的制裁方式,如由当事人承担迟延的费用或者给予一定惩戒,以避免对诉讼程序造成的过分拖延。

(四)完善区块链证明机制和证明责任归置

从分裂式法庭审判过程中区块链技术应用的广泛程度和重要程度来看,区块链存证是不可忽视的一项重要技术。这一观点在《人民法院在线诉讼规则》对区块链回应的篇幅当中也有所体现。作为一项具有难度的技术存在于司法过程当中,将证明责任归置"势单力薄"的当事人一方,势必会给其增加诉讼技术负担,鉴于此,笔者建议从区块链证明机制和证明责任的分配两个方面加以完善。

首先,对于区块链证据,由"谁主张,谁举证"的传统举证策略转为司法机关证据调取机制。② 如杭州互联网法院与多个电商平台实现证据传输,数据共享,立案后,当事人仅需输入相关订单号码,系统便会自动连接电子商务平台,提取相关信息材料,再利用区块链技术对证据进行保全。③ 当事人作为参与诉讼的"普通主体",并不具备司法机关的资源、人才、技术等优势,并且区块链存证使用相关技术还未大范围普及,依赖当事人及其代理人对区块链存证问题进行证明会加重当事人一方诉讼负担。区块链存证审查技术性较强,审判组织主要通过分配证明责任,经当事人举证质证、陈述辩论、听取专家辅助人意见、进行专业鉴定等环节和方式,综合各方意见作出判断。④ 建议以司法机关对区块链证据调取的方式减轻提出区块链证据一方当事人的负担,加强司法机关与区块链存证平台之间的证据存储、交换对接,实现公证机构与司法机关无缝传证。相比于已经生成再由当事人后上链的证据,这种做法一方面可以减少当事人的诉讼成本,另一方面可以方便法院调取证据,从而通过技术证明来验证证据上链之后的真实性和原始性。出于防止伪造篡改证据风险的考量,除专门的存证机构之外,还可考虑与银行、企业、政府等主体,对一些采取线上模式的可以用于存储的文件、资料,在完成之后

① 参见马龙:《民事诉讼中逾时提出攻击防御方法之规制研究》,武汉大学 2017 年博士学位论文,第 32—54 页。

② 参见张中、赵航《建立区块链证据采信新规则》,载《检察日报》2021 年 6 月 25 日。

③ 参见陈国猛:《互联网时代资讯科技的应用与司法流程再造——以浙江省法院的实践为例》,载《法律适用》2017 年第 21 期。

④ 参见刘峥、何帆、李承运:《〈人民法院在线诉讼规则〉理解与适用》,载《人民司法》2021 年第 19 期。

直接上传至区块链或者数据存储库，待相关数据信息涉及案件诉讼之时，由法院直接进行调取，这样既可以压缩证据作伪空间，最小化证据伪造篡改风险，亦可便宜诉讼进程开展。

其次，在减少传统证据转化区块链证据、增加"即时区块链"证据的同时，基于我国区块链存证平台均有公证机关与鉴定机构进行存证的现实情况，可以考虑发挥三主体的信用保证作用，对上链前证据的真实性予以保证。① 笔者建议上链前证据真实性由公证机关对其负有保障责任。一是公证机关具备强势资源和渠道并且与存证平台和鉴定机构在现实中互相合作，开展上链前证据真实性审查判断较为便利、高效；二是将上链前证据真实性审查前置于诉讼过程开展，可以有效提升诉讼效率，符合在线诉讼公正高效原则。在公证机构、鉴定机关、存证平台三方或者其中两方同在的情况下，应当明确保障证据真实性具体的责任承担者，以防出现问题而互相推诿，由于公证机关行使的是国家公证职能，建议主要由公证机关承担上链前证据真实性的保障责任，对其余两方主体可以考虑从从业资质、罚款等方面进行惩处。

六、结语

信息技术的嬗变为法庭审判朝高效、便利的方向发展提供了条件，同时也在扩大司法让人民在案件当中感受到的公平正义范围。技术应用的过程，无非就是技术与人相处的过程。对于技术与处于司法过程中的人相处，更要平衡好人与技术之间的关系。司法与技术的耦合涉及个人利益与整体利益的价值平衡问题，技术的创新与思维、制度的突破都需要紧跟技术给法庭审判带来的变革。在分裂式法庭审判技术使用上，未来5G技术应用、存证平台的兴起甚至是3D投影技术应用于分裂式法庭审判皆可成为现实，因而技术于司法的应用值得我们深耕，从而推动"智慧法院"往更高阶发展。

（编辑：武小琳）

---

① 参见张中、赵航：《建立区块链证据采信新规则》，载《检察日报》2021年6月25日。

推荐人语

少捕慎诉慎押，已经由刑事司法理念上升为刑事司法政策。从宏观上来看，检察机关的捕诉权力，均是社会治理的一种手段。能够使用民事、行政等前置措施解决的，就不应该提起刑事追诉。该文对“慎诉”理念进行了初步解读，选择相对不起诉作为主要研究对象，结合数据统计、典型案例、地方经验，系统梳理了“慎诉”的程序与机制障碍，并提出了具有针对性的完善建议，展现出动态平衡的司法观。

陈苏豪　南京审计大学法学院讲师

社会治理视域下“慎诉”理念的实践向度

——相对不起诉制度扩大适用的再审视

卢　菲　苏志远*

摘　要：新时代贯彻少捕慎诉慎押与宽严相济的刑事政策，落实司法人权保障，对检察机关参与社会治理提出新要求。随着认罪认罚从宽制度的深化适用，推动刑事案件繁简分流、建构轻微罪多层次治理体系，需要借助相对不起诉制度发挥更高效用。然而，在传统对抗性司法的偏在影响下，相对不起诉制度的适用标准模糊、适用程序烦琐、继续处理机制混乱等问题阻碍了“慎诉”理念的司法贯彻。基于此，应当采取以下方案：明确相对不起诉的适用标准，转变监督模式，注重相对不起诉处理后的制度衔接与保障，推动不起诉裁量权的科学化、规范化行使。

关键词：社会治理；慎诉；认罪认罚；相对不起诉；不起诉裁量权

---

* 卢菲，中国政法大学证据科学研究院硕士研究生；苏志远，中国政法大学刑事司法学院硕士研究生。本文为2020年度中国人权研究会一般项目“认罪认罚从宽案件被害人人权保障研究”（项目编号：CSHRS2020－16YB）、2020年中国政法大学硕士研究生创新实践项目“认罪认罚案件相对不起诉制度监督机制研究”阶段性成果。

一、问题的提出

2021 年 4 月,中央全面依法治国委员会首次将"少捕慎诉慎押"司法理念确立为党和国家的刑事司法政策。现阶段,轻微刑事犯罪案件的受理数量急剧上升,轻罪案件的质效无疑成为影响社会治理现代化成效的重要衡量指标。在所有不起诉案件中,相对不起诉处理的案件占不起诉案件的主要部分。据统计,2013—2015 年,我国刑事案件的相对不起诉率分别约为 3.7%、3.6%、3.5%。[①] 自 2016 年 9 月起,刑事案件认罪认罚从宽制度在 18 个城市开始进行试点,司法实践中逐渐形成以是否认罪认罚为区分标准的刑事案件程序分流模式。[②] 在适用认罪认罚从宽制度的轻微罪案件中,由于犯罪嫌疑人本身可能被判处较轻刑罚,"量刑从宽"的空间较小,而"不起诉从宽"可以使犯罪嫌疑人直接摆脱"罪犯"的标签,早日回归社会,具有更大的激励效应。在此背景下,2017 年全国认罪认罚案件不起诉处理的占 4.5%。[③] 2018 年至 2021 年,全国刑事案件不起诉率分别为 7.7%、9.5%、13.7%、16.6%。[④] 可以看出,随着认罪认罚从宽制度试点的逐步推进与认罪认罚从宽制度的立法化,我国不起诉率总体呈平稳上升趋势,这意味着不起诉制度在刑事案件分流中发挥着越来越大的作用,顺应最高人民检察院提出扩大相对不起诉在认罪认罚案件中适用的要求。

可以说,认罪认罚从宽制度为相对不起诉的扩大适用带来了新的发展契机,激活了不起诉案件分流的属性,为轻罪治理提供了一种可靠的方法。但是鉴于相对不起诉本身适用范围语义模糊、内部审批程序烦琐等问题,理论界和实务界对相对不起诉的扩大适用存在种种疑虑,即过于严苛的内部制约容易限制适用,而放松约束则又会出现滥用的隐忧。因而,不起诉裁量权的适用亟待在限制适用和

---

① 参见向燕:《我国认罪认罚从宽制度的两难困境及其破解》,载《法制与社会发展》2018 年第 4 期。

② 参见熊秋红:《比较法视野下的认罪认罚从宽制度——兼论刑事诉讼"第四范式"》,载《比较法研究》2019 年第 5 期。

③ 参见最高人民法院、最高人民检察院《关于在部分地区开展刑事案件认罪认罚从宽制度试点工作情况的中期报告》,2017 年 12 月 23 日在第十二届全国人民代表大会常务委员会第三十一次会议通过。

④ 参见《2019 年全国检察机关主要办案数据》,载最高人民检察院官网,https://www.spp.gov.cn/xwfbh/wsfbt/202006/t20200602_463796.shtml#1,2021 年 10 月 1 日最后访问;

参见《2020 年全国检察机关主要办案数据》,载最高人民检察院官网,https://www.spp.gov.cn/xwfbh/wsfbt/202103/t20210308_511343.shtml#1,2021 年 10 月 1 日最后访问;

参见《2021 年全国检察机关主要办案数据》,载最高人民检察院官网,https://www.spp.gov.cn/spp/xwfbh/wsfbt/202203/t20220308_547904.shtml#1,2021 年 10 月 1 日最后访问。

恣意滥用之间寻求一种平衡,以消解实务工作者“不敢”扩大适用、“不规范”适用的两难困扰。与此同时,也应当充分发挥相对不起诉顺应现代司法宽容精神之要求,减少社会对抗、修复社会关系,完善相应的后续保障措施,实现宽严相济的刑事政策与法律效果、政治效果和社会效果的统一。

二、“慎诉”理念的逻辑展开

认罪认罚从宽制度的深化适用,引导刑事司法理念由惩罚性诉讼理念向恢复性司法理念转变,实质上也为不起诉裁量权的扩大适用减少了阻力。在充分考量起诉必要性的基础上落实“慎诉”的要求,无疑是提升诉讼效率的重要途径。而通过不起诉的方式给予犯罪情节轻微、社会危险性小的犯罪嫌疑人悔过自新的机会,意味着可以最大限度地提高办案的质效。

(一)契合宽严相济的刑事政策

2020年张军检察长在《最高人民检察院工作报告》指出,判处三年有期徒刑及以下刑罚的案件从2000年占53.9%升至2020年的77.4%。[①] 现阶段,我国经济社会不断发展,犯罪结构发生轻罪为主的转变,随着国家治理体系和治理能力现代化建设的不断推进,轻罪案件的办理质效直接影响着司法活动的整体发展进程。

相对不起诉制度是宽严相济刑事政策的重要体现。随着司法责任制改革和员额制改革的落实,在检察环节对案件进行繁简分流是化解案多人少矛盾的应然选择。在合作性司法理念和恢复性司法理念的指引下,审查起诉阶段自愿认罪认罚的犯罪嫌疑人,经检察机关评估,符合相对不起诉的条件,可以获得不起诉的刑事从宽待遇。这种处理既是现代司法宽容精神的体现,又是检察机关参与社会治理,推进减少社会对抗,修复社会关系、引导社会大众观念转变的要求。刑事入罪对公民个人及其后代有不可估量的影响,如失业压力、名誉损失、家庭破裂等,容易诱发重复犯罪、报复犯罪等社会问题。而认罪认罚案件相对不起诉通过对案件的情节、性质等进行审查,分流轻微罪案件,避免不必要的入罪,可以消解犯罪嫌疑人对自身有“犯罪前科”的顾虑,便于对其教育和改造。此外,在检察环节实现案件分流,减少轻微案件的所占时间,法院可以将更多时间、资源投入疑难复杂案

① 参见《最高人民检察院工作报告(第十三届全国人民代表大会第四次会议 张军 2021年3月8日)》,载最高人民检察院官网,https://www.spp.gov.cn/spp/gzbg/202103/t20210315_512731.shtml,2021年10月20日最后访问。

件的处理中,有助于促进司法资源合理配置。

(二)衔接认罪认罚从宽制度

异于对抗性司法体现的传统程序正义理念,认罪认罚从宽制度蕴含着一种协商性程序正义价值,赋予犯罪嫌疑人与检察官平等自主协商、自愿认罪和自愿反悔的机会。① 认罪认罚从宽制度与相对不起诉制度均是对宽严相济刑事政策的贯彻。自认罪认罚从宽制度试点以来,学术界针对"认罚"主要存在两种观点,一种观点认为,是指犯罪嫌疑人在认罪的基础上同意检察机关量刑建议,包括同意检察机关建议判处的处罚种类、刑期及刑罚执行方式。② 另一种观点认为,"认罚"是指同意检察机关提出的处罚方案。该方案除了刑罚以外,还包括定罪免刑、非刑罚的处置措施、行政处罚等。③ 由于相对不起诉决定的作出是基于"犯罪"情节轻微,并未否定犯罪嫌疑人的犯罪行为,所以这一决定实质上包含否定性评价。④ 因而,2019 年最高人民法院、最高人民检察院、公安部、国家安全部、司法部《关于适用认罪认罚从宽制度的指导意见》第 7 条指出"认罚……在审查起诉阶段表现为接受人民检察院拟作出的起诉或不起诉决定",将认罚与相对不起诉予以联结,将接受不起诉决定作为认罚的考量因素之一。

"从宽"是认罪认罚从宽制度具有激励价值的部分。相对不起诉从宽与量刑从宽共同组成了认罪认罚从宽制度的梯度式、递进式的从宽体系。与量刑从宽相比,如果犯罪嫌疑人在审查起诉阶段自愿认罪认罚,检察机关经过审查作出相对不起诉决定,及时终结诉讼程序,使犯罪嫌疑人可以避免被继续追诉乃至受到刑罚处罚。面对刑事入罪的不良后果,犯罪嫌疑人往往选择协商,通过放弃自己经过刑事审判程序而最终判决无罪的潜在机会,获得非羁押性强制措施、不起诉决定和快捷审判程序等程序处置。因而,相对不起诉制度带来的宽宥处理结果,是协商性正义的体现。

(三)建构轻微罪多层次治理体系

如今,我国社会主要矛盾已经转化,人民群众在物质生活得到满足以后,对民

---

① 参见陈瑞华:《刑事诉讼法》,北京大学出版社 2021 年版,第 345 页。

② 参见陈国庆:《刑事诉讼法修改与刑事检察工作的新发展》,载《国家检察官学院学报》2019 年第 1 期。

③ 参见刘灿华:《"认罚"制度改革的实践图景与理论展开》,载《治理研究》2019 年第 5 期。

④ 参见邵劭:《论认罪认罚从宽制度的完善》,载《杭州师范大学学报》2017 年第 4 期。

主、法治、公平、正义等方面提出了内涵更丰富、标准更高的需求。[①] 相对不起诉制度与认罪认罚从宽制度在“认罚”“从宽”理念上高度契合,是检察机关参与社会治理的重要方式,为相对不起诉制度的扩大适用提供了际遇。

“适用强制性制裁的需要愈少,法律就愈能更好地实现其巩固社会和平与和谐的作用。”[②]不起诉处理既是现代司法宽容精神的彰显,同时也是检察机关贯彻恢复性司法理念、尊重和保障人权的重要体现。一方面,对犯罪情节轻微的犯罪嫌疑人作出不起诉决定,作为一种终结性程序,意味着犯罪嫌疑人不必经过烦琐而漫长的审判程序,免受悬而未决的心理压力,具有维护社会稳定的效果。另一方面,被检察机关作出相对不起诉的犯罪嫌疑人,虽然情节轻微,但并不能忽视其本身的罪错行为。我国尚未建立成年人的附条件不起诉制度,在扩大适用相对不起诉制度的同时如果缺乏必要的教育、警示措施以及跟踪监督,忽略犯罪嫌疑人的悔改效果,直接“一放了之”则有可能会导致重新犯罪的结果,这既有损司法公信力,也无法充分发挥对社会的警示作用。

三、影响“慎诉”理念贯彻的实践难题

“国家尊重和保障人权”在2004年被载入《宪法》,2012年《刑事诉讼法》将“尊重和保障人权”作为刑事诉讼的基本原则,但是传统上“重追诉犯罪,轻人权保障”“有罪必罚”等诉讼理念仍然深刻地影响不起诉权的适用。[③] 因此,尽管相对不起诉制度的“从宽”效用具有诸多积极作用,但是检察官“不能用”“不敢用”“不善用”不起诉裁量权从相反向度显示诸多实践难题,适用范围的语义模糊、适用的程序烦琐、继续处理机制的适用混乱等使得相对不起诉制度的适用尺度难以把握,一定程度上阻碍了该制度的扩大适用。

(一)标准模糊导致“同案不同诉”

《刑事诉讼法》第177条第2款规定,对于犯罪情节轻微,依照刑法规定不需要判处刑罚或者免除刑罚的,人民检察院可以作出不起诉决定。何谓犯罪情节轻微？其认定仅限于情节轻微的轻罪,还是也包括具有从轻、减轻情节的重罪？此

---

① 参见姚建宗:《新时代中国社会主要矛盾的法学意涵》,载《法学论坛》2019年第1期。

② [美]埃德加·博登海默:《法理学——法哲学及其方法》,邓正来、姬敬武译,华夏出版社1987年版,第336页。

③ 参见陈卫东:《检察机关适用不起诉权的问题与对策研究》,载《中国刑事法杂志》2019年第4期。

类问题在理论界存在较大争议。最高人民检察院也未出台相关意见或细则，实践中不同检察机关对何谓“犯罪情节轻微”理解各异，在具体案件是否相对不起诉的适用也存在区别。

通过统计[①]，2019 年 S 省各地市认罪认罚案件中相对不起诉制度的适用比例存在明显差距。其中，R 地认罪认罚案件相对不起诉制度的适用比例最高，约为 19.41%，J、D 和 Z 地适用比例均在 10% 左右，9 个地市适用比例不足 5%，最低的适用比例约为 1.29%。[②] 分析这些具有较高适用率的地市，基本都对认罪认罚案件相对不起诉制定了相应的内部指南，以规范化的方式助力科学化。例如，Q 地通过制定地方的不起诉指南，明确本地相对不起诉具体的适用方法，将犯罪情节轻微案件划分为“一般应当作”、“可以作”和“一般不应当作”三种类型，厘清诉与不诉的界限。[③] 又如，D 市检察院自主研究“相对不起诉量化评估系统”，由办案人、科室成员、检委会委员共同参与的三级评判机制构成。系统内部的法律法规服务器链接量刑标准数据库，办案人员输入罪名、情节等，即可自动生成犯罪嫌疑人可能判处的量化基准刑及量化基准分，随后检察官可在 20% 的幅度内对计算结果进行微调，最终根据基础得分和调整得分两部分作出是否起诉的决定。[④] 我们发现，采用明确细则、量化评估等方式的检察机关往往会更“敢用”“善用”不起诉权。反之，不同地区检察官对同一类案件认识不同，可能会针对相似的情况作出不同的决定，导致不起诉裁量权的不统一。需要引起注意的是，如果这种区域内部“同案不同诉”的现象，扩展到全国范围内，差别可能更加显著。长此以往，势必对树立司法公信力产生负面影响。

（二）程序烦琐抑制“慎诉”适用

司法责任制、员额制改革后，根据最高人民检察院的规定，各省级人民检察院应当结合本地实际制定检察官权力清单，检察权的运行机制转变为检察官依据权力清单相对独立地行使职权，改变了以往的“承办人—部门负责人—检察长（副检

① 笔者在威科先行网站检察文书栏目，以“山东省”“刑事诉讼法第一百七十七条第二款”“认罪认罚”“2019 年”为关键词，筛选出认罪认罚案件相对不起诉决定书共 1152 份。

② 包括济南市、临沂市、聊城市、东营市、潍坊市、淄博市、泰安市、菏泽市、威海市。

③ 参见郭树合：《山东：以案件质量为生命线推动认罪认罚从宽制度深入落实》，载《检察日报》2019 年 12 月 2 日。

④ 参见匡雪、高忠祥、王延丰：《山东德州：“大数据”助力不起诉权“智慧”行使权》，载正义网，http://www.jcrb.com/procuratorate/jcpd/201904/t20190408_1986224.html，2020 年 10 月 20 日最后访问。

察长)”三级审批模式。[①] 从各省市(共 32 个)实践来看,不起诉的决定权基本保留在检察长手里,只有 5 个省市(约占 15.6%)将不起诉决定权授权或部分授权由检察官行使。[②] S 省不同层级检察院涉及不起诉的权力几乎都集中在检察长(或者分管副检察长)手中,如签发不起诉决定书、签发移送有关主管机关处理违法所得意见书等。认罪认罚案件中相对不起诉制度的适用条件相对宽泛的同时,复杂的程序机制又对相对不起诉制度的滥用予以严格防范。然而,监督制约机制如果过于严格,并不利于承办检察官积极适用相对不起诉制度。

第一,与提起公诉的案件相比,适用相对不起诉的审批程序烦琐。承办检察官对一般刑事案件可以直接独立决定审查起诉,而承办检察官对相对不起诉没有独立决定权。根据《人民检察院办理认罪认罚案件监督管理办法》第 9 条的规定,犯罪嫌疑人认罪认罚案件相对不起诉制度的适用通过两种方式:一种方式是直接报请检察长决定,这种方式承办检察官没有不起诉决定权;另一种方式是在报请检察长决定前,承办检察官可以提请部门负责人召开检察官联席会议研究讨论,检察官联席会议讨论意见一致或者形成多数意见的,由承办检察官自行决定或者按检察官职权配置规定报请决定。承办检察官与多数意见分歧的,应当提交部门负责人审核后报请检察长(分管副检察长)决定。因而在案多人少的背景下,办案压力过大,在认罪认罚案件中,承办检察官启动相对不起诉程序的积极性自然不高。

第二,与速裁案件相比,认罪认罚案件相对不起诉的办案周期可能更长。根据《刑事诉讼法》第 225 条规定,适用速裁程序审理案件,人民法院应当在受理后 10 日以内审结;对可能判处的有期徒刑超过 1 年的,可以延长至 15 日。《刑事诉讼法》第 172 条规定,犯罪嫌疑人认罪认罚,符合速裁程序适用条件的,应当 10 日以内作出决定,对可能判处的有期徒刑超过 1 年的,可以延长至 15 日。也就是说,对适用速裁程序的案件,从审查起诉到案件审结需要约 20 日,最长不超过 30 日。而对于适用认罪认罚从宽制度办理的相对不起诉案件而言,司法实践中,检察官在一个月的审查期限内办结较为紧张,部分案件甚至需要延长审查起诉期

① 参见最高人民检察院检务督察局课题组:《完善检察官办案内部监督机制研究——以强化检务督察职能为视角》,载《国家检察官学院学报》2019 年第 5 期。

② 参见龙宗智、符尔加:《检察机关权力清单及其实施问题研究》,载《中国刑事法杂志》2018 年第 4 期。

限。[①] 相较于速裁程序,相对不起诉属于检察环节的处置,其程序启动比速裁程序更早,但结案却更晚。从案件办案周期的角度而言,承办检察官更愿意将案件起诉出去。

(三)"慎诉"的继续处理机制失灵

以S省为例,承办检察官可以独立决定对相对不起诉人进行训诫或责令具结悔过、赔礼道歉、赔偿损失;但检察长(分管副检察长)才有权对被不起诉人需要给予行政处罚、政务处分或者其他处分,以及需要没收违法所得,移送有关主管机关处理的,签发移送有关主管机关处理违法所得意见书与检察建议书。

相对不起诉是一种终局性决定,直接"不诉了之",缺乏配套的不起诉继续处理举措,对被不起诉人教育不足,则可能出现重新犯罪的情况。因此,对已经达到犯罪标准但是情节轻微的犯罪嫌疑人如何处理至关重要。"相对不起诉+社会服务"的不起诉模式似乎是应然之解。S省Q地制定《关于办理醉酒驾驶机动车刑事案件的办法》,建立"危险驾驶案件酌定不起诉+社会公益服务"机制;S省Z地引入社会公益岗位制度[②]等。简言之,这类模式的基本运行模式为:对于符合相对不起诉条件的犯罪嫌疑人,检察机关在作出相对不起诉决定前或者作出不起诉决定后,要求犯罪嫌疑人完成特定的社会服务,并进行相应的评估。

然而,这种做法的"合法性"和"合理性"都存在争议。以"相对不起诉决定是否已经作出"为节点进行区分,可以将"相对不起诉+社会服务"模式区分为两种样态,两种样态中被不起诉人"完成社会服务"的性质存在差异。第一种样态可以描述为——在认罪认罚案件相对不起诉决定作出前,按照要求完成社会服务的犯罪嫌疑人可以获得相对不起诉处理,反之,检察官将会提起诉讼。这一样态存在两个问题:第一,完成社会服务本质上是不起诉的条件,与附条件不起诉仅适用于未成年人的规定存在冲突,有突破法律规定之嫌;第二,犯罪嫌疑人完成社会服务的自愿性难以保障。检察官对相对不起诉享有自由裁量权,在"可诉可不诉"的情况下,有可能出现犯罪嫌疑人为了追求不起诉的结果,而"被迫"选择完成社会服务的情形。对此,有学者认为可以将履行社会服务作为"认罪悔罪"的态度,[③]这

① 参见王新建:《认罪认罚从宽制度下相对不起诉的司法适用》,载《国家检察官学院学报》2021年第1期。

② 参见卢金增、姚媛:《"我愿做一名交通劝导员"》,载《检察日报》2019年11月28日,第2版。

③ 参见浙江省瑞安市人民检察院课题组:《醉驾附条件相对不起诉之探讨——以"瑞安模式"为蓝本的分析》,载《犯罪研究》2020年第5期。

一观点所带来的问题是,如果将履行社会服务作为认罪悔罪的认定因素,犯罪嫌疑人所履行的社会服务是否需要与所犯的罪具备一定关联亦是值得讨论的问题。第二种样态可以表述为——认罪认罚案件相对不起诉决定作出后,要求被不起诉人完成社会服务,可以被视为予以训诫或者责令具结悔过、赔礼道歉、赔偿损失的一种新形式。① 具结悔过不是一种刑罚而是一种教育措施,但是司法实践中,检察机关对相对不起诉人采取训诫、具结悔过等相关教育举措的情形很少。②

四、不起诉"恣意"与"拘束"的破局之法

在认罪认罚从宽这一程序框架下,相对不起诉制度若要获得良性发展,需要进行综合性改革,贯彻合作性司法理念和恢复性司法理念,注重公共利益,祛除偏见因素,在贯彻"慎诉"理念过程中找到平衡点,跟进相对不起诉制度的后续处理举措,努力让人民群众在每一个司法案件中感受到公平正义。

(一)明确相对不起诉的适用标准

"极端的自由只能变成极端的奴役。"③不起诉适用范围语义的模糊表面上给检察机关以广泛的自由裁量权,但实际上因为缺乏明确的裁量标准,具有不确定性,检察机关内部担心这一制度滥用而重新陷入之前免予起诉制度施行而形成的混乱局面,往往持保守态度。因而,扩大适用认罪认罚案件中的相对不起诉制度,可以从规范化的角度入手,下放部分不起诉权。通过明确的指引可以为员额检察官适用相对不起诉制度提供依据。第一,制定认罪认罚案件相对不起诉适用指南。各省级检察机关加强量刑研判,借鉴最高人民法院、最高人民检察院《关于常见犯罪的量刑指导意见(试行)》(法发〔2021〕21 号),并根据本省常见多发犯罪制定内部明确的适用指南,再由各地区检察机关结合本地实际制定实施细则,如此既可以对各地区制定指南提供基础和前提,又可以尽量缩小本省认罪认罚案件处理结果的差异,尽量实现"同案同判"。第二,以制定指南为前提,检察机关可以探索建立相对不起诉量化评估系统,就简单案件而言,可以直接作出判断,解放检察官的脑力劳动;就复杂案件而言,可以为检察官作出不起诉决定提供辅助。例如,

---

① 参见甘泽阳、王芳:《社会服务在检察环节的适用路径——以福建省晋江市检察院从事社会服务适用不起诉机制为视角》,载《人民检察》2019 年第 1 期。

② 参见沈玮玮:《从甘结到具结悔过:传统民事司法信任的转变》,载《安徽大学学报(哲学社会科学版)》2010 年第 3 期。

③ [古希腊]柏拉图:《理想国》,张竹明译,译林出版社 2009 年版,第 303 页。

由承办检察官将犯罪情节输入系统，随后系统自动生成起诉或者不起诉的结果，继而检察官结合实际情况进行调整，最终作出起诉或不起诉的决定。

司法责任制改革过程中，否定性权力如相对不起诉权普遍上收而不下放，这与司法责任制改革的目的相悖，一定程度上会对认罪认罚案件相对不起诉制度的适用产生制约。① 不起诉决定权由检察长把握的主要原因在于对不起诉裁量权滥用的担忧。然而，化解这一隐忧的方式是针对不同类型案件，区别对待。如S省检察官权力清单中指出，一般刑事案件，承办检察官可以独立决定起诉，而重大、疑难、复杂案件则由检察长（分管副检察长）决定。实践中，一些案件明显可以直接适用相对不起诉制度，却仍需要经过提请检察长批准的程序，这无疑是对司法资源的浪费，并且阻碍检察官的适用积极性。因而，扩大认罪认罚案件相对不起诉的适用，可以通过赋予检察官部分不起诉决定权的方式予以落实，即针对一般案件，不起诉的决定权在检察机关内部可以由原来的检察长、副检察长审批直接下放到员额检察官。② 而案情较为复杂的案件、有较大社会影响力的案件、有被害人的案件、涉企犯罪案件等，如果承办检察官认为有不起诉的必要性，则应当将这类案件能提交至检察长（分管副检察长）决定。

（二）推动内部制约与社会监督统一

最高人民检察院2021年4月下发《"十四五"时期检察工作发展规划》强调，"要构建规范高效的检察权运行制约监督体系"。对检察机关的监督制约要把法律监督、社会监督、舆论监督等落实到位。③ 因而，区分不同情形优化不起诉制度内部监督与外部的听证、说理机制，预防权力滥用和司法腐败有助于推动认罪认罚案件相对不起诉制度的扩大适用。

涉及较少公共利益的、无被害人的常见轻微犯罪案件，可以由承办检察官独立决定不起诉，并保障认罪认罚案件相对不起诉的公开透明，尤其是公开宣告和释法说理，让不起诉裁量权在阳光下行使。而案情较为复杂、社会影响力较大的案件（如涉企犯罪）或新型案件，应当由检察长或分管副检察长决定，严格遵循2020年《人民检察院审查案件听证工作规定》第4条、第5条规定召开听证会。此

---

① 参见魏晓娜：《结构视角下的认罪认罚从宽制度》，载《法学家》2019年第2期。

② 参见庄永廉等：《检察环节认罪认罚从宽制度的适用与程序完善》，载《人民检察》2016年第9期。

③ 参见习近平：《坚持严格执法公正司法深化改革 促进社会公平正义保障人民安居乐业》，载《人民日报》2014年1月9日。

外,应当注意“处理好民主监督和人民检察院独立行使检察权的关系。在把社会监督引入不起诉处理程序的同时,保证不致因为强调社会监督而使检察权受到不当干涉”[①]。

基于此,J 省检察院出台了不起诉案件说理工作规定,针对法定不起诉、酌定不起诉和证据不足不起诉等不同案件确立不同的说理重点;C 市、W 市等地检察机关实行不起诉案件公开审查制度,全面听取各方意见,接受监督。[②] 2017 年最高人民检察院《关于加强检察法律文书说理工作的意见》指出,办理案件的检察官作出不起诉决定的,应当在相应的检察法律文书中着重进行说理。然而 S 省内不同地区不起诉决定书的释法说理程度存在较大差别。如某案件中,检察官仅在不起诉决定书案情介绍部分提及犯罪嫌疑人已签署认罪认罚具结书,而在不起诉理由部分阐述为“本院认为……犯罪情节轻微,具有坦白、初犯情节……”[③]并未提及认罪认罚情节。另一案件中,检察官在不起诉理由部分将认罪认罚情节与初犯、坦白等法定情节并列阐释,即“本院认为……犯罪情节轻微,被不起诉人实施犯罪时醉酒程度较轻,车辆行驶路程较短,未造成实际损害;系初犯,具有坦白情节;自愿认罪认罚,并签署了认罪认罚具结书……”[④]相较于第一个案件而言,第二个案件的不起诉理由更加充分,并且将认罪认罚情节作为犯罪情节考量的态度比较明确。进一步加强不起诉决定书的释法说理工作,是提升公众对司法的信赖程度的重要举措。认罪认罚情节对相对不起诉决定的作出有实质性的推动作用(包括唯一决定作用和并列影响作用)的案件,应当在不起诉理由部分记述认罪认罚情节,并充分释法说理。

(三)注重相对不起诉的衔接与保障

对认罪认罚案件相对不起诉适用效果的评估可以分为三个方面,即被不起诉人的重新犯罪情况、公安机关的复议复核情况与被害人申诉或自诉情况。对犯罪嫌疑人作出不起诉处理,使其尽早脱离诉累,无疑是尊重和保障人权的重要方式。但是,由于犯罪嫌疑人确实实施了违反刑法的犯罪行为,如果仅仅“不

---

① 陈国庆主编:《职务犯罪监察调查与审查起诉衔接工作指引》,中国检察出版社 2019 年版,第 144 页。

② 参见李春薇:《“敢用、善用、规范”适用不起诉权》,载最高人民检察院官网,https://www.spp.gov.cn/spp/llyj/201905/t20190508_417605.shtml,2020 年 10 月 8 日最后访问。

③ 厉某某危险驾驶案,山东省莒县人民检察院莒检刑不诉(2019)101 号不起诉决定书。

④ 张某某危险驾驶案,山东省滨州市沾化区人民检察院沾检刑不诉(2019)4 号不起诉决定书。

诉了之”，便无法发挥特别预防的功能，也难以让人民群众信服。因此，为了避免被不起诉人重新犯罪，要注重完善配套的教育矫正机制，充分发挥综合治理的效果。

第一，对相对不起诉决定作出前的“社会服务 + 评估”的模式，可以借鉴环境污染犯罪治理的相关规定。2016 年 12 月最高人民法院、最高人民检察院发布的《关于办理环境污染刑事案件适用法律若干问题的解释》第 5 条将“刚达到应当追究刑事责任的标准，但行为人及时采取措施，防止损失扩大、消除污染，全部赔偿损失，积极修复生态环境，且系初犯，确有悔罪表现的”作为可以认定“情节轻微”的标准之一。在 2019 年 10 月最高人民检察院发布 3 起检察机关适用认罪认罚典型案例，其中丰某某盗伐林木案中，犯罪嫌疑人在辩护律师见证下签署了《认罪认罚具结书》《“补植复绿”养护承诺书》，检察机关作不起诉决定前，先邀请公安机关和林业主管部门共同到犯罪嫌疑人丰某某补植现场查看“补植复绿”情况，补种的林木已全部成活，长势良好。检察机关充分发挥主导作用，通过释法说理、督促“补植复绿”等方式，促使犯罪嫌疑人自愿认罪悔罪，积极履行“补植复绿”义务，犯罪情节轻微，依法作出不起诉决定。无论是“补植复绿”还是“社会服务”，在犯罪嫌疑人自愿履行的情况下，都可以作为“犯罪情节轻微”的认定条件之一，不突破现有附条件不起诉制度的限制，而被“合法”“合理”地适用认罪认罚案件相对不起诉制度。

第二，对相对不起诉决定作出后的“社会服务”的模式，可以理解为检察机关作出不起诉决定后，对被不起诉人的训诫或者责令具结悔过、赔礼道歉、赔偿损失的新形式，目的在于推动对被不起诉人的教育和改造。根据《人民检察院刑事诉讼规则》第 373 条的规定，检察机关决定不起诉的案件，对被不起诉人需要给予行政处罚、政务处分或者其他处分的，经检察长批准，检察机关应当提出检察意见，连同不起诉决定书一并移送有关主管机关处理，并要求有关主管机关及时通报处理情况。由于被不起诉人大多同时违反行政法律规范，因而对一些损害国家利益、社会利益（如破坏社会市场经济秩序罪、妨害社会管理秩序罪等）的被不起诉人进行后续的行政处罚具有必要性，但实践中，检察机关刑事检察部门针对相对不起诉案件提出相关行政处罚和涉行政处罚检察意见数量极低，甚至有检察机关近两年办理的不起诉案件都未提出行政处罚的检察建议。[①] 2020 年 12 月，最高人

① 参见吴世东、姚舟、林中强：《关于刑事检察与行政检察职能交叉情形的处理》，载《人民检察》2020 年第 20 期。

民检察院提出要"完善认罪认罚后不起诉处理与行政处罚、民事诉讼程序的衔接机制"①。对此,应当完善刑事检察与行政检察、民事检察的衔接机制,对应当给予行政处罚、政务处分或者其他处分却不提出检察建议的行为进行监督,确保推动不起诉后续惩戒教育的落实,维护公共利益,做优刑事检察。

五、未结之语

相对不起诉制度蕴含着刑事诉讼谦抑理念。从国家主义和绝对主义以及实现社会正义的角度来看,对于犯罪行为要发动刑罚权,采取有罪必罚的方式。但是,刑罚的适用必然会对当事人的自由、尊严和财富带来影响以及由此带来的社会不利后果。从尊重和保障人权的角度看,对犯罪情节轻微的犯罪嫌疑人作出不起诉决定,使其摆脱犯罪标签的不利影响,是对其不脱离社会权或回归社会权的保障。与认罪认罚从宽制度的衔接,使犯罪嫌疑人更乐意通过协商合作的方式换取不起诉的从宽处理,从另一个角度来看,应当注意的是对罪错较轻的犯罪嫌疑人应当宽容不是纵容,注重其人权保障的同时也要通过适当的非刑罚方式唤醒其法律意识和责任感。把握认罪认罚从宽制度的发展契机,推动相对不起诉制度的扩大适用仍然面对很多难题,尤其是学术界与理论界呼吁的面向社会的公开听证制度、②人民陪审员制度能够发挥监督功效,但也造成程序的冗长复杂,产生"简案不简"的悖论。如何在社会治理视域下深刻把握"慎诉"的真正内涵仍然需要在司法实践与学术争鸣中不断探寻。

(编辑:武小琳)

---

① 《最高检提出28条意见"十个着力"积极贯彻落实全国人大常委会对适用认罪认罚从宽制度情况报告的审议意见》,载最高人民检察院官网,https://www.spp.gov.cn/spp/xwfbh/wsfbt/202012/t20201210_488555.shtml#1,2021年10月10日最后访问。

② 参见郭烁:《酌定不起诉制度的再考查》,载《中国法学》2018年第3期。

实务论坛

刑事涉案财物处置的独立之诉特别程序研究

陈　斌　吴光升　俞梦玲*

摘　要：现有的刑事涉案财物的处置程序存在缺乏诉讼性、程序正当性不足、难以有效保障相关权利人的合法财产权益等问题。在刑事案件封闭性特征下，应当探索建立操作性强、兼顾公平与效率的刑事涉案财物处置独立之诉特别程序，明确审判组织、启动主体、证据标准、审理期限等内容，切实解决及时确认涉案财物、明确权属等问题，形成与刑事责任追究之诉并行，对涉案财物独立审查、处置的刑事制度，切实保障当事人、案外人的权利，以实现依法认定和处置涉案财物与保护合法财产的双重目标。

关键词：案外人；特别程序；涉案财物；独立审查

引　言

"涉案财物"最早出现在2006年最高人民法院针对走私类犯罪涉案财物处置出台的《严格执行有关走私案件涉案财物处理规定》中，文件的文字表述使用的是"赃款赃物"，并且与之相配套的措施是追缴和没收。"涉案财产"出现在2012年《中华人民共和国刑事诉讼法》（以下简称《刑事诉讼法》）违法所得没收程序中，该程序主要是解决贪污贿赂犯罪、恐怖活动犯罪等重大犯罪案件中犯罪嫌疑人、被告人逃匿，在通缉一年后不能到案，或者犯罪嫌疑人、被告人死亡后涉案财产的处置问题。目前"涉案财物"的具体内容主要见于《中华人民共和国刑法》（以下简称《刑法》）第64条①，《最高人民法院关于刑事裁判涉财产部分执行的若干规

---

* 陈斌，温岭市人民检察院副检察长；吴光升，浙江工业大学教授；俞梦玲，温岭市人民检察院检察官助理。

① 《刑法》第64条规定：犯罪分子违法所得的一切财物，应当予以追缴或者责令退赔；对被害人的合法财产，应当及时返还；违禁品和供犯罪所用的本人财物，应当予以没收。

定》第1条[1]，《人民检察院刑事诉讼涉案财物管理规定》第2条[2]以及《公安机关涉案财物管理若干规定》第2条[3]等规范性文件中。根据对这些规范性文件的梳理可以发现，至2015年中共中央办公厅、国务院办公厅《关于进一步规范刑事诉讼涉案财物处置工作的意见》印发以来，公检法三机关才逐渐统一了"涉案财物"这一概念。公安、检察院和法院三机关对"涉案财物"的理解大体一致，但也各有侧重点。公安机关强调"涉案财物"的证据属性，检察机关注重"涉案财物"及相关措施合法性的审查，而法院强调"涉案财物"的可执行性。目前，我国学者及实务界对于刑事"涉案财物"的规定主要根据《刑法》第64条的规定分为违禁品、供犯罪所用之物、违法犯罪所得。但随着经济活动不断发展带来的经济犯罪的激增，对于涉案财物的理解实际还应当包括由案外人所有或占有的因刑事诉讼活动被牵涉的法律权属不明的财物，以及因刑事诉讼活动被强制执行的实际属案外人所有的财物，包括财产和权利。

规范刑事诉讼涉案财物处置工作，对保证刑事诉讼顺利进行、保障当事人合法权益、确保司法公正具有重要意义。执法司法实践中涉案财物处置工作随意性强，保管不规范、移送不顺畅、信息不透明、处置不及时、救济不到位等问题突出，严重损害当事人合法权益，严重影响司法公信力。司法不公、贪赃枉法的一个突出问题就发生在刑事诉讼涉案财物处置的过程中，社会反映十分强烈。[4] 习近平总书记强调，问题是工作的导向，也是改革的突破口。"规范查封、扣押、冻结、处理涉案财物的司法程序"，是党的十八届三中、四中全会提出加强和完善人权司法保障制度的重要举措。财产权作为人权保障的重要组成部分，是我国《宪法》赋予

① 《最高人民法院关于刑事裁判涉财产部分执行的若干规定》第1条规定，本规定所称刑事裁判涉财产部分的执行，是指发生法律效力的刑事裁判主文确定的下列事项的执行：(1)罚金、没收财产；(2)责令退赔；(3)处置随案移送的赃款赃物；(4)没收随案移送的供犯罪所用本人财物；(5)其他应当由人民法院执行的相关事项，刑事附带民事裁判的执行，适用民事执行的有关规定。

② 《人民检察院刑事诉讼涉案财物管理规定》第2条规定，本规定所称人民检察院刑事诉讼涉案财物，是指人民检察院在刑事诉讼过程中查封、扣押、冻结的与案件有关的财物及其孳息以及从其他办案机关接收的财物及其孳息，包括犯罪嫌疑人的违法所得及其孳息、供犯罪所用的财物、非法持有的违禁品以及其他与案件有关的财物及其孳息。

③ 《公安机关涉案财物管理若干规定》第2条规定，本规定所称涉案财物，是指公安机关在办理刑事案件和行政案件过程中，依法采取查封、扣押、冻结、扣留、调取、先行登记保存、抽样取证、追缴、收缴等措施提取或者固定，以及从其他单位和个人接收的与案件有关的物品、文件和款项，包括：(一)违法犯罪所得及其孳息；(二)用于实施违法犯罪行为的工具；(三)非法持有的淫秽物品、毒品等违禁品；(四)其他可以证明违法犯罪行为发生、违法犯罪行为情节轻重的物品和文件。

④ 参见张先明：《切实规范刑事诉讼涉案财物处置工作——中央司改办负责人就〈关于进一步规范刑事诉讼涉案财物处置工作的意见〉答记者问》，载《人民法院报》2015年3月5日。

公民的权利,为保障财产权,有效的财产权争议救济机制必不可少。近年来,虽然我国越来越重视刑事涉案财物的处置程序,2012 年《刑事诉讼法》修改时增加了犯罪嫌疑人、被告人逃匿、死亡案件的违法所得没收程序,有关刑事司法解释,如《人民检察院刑事诉讼规则》《最高人民法院关于适用〈中华人民共和国刑事诉讼法〉的解释》等,也对刑事涉案财物的处置作出了专门规定,但从目前来看,有关刑事涉案财物的处置程序仍然缺乏正当性,不能在打击犯罪、预防犯罪的同时,切实保障公民的合法财产权利。从问题的根源来看,之所以存在这些程序正当不足而难以保障公民财产权利的问题,主要在于目前相当多情形之中的刑事涉案财物处置行政色彩过浓,诉讼化不足,相关财产权利人缺乏参与涉案财物处置程序的途径,进而缺乏通过权力制约权力的途径。因而解决问题之道应当在于尽量通过诉讼形式处置刑事涉案财物,并处理好这种诉讼程序与刑事责任追究程序的关系。这实际是一个刑事涉案财物处置独立之诉的建构问题。对此问题,从目前来看,学界研究并不多,仅少数学者对此进行了初探性的研究,对有关刑事涉案财物处置诉讼化的必要性[①]、刑事涉案财物诉讼化的路径[②]、刑事涉案财物独立之诉的内部构造[③],以及刑事涉案财物独立之诉的权利保障[④]等问题进行了初步研究,提出了一些很有启发性的观点或建议。但从总体上看,这些研究还有诸多空白之处。基于此,本文以下就有关刑事涉案财物处置独立之诉建构的相关问题进行讨论,并提出一些解决问题的建议,以供立法与司法参考。

一、我国刑事涉案财物处置程序的现状及问题

(一)我国目前的刑事涉案财物处置程序

刑事涉案财物的处理既包括实体性的处分,也包括程序性的处分。前者如没收、追缴、责令退赔或返还等,后者如查封、扣押、冻结以及对不易保存之物的先行处置等证据保全或财产保全措施。由于司法人员的有限理性,被司法人员认定属于刑事涉案财物的各类财产完全有可能属于相关权利人的合法财产,不能加以查封、扣押、冻结,更不能没收、追缴或返还,因而不管是刑事涉案财物的实体性处分,还是程序性处分,均有可能侵害相关权利人的合法财产权益,因而都有必要设

---

① 参见方柏兴:《刑事涉案财物处置程序的诉讼化及其限度》,载《兰州大学学报》(社会科学版)2019 年第 1 期。

② 参见陈瑞华:《刑事对物之诉的初步研究》,载《中国法学》2019 年第 1 期。

③ 参见高洁:《刑事对物之诉的程序构造》,载《法学论坛》2020 年第 5 期。

④ 参见纪格非:《刑事涉案财物处置程序中的案外人权利保护》,载《法学杂志》2020 年第 8 期。

置合理的处理程序。但相比较而言,实体性处分对相关权利人的侵害更是实质性的,而且这些程序性处分应当如何合理化,实际也在很大程度上取决于其所依附的实体性处分程序。那种没有区分这两种处分程序的重要性而将其并列讨论的研究方法不是本文所采取的研究方法。① 因而本文在此讨论的刑事涉案财物处置程序是指刑事涉案财物的实体性处分程序,相关程序性处分问题只在讨论不同的实体性处分程序时才附带加以讨论。从目前的《刑事诉讼法》及相关司法解释来看,我国涉及刑事涉案财物实体处分的处置程序主要有以下几种。

1. 刑事诉讼附带处置程序

这是目前对刑事涉案财物处置的一般程序,即由司法机关在追究犯罪行为人刑事责任的诉讼程序中附带对刑事涉案财物作出相应处置。如《刑事诉讼法》第 245 条规定,人民法院作出的判决,应当对查封、扣押、冻结的财物及其孳息作出处理;人民法院作出的判决生效以后,有关机关应当根据判决对查封、扣押、冻结的财物及其孳息进行处理;对查封、扣押、冻结的赃款赃物及其孳息,除依法返还被害人的以外,一律上缴国库。目前,我国公检法机关及国家安全部门等刑事案件办理部门都具有查封、扣押、冻结涉案财物的权力,案件经法定程序受理后,对属于案件证据的涉案财物由侦查机关统一保管,按照诉讼环节随案移送。目前通行做法一般将涉案财物放置在财物共管中心,由侦查机关对属于案件证据的涉案财物统一鉴定、保管,后以移送清单的方式移交检察机关、审判机关。该模式注重效率和实用性,一般强调对于属于案件证据的相关涉案财物的执行,并受便利办案、办案优先的价值选择影响,涉案财物的选择完全依托侦查人员的办案经验,具有较为明显的主观性,且因刑事诉讼流程相对封闭,案外第三人较难获取财物强制执行信息,无法主张权利。2021 年通过的《中华人民共和国反有组织犯罪法》专章规定了"涉案财产认定和处置",明确了公、检、法机关的全面调查,依法查封、扣押、冻结、处置涉案财物,依法先行出售、变现或者变卖、拍卖,在移送审查起诉、提起公诉时对涉案财产提出处理意见,在审理过程中对与涉案财产的性质、权属有关的事实、证据进行法庭调查、辩论,在判决中对涉案财产作出处理等职责,并明确"严格区分违法所得与合法财产、本人财产与其家属的财产,减少对企业正常经营活动的不利影响。不得查封、扣押、冻结与案件无关的财物",规定了被告人在

① 参见方柏兴:《刑事涉案财物处置程序的诉讼化及其限度》,载《兰州大学学报》(社会科学版)2019 年第 1 期。

一定条件下应当说明财产合法来源的举证责任及举证不能的不利后果。[①] 应该说，这一内容较以往的规定更加具体，更有操作性。但针对利害关系人不服涉案财物处理决定的情形，仍仅规定了提出异议权、申诉或者控告权，没有规定其他诉讼权利。

2. 违法所得没收特别程序

2012年修改的《刑事诉讼法》，在"特别程序"一章增设了"犯罪嫌疑人、被告人逃匿、死亡案件违法所得的没收程序"，意在回应反腐败和反恐怖斗争中的需要，解决司法实践中的突出问题。根据该程序，对于特定种类的刑事案件的涉案财物，即使犯罪嫌疑人、被告人死亡、逃匿，在符合规定条件时，也可由司法机关通过特别诉讼程序单独对涉案财物作出处置，而无须附随刑事责任追究程序。没收特别程序偏重效率和效果，对正当程序进行了有限减损，可以解决因犯罪嫌疑人逃匿、死亡造成案件被害人及国家利益损失无法执行的问题，具有现实意义。

3. 刑事缺席审判程序

2018年《刑事诉讼法》修改时，增加了一种"刑事缺席审判程序"，适用于三种情形：特定案件犯罪嫌疑人、被告人外逃案件，被告人患重病无法出庭案件与被告人死亡却可能无罪的案件。那些适用于外逃案件的缺席审判程序，在相当程度上实际上是为了解决此类案件的涉案财物处置问题的。因为2012年《刑事诉讼法》增加的违法所得没收程序实际上是一种未定罪而没收犯罪所得的程序，这种未定罪没收裁决，在国际刑事司法协助中很有可能会被那些不承认未定罪没收的国家拒绝给予刑事司法协助。为此，对于那些流向这些国家的刑事涉案财物，如果被告人不在案，就可能导致缺乏恰当的途径处置这些涉案财物。为了弥补这一不足，2018年《刑事诉讼法》只能增加一种刑事缺席审判程序，在定罪的基础上对涉案财物作出处置，从而可获得有关国家的国际刑事司法协助。从刑事责任追究程序与刑事涉案财物处置程序的关系来看，这种程序也属于一种刑事诉讼附带处置程序，但与第一种处置程序不同的是，在这种处置程序中，解决刑事涉案财物问题的目的更为重要，实际上是在解决刑事涉案财物问题的同时，附带解决被告人的刑事责任问题。

---

① 《中华人民共和国反有组织犯罪法》第45条第3款规定，被告人实施黑社会性质组织犯罪的定罪量刑事实已经查清，有证据证明其在犯罪期间获得的财产高度可能属于黑社会性质组织犯罪的违法所得及其孳息、收益，被告人不能说明财产合法来源的，应当依法予以追缴、没收。

4. 刑事涉案财物行政处置程序

所谓刑事涉案财物的行政处置程序,就是由有关行政机关或机构通过行政程序或行政化途径对涉案财物进行实体性处置。从目前来看,这种处置可分为两种:一是对于那些作不起诉处理案件的涉案财物的行政处置程序。《刑事诉讼法》第 177 条规定,“人民检察院决定不起诉的案件,应当同时对侦查中查封、扣押、冻结的财物解除查封、扣押、冻结。对被不起诉人需要给予行政处罚、处分或者需要没收其违法所得的,人民检察院应当提出检察意见,移送有关主管机关处理。有关主管机关应当将处理结果及时通知人民检察院”。其中的不起诉案件,应当包含那些作相对不起诉的案件,即对这些案件的涉案财物,并不是由检察机关在诉讼程序内进行处置,而是由检察机关移送有关行政主管机关加以处置。二是对部分刑事涉案财物的提前行政处置程序。根据 2007 年国务院办公厅《关于依法惩处非法集资有关问题的通知》、《国务院关于同意建立处置非法集资部际联席会议制度的批复》和《处置非法集资部际联席会议工作机制》,国务院批准建立了由中国银监会(现为银保监会)牵头的“处置非法集资部际联席会议”制度,由国家发展改革委、公安部、中国人民银行、国家工商总局(现为国家市场监督管理总局)等行政机关和司法机关共同组成,主要对非法集资活动的监测预警、性质认定、处置善后等,其中如涉及犯罪嫌疑人财物的,可经由联席会议讨论决定,与刑事诉讼流程相分离,对财物进行提前处置,解决纠纷。上述程序的建立,有效防范和处置了涉众型经济犯罪的社会矛盾、风险问题,但缺乏对于犯罪嫌疑人及案外人的财产保护。

5. 判决前先行返还程序

所谓判决前先行返还程序,是指在刑事诉讼过程中,在法院作出判决之前,如果符合法律规定的条件,有关司法机关可先行将查封、扣押、冻结的涉案财物返还被害人。根据《刑事诉讼法》第 245 条的规定,公安机关、人民检察院和人民法院对被害人的合法财产,应当及时返还。根据有关司法解释的规定,可以申请返还的主体只能是被害人,返还主体既可以是公安机关、检察机关,也可以是法院。返还的条件有三个:一是涉案财物的权属为被害人所有,权属不明确的涉案财物不能提前返还;二是涉案财物为被害人的合法财产,属于被害人的非法财产、违禁品等,不在返还之列;三是返还后不能影响诉讼正常进行的涉案财物,才允许提前返还。①

① 参见高源:《刑事涉案财物先行返还程序论析》,载《湖南科技大学学报》(社会科学版)2020 年第 3 期。

6. 案外人执行异议程序

从某种程度上看，在财产权保障方面，我国《刑事诉讼法》最大的不足就是对案外人财产权的保障存在严重不足。在刑事判决生效之前，司法机关对涉案财物处置的各个环节均可能涉及案外人的财产权益，但我国《刑事诉讼法》却存在对案外人财产权的程序保障严重缺位的问题①，案外人最多只能通过向检察机关申诉的方式来保障自己的财产权益。在刑事判决生效后，这种案外人的财产权程序保障稍有改善：一是最高人民法院《关于刑事裁判涉财产部分执行的若干规定》赋予了案外人在执行程序中提出执行异议的权利。案外人财产权的保护不仅仅体现在执行程序中，其财产可能会被纳入执行的范围，还可能表现为在执行财产不足以清偿时，案外人的优先权得不到保障，或案外人善意取得了被列入执行范围的财产等。该程序充分考虑对案外人财产权的保护，但受制于刑事诉讼程序的封闭性，执行过程中应充分考虑知情权等程序规范问题。二是最高人民法院《关于适用〈中华人民共和国刑事诉讼法〉的解释》第 451 条规定，案外人认为已经发生法律效力的判决、裁定侵害其合法权益，提出申诉的，人民法院应当审查处理。而根据该解释第 457 条第 2 款第 7 项的规定，生效判决对违法所得或者其他涉案财物的处理确有明显错误的，可以启动再审程序。根据这些规定，似乎案外人可以通过启动再审程序保障自己的财产权利。但如同一些研究所说的，案外人的申诉实际是很难启动再审程序的。②

（二）我国目前刑事涉案财物处置程序存在的问题

从以上各种刑事涉案财物处置程序来看，主要存在以下三个方面的问题：

一是部分刑事涉案财物的处置程序缺乏应有的诉讼性。这主要是指特定案件的涉案财物行政处置程序与刑事涉案财物的判决前返还程序等两种处置程序缺乏应有的诉讼性。诉讼的基本特点，就是由中立第三方在充分听取利益冲突双方的意见的基础上，就相关实体权利义务的处置作出裁决，利害关系人的程序参与性与裁决方的中立性是基本要求。但在涉案财物的行政处置程序与刑事涉案财物判决前返还程序中，刑事涉案财物的审前返还与先行处置可以由办案机关自行启动和实施，不需要中立的裁判方的批准或审查。③ 在涉案财物的行政处置程

---

① 参见纪格非：《刑事涉案财物处置程序中的案外人权利保护》，载《法学杂志》2020 年第 8 期。

② 参见纪格非：《刑事涉案财物处置程序中的案外人权利保护》，载《法学杂志》2020 年第 8 期。

③ 参见方柏兴：《刑事涉案财物处置程序的诉讼化及其限度》，载《兰州大学学报》（社会科学版）2019 年第 1 期。

序中,相关涉案财物是由行政机关或行政机构主持作出实体处分,而在侦查阶段与审查起诉阶段的返还被害人财产中,则是由公安机关与检察机关作出实体处分。同时,这些程序还存在利害关系人程序参与严重不足的问题。如在判决前返还程序中,由于相关司法机关实际是通过一种行政化程序作出处分,相关利害关系人不仅难以知悉涉案财物的处分情况,而且即使知情,也无合理途径有效提出异议与主张自己的合法权益。这一方面容易导致错误的涉案财物实体处分,另一方面容易导致利害关系人的救济权难以得到保障。如公安机关或检察机关一旦作出错误的审前返还决定,被害人以外的其他权利人即使发现决定错误,也无法获得有效救济,而只能申请国家赔偿。因为公安机关与检察机关此时的返还决定是一种刑事司法行为,不能提起行政诉讼,也不能提起民事诉讼。[①]

二是刑事涉案财物的处置程序普遍存在程序正当性不足的问题。这种程序正当性不足问题,除了存在于前述两种涉案财物处置程序之外,在其他几种涉案财物处置程序中都程度不同地存在。对于刑事附带处置程序与刑事缺席审判程序来说,程序正当性不足的最主要体现,就是对案外人财产权的保障存在严重不足,案外人无知情权,无程序参与权。[②] 对于案外人异议程序来说,则存在案外人权利保障是否具有效率性的问题。对于案外人通过申诉申请再审来说,不仅存在程序滞后的问题,而且存在启动难、操作难的问题;对于执行阶段提出异议来说,则存在异议处理难的问题。[③]

三是现有的刑事附带涉案财物处置程序难以有效保障相关权利人的合法财产权益。在现有的刑事附带涉案财物处置程序中,往往存在先刑后民、重刑轻民的问题。尤其是这种附带处置程序不考虑财产权纠纷的特有属性,不利于相关权利人的财产权益保障。如在刑事诉讼的追缴、退赔程序中,完全是在司法机关的主导下以刑事诉讼程序进行,因而不能为了保证追缴、退赔判决的执行而对被告人的合法财产进行审前财产保全,导致法院最后作出追缴、退赔判决时,由于被告人及其近亲属已经将合法财产转移而无法使判决得以执行,从而不利于保障被害人的财产权利。

---

① 参见吴光升:《审前返还刑事涉案财物的若干问题探讨》,载《中国刑事法杂志》2012年第1期。

② 参见纪格非:《刑事涉案财物处置程序中的案外人权利保护》,载《法学杂志》2020年第8期。

③ 参见吴光升、方妍馨:《刑事案外人涉财执行异议的种类及其救济路径》,载《贵州警察学院学报》2020年第4期。

二、刑事涉案财物处置独立之诉的必要性与可行性

对于设置刑事涉案财物独立之诉的正当性，陈瑞华教授作了比较充分的论证。他认为，这种独立之诉的正当性在于以下几个方面：一是有效约束法院在追缴和没收涉案财物方面的自由裁量权，避免个人合法财产受到任意剥夺；二是有效维护三方利害关系人的诉讼参与，实现程序的正义；三是通过权威地确定涉案财物的范围，对侦查机关在审判前处置涉案财物的行为产生有效约束，确保审判中心主义改革理念的实现；四是通过合理确定犯罪人违法所得及其他涉案财物的范围，解决涉案财物追缴中的混乱现象，提升刑事司法的公信力。①

我国《宪法》第13条明文规定："公民合法的私有财产不受侵犯。"在刑事法领域，《刑事诉讼法》规定："尊重和保障人权，保护公民的人身权利、财产权利、民主权利和其他权利。"但在刑事诉讼领域的司法实践中，依然存在着"重人身权利、轻财产权利""重定罪量刑，轻财产处理"的做法，如部分涉众型经济犯罪因行政处置程序导致对于涉案财物的处置通常优先于刑事裁判，没有能供犯罪嫌疑人及案外人对专案组提前处置资产的行为提出异议的可靠申诉渠道，导致涉案财物处理显失公平。在轰动全国的吴英集资诈骗一案中，当地公安机关在尚未进入诉讼程序时，就在吴英不知情的情况下直接拍卖了她的部分资产。在被最高人民法院依法核准死刑的曾成杰集资诈骗案中，也因当地政府早在侦查阶段将被告人资产变卖，引发了强烈的社会反响。涉案财物的非规范化处置既不利于保障其知情权、监督权，也不利于最大限度追赃挽损。一是与尚不完善的法律法规制度有关，二是刑事诉讼注重实质审查，对涉案财物的处置偏重证据化审查，而涉案财物如若涉及案外人权利，往往需要通过民事审查进行判断，而民事审查偏重形式审查，二者的审查方式不同，因此要求侦查人员在侦查案件的同时厘清涉案财物上的民事权属，确有难度。从目前我国刑事涉案财物的困境出发，刑事涉案财物处置独立之诉对于切实保障公民财产权有着现实紧迫性。

从目前域外立法情况来看，主要有大陆法系国家的一元化处置模式、英美法系国家的多元化处置模式。以德国和日本为代表的单一的处置模式，即通过刑事诉讼的手段来处置刑事涉案财物，对于涉案财物的处置主要分为追缴和没收；英国的《犯罪收益追缴法》中主要对被告人犯罪所得通过刑事没收程序进行处置，针对非善意第三人通过不法行为获取的犯罪收益通过民事追缴程序进行没收，并同

---

① 参见陈瑞华：《刑事对物之诉的初步研究》，载《中国法学》2019年第1期。

时成立了资产追缴局，专责被告人犯罪所得的调查、扣押及执行工作。[①] 美国联邦法制根据没收财产的性质和对象，为联邦政府提供三种财产没收程序，即刑事没收、民事没收与行政没收。[②] 另外，还有《联合国反腐败公约》中的资产追回机制[③]、《罗马规约》中的被害人信托基金制度、美国的被害人补偿制度。我国目前对于被侵权人的权益保护，较为成熟的是附带民事诉讼制度，我国《刑事诉讼法》第 101 条规定："被害人由于被告人的犯罪行为而遭受物质损失的，在刑事诉讼过程中，有权提起附带民事诉讼。"在解决刑事被害人民事司法救济问题上，采用的是刑事附带民事诉讼模式，虽然存在立案、审理、期限、上诉等程序均要遵循刑事诉讼的规定或受其制约、当事人不具有相应的程序选择权、被害人请求刑事赔偿的范围与民事实体法的规定不统一的问题，但附带民事诉讼的建立，能够独立于刑事诉讼之外对被害人权利提供救济，为刑事涉案财物独立之诉的建构提供了制度建设的可行性。

三、刑事涉案财物处置独立之诉的实践障碍

刑事涉案财物处置独立之诉的建构，首先要解决的问题，是将刑事涉案财物处置均纳入诉讼化轨道。但是，这种诉讼化虽然存在以上所提出的有利结果，但其实践起来却可能面临诸多障碍。如有学者认为，涉案财物处置诉讼化在我国目前可能面临以下障碍：一是办案机关的财政经费体制的限制；二是司法资源有效的限制；三是各专门机关权力重新配置的限制，因而主张这种诉讼化也应当有所限制。[④]

但实践中一些案例所遇到的问题，反映出将刑事涉案财物处置纳入诉讼化轨道的紧迫性。例如，2021 年 7 月 W 市人民检察院受理公安机关移送审查起诉夏某某诈骗案。经审查，2016 年 10 月以来，犯罪嫌疑人夏某某在 W 市以投资"亿方

---

① 参见黄风、梁文钧：《英国〈2002 年犯罪收益(追缴)法〉中的民事追缴制度》，载《人民检察》2008 年第 3 期。

② Stefan D. Cassella, *Asser Forfeiture Law in the united States*, JurisNet, llc, 2005, p. 3.

③ 资产追回机制：一个公约缔约国的资产因为跨国腐败犯罪而被转移到了另一公约缔约国，此公约缔约国通过公约约定的合法途径对该笔资产主张合法权利或者另一公约缔约国主动将位于本国的该笔资产予以没收，再将其返还给前者。被害人信托基金制度：指在全面维护法院管辖的犯罪被害人利益，国际刑事法院于 2002 年 9 月召开的第一次缔约国大会上成立，为理事会管理模式。被害人补偿制度：是美国联邦及各州法律保障案件被害人因刑事犯罪行为遭受损失而享有的刑事补偿权，分为明尼苏达模式、加利福尼亚模式、马里兰模式。

④ 参见方柏兴：《刑事涉案财物处置程序的诉讼化及其限度》，载《兰州大学学报(社会科学版)》2019 年第 1 期。

达”基金为由，以一天5%—10%的不定期收益，取得被害人信任后骗取被害人投资款，截至案发时，造成被害人损失达1000多万元。在审查起诉阶段，部分被害人要求检察机关追回案外人财产，理由是案外人因同样的投资行为，已经提前取得本金且获得高额回报，综合转账交易记录等客观证据均能证实，应当将不当获利部分追回以弥补目前案件被害人的经济损失。该案存在以下问题：①案外人从犯罪嫌疑人处已经取得的高额回报，能否认定为犯罪嫌疑人违法所得？②如果案外人不愿将高额回报交出，根据何种程序由哪个机关认定该回报的性质并及时作出处理？侦查机关能否采取强制措施？③除了在执行程序中提出执行异议外，案外人还有何救济途径？④如何对追回的该部分财产进行处置，对被害人的认定是否仅限于已报案的人员？⑤对于从案外人处追回的高额回报认定为犯罪嫌疑人违法所得并责令退赔被害人后，对犯罪嫌疑人是否可以从轻处罚？目前司法实践中，最高人民法院《关于刑事裁判涉财产部分执行的若干规定》中对于第三人获得的涉案财物如何启动追缴程序尚未规定操作细则，该案中对于案外人的高额回报侦查机关无法采取强制措施，如后期刑事裁判将其认定为赃款赃物而追缴，可能因前期未采取强制措施而落空。虽然该案后经检察机关引导侦查、退回补充侦查，做通案外人思想工作，案外人自愿将已经取得的高额回报返还至犯罪嫌疑人账户用于退赃，但该案存在的程序问题值得深入思考。

目前司法实践中，对于案外人财物的保护，主要依托案外人执行异议之诉。根据《民事诉讼法》第234条的规定，案外人提出认为原判决、裁定错误的异议，可以通过再审程序救济，对原判决处理涉案财物部分提出的执行异议。如果案外人不服，根据第234条的规定，可以申请再审，也就是案外人可以对涉案财物部分提出再审申请。上述规定虽然提供了权利救济的一个路径，但属于执行阶段的救济途径，并无法覆盖诉讼全过程，尚有可优化空间。

刑事附带民事诉讼程序能给我国刑事涉案财物处置独立之诉的实践运行提供必要的参考，其在实践中通常适用于因刑事犯罪对被害人人身造成损害的案件。以兼顾效率价值的刑事附带民事诉讼，在实践中因民事诉讼所代表的私权与刑事诉讼所代表的国家利益、公共利益相比，处于附带地位，且存在被害人的诉讼基于刑事案件审理所认定的事实，刑事诉讼中排除合理怀疑的证明标准与民事诉讼中优势证据标准存在冲突，容易造成被害人的合法权益难以得到全面有效的保障现象。目前司法实践中，对于刑民交叉案件的处理，一般认为民事的基本案件事实要以刑事案件审理结果为依据，刑事案件尚未审结的，法院应当裁定中止审理。可以发现，在我国的司法实践中，刑事附带民事诉讼是以国家公权力为本位的一种诉讼制度。刑事涉案财物独立之诉,应当是当事人、案外人对于因犯罪嫌疑人刑事犯罪行为造成物质损失所提起的一种诉讼程序,有别于附带民事诉讼程序。涉案财物独立之诉的主体较广,牵涉财物范围较广,在实践中可能存在以下问题:第一,法律权属界定难。涉案财物之诉,实质上是平等主体之间对于物质权益的保护,实质上应属于民法调整对象。而刑事涉案财物,因犯罪嫌疑人犯罪事实、证据采信的需要,对案发时表象上属于犯罪嫌疑人的相关财物予以扣押、冻结、查封等强制措施的财物,在法律关系上属于刑法调整对象,那么案外人基于民法上的法律关系对刑事案件涉案财物主张合法权益,其法律权属尚需通过一定的程序予以明确。第二,启动主体及证据标准不明。与刑事附带民事诉讼程序不同,刑事涉案财物之诉涉及的主体,不仅仅是刑事案件中的犯罪嫌疑人、被害人,还包括对刑事涉案财物享有合法权益,但与犯罪事实无直接关系的案外人,这就带来了刑事涉案财物独立之诉启动主体不明的问题,由司法机关启动、当事人及案外人独立启动,还是分阶段启动。在司法实践中可能还遇到刑事证据采信与涉案财物民事证据采信相冲突、刑事涉案财物处置诉讼先于刑事诉讼进行等问题,刑事诉讼证明标准需达到排除合理怀疑的程度,而涉案财物之诉实质上属于民事物权关系,过分依赖刑事案件的认定事实,与民事关系的证明标准不符。第三,诉讼程序是否需要以刑事案件终结为前置程序不明。刑事附带民事诉讼的特殊性源于存在于该诉讼中的民事诉讼所请求的民事赔偿,根源是刑事诉讼中犯罪嫌疑人的犯罪行为所导致,但刑事涉案财物之诉有可能是犯罪行为下对所属财物未来利益期待可能性的一种风险预估与保全,如案外人基于担保合同享有对犯罪嫌疑人被查封的房产的物权利益,但因犯罪嫌疑人涉嫌刑事犯罪导致房产被查封,在审查终结前并不必然导致所期待的物权利益消失,但因被查封或扣押期间导致的利益损失是否需要通过涉案财物独立之诉来解决,在司法实践中尚存在争议。

四、刑事涉案财物处置独立之诉的模式选择

对于涉案财物独立之诉的建构模式,陈瑞华教授以利害关系人是否提出异议为标准,将其分为两种对物之诉的程序模式:一是独立性对物之诉模式,也就是在被告人、被害人或者其他利害关系人提出异议或者申请参与诉讼的情况下,法院组织相对独立的涉案财物追缴程序;二是附带性对物之诉模式,也就是在被告人、被害人对于涉案财物追缴不提出异议,也没有其他利害关系人对涉案财物的权属提出异议的情况下,法院不再组织专门的涉案财物追缴程序,而是将对涉案财物的范围纳入法庭审理过程之中,并在对定罪量刑问题的法庭审理结束后,对于定

罪、量刑和涉案财物追缴问题一并作出司法裁判。[①]

但这两种模式尚需进一步细化，需要明确审判组织、启动主体、证据标准、审理期限等内容。而且，应当明确，与附带民事诉讼不同，刑事涉案财物处置独立之诉需要作为独立诉讼来完成，该独立诉讼的性质应当是刑事诉讼中的特别审查程序。从法律关系属性来看，刑事涉案财物处置独立之诉由刑事责任追究诉讼衍生，较为封闭，因此其处置权利及程序与刑事责任追究诉讼联系密切，应当由刑事审判庭审理最为合适，对于刑事涉案财物的裁定、程序、证据衔接更好与刑事责任追究相结合；从法律程序适用上来看，从是否采取与刑事诉讼分开进行的方式来看，我国现代刑事审判已经由对抗式走向控辩式，这要求控辩双方在诉讼中的地位平等，各方当事人都能充分参与诉讼，法官严格保持中立，审判程序公开、公正。法国允许被害人在刑事诉讼中提出民事赔偿的请求，由刑事审判组织在解决被告人刑事责任的同时，确定被告人的民事赔偿责任。但鼓励被害人通过刑事诉讼程序提出民事赔偿救济的同时，注意兼顾民事诉讼的独立性。第一，其附带民事诉讼的请求主体与客体范围十分广泛，其附带民事诉讼不仅可以针对罪犯与共犯提起，而且可以针对罪犯与共犯的继承人、其他应负民事责任的第三人（如犯罪行为的保险人、雇主、行政部门）等提起；第二，受害人享有选择权，即受害人既可以选择刑事附带民事诉讼，也可以选择民事诉讼进行诉讼活动；第三，可因刑事犯罪严重程度的不同适用不同的审判程序，如重罪案件及其附带民事诉讼，由不同审判人员按照不同程序进行审理，然后分别作出刑事和民事判决，而轻罪和违警罪案件及其附带民事诉讼则由同一法庭按照刑事诉讼程序合并审理，用同一判决宣判。[②] 但我国司法实践，如刑事涉案财物独立之诉采取附带民事诉讼的方式，不利于对财产权的保护，主要原因是涉案财物处置因涉及案外人，一方面与刑事诉讼并不必然相关，且因财物处置具有较强的时效性，需要优先处置，故如采取附带民事诉讼或案外人执行异议之诉的方式，并不利于财产权的保护；另一方面，附带民事诉讼在司法实践中明确限制了赔偿的范围及标准，并不适用于与财产处置有关的案件，后者涉及财产权衍生权益的保护，范围更广、审理更全面，因此涉案财物独立之诉应与刑事诉讼分开进行。

---

① 参见陈瑞华：《刑事对物之诉的初步研究》，载《中国法学》2019 年第 1 期。

② 参见陈光中：《刑事诉讼法再修改之基本理念——兼及若干基本原则之修改》，载《中国诉讼法学精萃》（2005 年卷），高等教育出版社 2005 年版，第 713 页。

五、刑事涉案财物处置独立之诉的具体建构

(一)刑事涉案财物处置独立之诉的性质和适用范围

刑事涉案财物处置独立之诉原则上属于刑事诉讼的特别程序,建议如将来对《刑事诉讼法》进行修改,可以在《刑事诉讼法》第五编特别程序中增加一章,专门规定刑事涉案财物处置独立之诉的有关程序。刑事涉案财物主要包括违禁品、供犯罪所用之物、违法犯罪所得、由案外人所有或占有的因刑事诉讼活动被牵涉的法律权属不明的财物、因刑事诉讼活动被强制执行的实际属案外人所有的财物。我国的刑事涉案财物处置应当具备四大功能,即首先对是否属于涉案财物进行确认,其次对涉案财物权属进行确权,再次对涉案财物依法作出裁判,最后是对裁判依法执行。前三大功能中,除了部分裁判要在刑事判决中作出外,其余均要在刑事涉案财物处置独立之诉中作出。首先确认是否属于涉案财物,并按照违法犯罪所得及其孳息、用于实施违法犯罪行为的工具、违禁品、其他可以证明违法犯罪行为发生、违法犯罪行为情节轻重的物品和文件等不同种类确定涉案财物的性质。确认属于涉案财物的,可以采取查封、扣押、冻结等强制措施。对不属于涉案财物的,应当解除查封、扣押、冻结等强制措施。对涉案财物确权主要是解决刑事涉案财物的权属问题,并依托刑事涉案财物处置独立之诉厘清涉案财物的属性,即受理案外人对涉案财物的财产权保护救济之诉。对于审查后认为被采取强制措施的涉案财物确属犯罪嫌疑人一人所有的,应当以刑事判决书为依据对被害人进行赔偿;被害人也可依据生效判决文书向法院申请执行;对于涉案财物审查后有侵害案外人合法权益的,可对涉案财物进行审查裁决,后将确属于犯罪嫌疑人涉案财物的部分依据判决书进行赔偿;对不属于刑事涉案财物的,应当裁定解除强制措施恢复原状。上述财物处置虽然有一定的程序规定,但目前的规定很不全面,需要建构完整全面的刑事涉案财物处置独立之诉程序规定,对包括犯罪嫌疑人在内的相关主体的相关财产、权利进行独立地、全方位地、客观地审查,以规范刑事诉讼涉案财物处置工作,保证刑事诉讼顺利进行、保障当事人合法权益、彰显司法公正。

(二)涉案财物处置独立之诉的审理主体

刑事涉案财物处置独立之诉由人民法院刑事审判庭审理。第一,从效率角度来看,涉案财物处置独立之诉与刑事审判程序密不可分,需要熟悉刑事案件案情,由民事审判庭、立案庭、执行庭审理均不适宜,由刑事审判庭审理符合效率要求,

后续刑事案件的审理由同一合议庭审理为宜。第二,从公正性角度来看,由刑庭之外的审判庭审理、对涉案财物处置独立之诉另行组成合议庭审理并不必然有着公正性上的优越性。第三,需要提起刑事涉案财物处置独立之诉的案件一般为疑难复杂案件,应当由合议庭审理,而非独任审理。第四,从司法实际情况来看,人民法院存在案多人少的矛盾,要求对涉案财物处置独立之诉另行组成合议庭审理势必会加重法院案多人少矛盾,不符合实际情况。第五,刑事涉案财物处置独立之诉可能先于刑事案件受理,审理刑事涉案财物处置独立之诉的合议庭应当继续审理刑事案件。

(三)涉案财物处置独立之诉的启动与程序问题

我国刑事涉案财物处置独立之诉可分为犯罪嫌疑人、被害人、案外人依申请启动和人民法院刑事审判庭依职权启动。一般情况下,犯罪嫌疑人、被害人、案外人认为存在涉案财物权属有争议、未依法及时采取强制措施或者违法所得未得到追缴、退赔等情形时,可及时提出涉案财物处置独立之诉。鉴于刑事涉案财物处置独立之诉可能先于刑事案件受理,此时犯罪嫌疑人的身份尚未转变为被告人。特殊情况下,刑事审判庭在刑事案件审理过程中发现涉案财物存在重大争议,需要被害人、案外人参加诉讼,甚至需要通知侦查机关进行必要的调查提供相应的证据后才能查清相关事实时,可以依职权启动涉案财物处置独立之诉,单独对涉案财物进行审查并及时作出裁判。刑事涉案财物处置独立之诉的程序,因主要涉及对于财产权属认定,在《刑事诉讼法》没有特别规定时可以适用《民事诉讼法》的规定。此外,刑事涉案财物处置独立之诉一般应当与刑事案件本身并行审理,独立之诉的判决、裁定一般应早于刑事案件本身的判决、裁定,最迟应在刑事裁判涉财产部分进入执行程序前作出。故在审理期限上,与一般的民事案件审理期限不同,这也是单独设置刑事涉案财物处置独立之诉的原因之一。

(四)当事人及利害关系人的权利保障

刑事涉案财物处置独立之诉,因关联程序刑事追究具有"公权力"属性,具有较强的封闭性,其实质是利用刑事诉讼程序厘清与涉案财物有关的案外人、被害人因犯罪嫌疑人的犯罪行为造成经济损失的涉案财物处置问题,在制度归属上属于刑事诉讼的组成部分,体现了公法的属性。但独立之诉涉及民事主体之间关于财产权利的保护,又具有较强的私法属性,在《刑事诉讼法》没有特别规定时可以适用《民事诉讼法》的规定。需要注意的是,在本文所构思的刑事涉案财物处置独立之诉的框架下,因涉及犯罪嫌疑人与被害人、案外人的财产权利,应当通过公开、公告等方式主动告知各有关主体的诉讼权利,包括处置涉案财物的选择权,特别是涉及不动产处理、公司运营等重大事项时,应赋予各有关主体选择最优处置方式的权利,以更好地保障其财产权益。

(五)证据衔接问题

对于涉案财物独立之诉中,经刑事诉讼所固定的证据情况,应当作为刑事涉案财物处置独立之诉的证据直接采信。对于当事人、案外人就财物权属等提起独立之诉的,如法院审查后认为涉及对定罪或量刑有影响的事实,可移交侦查机关及时查清、依法处理。同时,刑事案件的证据审查较为严格,需排除合理怀疑,刑事涉案财物处置独立之诉中对于财物权属的证据认定需要达到高度盖然性证明标准,对于证据标准的适用要注意区分。对于审查后认定属于犯罪嫌疑人所有、与刑事责任追究有关的涉案财物,应及时作出裁判移送执行;经审查涉案财物系犯罪嫌疑人与案外人共同共有的,应当对犯罪嫌疑人所有部分进行确认后移送执行;经审查确认案外人所有的财物属于违法所得的,应当予以追缴。

(六)检察机关在独立之诉中的职能定位

检察机关作为国家的法律监督机关,其职能定位在刑事涉案财物处置独立之诉中应当为以下几方面:首先,在审查逮捕(起诉)过程中应当注重对涉案财物的审查,注重判断涉案财物权属是否存在争议以及对涉案财物已采取的强制措施是否得当,对于侦查机关应采取强制措施而未采取的,通过提前介入、引导侦查,引导侦查机关及时采取强制措施。在提起公诉时依法对涉案财产提出处理意见。其次,在审查案件过程中,注重听取犯罪嫌疑人、被害人、案外人的意见,引导其提供涉案财物相关证据,必要时可通知侦查机关收集相关证据,为后续案件办理打下基础。再次,在财产权益受损的被害人、案外人提出涉案财物处置独立之诉时,根据具体情况于必要时履行支持起诉职能。最后,对侦查机关、人民法院履行职能实行法律监督。对于未依法履行职能、未依法处置涉案财物的行为依法进行监督,及时发出检察建议、纠正违法通知书等,对涉嫌犯罪的司法人员依法处理。

实现依法认定和处置涉案财物与保护合法财产的双重目标,已成为社会各界的共识,但这一目标的实现需要更完善的程序的保障。刑事涉案财物处置独立之诉在我国有较强的司法实践前景,对于践行保障公民财产权有着重要的实践意义,同时在经济犯罪日趋严重的刑事犯罪结构下,刑事涉案财物处置独立之诉对于深入实践法治国家有重大的创新价值,我国有必要在刑事附带民事诉讼充分实践的基础上,对刑事涉案财物处置独立之诉开展理论和实践探索,并予以制度化。

(编辑:陈真楠)

涉众型犯罪被告人财产退赔责任问题研究

陈　会　王文梁*

摘　要:共同犯罪中,关于犯罪违法所得追缴或责令退赔被害人损失,各共同犯罪人之间应当如何承担责任,既涉及刑法共同犯罪的理论问题,也是近年来司法实践中的争点问题。这一问题在非法集资类犯罪、套路贷、涉黑涉恶等涉众型共同犯罪案件中尤为突出。立法机关和最高司法机关对该问题至今没有作出明确、统一的立法或司法解释规定,而一些地方性刑事司法文件内容不一,使"类案不类判",被告人的辩护权保障和适法统一性均受影响,对刑事案件执行阶段的违法所得追缴影响更为突出。通过对共同犯罪责任承担原理的理论探讨、相关制度对比,再结合对一些地方性刑事文件和类案的实证研究,本文认为共同犯罪的违法所得追缴,原则上应独立、按份承担。

关键词:涉众;共同犯罪;违法所得退赔;连带责任

一、问题的提出

近几年来,司法机关在办理刑事案件时对追缴被告人的违法所得加大了执法力度,这在部分涉黑涉恶案件以及涉及追赃挽损的涉众型犯罪中尤为明显。在上述涉众型共同犯罪案件中,各被告人如何承担违法所得的退赔份额或者说如何就被害人损失进行退赔责任的划分问题,实践中存在两种现象:一是在审判实体上,各地法院关于被告人之间退赔责任的裁处标准把握不一,执行方案也不一;二是在审判程序上,此前并没有相关的法律和司法解释作出细化的程序规定,导致法庭审理时对被告人退赔责任的承担问题不组织专门的法庭调查和辩论,从而实际

---

* 陈会,上海中联律师事务所高级合伙人,西南政法大学刑事辩护中心研究员;王文梁,华东政法大学法学硕士,律师助理。

上剥夺了被告人在这方面的辩护权。

近期,刑事审判实践中出现了以下情况:公诉机关事先不指控被告人应当承担何种程度的退赔责任,庭审阶段法庭也不就该问题征求辩方意见,不进行法庭调查和辩论,但在最后的判决中,却径直根据《刑法》第36条和第37条的规定,判处被告人承担退赔责任(明确判决承担定额的退赔责任或笼统判决承担连带的退赔责任),尤其是"连带退赔"判决的"杀伤力",对被告人及其家属来说,在案件执行阶段尽显无遗。根据"审执分离"原则,法院执行部门无须也无权对判决合理性进行审查,只要生效判决具有可执行性,执行部门可据此超出原先在刑事诉讼中被查扣的财产范围,对罪犯乃至其家属的其他合法财产强制执行,由此部分案件中会引发部分罪犯家属的申诉、上访,社会矛盾被进一步激化。

就程序保障而言,笔者认为,在刑事案件中,如果判决被告人承担一项重大财产性法律责任,却不进行专门的法庭调查和辩论,于法于理都难以服众。直到2021年3月1日施行的最高人民法院《关于适用〈中华人民共和国刑事诉讼法〉的解释》(以下简称2021年《最高法解释》),这个问题才开始得到重视。之前的司法解释将涉案财产问题规定在"执行程序"中,2021年《最高法解释》才将该问题提前到了"一审程序",其中第279条规定:"法庭审理过程中,应当对查封、扣押、冻结财物及其孳息的权属、来源等情况,是否属于违法所得或者依法应当追缴的其他涉案财物进行调查,由公诉人说明情况、出示证据、提出处理建议,并听取被告人、辩护人等诉讼参与人的意见""案外人对查封、扣押、冻结的财物及其孳息提出权属异议的,人民法院应当听取案外人的意见;必要时,可以通知案外人出庭""经审查,不能确认查封、扣押、冻结的财物及其孳息属于违法所得或者依法应当追缴的其他涉案财物的,不得没收"。

然而,据笔者了解,上述规定在司法实践中尚未得到全面激活。原因之一是绝大部分起诉书仍未就应当追缴的财产范围作出明确指控,导致法院认为主动审理没有依据。从二审救济上看,如果被告人仅以一审程序中没有保障其关于财产退赔责任方面的辩护权为由提起上诉,二审法院一般也不会认为属于"可能影响公正审判的程序违法行为"而予以支持并将案件发回重审。

就实体责任而言,关于共同犯罪中各被告人退赔责任的承担问题一直存在争议,各地法院具体判决不相统一,有损刑事审判的威严,而立法机关和最高司法机关至今也没有出面澄清并进行相关立法或统一司法解释。笔者结合自身辩护经验,从个案、类案中发现问题,又搜索了大量的地方性规范文件和生效判决辅助分析,并同审判实务专家和资深刑辩律师进行广泛讨论,试图对这个问题进行研究并提出初步建议,希望引起有关部门的重视,从而从立法上解决该问题。

笔者发现:在法律供给方面,部分省、直辖市高级人民法院已经关注到该问题,但各地出台的具体规则不尽一致。

1. 浙江:首要分子、主犯、从犯区别对待

浙江省高级人民法院、浙江省人民检察院、浙江省公安厅联合发布的《关于办理电信网络诈骗犯罪案件若干问题的解答》(浙高法〔2020〕44 号)在回答“在电信网络诈骗共同犯罪中,主犯和从犯是否具有相同的退赔义务?一般应如何掌握?”时,明确了“主犯原则上具有共同的退赔义务。首要分子按照犯罪集团所犯罪行的全部数额进行退赃和退赔,其他主犯按其参与、组织、指挥的全部犯罪数额进行退赃和退赔。从犯一般按实际违法所得进行退赃和退赔。被告人主动退赔或其亲友代为退赔的数额超过实际违法所得的,可在量刑时予以酌情从宽处罚”。

在浙江,实践中通常的做法也符合该文件的精神,对于非法集资等案件中被认定为从犯的,最终判决仅需退赔自己实际获得的违法所得(工资、奖金、提成等)即可。①

2. 上海:似有模糊化处理的倾向

上海市高级人民法院、上海市人民检察院、上海市公安局联合制定了《关于办理涉众型非法集资犯罪案件的指导意见》(沪高法〔2018〕360 号),其中规定:“参与非法集资犯罪的被告人(包括被追究刑事责任的业务员),应当对其犯罪行为造成的损失承担退赔责任,除应当依法追缴其获取的佣金、提成等违法所得外,还可以责令在其犯罪行为造成的损失范围内承担退赔责任。”

值得注意的是,对于非法集资犯罪的被告人在其犯罪行为造成的损失范围内承担退赔责任方面,该文件规定的是“可以责令”而非“应当责令”,可见法官仍有一定的裁量权,可根据实际案情予以灵活掌握。

笔者发现在上海地区的审判实践中,部分判决书对该类案件中的从犯,一般只追缴个人违法所得部分:对于个人违法所得已经退清的,判决书便不再表述“继续追缴”;对于个人违法所得没有退清的,判决书一般笼统表述为“不足部分责令继续追缴”。但该处的“不足部分”,由于在判决中未作具体明确,可能导致执行依据不明确或者实质上的空判。而对于作为业务骨干或管理层的主犯,则可能根据是分案起诉还是并案起诉,最终由法院决定被告人是只对自己经管的区域所对应

① 参见李文浩等人犯非法吸收公众存款罪案,浙江省杭州市上城区人民法院(2019)浙 0102 刑初 180 号刑事判决书。

的被害人损失负责，还是同总负责人一起对公司全部的犯罪金额承担连带退赔责任。如果这类主犯与总负责人并案处理，则可能被判决对公司全部金额承担连带退赔责任。上述做法也被推广适用于其他涉众型经济犯罪案件（如涉众型电信网络诈骗案件、金融类非法经营案件）的处理当中，经过搜索，笔者发现有判例也未惯性采纳“共同犯罪中被告人均负连带退赔责任”的判决思维，认为从犯仅需退赔自己实际获取的违法收入即可。①

3. 重庆：无论主犯、从犯，均只要求退出自己的实际违法所得

重庆市高级人民法院、重庆市人民检察院、重庆市公安局联合公布的《关于办理非法集资类刑事案件法律适用问题的会议纪要》（渝高法〔2018〕186号）第24条规定：“对于追缴或者责令退赔财物的范围问题，追缴或者责令退赔违法所得与民事诉讼中共同被告对集资参与人的损失承担连带赔偿责任有所区别，追缴或者退赔违法所得不属于民事赔偿诉讼，不涉及民事连带责任的问题，应以行为人实际的违法所得为限，尚未追缴或者无法追缴的，可以依法责令退赔，退赔亦应以实际违法所得为限。”可见，重庆地区旗帜鲜明地认为，追缴或者责令退赔不能参照侵权责任法律规范中的连带赔偿制度，而应以行为人的实际违法所得为限。

4. 江苏：最严厉，主犯可能要和首要分子一起对全部违法所得承担连带退赔责任，从犯也要在其参与范围内承担连带退赔责任

《江苏省高级人民法院就〈最高人民法院关于办理减刑、假释案件具体应用法律的规定〉中涉财产性判项规定适用指南》第3条规定：“生效裁判未明确罪犯个人承担份额的，应当结合各自在犯罪中的地位予以确定，生效裁判区分主从犯的，主犯承担全部责任，从犯对自己所涉及的犯罪部分承担相应责任。侵财型、贪利型等共同犯罪罪犯，生效裁判未区分主从犯的，可以根据各被告人分赃情况，分别确定追缴和退赔责任，无法确定罪犯个人承担份额的，则平均承担。”

实践中，江苏的部分判例也确实按照上述规定处理。笔者经手辩护的泰州虞某某特大套路贷诈骗一案，该案一审泰州市中级人民法院、二审江苏省高级人民法院，均判决被认定为主犯的6名公司员工和虞某某（公司负责人）共同对34亿元的诈骗数额承担连带退赔责任。尽管各被告人的违法所得在上述判决书中已分别查明，如其中最后一名主犯员工的违法所得仅为100万元，但按生效判决，其

① 参见陈亮等人犯诈骗罪案，上海市松江区人民法院（2019）沪0117刑初1466号刑事判决书；王佳春等人犯非法经营罪案，上海市松江区人民法院（2019）沪0117刑初1467号刑事判决书。

仍需承担 34 亿元的连带退赔责任。该案移送执行后,被执行人和家属的合法财产乃至唯一住房已被法院查封。

不难发现,关于共同犯罪案件中被告人退赔责任的具体承担问题,全国多地的文件规定和实践做法不尽相同,司法裁决面临极大的不确定性,该问题亟待统一共识。

二、问题的思考

(一)涉众型共同犯罪中被告人退赔责任的承担,是否可以参照民事法中共同侵权行为人应连带赔偿的规定

一些观点认为,犯罪是严重的侵权行为,理应遵照适用侵权责任法律规范的一般原理。共同侵权行为对外承担连带赔偿责任的民法原理,可延用至刑事共同犯罪领域。笔者认为,对刑法具体制度的理解,首先不应脱离刑法的基本原则和刑法本身的体系解释,上述观点是对侵权责任法律规范的错误延伸,其将民事法的立法目的、原理和刑法混同,看似合理,其实不然。

第一,在法的价值取向上,民事法与刑法不同。民事法注重对私权利的保护,在涉及经济损失的民事案件中,责令被告作出赔偿,是对原告进行抚慰、救济的重要甚至唯一手段,故有理由尽可能地要求被告承担赔偿责任。侵权责任法律规范的出发点是"填补被侵权方损失",为了充分保障权利救济,对待共同侵权时,要求对外一致承担连带责任,将责任分担的风险转移至侵权行为人内部,具有合理性。而刑法要求犯罪人退出违法所得,立法目的主要不是在于对权利的满足(被害人的财产恢复请求权),而在于从国家意志层面彻底否定行为人通过犯罪取得财物的正当性("任何人不得因犯罪而获利"),从而预防和惩罚犯罪。

刑法针对主犯、从犯也设定了轻重有别的惩处力度,需要根据被告人各自行为的危害性作区分裁量。那么,在适用"赔偿损失"此类非刑罚处罚措施时,却可以不假思索地套用民事领域的原则和规定?答案应当是否定的。其实,刑事标准与民事标准迥异的情况很多,比如民事领域认为不动产财产权属的转移应以变更登记为标准,而刑事领域认为部分不动产财产犯罪的既遂只要实现实际控制即可。

第二,"连带退赔"的判法是对"部分行为全部责任"刑法原理的误读。对共同犯罪,刑法认同"部分行为全部责任"原理,但这里的"责任",指的是各共同犯罪人均具有刑法上的可谴责性,解决的是犯罪形态(既未遂)以及共同犯罪中危害

行为和危害结果之间的因果关系问题，这在刑法理论界和实务界已达成共识。[①]“部分实行全部责任”不是指共同犯罪人应当承担均等的法律责任，更不是指应当承担连带的财产退赔责任。

第三，“连带退赔”的判法有违存疑有利于被告人、罪责刑相适应的刑事法原则。根据司法经验可以发现，一方面，实践中诸多涉众型共同犯罪目前采用公司化管理模式，大部分涉案员工是通过社会招聘、签订劳动合同的方式被卷入犯罪，工资、奖金、提成的金额，大多其实都有客观证据予以证明。另一方面，这些被告人大多是无前科劣迹的普通民众，卷入犯罪除了自身因素，外部大环境因素不可否认。这些人大多反侦查能力和意识弱，如实供述的概率大。因而司法实务中，多数情况下，依靠言词证据就可以查清个人违法所得。退一步讲，即便无法查清，刑事司法的基本原则是“无罪推定”“存疑有利于被告人”，在事实不清的情况下，推定被告人平均分担或连带承担赔偿责任，也没有刑事法基础理论的支撑。

再进一步看，涉众型共同犯罪中往往被告人人数众多且分工复杂，大部分的普通公司员工都是听从上级指令后参与到其中某一个环节，个人主观明知程度不深，行为对危害结果发生的原因力不强，若要求一律按照“参与的数额承担连带退赔责任”，明显有违罪责刑相适应原则。近几年大量出现的 P2P 融资平台以及小额现金贷公司等网络犯罪，绝大部分采用了线上方式开展业务，某些岗位职员因入职时间长而被认定参与了所有犯罪金额的诈骗活动，即便属于从犯，也可能被判处对所涉金融产品的全部收益承担连带退赔责任，这势必造成普通打工者在主刑执行完毕后还要背负天文数量级的巨额债务，其中的公平合理性值得商榷，在客观上也会导致执行无法有效推进，难以契合“案结事了”的诉讼目标。

（二）解读有关涉财产处置的刑事法律、司法解释及规范性文件后发现，追缴被告人其他合法等值财产用于填补其个人违法所得，尚有法可依，但若被用于共同犯罪中退赔被害人的损失，则没有法律依据

关于追缴被告人的其他等值合法财产用于退缴个人违法所得的做法，笔者找到以下规定：

第一，2018 年《关于办理黑恶势力犯罪案件若干问题的指导意见》第七部分

① 参见梅传强、欧明艳：《共同犯罪违法所得处理研究——以共同犯罪人之间是否负连带责任为焦点》，载《中国人民公安大学学报（社会科学版）》2020 年第 1 期；邓光扬：《追缴共同犯罪之违法所得不能一概适用连带责任》，载《法律适用》2018 年第 22 期。

“依法处置涉案财产”中第29条规定:“依法应当追缴、没收的财产无法找到、被他人善意取得、价值灭失或者与其他合法财产混合且不可分割的,可以追缴、没收其他等值财产。”该条文是针对赃款赃物灭失或被他人善意取得从而导致无法追缴时,授权司法机关可以追缴被告人其他等值财产,且追缴的范围必须针对的是“涉案财产”。

第二,1987年最高人民法院《关于被告人亲属主动为被告人退缴赃款应如何处理的批复》指出:“被告人是成年人,其违法所得都由自己挥霍,无法追缴的,应责令被告人退赔,其家属没有代为退赔的义务。被告人在家庭共同财产中有其个人应有部分的,只能在其个人应有部分的范围内,责令被告人退赔。如果被告人的违法所得有一部分用于家庭日常生活,对这部分违法所得,被告人和家属均有退赔义务。”该条文规定,如果被告人将自己的违法所得挥霍导致无法追缴,可以责令被告人用其个人其他合法财产来退赔;如果用于家庭日常生活,相应部分家属也负退赔义务。

第三,环视整部刑法典,笔者无法找到有关“连带赔偿”的任何表述。《刑法》第64条规定:“犯罪分子违法所得的一切财物,应当予以追缴或者责令退赔;对被害人的合法财产,应当及时返还;违禁品和供犯罪所用的本人财物,应当予以没收。没收的财物和罚金,一律上缴国库,不得挪用和自行处理。”可见,从立法语言上,追缴和责令退赔针对的是违法所得。被害人的合法财产在尚存在的情况下,应当及时返还。如果已经灭失,如何处理?《刑法》第36条规定:“由于犯罪行为而使被害人遭受经济损失的,对犯罪分子除依法给予刑事处罚外,并应根据情况判处赔偿经济损失。”但目前除了刑事附带民事诉讼制度外,其他判处赔偿经济损失的做法并没有权威性的操作指引或法律条文可参考,仅从“根据情况判处”的字眼中显然无法得出可以判决承担连带责任的结论。

(三)刑事“连带退赔责任”的地方规定,如果被高层立法认可,会与刑法中涉及财产处置的关联制度形成逻辑对立

没有对比就难以发现问题。如果在涉众型共同犯罪中,一律要求首要分子之外的其他行为人对其参与的犯罪所造成的被害人损失承担连带退赔责任,那么,这将无法与刑法中其他有关涉财产处置的制度协调共存。

第一,涉黑涉恶案件对涉案财产的追缴,不及“连带退赔责任”严厉。按常理,从刑事政策角度考虑,涉黑涉恶案件是最应该被严厉打击的,中央也一再强调要“打财断血”。但是,涉黑涉恶案件对被告人财产的追缴覆盖面远不及“连带退赔

责任”，涉黑涉恶案件对“合法财产”的追缴范围相较“连带退赔责任”要小得多。

最高司法机关近年来出台的关于办理黑恶势力案件规范性文件中有关“涉案财产处置”的规定，均要求对合法财产的追缴应严格限定于“用于支持黑恶组织发展的部分”，如：

2009年12月15日发布的《最高人民法院、最高人民检察院、公安部办理黑社会性质组织犯罪案件座谈会纪要》（法〔2009〕382号）中“关于涉黑犯罪财物及其收益的认定和处置”部分的内容指出：“在办案工作中，应认真审查涉案财产的来源、性质，对被告人及其他单位、个人的合法财产应依法予以保护”。

2015年《全国部分法院审理黑社会性质组织犯罪案件工作座谈会纪要》（法〔2015〕291号）中“关于涉案财产的处置问题”部分的内容指出：“属于下列情形的，依法应当予以追缴、没收：（1）黑社会性质组织形成、发展过程中，该组织及其组织成员通过违法犯罪活动或其他不正当手段聚敛的财产及其孳息、收益，以及合法获取的财产中实际用于支持该组织存在、发展和实施违法犯罪活动的部分……”

2018年《关于办理黑恶势力犯罪案件若干问题的指导意见》（法发〔2018〕1号）中“依法处置涉案财产”部分的内容指出：“对于依法查封、冻结、扣押的黑社会性质组织涉案财产，应当全面收集、审查证明其来源、性质、用途、权属及价值大小的有关证据。符合下列情形之一的，应当依法追缴、没收：……（4）通过合法的生产、经营活动获取的财产或者组织成员个人、家庭合法资产中，实际用于支持该组织活动的部分”。

第二，刑法没收财产制度，也不及“连带退赔责任”严厉。对于罪行严重的犯罪分子，根据《刑法》第59条的规定，可以没收全部财产。但是，没收财产对被告人的威慑力其实远远不如“连带退赔责任”。没收财产制度是“面向过去的”，是针对犯罪分子“已有的财产”，且应当为犯罪分子个人及其扶养的家属保留必需的生活费用。而刑事实践中的“连带退赔”是“面向未来的”，判决一旦进入执行程序，对于罪犯和家属而言将陷入终生被追缴的困境，基本生活都可能得不到保障，现实中也的确出现了法院执行部门将罪犯配偶后续收入的一半纳入强制执行范围的做法。这种看似“依法”的执行方式，带出一个值得思考的问题：只要罪犯的妻子不与罪犯离婚，在执行完毕前，其可能需要终生承担丈夫犯罪所带来的退赔责任，在刑事法责任的承担上，有“夫债妇偿”、复辟古代“连坐”之嫌。

第三，刑事附带民事诉讼的判赔规则与“连带退赔责任”的对比。在实践中，刑事附带民事诉讼常见于故意杀人、故意伤害致人死亡或者重伤、驾驶机动车辆致人伤亡类案件,此类案件的被害人在人身权利遭受侵害的同时又伴随有经济损失,受难程度较深。而 2012 年《最高法解释》和 2021 年《最高法解释》均规定,刑事附带民事诉讼只赔偿有限的物质损失部分,对精神抚慰金的诉请一般不予支持。之所以这样规定,一方面或许是因为立法者认为刑事被害人的“精神损失”已经通过被告人受刑罚惩罚的方式得到弥补,另一方面也不排除出于维稳的考虑。进一步深入思考,这类案件中,尽管被害方损失惨重,但毕竟势单力薄,维权难成规模,再加上很多此类案件的被告人实际上不具赔偿能力,如果判赔容易导致空判或引发新的社会不稳定因素,因而在立法上可能干脆就限制赔偿范围。如制定司法解释的最高人民法院法官就明确指出:“这客观上对被害人确有不公”,但考量了“空判后无赔偿能力、无法执行、被害人缠讼闹访”的因素,也不符合“打了不罚、罚了不打”的传统观念。①

相反,我们来看涉众型共同犯罪案件。这类案件,如非法吸收公众存款、集资诈骗、电信网络诈骗、套路贷等犯罪中,被害人人数多且关乎民生,司法机关维稳压力大,“连带退赔”的判法确实有助于追赃挽损。对被害人来说,只要国家启用强制手段、责令被告人“连带退赔”,则被害人既不需要花费维权费用去提起诉讼,更不需要受到赔偿范围的限制,甚至有望实现全额挽损。比如,对于网络套路贷案件的被害人,如果法院追缴工作落实到位,则被害人有望把借钱时支付的利息全部要回来;但对被告人而言,命运就截然相反了,出借的本金被视为犯罪工具,依法可以没收,获取的利息被视为诈骗违法所得或被害人损失,依法应当退赔,在面临刑事处罚的同时,又要终生赔钱,属于“既打又罚”“要命也要钱”。

以上两种弥补被害人损失的方式明显相斥,用再完美的法律理论都难以解释或调和二者之间的鸿沟。巨大差异的背后,甚至让人怀疑:刑事立法只关注了社会的稳定和秩序的恢复,而忽略了公平正义和刑法的一些基本原理。

(四)某些地方性“连带退赔”的司法文件可能违反《立法法》或者涉嫌越权解释

有学者指出:“长期起来,司法解释存在越权解释、解释主体多元化、形式混乱、制定程序简单随意、撤销监督机制缺位等问题。中国特色的司法解释制度亟

① 参见李少平主编:《最高人民法院关于适用〈中华人民共和国刑事诉讼法〉的解释理解与适用》,人民法院出版社 2021 年版,第 285—288 页。

须改革。”①笔者认为，该问题在刑事司法领域相对突出。根据《中华人民共和国立法法》（以下简称《立法法》）第8条的规定，有关“犯罪和刑罚”的事项只能制定法律。在针对《刑法》第36条中的“根据情况判处赔偿经济损失”尚无有效立法或者司法解释的情况下，有的省份高级人民法院单独或者会同相关部门制定的文件规定共同被告人需在其参与的范围内承担连带退赔责任，这实际上相当于为被告人创设了一种“新的财产刑”。或者说，至少是对《刑法》第36条不合理的越权解释，因为根据《立法法》第45条的规定，如果对《刑法》第36条的规定需要进一步明确具体含义，或者因时代变迁出现了新的情况而需要明确法律适用依据的，也应当由全国人大常委会作出解释，或者也应参照“刑事附带民事诉讼的判赔范围”一样，由最高人民法院来解释，省高级人民法院无权在这个问题上越权解释。

三、问题的出路

针对涉众型犯罪案件被告人财产退赔责任的范围所存在的上述问题，笔者提出如下建议：

第一，退赔责任原则上应独立、按份承担。违法所得强制追缴的目的是使被告人将自己因犯罪而获得的利益悉数退出，而连带退赔的判法可能带来更多的负面影响，既不利于刑法惩罚功能的实现，也不利于审判活动对公众价值观的积极引导，且这一做法容易被认为具有古代“连坐”色彩。即便从功利主义的角度出发，“连带退赔”短期内似乎能抚慰受损的社会关系，但从长远计，尤其是待案件进入执行程序并深入推进时，就会发现该种责任承担方式得不偿失，社会效果、法律效果、政治效果直转急下，最终导致“老实人”吃亏，简单机械的执法弊端便会暴露出来。一旦判决被告人对所有犯罪金额承担连带退赔责任，执行部门一般只会按照执行的难易程度，对被告人及其家属的合法财产进行随机追缴。对于在获取违法所得后，或尽快肆意挥霍，或转至海外投资，或早已做好洗钱的被告人，由于刑事诉讼周期漫长，案件进入执行阶段时，这类被告人实际可供执行的财产可能远远低于其被查明的违法所得，执行工作举步难行；而对于主观恶性不大，在归案后的第一时间即如实交代自己违法所得的去向，也未挥霍赃款赃物的被告人，最终被执行的财产很可能超出其个人实际的违法所得，并用于填补所有被告人违法所得的大池子。这造成越主动交代赃款去向的被告人被追缴越多财产的怪相，显然

① 徐昕：《无罪辩护：为自由和正义呐喊》，清华大学出版社2019年版，第16页。

与“坦白从宽”的刑事政策南辕北辙。

第二,对于判处连带退赔的已决案件,执行阶段应当采取相应的纠偏方法或补救措施。为了平衡判决的既判力和责任的公平性,笔者认为,在执行时应当区分顺位,对违法所得尚未退清的罪犯优先执行。实践中,一些刑事判决书对共同犯罪中各个被告人的违法所得进行了查实和列明的同时,又判决被告人之间应当连带赔偿被害人损失。对此,笔者认为,在具体执行时,应当根据犯罪人各自的违法所得数额,首先在个人违法所得范围内进行追缴,不足部分再追缴被执行人等值的其他合法财产,用于补充其尚未退出的违法所得。而对于被查扣的财产超出个人违法所得数额的被执行人,应当先行保护、暂缓收缴超出的部分,在充分听取被害人代表、罪犯本人及其家属、辩护律师、公安机关、检察机关和党委政法部门等的多方意见后,再行慎重处理。

第三,在减刑、假释环节上,应当重点审查罪犯是否已经退出自己的违法所得,不应将是否履行全案连带退赔责任作为减刑、假释的考量因素。对于生效裁判判决二人以上共同承担退赃、退赔义务的,无论其中是否明确各自承担的份额,只要罪犯已全部退出其个人的违法所得,则可视为该罪犯已履行完毕自己所涉的相应财产性判项,具备减刑、假释条件。这样一方面可以为被害人进一步挽回损失,另一方面也能极大调动正在服刑的罪犯主动退赔的积极性,在操作层面彻底打消罪犯“退了白退”“帮别人退”或“永远都退不完”的顾虑,使减刑、假释制度能够顺畅运行。

四、结语

尽管法的价值是多元的,包括公平正义、维护秩序、保障自由,但公平正义无疑是古老自然法和现代刑事法治的首要价值。刑法是维护社会稳定的最后一道防线,但只有守护好刑法的公正价值,才能在维护秩序的同时,到达正义的彼岸。否则,功利的维稳不但会打破法治的天平,甚至可能引发新的不稳定。在涉众型共同犯罪中,采取“连带退赔”的做法,虽是实现追赃挽损最简单直接的方法,但背后折射出的一味求稳、忽视人权的片面化、机械式治理思维,长此以往,对刑法基本原则和公平正义而言,弊大于利。

(编辑:王彪)

虚假诉讼罪司法实务检视与规则重构

——以西南地区63份一审判决书为样本

赵　靖　毛海霖　杨　密*

摘　要:2015年11月1日起实施的《刑法修正案(九)》将虚假诉讼行为纳入刑法规制领域,为制裁和预防虚假诉讼行为提供法律保障。本书通过对虚假诉讼罪入刑以来西南地区基层法院的63份一审刑事判决书进行宏观分析和微观检视,发现存在虚假诉讼罪入罪标准不尽一致、竞合犯认定混乱、民刑衔接机制不畅、检察监督力度欠缺等问题,导致"宽""严"失范、量刑失衡,严重影响司法公信力和司法权威。应立足虚假诉讼罪的司法适用现状,在入罪标准、罪数认定、民刑衔接、检察监督4个方面重构虚假诉讼罪的司法实务规则,以期实现精准定罪量刑的目标,发挥刑法的威慑力和导向作用。

关键词:虚假诉讼罪;刑事判决书;民刑衔接;检察监督;实证研究

虚假诉讼罪,是指自然人或者单位故意以捏造的事实提起民事诉讼,妨害司法秩序或者严重侵害他人合法权益的行为。① 民事领域的虚假诉讼问题由来已久,随着经济社会的快速发展和人民法院"立案登记制"的出台,虚假诉讼行为日益猖獗,不仅侵害他人合法权益,在浪费司法资源的同时还严重扰乱正常的诉讼

---

* 赵靖,重庆市北碚区人民检察院检察委员会委员、四级高级检察官,全国检察理论研究人才;毛海霖,重庆市北碚区人民检察院检察官助理;杨密,重庆市人民检察院第一分院检察官助理。

① 参见张明楷:《张明楷刑法学讲义》,新星出版社2021年版,第597—603页。

秩序。为此,2015 年 11 月 1 日起实施的《刑法修正案(九)》①将虚假诉讼行为纳入刑法规制领域,为制裁和预防虚假诉讼行为提供了法律保障。从保护法益角度来看,虚假诉讼罪所要保护的是“妨害司法秩序”和“严重侵害他人合法权益”两个选择性法益。从虚假诉讼罪的犯罪构成要件来看:第一,本罪的行为主体没有限制,可以是自然人,也可以是单位;第二,本罪以“捏造事实”和“提起民事诉讼”两个独立的行为作为客观要件;第三,本罪以结果要件为“妨害司法秩序”或“严重侵害他人合法权益”为结果要件;第四,本罪以故意为主观要件,不存在过失犯的情形。由于虚假诉讼罪是新增罪名且法律规定比较模糊,而且犯罪构成要件比较简单,再加上相关司法解释较为欠缺,在具体的司法适用方面产生诸多问题,因而实务界和学界对虚假诉讼罪的认识存在较大分歧。如何通过完善立法解决当前的司法适用困境,是实务界和学界普遍关心的问题。

西南地区地处中国西部内陆,包括重庆、四川、贵州、云南、西藏 5 个省(区、市),经济、人员交流频繁,是中国 21 世纪实施“西部大开发战略”的重要发展区域之一。据统计,2020 年西南五省(区、市)地区生产总值为 117,830.85 亿元,占国内 GDP 总值 1,015,986 亿元的 11.6%。② 研究西南地区虚假诉讼罪的司法实务现状,对于维护该地区经济社会良性运行、维护司法权威和司法公信力具有重要意义。通过选取虚假诉讼罪入刑以来西南地区基层法院 63 份一审刑事判决书为研究样本,并进行宏观分析和微观检视,尝试剖析虚假诉讼罪的司法实务现状和存在的问题,探讨司法实务规则重构的可行路径。

一、虚假诉讼罪的司法实务现状调查

通过搜索“中国裁判文书网”,在“高级检索”栏目内,根据不同子栏目逐项选择“虚假诉讼罪”“刑事案件”,同时为更加精确地了解虚假诉讼罪在司法实务中存在的问题,避免重复计算和偏离研究方向,将案件程序框定在“刑事一审”范围内,最终确定了自虚假诉讼罪入刑以来至 2021 年 11 月底西南地区基层法院的 63

---

① 《中华人民共和国刑法》第 307 条规定,以捏造的事实提起民事诉讼,妨害司法秩序或者严重侵害他人合法权益的,处三年以下有期徒刑、拘役或者管制,并处或者单处罚金;情节严重的,处三年以上七年以下有期徒刑,并处罚金。单位犯前款罪的,对单位判处罚金,并对其直接负责的主管人员和其他直接责任人员,依照前款的规定处罚。有第 1 款行为,非法占有他人财产或者逃避合法债务,又构成其他犯罪的,依照处罚较重的规定定罪从重处罚。司法工作人员利用职权,与他人共同实施前三款行为的,从重处罚;同时构成其他犯罪的,依照处罚较重的规定定罪从重处罚。

② 参见李金磊:《31 省份 2020 年 GDP 出炉 20 省份 GDP 增速跑赢全国》,载中国新闻网,https://www.chinanews.com.cn/cj/2021/01-30/9400173.shtml。

份一审刑事判决书，并将其作为研究样本。宏观透视结果如下。

（一）案件数量总体呈上升趋势

虚假诉讼罪案件数量自2016年起呈总体上升趋势，但至2021年有大幅回落。其中，2015年为0件，2016年为4件，2017年为5件，2018年为5件，2019年为15件，2020年为29件，2021年为5件。见图1。

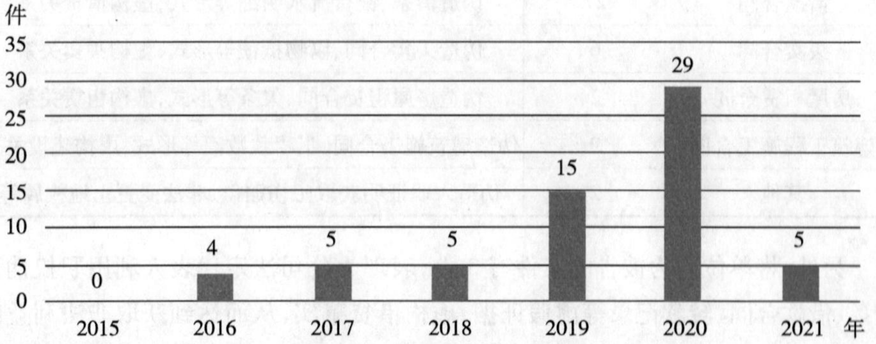

图1　案件数量年度统计图

另外，按照地区分布（西藏自治区无数据），四川的案件量为23件，占总量的36.5%；重庆、云南的案件量均为16件，各占总量的25.4%；贵州的案件量最少，占总量的12.7%。见图2。

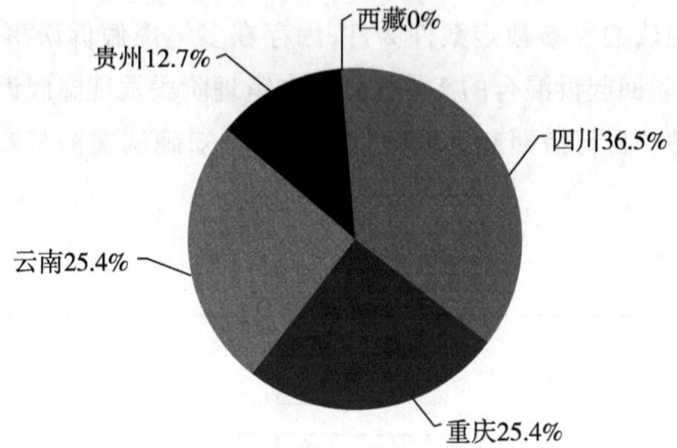

图2　案件数量地区分布图

（二）虚假诉讼手段多样，多以合同形式虚构债权债务关系

63份判决书中，劳动争议、民间借贷、以物抵债、工程建设、企业破产领域案件

高发,被告人提起虚假诉讼的手段多样,且多以合同形式虚构债权债务关系,以此达到逃避债务、侵占他人财产或其他非法目的。见表1。

表1 虚假诉讼手段表

合同类型	案件数量	表现形式
劳务合同	17	伪造用工人员身份、工资欠条等形式,虚构劳务关系
借款合同	27	伪造借条、银行流水明细等形式,虚构借贷关系
买卖合同	6	伪造买卖合同、以物抵债等形式,虚构买卖关系
房屋租赁合同	2	伪造房屋租赁合同、欠条等形式,虚构租赁关系
建筑工程施工合同	9	伪造建筑施工合同、工程款数额等形式,虚构建设关系
其他	2	伪造入职证明获取工伤赔偿、非法变更土地权属等

另外,将单位列为被告的案件有3件,表现为公司法定代表人利用职权伪造借条、借款合同、转款记录等虚假证据,虚构借贷事实,从而达到获取非法利益的目的,并伴随对他人合法权益的侵害。

(三)多以民事调解或判决结案,正常司法活动难以发现犯罪

通过对63份判决书进行梳理,发现其中对虚构事实予以确认的案件有55件,分别为民事调解案件24件,民事判决案件26件,先经其他机关调解或申请仲裁再请求法院确认的民事裁定案件2件,因存在多笔虚假诉讼事实导致民事调解、民事判决或驳回起诉混合的案件3件。在审理阶段发现虚假诉讼证据而驳回起诉的案件5件。自行撤回起诉的案件1件。未知确认虚构事实与否的案件2件。见图3。

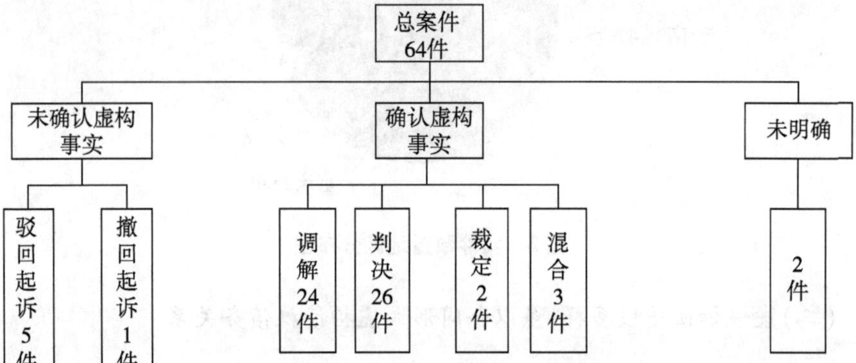

图3 虚假诉讼案件具体情况

分析发现，有明确的线索来源的案件有44件。其中人民检察院通过履行法律监督职责，在民事行政检察监督中发现虚假诉讼线索的案件6件，在接待当事人控告申诉中发现虚假诉讼线索的案件2件，在所有案件中占比仅为18%；人民法院在审理过程或后续执行过程中发现虚假诉讼线索的案件有13件，在所有案件中占比为29%；其余虚假诉讼线索是在行政机关移送、被告人自动投案、被害人向公安机关报案或监察委员会在留置职务犯罪被告人中发现。这说明虚假诉讼犯罪具有一定的隐蔽性，当事人双方通过恶意串通伪造证据、虚构事实提起民事诉讼，在正常的法庭审理活动中难以发现犯罪。值得注意的是，人民检察院在履行法律监督职责过程中，较难通过民事行政检察监督或接待当事人控告申诉发现犯罪。在履职过程中，检察机关往往通过查阅民事诉讼案卷、旁听庭审、接待当事人来访等常规手段把握辖区内民事案件的司法实务现状，而缺乏庭审亲历性、通过事后补救的种种措施，势必将发现虚假诉讼犯罪的时间节点往后移，甚至无从发现，这极不利于维护当事人合法权益，亦对司法公信力和司法权威造成严重损害。

二、虚假诉讼罪司法实务问题的检视

（一）虚假诉讼罪入罪标准不一，法律适用“各行其是”

由于虚假诉讼罪纳入刑法的时间较短，法律规定相对模糊，而且犯罪构成要件比较简单，相关司法解释较为欠缺，造成西南地区各地在虚假诉讼罪入罪标准上认定不一，造成法律适用出现不均衡的局面。另外，司法机关工作人员在具体案件办理中，未能就虚假诉讼罪的入罪标准进行深入研究，存在就案办案、机械办案的情形，客观上不利于形成对入罪标准的一致意见。经梳理作为研究样本的63份判决书并进行微观检视，发现以下几方面问题。

1. 判决书未围绕虚假诉讼罪的犯罪构成要件进行充分说理的现象十分普遍

一方面，判决书对“妨害司法秩序”“严重侵害他人合法权益”两个结果要件未进行充分的事实叙述和论证。何谓“妨害司法秩序”、何种情形达到“严重侵害他人合法权益”的程度，多数判决书语焉不详。在所有的判决书中，仅有6份案情重大、疑难、复杂或涉案人数众多的判决书，对虚假诉讼罪的犯罪构成要件进行了简要说理，如“恶意串通以捏造的事实提起民事诉讼，伪造证据，骗取了法院的裁判文书且进入了执行程序，引起部分群众上访，严重妨害了司法秩序，严重损害了司法公信力”①；“拖延人民法院民事判决的执行，获取非法利益，恶意串通，伪造

① 参见四川省广元市苍溪县人民法院一审刑事判决书，(2019)川0824刑初135号。

房产租赁合同,虚构房产租赁事实,并以该捏造的事实在人民法院提起虚假民事诉讼,妨害司法秩序”①。其余 57 份判决书,均基本援引法条内容,未对犯罪构成进行释法说理,主要表现为“以捏造的事实提起民事诉讼,妨害司法秩序”②,或者“以捏造的事实提起民事诉讼,妨害司法秩序、严重侵害他人的合法权益”③。另一方面,判决书对客观要件中的“捏造事实”行为未充分叙述和论证。在判决书的判决主文部分,仅有 5 份判决书对行为人虚构事实的具体情况进行简要阐述,其余判决书均直接援引法律条文的内容进行逻辑论证。

2. 判决书对单位犯罪的认定不尽一致

在认定构成单位犯罪的 3 个案件中,作为单位法定代表人的被告人,均通过伪造借款协议、银行流水等虚假证据,虚构借贷关系提起民事诉讼。在其他明显有此类情形的案件中,法院却未将单位列为被告,如姜某虚假诉讼案④,姜某以虚假的股东会决议等方式,将某公司的法定代表人及股权由其变更为他人,但该公司仍由其实际所有并控制,后安排员工伪造以其个人名义向某公司购买产品的单据等,再由某公司据此对姜某提起民事诉讼。该案中姜某以个人名义虚构同自己实际控制的公司的买卖关系,以此提起民事诉讼,该公司理应被列为被告。

(二)竞合犯认定混乱,定罪量刑“同案异判”

通过梳理判决书样本发现,一个突出的问题在于,在行为人实施虚假诉讼的行为同时符合其他犯罪构成要件的情形下,即在构成想象竞合的情形下,应当如何准确定罪量刑的问题。综合样本来看,西南地区的虚假诉讼竞合犯主要是侵财类虚假诉讼罪与诈骗罪的竞合。

梳理发现,虚假诉讼罪与帮助伪造证据罪竞合的案件 4 件(含先以虚假诉讼罪起诉,后变更罪名为诈骗罪的案件 1 件),在所有案件中占比仅为 6%。表现为公诉机关以被告人涉嫌虚假诉讼罪向人民法院提起诉讼,法院在审理阶段自行变更罪名,以虚假诉讼罪与诈骗罪构成竞合关系,择一重罪从重处罚,即以诈骗罪定罪,以虚假诉讼行为为从重量刑情节。不难发现,这些被法院变更罪名的案件,其犯罪事实均符合虚假诉讼罪的构成要件,与其他虚假诉讼案件的行为特征别无二致,法院直接适用虚假诉讼罪条文的第 3 款的规定,依照诈骗罪从重处罚。以赵

---

① 参见四川省凉山彝族自治州西昌市人民法院一审刑事判决书,(2020)川 3401 刑初 464 号。

② 参见重庆市大足区人民法院一审刑事判决书,(2019)渝 0111 刑初 616 号。

③ 参见云南省楚雄彝族自治州元谋县人民法院一审刑事判决书,(2021)云 2328 刑初 219 号。

④ 参见重庆市渝中区人民法院一审刑事判决书,(2019)渝 0103 刑初 1608 号。

某虚假诉讼案[①]为例，赵某在身体条件不符合单位用工条件情况下，伪造合格体检表并入职，后以正规的诊断证明和残疾证明申请仲裁，要求单位支付职业病工伤赔偿。在单位发现体检表问题拒绝履行赔付义务后，赵某又向人民法院申请强制执行获得赔付，最终法院以诈骗罪从重处罚。该案中，赵某"捏造事实"的实行行为是捏造在单位工作期间患职业病的事实骗取仲裁和执行，造成了妨害司法秩序和严重侵害其他单位合法权益的危害后果，完全符合虚假诉讼罪的犯罪构成要件。另外，赵某以非法占有他人财物为目的，骗取仲裁和执行，又符合诈骗罪的犯罪构成要件。在近年来"套路贷"[②]类案件大幅增长的背景下，即使陆续出台的司法解释不断强调"捏造事实提起民事诉讼，非法占有他人财产或者逃避合法债务，又构成诈骗罪等犯罪的，依照处罚较重的规定定罪从重处罚"这一审判规则[③]，此类侵财型虚假诉讼案的"同案不同判"现象仍有存在空间，在实务界和学界已引起较大争议。有学者言道："如果不将诉讼诈骗定性为诈骗罪才会导致量刑的不公，因为如果行为人的欺骗行为给被害人造成了数额特别巨大的财产损失，但对行为人仅以虚假诉讼罪认定，最高只能判 7 年有期徒刑，这显然会导致量刑畸轻、罪刑不相适应。"[④]基于保护法益、贯彻罪刑责相适应原则以及维护社会秩序的迫切需要，应当就此类存在竞合情形的虚假诉讼案件的罪名确认进行立法规范。

（三）民刑程序衔接不畅与案件线索移送的阻滞因素

为制裁和防范虚假诉讼犯罪，适应司法实务的迫切需求，司法机关不断出台

---

① 参见贵州省黔西南布依族苗族自治州贞丰县人民法院一审刑事判决书，(2020)黔 2325 刑初 53 号。

② 根据最高人民法院、最高人民检察院、公安部、司法部 2019 年 4 月 19 日起施行的《关于办理"套路贷"刑事案件若干问题的意见》，"套路贷"是对以非法占有为目的，假借民间借贷之名，诱使或迫使被害人签订"借贷"或变相"借贷""抵押""担保"等相关协议，通过虚增借贷金额、恶意制造违约、肆意认定违约、毁匿还款证据等方式形成虚假债权债务，并借助诉讼、仲裁、公证或者采用暴力、威胁以及其他手段非法占有被害人财物的相关违法犯罪活动的概括性称谓。

③ 例如：最高人民法院、最高人民检察院 2018 年 10 月 1 日起施行的《关于办理虚假诉讼刑事案件适用法律若干问题的解释》（法释〔2018〕17 号）第 4 条规定，实施刑法第 307 条之一第 1 款行为，非法占有他人财产或者逃避合法债务，又构成诈骗罪，职务侵占罪，拒不执行判决、裁定罪，贪污罪等犯罪的，依照处罚较重的规定定罪从重处罚；《关于深入开展虚假诉讼整治工作的意见》第 17 条规定，要依法认定犯罪，从严追究虚假诉讼刑事责任。虚假诉讼行为符合刑法和司法解释规定的定罪标准的，要依法认定为虚假诉讼罪等罪名，从严追究行为人的刑事责任。实施虚假诉讼犯罪，非法占有他人财产或者逃避合法债务，又构成诈骗罪、职务侵占罪、拒不执行判决、裁定罪、贪污罪等犯罪的，依照处罚较重的罪名定罪并从重处罚。

④ 滅冬斌、宋立宵：《虚假诉讼罪与诉讼诈骗犯罪行为界限》，载《法律适用》2021 年第 2 期。

司法解释,探索民刑程序的衔接机制,从顶层设计层面勾勒打击犯罪的整体框架。见表 2。

表 2　规定民刑程序衔接的法律规范表

名称	颁布时间	颁布机关	主要内容
《关于防范和制裁虚假诉讼的指导意见》(法发〔2016〕13 号)(以下简称《虚假诉讼指导意见》)	2016 年 11 月 1 日	最高人民法院	第 12 条:民事审判部门将虚假诉讼违法行为涉嫌虚假诉讼罪、诈骗罪、合同诈骗罪等刑事犯罪线索移送侦查机关
《关于进一步加强虚假诉讼犯罪惩治工作的意见》(法发〔2021〕10 号)(以下简称《加强虚假诉讼惩治意见》)	2021 年 3 月 4 日	最高人民法院、最高人民检察院、公安部、司法部	第三章 虚假诉讼线索移送和案件查处,人民检察院对公安机关的刑事立案实行监督
《关于深入开展虚假诉讼整治工作的意见》(法〔2021〕281 号)(以下简称《虚假诉讼整治意见》)	2021 年 11 月 4 日	最高人民法院	第 19 条:做好程序衔接,保持刑民协同。对函告审理或执行法院虚假诉讼行为,启动审判监督程序,当事人、申请再审均作出规定

如前所述,在 63 份判决书样本中,西南地区基层法院在审理、执行程序中发现虚假诉讼线索并向侦查机关移送的案件仅为 13 件,这反映出大部分案件未能移送侦查机关。

1. 法检机关负责涉嫌虚假诉讼犯罪案件移送的专职部门尚未建立或效果不佳

囿于基层法检机关“案多人少”的现状,设立专职部门移送涉嫌虚假诉讼案件面临诸多困难。就基层法院而言,审理民事案件的审判庭同公安机关缺乏交流条件和基础,且专职部门设置在哪个部门内,并无相关司法解释甚至刑事审判案例以供借鉴。在专业知识背景、司法实务经验等因素的影响下,民事审判庭同公安机关衔接移送线索尚存在阻碍。即使是基层检察机关,涉民事虚假诉讼的案件也主要是由民事行政检察部门负责,同公安机关衔接机制尚未建立,该专职部门设在何处尚缺乏明确指引。同样地,上述意见并未明确公安机关内部是否设立专职部门负责接收涉嫌虚假诉讼犯罪案件,公安机关打击虚假诉讼犯罪还需通过向法检机关查询案件文书、收集证据材料等方式深挖线索。

2. 公安机关涉嫌虚假诉讼犯罪案件立案标准尚不明确

公安机关尚未对涉嫌虚假诉讼犯罪案件的立案标准作出专门规定，往往按照常规办案模式采集证据，与法检机关打击虚假诉讼犯罪的入罪标准、证据标准存在差异，法检机关难以准确判断满足公安机关立案标准的情形。如张某甲、张某乙虚假诉讼案①，二人利用国家法律手段获取不合法的利益，通过手中持有的被"合法化"的借款借条或协议到人民法院起诉民事诉讼主张债权。由于二人举示的证据形式完备、内容"合法"，具备民事案件证据高度盖然性的证明标准，法院据此确认了虚构事实并判决被告方败诉，以司法权损害了被告方的合法财产权，这属于一起典型的"套路贷"案件。在借款合同、借款协议等证据形式上不存在瑕疵、被害人又缺乏有利证据的情形下，涉嫌虚假诉讼的案件难以被公安机关接收并立案侦查。

（四）发现犯罪手段有限与检察监督门径狭窄

在63份刑事判决书中，人民检察院在工作中移送公安机关的涉嫌虚假诉讼案件仅为8件，且均由民事行政检察部门和控告申诉部门发现。随着新一轮司法体制改革进入深水区，在刑事检察、民事检察、行政检察、公益诉讼检察四大检察并驾齐驱的当下，检察机关发现虚假诉讼犯罪线索的途径仍然有限，履行检察监督职责力度仍然欠缺。

虚假诉讼犯罪识别之难，在于其拥有合法诉讼的外观，准确识别虚假诉讼犯罪案件需要具备相当的民事法律知识储备和大量的司法实践，而且此类犯罪案件往往在证据形式上无瑕疵或瑕疵难以发现。民行检察部门是检察机关内部负有发现和移送涉嫌虚假诉讼犯罪线索职责的部门，其履职通常采用借阅案卷、询问诉讼参与人、旁听庭审等常规方式对法院民事案件裁判履行法律监督职责，面对精心"炮制"的证据链条发现犯罪的可能性不高，开展检察监督更多"被动"地依赖外部环境，如诉讼当事人、利害关系人等自然人以及法人、非法人组织的控告、申诉、举报和法律监督申请，以及其他国家机关的案件线索移送。另外，即使民行检察部门发现公安机关存在虚假诉讼犯罪案件应当立案而不立案的情形，也无权行使法律监督职能督促公安机关立案。在四大检察中起主体作用的刑事检察，虽然肩负监督公安机关立案（撤案）和法院审判的两项监督职责，除非有特殊事由，在一般的民事案件中也无法对涉嫌虚假诉讼的犯罪案件开展监督。"生效裁判是

① 参见贵州省六盘水市钟山区人民法院一审刑事判决书，(2019)黔0201刑初506号。

法院行使审判权的结果,生效裁判的效力是司法权威的体现。虚假诉讼的结果是不正当地获得了法院的生效裁判,属于‘妨碍司法秩序’,进而侵蚀国家的司法权威。”①但在司法实务中,民行检察部门摸排虚假诉讼犯罪案件线索,于检察机关内部而言或处于“孤立无援”的尴尬局面。

三、虚假诉讼罪司法实务规则重构

(一)完善入罪标准,明确犯罪构成要件的具体内涵

1. 对“捏造事实”应当进行深层解释

根据《虚假诉讼罪司法解释》第 1 条,“以捏造的事实提起民事诉讼”是指采取伪造证据、虚假陈述等手段,捏造民事法律关系,虚构民事纠纷,向人民法院提起民事诉讼的行为。其行为方式主要包括以下 7 种:①与夫妻一方恶意串通,捏造夫妻共同债务的;②与他人恶意串通,捏造债权债务关系和以物抵债协议的;③与公司、企业的法定代表人、董事、监事、经理或者其他管理人员恶意串通,捏造公司、企业债务或者担保义务的;④捏造知识产权侵权关系或者不正当竞争关系的;⑤在破产案件审理过程中申报捏造的债权的;⑥与被执行人恶意串通,捏造债权或者对查封、扣押、冻结财产的优先权、担保物权的;⑦单方或者与他人恶意串通,捏造身份、合同、侵权、继承等民事法律关系的其他行为。司法解释的列举,在很大程度上是对“以捏造的事实提起民事诉讼”进行了明确,但是并未涉及对“捏造事实”的深层解释,而这是虚假诉讼罪司法认定中的核心问题。

关于“捏造事实”的争议,其本质可归结为,捏造的事实是否能够达到误导法官作出错误判决的程度。因此,虚假诉讼罪中“捏造的事实”,应该是与诉讼证据真实性息息相关,并对法官作出判决具有较强影响力,使主要的民事法律关系发生实质性变化的事实。具体来说,捏造一般是积极的作为,不包括单纯的隐瞒真相行为;捏造的事实必须是与民事诉讼紧密关联且对启动民事诉讼活动有决定性作用的事实;捏造的事实既包括行为人自己捏造的事实,也包括行为人利用他人捏造的事实。

2. 进一步明确妨害司法秩序或者严重侵害他人合法权益的思路

按照《刑法》条文来看,虚假诉讼罪的犯罪客体是复杂客体,既包括“妨害司法秩序”,也包括“严重侵害他人合法权益”。因此,首先需要明确的是妨害司法秩序

① 洪冬英:《论虚假诉讼的厘定与规制——兼谈规制虚假诉讼的刑民事程序协调》,载《法学》2016 年第 11 期。

和严重侵害他人合法权益的认定标准。值得注意的是,《虚假诉讼罪司法解释》第2条对此作了规定。根据《虚假诉讼罪司法解释》第2条,可以认定为"妨害司法秩序或者严重侵害他人合法权益"的情形有6种:①致使人民法院基于捏造的事实采取财产保全或者行为保全措施的;②致使人民法院开庭审理,干扰正常司法活动的;③致使人民法院基于捏造的事实作出裁判文书、制作财产分配方案,或者立案执行基于捏造的事实作出的仲裁裁决、公证债权文书的;④多次以捏造的事实提起民事诉讼的;⑤曾因以捏造的事实提起民事诉讼被采取民事诉讼强制措施或者受过刑事追究的;⑥其他妨害司法秩序或者严重侵害他人合法权益的情形。应该说,司法解释关于妨害司法秩序或者严重侵害他人合法权益的认定标准还是比较明确的。

应该进一步明确认定本罪妨害司法秩序或者严重侵害他人合法权益的思路,这也是司法实践中关于"其他妨害司法秩序或者严重侵害他人合法权益的情形"的认定规则。对此,一方面要充分考虑到《刑法》与《民事诉讼法》关于惩治虚假诉讼行为的体系衔接,体现《刑法》调整的递进性和层次性。根据我国《民事诉讼法》第112条,对于民事诉讼活动中的虚假诉讼行为,有驳回请求、罚款、拘留、依法追究刑事责任等惩处方式。可以说,《民事诉讼法》和《刑法》共同构成了我国对虚假诉讼行为的惩处体系,二者的理想状态是各司其职、相互配合、相互补充。《刑法》对虚假诉讼行为的评价应当体现出递进式特征,充分考虑《刑法》调整对虚假诉讼行为已有的民事诉讼惩治模式可能带来的影响,保持足够的谦抑性和补充性。另一方面,不宜仅从形式上加以判断,如不宜仅根据诉讼程序是否已经完结,司法机关是否已经实际完成了裁判文书的制作、送达,裁判文书是否符合行为人的意愿等方面来对妨害司法秩序或者严重侵害他人合法权益作出判断。对于妨害司法秩序程度的把握,应着眼于对国家司法机关进行审判活动、履行法定职责的正常秩序造成妨害,紧扣导致司法机关已经启动司法程序这一要点,如以捏造的事实提起的民事诉讼,已经通过法院受理,导致司法机关开庭审理或者调查取证,耗费了大量司法资源,影响了司法机关的正常活动等,从而将虚假诉讼罪限缩在一个相对合理的范围。

(二)处理好虚假诉讼罪与其他罪名的竞合关系

结合司法解释与典型案例,对涉及虚假诉讼犯罪的竞合犯情形做好区分。虚假诉讼罪作为一个独立的罪名,与其他罪名可能存在竞合关系。在虚假诉讼罪入刑的过程中,对于财产型犯罪可通过诉讼诈骗罪吸收,对于非财产型犯罪可被帮助毁灭、伪造证据罪吸收,说明虚假诉讼罪与上述两个罪名之间存在相似之处。同时,根据《刑法》规定,当虚假诉讼罪与其他罪竞合时,依照处罚较重的规定定罪从重处罚,此时提起虚假诉讼的行为作为从重情节予以评价。因此,厘清虚假诉讼罪与其他罪名的区别对于处理好竞合关系确有必要。

一是与财产类犯罪的区别。虚假诉讼罪与财产类犯罪最显著的区别是其犯罪客体为妨害正常司法秩序或严重侵害他人合法权益,行为方式为以捏造的事实提起民事诉讼。而诈骗罪犯罪客体为他人财产,有诈骗行为即可;贪污罪、职务侵占罪犯罪客体为单位财产。二是与证据类犯罪的区别。虚假诉讼罪与证据类犯罪最显著的区别是行为方式不同。与伪证罪的区别为是否发生在民事诉讼中;与妨害作证罪、帮助毁灭伪造证据罪的区别在于是否以捏造事实提起虚假诉讼。

发布公报案例、指导性案例等方式是实现适法统一的重要方式,案例指导工作对于促进适法统一、规范审判实务具有十分重要的意义。2021 年最高人民法院发布了虚假诉讼罪十大典型案例。通过案例指导,完善审判业务指导方式,加强审判指导的规范性、及时性、针对性和有效性,完善法律适用不统一的研判、解决机制。

(三)完善虚假诉讼民刑衔接程序

司法实务中,法院在民事诉讼中发现虚假诉讼行为,有的移送公安机关,有的依照《民事诉讼法》的规定对当事人予以罚款或拘留。然而,法院移送公安机关的案件比重较小,在民刑衔接方面还需从以下三点予以规范:

一是明确民事制裁和刑事处罚的边界。民事诉讼中,当事人为获得利益最大化,不捏造事实但作虚假陈述,或以管辖权异议、申请延长举证失效等方式拖延,此种行为虽具有一定的危害性,但未达到可以入刑的程度,可依照《民事诉讼法》对其制裁。因此,民事制裁和刑事处罚之间应该建立良性配合关系,一方面加大民事程序性制裁力度,增加民事法律违法成本;另一方面厘清虚假诉讼罪构成要件,在符合刑法谦抑性原则的基础上充分发挥刑罚的震慑作用。二是加强民刑之间的有效衔接。行为人的虚假诉讼行为经民事制裁的,可在刑事处罚中予以抵扣。例如,已缴纳民事制裁罚款的,罚款在罚金中抵扣。三是公检法之间应加强部门之间的沟通交流。构建民事审判与刑事立案有效衔接的工作常态化机制,完善案件移送、信息共享等机制,共同维护正常司法秩序。

(四)完善检察机关对虚假诉讼的监督机制

1. 积极运用人工智能和大数据技术,提高发现监督线索的能力

针对线索发现难问题,各地检察机关应当积极运用人工智能、大数据技术,研发办案辅助软件,对法院已经公布的生效裁判文书进行检索。比如,虚假民间借贷案例,大多数都具有虚构债务、调解结案、缺乏对抗性等特点,根据这些存在的特点运用大数据、人工智能去发现现有裁判文书存在的共同的特点,找线索,提高发现线索的能力。[①] 如2018年年初,某市人民检察院积极适应大数据时代信息化发展趋势,自主研发了"民事裁判文书智慧监督系统"(以下简称"智慧民检系统")。至2019年3月,某市检察机关依托该系统,对近三年来绍兴法院系统30余万份民事裁判文书进行大数据分析,重点挖掘借贷纠纷等四类案件,发现异常判决3000余份,初步审查获取涉嫌虚假诉讼线索1000余件,已查明虚假民事诉讼案件事实154件,向法院抗诉或发出再审检察建议113件,已获改判61件。借助"智慧民检系统",某市县两级检察机关民检部门坚持个案监督与类案监督并重,依申请监督与依职权监督并重,形成了"智能排查—人工审查—深入调查—移送侦查—判决监督""五步式"虚假诉讼监督模式,将民事检察从个别、被动的监督转变为全面、主动的监督,民事检察通过办案积极参与了扫黑除恶斗争,又发现100余起异常借贷纠纷,促进建立职业放贷人制度,服务防控金融风险攻坚战的作用有效体现。

2. 探索开展虚假诉讼溯源治理,建立检法会商预警通报机制

目前,检察机关办理的虚假诉讼案件均是法院已经作出生效裁判的,属于事后监督。如何将虚假诉讼案件消灭在萌芽状态,防患于未然,还需要审判机关的力量。检察机关将通过监督促使有关司法人员加强对虚假诉讼的识别和预防,实现"防患于未然"。虚假官司,能把司法机关都骗了,说明虚假诉讼线索确实很难发现,但只要是假的就一定有蛛丝马迹。检察机关收到相关举报,就应该及时去调查核实并会商预警通报当地法院。如某县人民检察院办理的128件虚构债务、套取620万余元公积金的系列案件。在不到一年时间里,一个县人民法院办理128件以住房公积金为执行标的的调解案件,显然不符合常理。检察机关收到举报,就应该及时去调查核实相关情况,并及时会商当地法院,联合研判出现这种异

① 参见孙风娟、史兆琨:《检察机关亮剑虚假诉讼,让打假官司者无处遁形》,载《检察日报》2019年5月23日。

常情形的原因何在。这样的虚假诉讼线索,只要检法两家及时会商,并加强预警通报,是完全能够及时发现的。

3. 加强与有关行业主管部门的协作配合

检察机关应当加强与银保监会的反欺诈部门会商沟通,共同对目前保险理赔等领域虚假诉讼易发多发问题进行专题调研,共同制定关于预防和规制虚假诉讼的相关规范性文件。当前在一些假破产、假改制、假重组的案件中,逃避银行债务高发、集中多发,直接促成银行资产几千万元、几亿元甚至十几亿元被逃废掉,这是一个重大的金融风险的隐患。在这个领域,诉讼打假就是重中之重,因此应该提升检察机关对这类问题的重视程度,同时进一步提升检察机关办理该类案件的能力和水平。①

(编辑:叶宁)

① 参见最高人民检察院《关于检察机关加强民事诉讼和执行活动法律监督工作情况的报告》(2018年10月24日)。

大数据证据在刑事诉讼中的运用研究

何俊杰*

摘　要：大数据在司法领域的广泛应用引发了对大数据证据的关注。大数据证据是指对海量数据技术分析后所获得的分析结果，将其视为鉴定意见较为合适。通过现状分析大数据证据在实践中产生的问题，并结合对美国的比较法研究，对这些问题做出回应：通过行为建模和统计建模以及特殊经验与一般经验的转化解释大数据证据的关联性；通过事前预防和事后审查以避免算法歧视；通过增加控方义务与辩方权利以保障控辩平等，最终实现大数据证据的价值。

关键词：大数据证据；证据种类；算法歧视；风险评估

大数据很早就被作为证据用于案件中。在2013年的民事案件中，被告将“百度指数”作为证据使用。“百度指数”是以百度海量网民行为数据为基础的数据分析平台，是典型的大数据分析结果。法院认为被告提供证据系从“百度”互联网中直接统计得出，且经过公证机关公证，被告的证据优势明显。① 随着大数据技术的推广，越来越多的案件将大数据分析结果作为证据使用，运用范围也从民事领域拓展到了刑事领域，“大数据证据”这一概念逐渐走入人们的视野。解决这一新证据形式在运用中出现的问题，发挥其价值正是本文研究的重点。

一、大数据证据的概念及特征

大数据证据不是一个既有的法律概念，因此应当先界定大数据证据的概念及其特征，为之后研究大数据证据的运用问题提供基础。

---

* 何俊杰，深圳海关文锦渡缉私分局干部。本文是2020年重庆市社会科学规划项目“‘大数据证据’在诉讼证明中的运用研究”（2020YBFX42）的阶段性成果。

① 参见上海市浦东新区人民法院一审民事判决书，(2013)浦民二(商)初字第2521号。

大数据证据可以理解为:对海量数据技术分析后所获得的分析报告。这一概念可以分为三部分来理解:首先是海量的数据。大数据证据以数据为基础,这些数据既可以来自司法机关与行政机关内部共享的数据,也可以来自社会各界。其次是大数据分析技术。通过大数据技术对杂乱无序的数据进行提炼、分析,发现其中隐藏的规律或信息。最后是分析报告。将发掘出的信息整理归纳,最终形成可视化的分析报告,这也是大数据证据最主要的表现形式。考虑到大数据本身特有的预测功能,所以大数据证据不仅可以在一般案件中作为证据使用,还可以在对再犯可能性和人身危险性等情形的评估中发挥预测作用。从大数据证据的概念以及实践中的运用方式来看,可将其特征概括为衍生性、间接性和技术性三点。

首先,大数据证据具有衍生性。有学者将不改变数据原始内容的电子数据称为"原生数据",对原始数据进行加工、分析的大数据证据称为"衍生数据"。[①] 衍生数据通过大数据技术改变了电子数据的原本形态,功能也更加广泛,不仅仅局限于案件的表象,还能够反映一些表象之下所隐藏的信息,比如对传销团伙的资金流水进行分析,能够分析出传销层级架构;对犯罪嫌疑人手机数据进行挖掘,可以掌握其活动轨迹。另外,衍生数据不仅可以运用于个案分析,还可以和同类案件做整体分析,从而了解该类案件发生的地区、人群等特点,以期作为评估被告人人身危险性的基础。如果按证据的来源来分类,大数据证据因其具有衍生性,是经过"二次加工"而产生的,所以也是一种传来证据。

其次,大数据证据具有间接性。尽管大数据技术可以将海量数据转化为对案件有价值的信息,但从司法现状来看,大数据证据主要用来证明被告人的活动轨迹、犯罪组织或者团伙的资金流向、组织架构等事实,而这些事实并不能直接证明被告人与犯罪主要事实之间的关系,比如一份活动轨迹证明被告人曾出现在案发现场,但这并不能在被告人与犯罪行为之间建立直接的联系。也就是说,大数据证据目前主要是作为一种间接证据,必须结合其他证据才能证明案件事实。

最后,大数据证据具有技术性。大数据证据与电子数据一样,都是现代信息技术在诉讼领域运用的产物,有较高的技术性。一方面,大数据证据可以把复杂的数据转化为可视化的分析报告,即便不通过专业人士的解读,也可以让一般人理解其内容。另一方面,大数据证据对取证方法的科学性以及取证人员的专业性提出了更高的要求,无论是数据的收集筛选还是算法的选择等都依靠专业的技术。另外,同电子数据一样,虽然大数据证据能够较为客观准确地证明案件事实,

---

① 王燃:《大数据侦查》,清华大学出版社 2017 年版,第 96 页。

但由于制作过程有较高的技术要求，涉及领域内的专业知识，所以大数据证据的技术性也使其真实性成了审查的重难点。

二、我国刑事诉讼中运用大数据证据的现状考察

由于大数据证据是一种新事物，而法律又存在滞后性，所以目前尚未建立关于大数据证据的法律规范。然而，实践中已经有不少利用大数据证据来证明案件事实的刑事案件。因为大多数判决书中都没有直接使用大数据证据这一关键词，所以笔者在北大法宝上以“大数据”“风险评估报告”“鉴定意见”为关键词筛选了122个案例，并结合其他学者提出的一些典型案例，从大数据证据的种类、功能以及控辩双方的运用情况三方面进行分析来考察大数据证据的司法现状。

（一）大数据证据的证据种类

实践中不同法院对大数据证据的种类认定是不一致的，比如同样是盗窃罪，同样是用大数据证据证明被告人的活动轨迹，一法院将行车轨迹认定为电子数据①；另一法院对此没有进行分类，而是与其他证据一起综合认定。② 对不同判决书中大数据证据的种类整理归类后，大致可分为四种类型：①将大数据证据作为法定证据种类。②将大数据证据列为单独的证据，不说明证据种类，直接结合其他证据一起综合证明案件事实。比如在前文举例中，前一个法院直接将行车轨迹认定为电子数据，后一个法院直接列出公安大数据查询信息单，与视频资料等一起证明被告人的活动轨迹。③将大数据证据转化为传统的证据形式，比如在赵某组织、领导传销活动罪中，将大数据分析结果转化为书证来证明传销犯罪的组织架构。③ ④将大数据证据作为补强证据，比如在普某运输毒品案中，控方为证明被告人的活动轨迹，通过公安大数据平台分析结果来增强“登机牌”的证明力，而没有将分析结果列为证据。④

在这四类当中，除第一种以外，其他三种都没有明确大数据证据的证据种类，而且后三种出现的频率都要高于第一种。之所以出现这种情况，可能是因为我国证据种类规定的局限性。我国刑事诉讼的证据种类是列举式，目前《刑事诉讼法》只规定了8种法定证据种类，对于不属于法定证据种类的不得作为定案根据。大

---

① 参见吉林省长春市南关区人民法院一审刑事判决书，(2018)吉0102刑初445号。
② 参见湖南省长沙市芙蓉区人民法院一审刑事判决书，(2017)湘0102刑初265号。
③ 参见吉林省松原市宁江区人民法院一审刑事判决书，(2017)吉0702刑初460号。
④ 参见新疆维吾尔自治区乌鲁木齐市中级人民法院一审刑事判决书，(2017)新01刑初200号。

数据证据并不完全符合现有的法定证据种类,但其确实能为还原案件事实发挥作用,所以法官或者依据自身的经验,将其归为与之最为相似的证据种类,以符合法定证据种类的形式发挥其证明作用,或者承认其证明力而不对其归类,与之类似的情况早已有之,比如情况说明、审计报告等。这类证据材料的增多也使判决书中不对证据归类而是综合认定的情形越来越常见。而第三种类型将大数据证据转化为现有的证据种类这一做法可能是既符合法律规定也能够发挥其作用的最好选择。

(二)大数据证据的功能

实践中的大数据证据主要有两种功能:一种是对案件的大数据进行分析从而证明案件事实,另一种是基于统计大数据展现出的规律预测未来行为倾向。

首先是对案件大数据进行分析而证明案件事实的功能。这是大数据证据最主要的功能。该功能是指对案件本身的大数据进行分析,得出新的有价值的材料来证明案件事实,常见的方法有数据挖掘、数据画像、犯罪网络关系等。比如,在叶某等组织领导传销活动案中,鉴定人出具鉴定意见,揭示了传销组织的会员加入时间、缴纳费用数额、会员之间的推荐(发展)关系、获利数额等信息,并且鉴定人还出庭作证,指出数据库表格中的会员账号均列明了推荐人,按照推荐人关系排列,会员层级呈金字塔状,共 68 层,以此来证明金乔网会员层级呈现金字塔状,上线会员可通过下线 、下下线会员发展会员获得利益。① 本案将大数据证据转化为鉴定意见,把复杂的人员、资金关系转化为可视化的犯罪关系网络,有效证明了传销组织内部设层级、拉人头、资金流向等重要事实。本案通过对大数据的分析将复杂的问题简化,更便于法庭呈现。

其次是基于统计大数据展现出的规律预测未来行为倾向的功能。预测功能是大数据的核心功能,其原理在于事物之间是有联系的,每一个事件的发生都会有一定的征兆,大数据可以依靠技术找到事物发展之间的规律和关联性,从而预测事物未来发展倾向。

因为司法证明是一个严谨讲逻辑的推理论证过程,所以该功能的适用范围较为有限,主要运用在羁押必要性审查、强制医疗的人身危险性审查以及假释程序中,因为这些程序需要对当事人的人身危险性作出预测。比如《刑事诉讼法》第 81 条规定:“采取取保候审尚不足以防止发生下列社会危险性的,应当予以逮

① 参见《最高人民检察院公报》2018 年第 5 号(总第 166 号),第 27—30 页。

捕”，第 302 条规定：“有继续危害社会可能的，可以予以强制医疗”；《刑法》第 81 条规定：“没有再犯罪的危险的，可以假释。”如果采用人工预测，不仅难以避免主观性，而且预测结果的准确性、科学性也很难得到检验。而如果利用大数据，则可以较为客观、科学地做出预测。实践中已有案件将评估结果作为证据，比如将罪犯再犯风险评估结果作为其假释的证据；①根据社会危险性评估报告，认为被告人有可能实施新的犯罪，故建议对其进行逮捕。② 随着大数据技术的不断提高，其预测的准确性和科学性也将不断增强，人身危险性、再犯可能性等风险评估的结论也将越来越可靠。

（三）控辩双方对大数据证据运用情况

控辩双方对大数据证据的运用情况主要体现在两个方面，一是控辩双方出示大数据证据的次数，二是法院对控辩双方出示的大数据证据的采纳情况。

首先，控方出示大数据证据的次数要远远高于辩方。因为控方可以利用其公权力，从多种途径获取数据，内部还有专业的技术人员，所以无论是在人力上还是在物力上都更有能力制作大数据证据，其出示的次数自然更多。而辩方利用大数据最常见的做法就是利用数据平台检索类案判处情况，以此作为定罪量刑的参考。比如在吴某危险驾驶案中，辩护人出具了一份全国、全省、全市犯危险驾驶罪免予刑事处罚案件的大数据检索情况，但经质证后，因检索判例中缺乏本案所特有的调换血样的情况，故不具有参考性。③ 就这份类案检索报告来看，其只是利用大数据平台进行搜索，没有在收集的基础上加以分析得出新的结论，并不是真正意义上的大数据证据。另外，这种类案判处情况甚至都不是一份证据，其作用主要是为法官的定罪量刑提供参考，而且一旦类案与本案的某些关键情节不一致就可能不具有参考价值而被排除。这一案例说明目前辩方对大数据的利用能力有限，无法对海量数据进行技术分析，只能根据自身需求抽样选取部分数据分析，更不用说出示一份精准科学的大数据证据，这也是辩方难以出示大数据证据的原因。

其次，控方出示的大数据证据也更容易被法官采纳。控方提交的大数据证据基本是从公安大数据平台、医保大数据平台等官方数据平台收集数据，再由专业

---

① 参见上海铁路运输法院二审刑事裁定书，(2018)沪 71 刑更 217 号。

② 参见甘肃省兰州市中级人民法院二审刑事判决书，(2018)甘 01 刑终 113 号。

③ 参见山东省德州地区(市)中级人民法院二审刑事判决书，(2019)鲁 14 刑终 39 号。

的鉴定机构或专业机构鉴定分析,整个过程都充满专业性和技术性。即使有辩护人对此发表质证意见,也很难提出实质性的问题动摇法官的判断。比如朱某盗窃案中,辩护人认为公安机关收集的大数据缺少有关部门证明,作为证据有瑕疵。但法院认为公安机关通过全省公安内部大数据平台获得的数据,是与相关业务部门联网的共享数据,与相关业务部门出具的数据具有同一性,可以作为证据使用,虽有瑕疵,但不影响其真实性、合法性和关联性,具有证据效力①。而辩方因为收集能力有限,难以提供真正的大数据证据,提出的类案检索报告不仅会遭到控方的反对而不被采纳,法院对此的认可程度也不高。比如在宋某、温某非法吸收公众存款的二审判决中,控方认为我国不实行判例法,故辩方出示的类案报告不能作为改判依据。② 在李某非法经营案中,辩护人提供一份大数据报告文章证实非法经营罪在全国的判处情况。因该证据不具备法律效力,对此份证据法院不予采信。③

从以上两个方面看出,控辩双方在利用大数据证据能力上是失衡的,辩方无论是大数据收集能力还是运用能力都明显弱于控方,使大数据证据成为控方的专属证据,而且控方出具的很多大数据证据形式过于简单,缺少内容,这给辩护带来了很大的困难,也加剧了控辩不平等问题。

通过现状考察,能够看到大数据证据在实践中的具体运用还存在一些问题,那么就需要对这些问题加以分析、总结从而找出解决路径,以促进大数据证据更好地运用。

三、在刑事诉讼中运用大数据证据存在的问题

结合现状考察和大数据技术本身,大数据证据目前在刑事诉讼的运用中还存在以下几个问题。

(一)证据种类的问题

不同的证据种类适用不同的证据规则,如果不能确定大数据证据的证据种类,则会导致证据规则的适用混乱。目前来看,司法实践大多是跳过对大数据证据的证据种类认定这一环节的,更多的是在理论上对其进行探讨,主要观点有以

① 参见江西省瑞昌市人民法院一审刑事判决书,(2018)赣0481刑初210号。

② 参见贵州省黔南布依族苗族自治州中级人民法院二审刑事判决书,(2017)黔27刑终88号。

③ 参见吉林省吉林市龙潭区人民法院一审刑事判决书,(2017)吉0203刑初417号。

下几种：

1. 鉴定意见

这种观点将大数据证据作为鉴定意见。比如有学者认为“在我国现行法律框架中，只有鉴定意见与之相符”①。鉴定意见需要专业人员用专业技术、专业知识对送检材料进行鉴定，而大数据证据是计算机分析运算后的结果，因此其在制作过程中必然会涉及专业知识，也需要专业人员的参与，所以两者在这些方面具有相似性。但司法鉴定有着严格的范围限制，对于超出鉴定范围的鉴定意见不得作为定案根据，如何将不属于鉴定范围的大数据证据合法化是这一观点需要解决的问题。

2. 电子数据

这种观点将大数据证据作为电子数据。有学者认为大数据证据是电子数据的特殊形式，即便有大数据检测，也必然归属于电子数据检验的大类之下。② 在现有的法定证据种类中，大数据证据确实与电子数据关系最为密切，因为两者在本质上都是对数据的利用，基于对电子数据的收集、分析才产生了大数据证据，电子数据的收集有时也会利用大数据技术。但电子数据产生于案件发生时，还可以作为直接证据使用，而大数据证据是案发后制作的，并且只是作为间接证据，所以两者也存在一定的差异。

3. 独立证据种类

这种观点把大数据证据作为一种新的独立证据种类。有学者认为唯有承认大数据分析报告的证据属性并将其列为独立的证据类型，才能充分挖掘大数据分析报告在刑事诉讼中的价值。③ 经过前文分析，将大数据证据归为任何一类法定证据似乎都不太合适，那么将其列为一种独立的证据种类似乎有一定道理。但是问题在于立法相较于司法来说具有滞后性，往往司法实践的需求达到一定程度后才会展开立法活动。根据学者的统计④，虽然涉及大数据证据的刑事案件在逐年增加，但总量上占比不高，每年都没有超过100件。所以，如果在短期内不能对大数据证据达成共识，那么将其作为新的证据种类只能遥遥无期。

---

① 刘品新：《论大数据证据》，载《环球法律评论》2019年第1期。

② 参见罗文华：《大数据证据之实践与思考》，载《中国刑事警察》2019年第5期。

③ 参见童飞霜、向培权：《大数据分析报告作为刑事证据的可能与限度——以权力保护为中心的制度回应及规则探求》，载《司法体制综合配套改革与刑事审判问题研究——全国法院第30届学术讨论会获奖论文集（下）》，人民法院出版社2019年版，第1755页。

④ 参见徐惠、李晓东：《大数据证据之证据属性证成研究》，载《中国人民公安大学学报（社会科学版）》2020年第1期。

(二)关联性的问题

《刑事诉讼法》第 50 条规定:“可以用于证明案件事实的材料,都是证据。”这说明了证据的关联性并非哲学意义上的普遍的相关性,而是存在于证据与待证事实之间的关联性。根据美国《联邦证据规则》第 401 条对证据关联性的解释[①],证据是否具有关联性的关键在于能否影响人们对待证事实的判断。而人们判断的基础在于能否通过一般逻辑和经验将证据与待证事实联系起来。

司法证明的关联性认识是依靠人的逻辑和经验对证据与待证事实之间的因果关系进行判断,比如刀上有被害人的血迹,按照一般逻辑和经验可以推断刀与被害人的死亡存在引起与被引起的因果关系,即刀可能是凶器。但是大数据技术能够跳脱出一般的逻辑和经验,它能够根据数据之间的相关性发现一些超出人类一般性认识的关联关系,比如把“去世人员”和“农村低保”两个数据库,或者“买房买车人员”和“廉租房补贴”两个数据库比对,就可以发现不少贪污的疑点,从而为抓获贪官提供帮助。[②] 这是很难通过一般逻辑和经验解释的关系,属于一种数理相关关系。对于这种超出人的判断基础的事实是否具有证据法上的关联性,也是大数据证据讨论的焦点之一。

另外,当大数据发挥预测作用时,同样需要面对这一问题。人为预测充满着主观性和不准确性,因此当一个现代科技能够作出更准确的预测时,人们必然会更倾向使用该技术。随着司法的精细化的推进,司法机关也必然会运用更为精准的科学技术,美国等国家在这方面已经研发出了很多评估工具。然而,数据预测也并不代表着结果的必然性,其作为证据时同样需要考虑与案件的关联性,比如再犯可能性高并不代表罪犯一定会再犯,那么在逮捕、假释程序中将这些预测结果作为证据,又该如何解释其关联性也是一个不可回避的问题。

(三)大数据算法的问题

有些问题并非属于司法领域,而是大数据本身在运用过程中所产生的技术问题,但如果不重视这些问题,最终可能会给诉讼带来困扰。

首先是算法歧视的问题。算法歧视是指算法中带有设计者的歧视或者算法

① 美国《联邦证据规则》第 401 条规定:“下列情况下的证据具有关联性:(a)该证据存在与否,使得某事实更有可能或者更不可能存在,并且(b)该事实对于确定诉讼具有重要意义。”

② 《官员有 11 套房自以为安全 不料这举动被大数据揪出》,载《法制晚报》2018 年 5 月 30 日。

所采用的数据是有歧视的。这两种原因中,设计者的歧视并非主要原因,因为算法的设计会经过多次审查,尤其是在国外,一旦因算法歧视造成问题,算法就会被强制披露,设计者的代码就会成为其歧视的证据,设计者要为此承担相应的法律责任,因此很少有设计者会故意设计歧视性算法。而数据问题才是导致算法歧视的主要原因。虽然理论上大数据是对全样本进行分析,但实践中很难收集所有数据,而且侦查机关在收集数据时也是有目的性和选择性的,因此数据收集的片面化就会导致算法歧视,而算法歧视得出的结果可能会影响法官的判断。

其次是算法不透明的问题。如果能对算法进行审查监督或者解释说明,那必然会减轻算法歧视的影响,然而对于算法来说,不公开是原则,公开是例外。① 不公开的原因主要有两个:一是"算法黑箱"导致其无法公开。在数据输入和分析结果之间,必须经历一个人们无法洞悉的数据吞吐过程,这就是算法黑箱。算法黑箱使人们无法了解大数据分析的运行过程。二是"算法保护"导致其不能轻易公开。算法是一种科学技术,是大数据分析的核心技术,也是大数据和人工智能技术发展中知识产权保护的重点。任何有价值的算法都会受到知识产权的保护。而这种为促进技术发展而实施的法律保护会在一定程度上阻碍对算法的监督。在卢米斯案中,COMPAS 算法的设计者和提供者 Northpointe 公司为保守商业秘密,只将再犯风险评估的报告交给法庭,而没有提交评估过程记录。事后法院对法官作出的五条书面告知中的第一条就是:COMPAS 是私有的评估系统,其风险评估的计算方式无法公开。② 所有的大数据证据都离不开算法,但如果大数据证据的算法既无法公开检验,又难以解释说明,那么其真实性、准确性必然会受到质疑。

(四)控辩不平等的问题

在司法机关推动数据共享的背景下,控方很容易从行政机关或者第三方数据平台中获取数据,而且从司法实践来看,大数据证据从收集到分析不仅需要多人多部门协作还需要专业的技术支持。比如在刘某等人组织、领导传销案中,控方将大数据证据转化为鉴定意见。鉴定机构根据被告公司的数据库构建了一个金字塔形的会员网络,共 306 层,去重后共有 56,405 个账户,另外还统计出被告公司

---

① 参见徐凤:《人工智能算法黑箱的法律规制——以智能投顾为例展开》,载《东方法学》2019 年第 6 期。

② 参见朱体正:《人工智能辅助刑事裁判的不确定性风险及其防范》,载《浙江社会科学》2018 年第 6 期。

资金流入净额 220,243,985.54 元。① 相比之下,辩方不仅获取数据的途径少,还缺乏庞大数据的分析能力,这就会产生两个问题:一是辩方难以出示大数据证据,二是辩方难以对控方的大数据证据进行有效质证。

另外,即使控方向辩方开放数据库,面对庞大的数据库,辩方也很难搜寻到有效信息。在美国的斯基林案(United States v. Skilling)中,法院认为政府向被告提供数据库的访问权限就已经完成了证据开示的义务,但没有考虑到控辩双方对数据的分析能力。这种只提供数据库或者最终证据的做法被称为“数据倾倒”。② 这一做法导致控辩双方在实质上还是处于不平等的位置。

在这种控辩不平等的情况下,控方对大数据证据有着绝对的主导权,控方不仅有隐藏、篡改数据的可能,还对大数据证据有着独家解释权。这种过强的专业性与技术性也会压缩辩方的质证空间,所以需要找寻方法以平衡控辩双方之间的差距。

四、刑事诉讼中运用大数据证据的比较研究——以美国为例

在司法领域运用大数据技术的国家中,美国无疑是走在前列的。美国在司法实务中已有不少运用大数据证据的案例,比如利用 GPS 的坐标数据、谷歌地球卫星图像数据证明案件事实等,③而且美国研发了多种风险评估系统,其结果可为法官提供重要参考。在 20 多年的时间里,美国法院利用 COMPAS 处理了超过 100 万件预测保释罪犯再犯可能性的案件。④ 借鉴美国的做法,能够为完善大数据证据在我国刑事诉讼中的运用提供思路。

(一)对算法歧视的规制

美国发现大数据在使用的时候有时会对特定人群产生歧视,于是有人提出通过算法透明来规制算法歧视,但这一观点很快就遭到了批判。原因有以下几点:一是算法基本都是计算机语言,所以算法透明只适用于专业人士,一般人即使知道算法内容也不一定能了解其含义与作用。二是算法歧视并不一定是算法本身

---

① 参见湖南省益阳市赫山区人民法院一审刑事判决书,(2020)湘 0903 刑初 445 号。

② Brandon L. Garrett, *Big Data and Due Process*, University of Virginia School of Law, Public Law and Legal Theory Research Paper Series 2014 - 45.

③ 参见刘品新:《论大数据证据》,载《环球法律评论》2019 年第 1 期。

④ 参见《软件能测保释罪犯是否再犯罪? 科学家提出质疑》,载环球网,https://tech.huanqiu.com/article/9CaKrnK6piq,2021 年 4 月 16 日最后访问。

的问题,可能是输入数据本身存在问题,即使公开算法也检验不出任何问题。三是根据美国的法律和判例,算法属于受保护的商业秘密,如果强制要求公开算法可能会打击企业的积极性。四是担心算法公开后被其他不法分子掌握,从而给社会带来更大的风险。所以,美国更倾向算法审查而不是算法透明。

2017年1月,美国计算机协会发布《关于算法透明性与可责性的声明》,提出了7项解决算法歧视的原则,包括算法可解释性、算法可问责、反歧视意义等。① 2019年4月,美国国会议员提出《2019算法责任法案》(《Algorithmic Accountability Act of 2019》,以下简称《法案》),旨在指导联邦贸易委员会制定高风险自动决策系统的评估规则,这种自动决策系统是大数据算法的一种类型。而高风险自动决策系统评估包括对肤色、种族、民族、宗教、性别在内的准确性、公平性、歧视等内容的评估。

由于算法黑箱的存在,即使算法审查也无法对分析过程进行审查,所以《法案》主要将分析结果作为审查重点。一方面确定了联邦贸易委员会的监管主体资格,明确了其在监管过程中的权力和义务;另一方面要求受该法案管制的企业能够自行审查算法中的歧视,任何违反联邦贸易委员会的行为将被视为非法行为。

(二)对风险评估系统的规制

美国对风险评估系统的规制主要是基于美国的卢米斯诉威斯康星州案(Loomis v. Wisconsin)的影响。威斯康星州的惩教署用COMPAS(再犯风险评估量化指标)对被告人卢米斯进行评估,卢米斯的再犯风险被评为"高风险"。法官参考评估结果以及其他因素,判处卢米斯6年监禁和5年监外执行。卢米斯以法院依赖COMPAS作出判决,侵犯其"个殊化判决"的宪法权利为由提起上诉,而州最高法院和美国最高法院都驳回了这一上诉请求。② 该案引发了社会对大数据风险评估系统的关注。法院从风险评估系统的应用情形、应用界限以及风险评估的局限性告知三方面对其进行规制。

首先,明确风险评估系统的应用情形。法院认为应当在以下三种情形参考COMPAS的评估结果:一是对本应收监的低风险罪犯采取非监禁刑时;二是需要评估罪犯的社会危险性,以及对其采用社区监管的执行方式是否比监禁刑更安全

---

① *Statement on Algorithmic Ttransparency and Accountability*, ACM US Public Policy Council, 12 January 2017.

② *Loomis v. Wisconsin*, Petition for certiorari denied on June 26, 2017, available at http://www.scotusblog.com/case-files/cases/loomis-v-wisconsin/.

更有效等问题时;三是 COMPAS 可以在法官作出缓刑或社区监管时,告知法官相应刑罚执行方式的条件与期限。并且强调了评估结果只是作为法官判断的参考,而非决定性因素。

其次,明确风险评估系统的应用界限。一是不能用来决定被告人的刑种;二是不能将其作为加重或减轻刑罚的正式因素。同时,为保障这两条能够得到有效落实,法院强制要求法官在量刑时,对除 COMPAS 评估结果以外的其他可能影响量刑的因素作出解释。

最后,明确风险评估系统局限性的告知要求。法院规定如果在量刑前的调查报告中使用了 COMPAS 评估结果,那么该报告中应当附有书面告知,让法官知晓 COMPAS 的局限性。告知内容主要有 5 个方面:一是 COMPAS 是私有的评估系统,其风险评估的计算方式无法公开;二是 COMPAS 是以群体数据为评估基础,所以不能判断特定的高风险个体;三是已有研究表明,COMPAS 会因算法设定而对少部分对象产生偏见;四是 COMPAS 是以全国人口为评估样本,而没有与威斯康星州的人口进行交叉验证,应尽可能使其同步更新人口变化以确保评估的准确性;五是 COMPAS 不仅可以用于刑事量刑活动,还可以用于假释与社区监管。

通过三方面的规制,希望法官在使用风险评估系统时能持有一种谨慎的态度,对评估结果持一种怀疑态度。

(三)对控辩平等的保障

在美国,控辩双方在取证能力方面也存在差距,对此美国采取了证据开示制度来克服这一问题。辩方可以在预审和审前动议阶段提出申请,经法院审查后,控方应当根据辩方的要求开示相关证据,法院在其中作为中立的裁判者。通过证据开示可以有效缓解控辩之间的不平衡关系,也能让庭审更具有针对性,从而提高诉讼效率。

美国《联邦刑事诉讼规则》第 16 条对控方应当开示的范围作出了规定,其中就包括对检查、试验报告的开示。[①]之所以要开示这类证据,一是因为这些报告表明的是专家立场或者科学技术,其本身的科学性决定其很难受外界影响而改变,

① 美国《联邦刑事诉讼规则》第 16 条(a)(1)(D)规定:“检查、试验报告。根据被告人的请求,政府应当允许被告人对处于政府掌握、保管或者控制下的有关身体或精神检查的结果或报告,科学测试或实验的结果或报告,或者其复制件进行检查、复制和拍照。这些结果或报告是检察官已知或者通过适当努力可以了解的。这些结果或报告或者是被告人准备作为辩护材料的,或者是检察官准备在审判中作为控诉证据使用。”

所以即使开示也可以避免专家证人作伪证的可能;二是因为控方可以凭借强大的人力物力支持,在犯罪后第一时间展开侦查,而辩方收集证据的能力有限,所以开示该类证据有利于缓解控辩双方能力之间的不平衡。三是因为这类证据本身具有很强的技术性和专业性,如果辩方不能在庭前对此有所了解,做好充足准备,那么在庭审中很难对其提出有效质证意见。

五、对刑事诉讼中大数据证据运用问题的回应

发现问题是为了能够更好地分析解决问题,从而促进事物的良性发展。鉴于司法实践中已经或多或少地出现了大数据证据运用的问题,那么我们需要正视这些问题,并对其作出回应,以引导其在刑事诉讼中更好地运用。

(一)大数据证据的证据种类认定

在讨论大数据证据的证据种类前,应当明确我国规定证据种类的目的。简单来说有两点,一是为了限制证据资格,将不符合法定证据种类的材料排除在外。二是为了适用相应的证据规则。证据规则可以理解为证据在收集、审查、判断过程中所应遵守的规则。证据分类的目的就是将不同种类的证据与其所对应的证据规则联系起来。

首先是大数据证据的证据资格问题。立法的滞后性是无法满足实践需求的,司法实践中控辩双方提交不属于法定证据种类的现象已成常态,比如情况说明、审计报告、未成年犯罪的社会调查报告等材料比比皆是,法院对这些材料没有采取"一刀切"的态度,经过合法的审查也会将其作为定罪量刑的证据,这表明实践中所采用的证据形式早已不再局限于法律所规定的 8 种证据种类。2020 年修改的最高人民法院《关于适用〈中华人民共和国刑事诉讼法〉的解释》(以下简称《刑诉法解释》,自 2021 年 3 月 1 日施行)第 100 条规定:"因无鉴定机构,或者根据法律、司法解释的规定,指派、聘请有专门知识的人就案件的专门性问题出具的报告,可以作为证据使用。"根据起草小组的解读,正因为司法鉴定的范围有限,而实践中的专业性问题层出不穷,专门性报告已经成为常态,故将其作为证据适用。[①]这条无疑是从规范层面拓宽了证据的界限。理论上,有学者指出 2012 年《刑事诉讼法》将之前关于证据种类的表述由"证据有下列七种"修改为"证据包括",将原

---

① 参见《起草小组解读:〈刑事诉讼法解释〉理解与适用(上)》,载中国法院网,https://www.chinacourt.org/article/detail/2021/02/id/5796152.shtml,2021 年 3 月 9 日最后访问。

来的封闭性表述改为了开放性表述,可以理解为除法定证据外,只要可以用于证明案件事实的都是证据。[①] 综上所述,在实践、规范层面以及理论上都没有对证据资格作出严格的限制,那么大数据证据的证据资格自然也就不是问题。

其次是证据规则问题。虽然大数据证据在客观上具有证据资格,但在现行规范下,还是应当为其找寻一个适合的证据种类,这样才能运用合适的证据规则对其进行审查。笔者认为,当下将大数据证据作为鉴定意见是较为合适的。

大数据证据在形式和本质上都与鉴定意见更为符合。形式上,两者都需要技术人员按一定的操作方法对送检的材料进行处理分析,并制作分析报告。虽然鉴定意见是鉴定人按照操作方法运用机器得出结论,人起了主导作用,而大数据证据是由计算机根据算法得出,人只是辅助参与,但无论是数据的输入还是算法的选择都需要由人来决定,其分析结论也是按照人类设计的算法运行的。所以与鉴定意见相比,只是人的干涉作用变小而已,并没有太大差别。本质上,大数据证据属于一种超出鉴定范围的专门性报告,而根据《刑诉法解释》第100条第2款的规定,专门性报告的审查与认定适用鉴定意见的有关规定,再根据前文起草小组对该条文的解释,专门性报告并非一种新的证据种类,其是为了弥补立法的滞后性,对鉴定意见的一种补充。如果未来拓宽鉴定范围,那么专门性报告还应当纳入鉴定意见之中,所以专门性报告在本质上是一种鉴定意见,大数据证据也应当属于鉴定意见。

综上所述,将大数据证据作为鉴定意见是当下的便宜之选,这可以最大限度地降低大数据证据在刑事诉讼中的审查难度,更容易被诉讼各方所接受。

(二)大数据证据相关关系的可解释性

从理论上来说,大数据的数理相关关系与依靠经验逻辑判断的因果关系确实不能画等号,但是从概念种属来看,两者都属于相关关系的范畴,区别在于因果关系是一种特殊的相关关系,数理相关性是一种普遍的相关关系,那么这两者之间的关系就可以转化为如何从数理相关关系中发掘因果关系。

目前生活中常见的大数据分析方法是以统计结果为基础的,这种方法是对结果数据进行统计分析,从而发现事物之间的相关关系,在此基础上进一步挖掘可以发现其中的因果关系。比如大数据的经典案例,超市管理人员通过销售数据分

---

① 参见张吉喜、孔德伦:《论刑事诉讼中的大数据证据》,载《贵州大学学报(社会科学版)》2020年第4期。

析发现尿布与啤酒的销量呈正相关，在此基础上进一步挖掘，发现是因为男性顾客在购买尿布的时候经常会买几瓶啤酒来犒劳自己。① 在这一案例中需要弄清一个逻辑关系，并不是因为尿布与啤酒的相关关系导致了男性顾客买尿布的时候购买啤酒，而是先有这个因果事实的存在，才能发现尿布与啤酒的相关关系。只不过这种因果关系过于隐蔽，难以用一般的经验直接发现，需要通过相关关系的提示才能分析得出，所以大数据分析的结果是对因果关系的一种反映，正如学者所说："作为因果派生关系，相关关系根植于因果关系。"②将这一理论运用到刑事诉讼中也是如此，正是因为有官员利用低保或者廉租房等制度的漏洞实施贪污犯罪，所以将不同数据库进行比对时可以发现数据异常。再犯风险评估也是基于对大量累犯、再犯的行为监测和多方面信息综合考量才得出的较为科学的再犯评估方法。

在司法实践中，更常见的是对个案中的大数据进行分析，从而得出犯罪信息。有学者将这种依据个案中具体违法行为所遗留的特征信息而建模的方法称为"行为建模"。③ 通过这种建模方法分析出的结果与案件具有直接的关联性。比如在刘某组织、领导传销活动案中，通过对涉案账户的分析重构了整个会员系统的推荐网络，得到一个金字塔形的会员网络，共306层，去重后有56,405个账户。④ 本案就是通过案件中的账户信息还原了传销组织的层级图，虽然不能保证结论完全准确无误，但是可以保证与案件有直接的因果关系。

但无论是统计建模还是行为建模都存在着一定的局限性，即不能单独证明案件事实。统计建模虽然能够发现犯罪行为，也能够预测犯罪的发生，但只是对因果关系的一种反映，并不能等同于因果关系，所以需要结合其他事实才能形成完整的因果关系。比如再犯风险评估，只有经过大量的数据"投喂"，才能产生较为精确的评估结果，其背后是以数学、统计学以及计算机科学等为支撑的，这些学科都是理性的、有逻辑的。但是在对当事人再犯可能性进行评估时，法官并不能仅仅依靠一份风险评估报告就作出判断，还要结合其他证据综合判断当事人的再犯可能性。行为建模也是如此，即使与案件有直接的因果关系，但因为分析数据的混杂性，不能保证结论完全无误，所以还要其他证据印证。我国的司法实践中还未出现将与案件毫无关系的大数据证据作为定案证据的情况，说明法

① 参见齐磊磊：《大数据经验主义——如何看待理论、因果与规律》，载《哲学动态》2015年第7期。
② 王天思：《大数据中的因果关系及其哲学内涵》，载《中国社会科学》2016年第5期。
③ 谢军泽：《论大数据证明》，载《中国刑事法杂志》2020年第2期。
④ 参见湖南省益阳市赫山区人民法院一审刑事判决书，(2020)湘0903刑初445号。

官在面对大数据证据时能够保持理性,以谨慎的态度考虑其与案件是否具有关联性。

现在人们之所以不信任大数据证据,是因为一些结论超出了一般人的经验逻辑,无法对其作出合理解释。但是在一般经验之外,威格摩尔还提出过一种"特殊经验",是指"仅由已经从事某种特殊行业、商业、艺术、科学或者其他恰当活动的那些人也就是专家们所拥有的足够经验"①。而这两者之间并非泾渭分明,随着科技的进步和人们的认知水平的提高,"特殊经验"是有可能转化为一般经验的。比如在DNA技术、指纹检验技术刚刚进入刑事司法时,大多数法官对此抱有怀疑态度,基本不会认定检验结果与案件有关联性。而现如今,DNA技术和指纹技术都有了相应的鉴定规范,在没有特殊情况下,直接认定其与案件事实具有相关性。大数据证据运用算法对海量数据进行分析从而得出新的结论,也是一种"特殊经验"。随着大数据证据在司法领域的广泛运用,其科学性和专业性会不断受到检验,人们对其内涵将有更深入的了解,从而有可能从特殊经验上升为一般经验。

(三)算法歧视的规制

我们应当承认算法歧视是客观存在的,也是无法避免的,只能尽可能控制它。② 算法歧视的规制是一项复杂的工作,既需要事前预防,也需要事后审查。

首先是事前预防。事前预防的指导原则是公开原则,这既是公民基本知情权的要求,也是当事人基本的诉讼权利,这就要求算法能够向公众公开,向当事人公开。但是算法公开也有一定的局限性:一是只有专业人士才能理解算法的含义,一般社会公众不具备理解能力;二是有些歧视并非算法本身所导致的,即使公开也发现不了歧视内容;三是算法受知识产权保护而不公开,强制公开可能会打击企业的积极性;四是算法公开可能会让犯罪分子有机可乘,有一定社会隐患。所以,仅仅依靠算法公开是不够的,还应做到两点来预防歧视的出现:其一应当对算法进行评估和定期检查。司法机关作为算法的使用者,在使用之前有义务对算法进行评估,只有评估合格的才能用于司法实践。另外,有的算法也会自我学习升级,因此需要定期对算法进行检查以防止升级出现"变异"现象。其二要做好记录

---

① [美]威廉·特文宁:《证据理论:边沁与威格摩尔》,吴洪淇、杜国栋译,中国人民大学出版社2015年版,第221页。

② 参见王夙:《人工智能发展中"算法公开"能否解决"算法歧视"?》,载《机器人产业》2019年第3期。

工作。应当将数据来源、数据内容等重要参数以及操作过程记录下来。完整的记录是后续审查和追责的基础。

其次是事后审查。一般只有在出现歧视结果之后才会发现其中的问题，所以事后审查是规制算法歧视的重点。具体的审查方法有两种，一是对工作记录进行审查。通过对工作记录的审查，可以找寻数据或者操作过程中出现的问题，从而明确责任主体并对其进行追责。二是采用算法验证对分析结果进行审查。因为“算法黑箱”的存在导致无法还原每一个步骤，所以可以采用验证方式，运用不同的算法对数据进行分析，检验是否能得出近似结果。有美国学者提出“通过交互验证的方式分析人工智能的记录情况，可如实重现特定决策结果作出的计算过程与该过程的执行情况，并辅助确定何种输入特征导致了该特定结果”①。如果工作记录出现问题或者交互检验结果有明显偏差，那么就需要大数据证据的出示者作为责任主体承担解释说明义务。

（四）控辩不平等的克服

大数据证据的出现之所以会加剧控辩双方的不平等，最主要是因为双方在数据的收集和分析能力上失衡，控方对此拥有绝对的主导权。为了缩小双方差距，维护控辩平等，一方面需要控方承担更多的责任与义务，另一方面需要保障辩方的权利。

从控方角度，需要其承担更多的责任与义务。首先，要求控方出示的大数据证据内容具体完整且控方能对其作出相关解释说明。司法实践中，有的控方会将大数据证据以鉴定意见的方式呈现，但更常见的是只提交大数据分析结论，没有附带数据或者结论生成的记录，这虽然很直观，却给辩方的质证带来了不利影响。大数据证据本身的技术性和专业性就已经给辩方的质证带来了挑战，如果控方再精简分析内容，那必然进一步压缩辩方的辩护空间。所以，让控方出示完整的大数据证据并对其作出解释说明，既符合《刑诉法解释》第 247 条关于出示证据应当说明其来源的规定，也可以让辩方有一定的质证空间。

其次，建立庭前会议的证据开示制度。考虑到大数据证据的技术性和专业性，辩方在没有任何准备的情况下可能无法对大数据证据进行有效质证，对此可以借鉴美国的证据开示制度，让辩方有机会在庭前就了解大数据证据的相关情

① Samy Bengio et al., *Scheduled Sampling for Sequence Prediction with Recurrent Neural Networks*, (April 20, 2019) https://arxiv.org/pdf/1506.03099v3.pdf.

况,从而做好充分的准备。具体来说就是辩方向法院提出证据开示的申请,法院审查同意后,应要求检察院将相关证据进行开示,这在很大程度上就能缩小双方的实力差距。现有制度中,在庭前会议进行证据开示是比较合适的,一是因为这一阶段控辩双方对案情都有了全面的了解,可以有针对性地提出开示要求;二是法官参与庭前会议,可以了解双方的证据开示情况,从而提高庭审效率。必要时,控方在开示大数据证据时,可以对证据内容有所解释。双方仍有异议的,在庭审时应当着重调查。

从辩方角度,更注重对其权利的保障。首先,保障当事人向控方调取大数据证据相关信息的权利。我国庭前会议的召开是有条件的,所以依靠证据开示制度是不够的,而且控方可能只会出具部分操作记录或者存在解释不清楚的情况。那么就需要保障辩方调取大数据证据相关信息的权利,即辩方有权向法院申请调取控方收集、分析大数据证据完整的操作记录。对于有疑问的地方,辩方可以要求控方作出进一步解释,申请鉴定人员出庭作证,还可以提出重新鉴定的申请。

其次,落实鉴定人和专家辅助人出庭制度。鉴定人是最了解大数据证据来龙去脉的,因此让鉴定人出庭说明情况可以解释得更清楚,辩方也可以更直接地质证。在鼓励证人出庭的背景下,也应鼓励鉴定人出庭作证。同时,考虑到辩护人的专业知识有限,专家辅助人的作用就凸显出来。专家辅助人可以很大程度上消除控方对大数据证据的"独家解释权",而且专家辅助人和鉴定人的诉讼攻防既可帮助辩方行使质证权,也有利于法官对大数据证据的真实性、合法性的审查。但并不是所有庭审都会有专家辅助人,而且专家辅助人出庭本身也需要一定的费用,因此,辩护人也应当提高自身能力,学习如何对大数据证据发表质证意见。

最后,完善辩方获取、分析数据的权利。大数据公司是大数据发展的先驱者,其所掌握的数据可能远远超过行政机关或者其他企业所掌握的。但对于辩方来说,向大数据公司调取数据往往因涉及个人隐私而受阻,为此可要求大数据公司在数据分级管理的基础上,对私密程度不同的数据采取不同的程序。具体来说,对于私密数据,如果辩护人确有必要调取相关数据,应当确认是不是当事人本人所有。如果是,则基于数据主体对个人信息的控制权,大数据公司应当允许调取;如果不是,则需要辩护人申请有关部门进行调取。对于半公开数据或者特定对象的公开数据,如果是当事人本人所有的,辩护人有权自行调取;如果是他人数据,则应当提供相关说明和调取范围。对于公开数据,则可自行调取。虽然在一定程度上增加了辩护人取证的负担,但这也是信息时代下保护公民个人数据权的必要之举。另外,在保障辩方获取数据的基础之上,还要保障其分析数据的权利。辩方可以向法院提出申请,让法院指派或者委托鉴定机构对辩方提供的数据进行分析得出大数据证据。

（编辑:陈真楠）

特殊不起诉制度的反思与完善

任艳军*

摘　要：特殊不起诉制度突破了我国裁量不起诉仅能适用于轻微刑事案件的桎梏，是我国刑事公诉制度的重大创新。在刑事司法实践中合理适用特殊不起诉制度对于解决特定复杂案件的证明难题、发挥检察机关维护公共利益和程序调节职能、保障犯罪嫌疑人的诉讼权利等方面都具有重大意义。特殊不起诉还可以作为犯罪嫌疑人认罪认罚之后从宽的路径，这对于认罪认罚从宽制度而言同样具有重要意义。但《刑事诉讼法》第182条的规定在内容上还相当粗疏，极大地限制了特殊不起诉的可操作性。而且立法并没有明确特殊不起诉与认罪认罚从宽制度的逻辑关联，但既有资料却大多将特殊不起诉与认罪认罚从宽制度进行"捆绑"研究，将特殊不起诉局限于认罪认罚从宽语境下理解，这也影响了特殊不起诉的适用空间。

关键词：特殊不起诉；重大立功；国家重大利益；检察机关

《关于在部分地区开展刑事案件认罪认罚从宽制度试点工作办法》（以下简称《试点办法》）第13条首次规定了特殊不起诉制度。经过两年试点，认罪认罚从宽制度取得了重大成果和进展，为了将试点期间可复制、可推行的经验上升为法律规定，进一步巩固司法改革成果，有必要对刑事诉讼法及时调整。随后，《中华人民共和国刑事诉讼法（修正草案）》（以下简称《草案》）第17条对《试点办法》第13条进行修改，将"可以对涉嫌数罪中的一项或多项提起公诉"改为"可以对涉嫌数罪中的一项或多项不起诉"，使检察机关面对数罪选择起诉时的落脚点由"提起公诉"转变为"不起诉"。修改后的《刑事诉讼法》第182条对《草案》第17条进行

---

* 任艳军，中国人民解放军总直属军事法院法官助理。

微调和吸收,标志着特殊不起诉制度从试点规定上升为立法规定。但上升为法律规定并不意味着特殊不起诉制度的相关规定及运行就会一劳永逸。相反,特殊不起诉制度在规范和实践层面仍留有诸多问题亟待解决。从法条编排的位置来看,特殊不起诉属于公诉制度的组成部分,将其由试点规定上升为立法规定是我国检察机关起诉裁量权的扩张,在规范层面具有多方面进步,对其合理适用具有重要意义。但据笔者收集的资料来看,试点期间及立法正式确立之后四年间司法实践中还未出现一例适用特殊不起诉制度的案件,立法用意良深的制度在实践中却面临着被虚置的风险。故有必要通过本文的写作来分析特殊不起诉面临虚置的成因,并针对成因提出相应的完善对策,以期推动特殊不起诉的合理适用,充分发挥其法律价值和社会功能。

一、特殊不起诉的特殊性

特殊不起诉,又称为"核准不起诉"①"选择性不起诉"②,是指对本应起诉但犯罪嫌疑人自愿如实供述涉嫌犯罪事实,有重大立功或案件涉及国家重大利益,经最高人民检察院核准,人民检察院可以作出不起诉决定,也可以对涉嫌数罪中的一项或多项不起诉的制度。笔者认为,特殊不起诉的内涵可从以下几方面来理解:一是案件本身符合起诉条件。案件已达到事实清楚、证据确实充分的标准,之所以作出特殊不起诉是因此犯罪嫌疑人在自愿认罪的基础上,有重大立功情节或案件涉及国家重大利益不起诉更有助于解决其他复杂案件的证明难题或维护国家重大利益,这是检察机关综合考量各种因素并经过利益权衡后做的选择。对于不构成犯罪或事实不清、证据不足的,即使犯罪嫌疑人自认有罪,也只能作出相应的不起诉。二是"自愿如实供述涉嫌犯罪的事实"是适用特殊不起诉的前提。这一前提的本质要求是"认罪",在审查起诉阶段其形态可以是自首、坦白。由于"认罪"是检察机关行使起诉裁量权的重要依据,故如实供述的内容须涵盖犯罪的主要事实,但对于不足以影响定罪量刑的个别情节供述不清的,不影响"认罪"的认定。三是特殊不起诉在本质上属于裁量不起诉。《刑事诉讼法》第 182 条的用语是"可以"不起诉,这表明特殊不起诉一方面是我国起诉便宜主义的发展,即案件本身符合起诉条件,但检察机关综合衡量各种因素认为不具有起诉必要性或不起

---

① 刘根:《核准不起诉——一种新型的不起诉》,载《南昌大学学报(人文社会科学版)》2020 年第 1 期。

② 周长军:《认罪认罚从宽制度推行中的选择性不起诉》,载《政法论丛》2019 年第 5 期。

诉更能维护国家利益时可以不起诉;另一方面是即使符合特殊不起诉适用条件,检察机关利弊权衡之后同样可以起诉,而不是必须不起诉。四是从性质来看,特殊不起诉是一种能产生实体与程序双重效果的程序性措施。在属性上,特殊不起诉属于检察机关对公诉裁量权的行使,是一种程序性措施;在适用效果上,特殊不起诉的适用意味着犯罪嫌疑人可以尽早摆脱诉讼程序,具有程序从宽的效果,同时会提前终止诉讼程序,不再将案件交法院,犯罪嫌疑人在实体上不必再承担刑事责任,具有实体上的出罪效果。

特殊不起诉作为新增的一种裁量不起诉,在很多方面与我国已有的裁量不起诉不同,甚至可以说是具有突破性的转变。笔者认为,比较特殊不起诉与其他裁量不起诉时,可从以下三方面进行:一是制度目标的特殊性;二是适用范围的特殊性;三是适用程序的严格性。

1. 制度目标的特殊性

结合特殊不起诉的出台背景和适用条件,笔者认为,"认罪 + 重大立功"特殊不起诉的首要目标是解决特定复杂案件的证明难题;"认罪 + 案件涉及国家重大利益"特殊不起诉的首要目标是维护国家重大利益及公共利益。第一,"认罪 + 重大立功"特殊不起诉是因犯罪嫌疑人的重大立功对于解决其他特定复杂案件的证明难题具有实质性帮助作用,是司法机关在迫不得已情形下转变办案思路与犯罪嫌疑人寻求合作,是利益权衡的选择,其首要目的并非对认罪的犯罪嫌疑人从宽处理;第二,以往案件中,国家重大利益并非我国检察机关行使公诉裁量权所要考量的因素,而特殊不起诉明确规定"认罪 + 案件涉及国家重大利益"可以不起诉,表明今后检察机关行使公诉裁量权时应当考量案件涉及的国家重大利益,这是我国起诉裁量权的新发展,在追诉犯罪可能影响国家重大利益时,检察机关可根据利益权衡原则放弃对个案犯罪嫌疑人的追诉以维护国家利益。① 这与我国检察机关作为公共利益的代表②这一角色定位相符合,为我国确立起诉裁量的公共利益标准提供了契机,该类不起诉的首要目的是维护更重要的公共利益。另外,特殊不起诉的适用要经最高人民检察院核准,相较于直接起诉或其他类型裁量不起诉,其适用和审批程序更为严格、烦琐,可见这一新型不起诉的首要制度目标并非

① 董坤:《认罪认罚从宽中的特殊不起诉》,载《法学研究》2019 年第 6 期。

② 林劲松:《起诉便宜原则中的公共利益衡量》,载徐静村主编:《21 世纪中国刑事程序改革研究》,法律出版社 2003 年版,第 409 页。另外,2017 年 9 月,习近平总书记向第二十二届国家检察官联合会年会的贺电中提到"检察官是公共利益的代表"。

提高诉讼效率。①

然而,酌定不起诉是在刑罚个别化理论的指导下,对人身危险性较小的犯罪嫌疑人作不起诉处理,从而帮助其顺利回归社会,同时合理配置司法资源;附条件不起诉是基于"教育为主、惩罚为辅"原则,以对符合条件的未成年犯罪嫌疑人进行教育、保护、挽救为首要价值目标。

2. 适用范围的特殊性

在2018年《刑事诉讼法》修改之前,检察机关起诉裁量权行使的方式表现为酌定不起诉、附条件不起诉,这两种不起诉均将检察机关裁量不起诉的范围限制在很小的范围内,属于轻微刑事案件的不起诉。适用范围的有限性,加之适用程序的烦琐、片面的履职思维,导致司法实践中检察机关的不起诉率很低,大量不具有起诉必要性的案件进入审判程序,对此不少学者撰写文章提出放宽酌定不起诉的适用范围、扩大附条件不起诉的适用范围,但这仅限于学理讨论范畴,在立法层面起诉裁量的范围仍局限于轻微刑事案件。而特殊不起诉则没有犯罪情节轻微及适用对象的限制,即使犯罪情节严重,只要符合"认罪+重大立功"或"认罪+案件涉及国家重大利益"也可以不起诉,突破了既往检察机关行使裁量不起诉权限于轻微案件的限制,这对扩大裁量不起诉适用的案件范围来说具有突破性的意义。

另外,特殊不起诉的适用情形之一"认罪+案件涉及国家重大利益"进一步扩展了我国检察机关的裁量不起诉范围,使检察机关可因国家重大利益对犯罪作不起诉处理,这也是特殊不起诉制度新的突破点。从案件性质来看,主要是指涉及国家主权、安全、外交、国防等领域的案件,②在此之前案件性质并非我国检察机关行使公诉裁量权应当考量的因素,当案件符合起诉条件时,即使案件涉及国家利益或不起诉更能维护国家重大利益,在规范层面也找不到不起诉的理由。这种在起诉时不加区分案件性质的公诉制度与我国检察制度对检察机关的定位存在一定的紧张关系,使其不能有效行使作为国家利益的维护者所应履行的职能,也没有认识到维护更为重要的公共利益是起诉便宜原则的核心价值之一。

3. 适用程序的严格性

在适用程序方面,特殊不起诉与其他类型裁量不起诉呈现两种相反的趋势。

---

① 裴仕彬:《美国指控交易与我国特殊不起诉制度之比较及借鉴——以控方参与诉讼为视角》,载《西部法学评论》2019年第2期。

② 刘刚学:《浅析认罪认罚案件不起诉的三种模式》,载《中国检察官》2019年第24期。

为了提高承办检察官适用不起诉权的积极性、充分发挥不起诉的程序分流作用，有学者提出有必要赋予承办检察官独立决定起诉与否的权力。① 员额制改革的深入和办案责任制的落实，也为承办检察官独立作出不起诉决定提供了现实条件。一方面员额制改革为检察工作遴选了优秀的办案人员，检察人员业务能力逐渐提升，可以单独胜任起诉裁量的工作；另一方面检察官办案责任制改革也可以规范检察人员权力的行使，防止不起诉权的滥用。在放宽、简化不起诉适用程序的呼声中，2019 年《人民检察院刑事诉讼规则》删除了不起诉决定应经检委会讨论决定的规定，赋予检察长不起诉决定权，虽然承办检察官仍不享有独立作出不起诉决定的权力，但相比之前行使不起诉裁量权的独立性有所增强，不起诉决定的适用程序也有所放宽。

但特殊不起诉的适用程序则呈现相反的趋势，不仅没有顺应其他不起诉放宽适用程序的趋势，反而更加严格。《刑事诉讼法》第 182 条明确规定特殊不起诉的适用应经最高人民检察院核准，该规定有如下理由：符合特殊不起诉适用条件的案件都是极为特殊的案件，②往往案情重大复杂、涉及多方面利益，对其适用要慎之又慎、综合衡量各种情形，而最高人民检察院处于检察系统的最顶端，具有最开阔的视野和最优秀的检察人员，由其进行核准，一是可以综合衡量案件所涉及的特殊情况及公共利益；二是有助于统一特殊不起诉的核准标准，保障案件处理结果的公正性；三是有助于最高人民检察院对特殊不起诉适用情况的掌控和把握，并可以总结为数不多的符合特殊不起诉适用条件的案情，形成类型化的办案能力。也就是说，特殊不起诉的适用要经最高人民检察院核准具有合理性和必要性，对其不宜也不能顺应其他类型裁量不起诉放宽、简化适用程序的趋势。

二、规范层面的不足

由于“宜粗不宜细”的立法传统、立法指导思想及立法技术等因素，特殊不起诉条款并非规定得尽善尽美，关于其适用条件、与认罪认罚从宽制度的衔接、与其他不起诉的关系及救济机制等方面，在规范层面仍留有不足，亟待完善。

---

① 徐磊：《特别不起诉制度的虚置风险与合理适用》，载《“认罪认罚从宽制度的回顾与前瞻”理论研讨会论文集》，南京大学，2019 年 11 月 30 日，第 121—122 页。

② 董坤：《认罪认罚从宽中的特殊不起诉》，载《法学研究》2019 年第 6 期。

(一)立法粗疏

1. 实体适用条件:立法用语模糊

第一,重大立功的内涵不清。虽然已有规范性文件对重大立功进行解释,但相关解释仍具有模糊性,不同文件的解释也不统一。据1998年最高人民法院《关于处理自首和立功具体应用法律若干问题的解释》第7条,重大立功包括:检举揭发他人重大犯罪行为;提供侦破其他重大案件重要线索;阻止他人重大犯罪活动;协助司法机关抓捕其他重大犯罪嫌疑人;对国家和社会有其他重大贡献等。① 另外,《〈中华人民共和国监察法〉释义》(以下简称《监察法释义》)对《中华人民共和国监察法》(以下简称《监察法》)第31条中重大立功的解释与上述规范性文件对重大立功解释的内涵基本一致。另《刑法》第78条关于减刑的规定列举了6种重大立功情形:阻止他人重大犯罪活动;检举监狱内外重大犯罪活动;有发明创造或重大技术革新;日常生产、生活中舍己救人;抗御自然灾害或排除重大事故中,有突出表现;对国家和社会有其他重大贡献的。

逐一分析,可以发现《刑法》第78条与最高法解释及《监察法释义》对重大立功的认定情形并非完全一致。所以,特殊不起诉中重大立功的判断标准是参考上述哪一规范性文件?减刑规定中所列举的重大立功情形能否作为认定标准?特殊不起诉中的重大立功与上述规范性文件中重大立功的内涵和外延是否相同?对此,刑事诉讼法语焉不详。另外,上述规范性文件对重大立功的解释仍采用了"有较大影响""有重大贡献""有突出表现"等模糊性词语,可操作性及指引性仍然不强。

第二,案件涉及国家重大利益的规定笼统,降低了特殊不起诉制度的可操作性。据既有研究成果对《刑法》第63条第2款"案件的特殊情况"的解释可知,国家重大利益是指对国家外交、国防、宗教、民族、统战和经济建设等方面具有重大影响的利益。② 另外,《监察法释义》第31条将国家重大利益解释为:关系到国家安全、社会稳定、经济发展等国家重大利益等情形。③ 该种解释与全国人大常委会法工委对国家重大利益的解释基本一致。不过上述解释同样采用了模糊概念,具

① 其中,"重大犯罪""重大案件""重大犯罪嫌疑人",一般是指犯罪嫌疑人、被告人可能被判处无期徒刑以上刑罚或案件在本省、自治区、直辖市或者全国范围内有较大影响等情形。

② 周道鸾等主编:《刑法的修改与适用》,人民法院出版社1997年版,第166页。

③ 中共中央纪律检查委员会、中华人民共和国国家监察委员会法规室:《〈中华人民共和国监察法〉释义》,中国方正出版社2018年版。

体到司法实践中应如何衡量“重大利益”“重大影响”并不明确。

2. 适用程序方面:留有空白

第一,核准程序留有空白。《刑事诉讼法》第182条关于特殊不起诉报请核准程序的具体操作方式留有诸多空白,如拟报请核准的检察机关是否应将案件提交检委会讨论决定、报请核准程序是层报还是直报最高人民检察院、上报的材料范围包括哪些、是否应将同案犯及与重大立功案件相关的材料一同上报、最高人民检察院的核准期限及标准、若不予核准是否应当听取犯罪嫌疑人意见、办案顺序是先核准再决定还是决定之后报请核准等都未作出细致的规定,这种简单粗疏的程序性规定降低了特殊不起诉的可操作性。

第二,缺乏程序转化机制。若犯罪嫌疑人涉嫌数罪,检察机关对其中一项作出特殊不起诉,但在其余罪行的审理阶段,犯罪嫌疑人翻供或人民法院认为不构成重大立功,这种情形诉讼程序如何进行?是追加起诉还是另行起诉?再行起诉是否应经最高人民检察院核准?对此皆缺乏程序性规定。另外,特殊不起诉决定之后检察机关是否可以基于同一事实理由再行起诉?若检察机关再行起诉,犯罪嫌疑人先前的自愿供述能否作为对其不利的证据?对此亦缺乏规定,这不可避免地会降低特殊不起诉的可操作性。

(二)认罪认罚案件适用特殊不起诉面临障碍

虽然学界对特殊不起诉可以作为犯罪嫌疑人认罪认罚后的从宽途径已达成共识,但通过对相关法条及特殊不起诉适用现状的分析,可以发现认罪认罚案件适用特殊不起诉仍面临着诸多障碍。

第一,特殊不起诉与认罪认罚从宽制度之间逻辑关联不清。刑事诉讼法并没有明确特殊不起诉与认罪认罚从宽制度的逻辑关联,立法上的真空可能会导致特殊不起诉适用上的混乱,进而影响该制度的实施效果。《刑事诉讼法》中有两个条文①使用了“从宽处理”的表述,有一个条文②使用了“从宽处罚”的表述,另有一个条文③同时使用了“从宽处理”和“从宽处罚”的表述。笔者认为,同一条文中不同概念应具有不同的含义,即“从宽处理”与“从宽处罚”含义不同。据《关于贯彻宽严相济刑事政策的若干意见》第2条可知,“从宽处理”应属于“从宽处罚”的上位

---

① 参见《刑事诉讼法》第15条、第120条。

② 参见《刑事诉讼法》第173条第2款第3项。

③ 参见《刑事诉讼法》第290条。

概念,“从宽处理”包含实体和程序双重属性,“从宽处罚”指实体上从轻、减轻、免除处罚。在《刑事诉讼法》涉及从宽的三个条文中,第15条对认罪认罚从宽使用了“从宽处理”的表述,由此可知认罪认罚后的从宽包含实体从宽和程序从宽。但条文并没有进一步对“从宽处理”的内涵进行明确,仅在第173条规定了从轻、减轻、免除处罚三种从宽处罚形式。而特殊不起诉作为一种程序性措施显然不同于实体法意义上的从宽处罚,其是否属于“从宽处理”的范畴也并非不证自明。即从规范层面来看,特殊不起诉是否具有认罪认罚语境中从宽的功能抑或具有何种从宽的功能并不明确。

第二,特殊不起诉与认罪认罚从宽在制度定位上存有差异。[①] 虽然两者都是对宽严相济刑事政策的贯彻落实,但特殊不起诉是为侦破其他更为重大的案件或维护重大国家利益而迫不得已放弃对犯罪嫌疑人的追究,与犯罪嫌疑人自愿认罪认罚争取来的从宽相比,特殊不起诉带来的从宽更具公诉机关的妥协性。这就导致认罪认罚案件中检察机关面对切实的证据:一是不愿在本就要围绕认罪认罚做很多工作的基础上,再适用核准程序更为严格的特殊不起诉,叠加适用两种烦琐的诉讼程序与认罪认罚从宽制度“从简”的初衷也不符;二是与其他类型裁量不起诉或较轻的量刑建议相比,不愿适用更具妥协性的特殊不起诉。

第三,在具体操作层面认罪认罚案件适用特殊不起诉同样面临障碍。立法并没有规定认罪认罚从宽制度与特殊不起诉制度应如何衔接,同时适用这两种制度涉及因认罪认罚而特殊不起诉是否及如何签署具结书、如何提出量刑建议等问题。关于量刑建议的问题,有学者认为认罪认罚案件中检察人员应就主刑、附加刑、是否适用缓刑提出量刑建议[②],但裁量不起诉显然不同于上述三种实体性处理建议,故不知如何提出量刑建议;关于具结书的签署问题,有办案人员认为除了法定情形外,认罪认罚的犯罪嫌疑人都应签署具结书,但在具结书量刑建议的填写问题上,若直接填写不起诉并不符合量刑建议的范畴。[③] 上述问题未达成一致一定程度上阻碍了特殊不起诉的适用。

第四,特殊不起诉适用程序烦琐导致认罪认罚案件适用特殊不起诉的必要性反而降低。认罪认罚案件中,对于犯罪情节轻微的通过酌定不起诉同样可以达到从宽激励效果,对于犯罪情节严重的通过较轻的量刑建议也可以起激励作用,检

---

① 闫召华:《认罪认罚不起诉:检察环节从宽路径的反思与再造》,载《国家检察官学院学报》2021年第1期。

② 李大槐、师索:《认罪认罚从宽与不起诉的逻辑关联》,载《西南政法大学学报》2020年第1期。

③ 李大槐、师索:《认罪认罚从宽与不起诉的逻辑关联》,载《西南政法大学学报》2020年第1期。

察人员自然不愿适用程序烦琐的特殊不起诉。反而是非认罪认罚案件,法定的层次性从宽从简措施不足,对于犯罪情节严重的案件不能通过简易程序获得快速审理,相较于认罪认罚案件,缺乏足够的从宽激励来换取犯罪嫌疑人的自愿供述和重大立功,更有必要通过一种特殊激励措施来换取自愿供述及重大立功。

(三)裁量不起诉条款之间存在竞合

我国已有的三种类型裁量不起诉,从规范层面来看,具有各自的适用条件,从价值层面来看,首要功能目标并不相同,因此各种裁量不起诉在应然层面应各尽其责、并行不悖。但囿于立法技术的不足及《刑事诉讼法》前后经过三次修改,各种不起诉规定的时间有间隔,加之 2018 年修法是以修正案的形式进行的局部修改,难免会对三种裁量不起诉之间的逻辑关系缺乏全盘的体系性思考,导致现行法律框架下裁量不起诉条款之间的衔接不完全合理、存在交叉式法条竞合的关系,立法也未对三种裁量不起诉之间的逻辑关系及在个案的适用中存在竞合时应如何选择作出规定。

第一,特殊不起诉与酌定不起诉的适用范围存在交叉。从规范层面来看,《刑事诉讼法》并未根据犯罪情节、罪名性质、刑罚轻重等因素来限制特殊不起诉的适用范围,因此其与酌定不起诉的适用存在重叠的可能。特殊不起诉包括“认罪 + 重大立功”“认罪 + 案件涉及国家重大利益”两种类型。笔者认为,由于涉及国家重大利益的案件大多重大复杂,因此两者交叉的范围主要存在于特殊不起诉适用的第一种情形中。《刑法》明确规定的免罚事由包括重大立功,而重大立功通常情况下属于罪后反映犯罪嫌疑人人身危险性的要件,与犯罪情节轻重并不具有直接对应关系,据此无论犯罪嫌疑人是否积极认罪、所犯罪行严重与否,罪后都有重大立功的可能,这就导致酌定不起诉与特殊不起诉在犯罪嫌疑人犯罪情节轻微,罪后积极认罪并具有重大立功表现,依《刑法》规定可以免除处罚的案件范围内存在重叠的可能,此时应适用何种不起诉? 立法并没有给出回答。

第二,特殊不起诉与附条件不起诉的适用范围存在交叉。特殊不起诉的适用没有案件范围、适用对象的限制,“认罪 + 重大立功”特殊不起诉与附条件不起诉的适用存在交叉的可能。若未成年犯罪嫌疑人同时符合特殊不起诉与附条件不起诉适用条件,对其应作出何种不起诉决定? 是根据“特殊法优于一般法”原理,作附条件不起诉并设置附加义务和考验期,对未成年犯罪嫌疑人进行矫治和教育,发挥附条件不起诉所具有的教育、挽救未成年人的价值,还是直接适用从刑罚结果来看对未成年犯罪嫌疑人更有利、不附加考验期、不得(根据考验期间表现)

撤销不起诉决定的特殊不起诉？立法同样回避了该问题。

(四)缺乏有效救济机制

立法并未规定特殊不起诉决定的救济机制，也许本意是为了维护特殊不起诉决定的权威性、稳定性，但缺乏救济机制的起诉裁量权不利于权力制约和权利保障。

第一，特殊不起诉决定的救济属于立法真空地带。从法条的次序编排来看，证据不足不起诉位于《刑事诉讼法》第175条第4款，法定不起诉位于第177条第1款，酌定不起诉位于第177条第2款；①公安机关对不起诉决定的复议复核位于第179条，被害人对不起诉决定的申诉、自诉位于第180条，被不起诉人对于不起诉决定的申诉位于第181条；而特殊不起诉则位于第182条。即《刑事诉讼法》对于不起诉采取的立法模式是"类型(一)(二)(三)——权力/权利救济机制——类型(四)"的模式。故从法条编排的顺序来看，对于特殊不起诉决定各方主体均不能依据第179条、第180条、第181条寻求救济。

第二，特殊不起诉决定是经最高人民检察院核准之后作出的，基于上下级检察机关之间领导与被领导的关系，向上级检察机关申诉、申请复议复核等常规救济途径很难发挥实效。另外，笔者认为，或许是考虑到特殊不起诉缺乏事后救济途径，立法者对该制度的适用规定了严格的核准程序。暂且无论严格的核准程序是否听取了公安机关和诉讼参与人的意见，是否可以起权力制约或权利保障的作用，即便其可以起事中救济作用，但过于严格的核准程序恰恰成为该制度适用的最大障碍。

三、特殊不起诉的实践困境及成因

(一)实践困境：面临虚置的风险

特殊不起诉适用于"认罪+重大立功"或"认罪+案件涉及国家重大利益"不起诉更能维护国家利益的案件。笔者认为，根据特殊不起诉的实体条件，在已公

---

① 专门适用于未成年犯罪嫌疑人的附条件不起诉，位于第五编"特别程序"中，但2018年《刑事诉讼法》第282条第2款明确规定："对附条件不起诉的决定，公安机关要求复议、提请复核或者被害人申诉的，适用本法第一百七十九条、第一百八十条的规定。"即公安机关、被害人对附条件不起诉决定可以依据第179条、第180条寻求救济。另外，2014年全国人大常委会《关于〈中华人民共和国刑事诉讼法〉第二百七十一条第二款的解释》规定，被害人对检察院对未成年犯罪嫌疑人作出的附条件不起诉的决定和不起诉的决定，不适用2012年刑事诉讼法第176条关于被害人可以向法院起诉的规定。

布的检察文书、裁判文书中进行检索分析,可以大致推测实践中符合特殊不起诉案件数量的多少,这关系到该制度的适用空间。故笔者以北大法宝、“12309”中国检察网、聚法案例库为检索平台,根据特殊不起诉的适用条件,检索试点以来在公布的文书中符合特殊不起诉适用条件的案件,并对检索结果进行分析,以期可以推测实践中特殊不起诉的适用空间。

首先,截至 2020 年 8 月 10 日,笔者在北大法宝数据库选择检察文书中的“不起诉决定书”,以“2016 年 12 月 1 日至 2020 年 8 月 10 日”为时间段,抽取“重大立功”“公诉”为关键字段,发现该时间段公布的不起诉决定书中涉及“重大立功”字样的共有 113 篇,与该时间段内公布的不起诉决定书 323,114 篇相比,仅占 0.03%。需提前说明的是,检索到的含有“重大立功”字样的不起诉决定书并非一定是因重大立功而不起诉,因部分检察机关公布的不起诉决定书尾部附有法律依据,所以可能是因犯罪嫌疑人具有“立功”“自首”等情形,而在尾部的法条中含有《刑法》第 68 条。随后,笔者对检索到的 113 篇不起诉决定书进行逐一筛查,除去 5 篇重复文书,有效文书共 108 篇,其中检察机关认定犯罪嫌疑人具有重大立功情形的不起诉决定书共 24 篇,与该时间段内公布的不起诉决定书相比,占比不足 0.01%。在这 24 篇不起诉决定书中,有 8 篇不起诉决定书明确表明犯罪嫌疑人具有认罪[①]及重大立功情形,有 3 篇不起诉决定书明确表明犯罪嫌疑人具有认罪认罚及重大立功情形(见表 1)。在不起诉类型上,该 24 篇不起诉决定书均为酌定不起诉(见表 2)。另外,笔者在“12309”中国检察网以相同时间段和相同条件进行检索,共检索到有效不起诉决定书 141 篇,经逐一筛选,检察机关明确认定犯罪嫌疑人具有认罪[②]及重大立功情形的有 10 篇不起诉文书,明确认定犯罪嫌疑人具有认罪认罚及重大立功情形的有 2 篇不起诉文书,在不起诉类型上,均为酌定不起诉。这与对北大法宝数据库统计结果基本一致。对上述数据进行分析可发现,自特殊不起诉试点以来检察机关认定犯罪嫌疑人具有重大立功情形而不起诉的案件数量并不多。不过,在检察机关认定犯罪嫌疑人具有重大立功情形而不起诉的案件中,同时认定犯罪嫌疑人符合归案后自愿如实供述犯罪的情形占比接近一半,这倒符合特殊不起诉的适用条件。据此推测,检察机关认定符合特殊不起诉适用条件的案件数量非常有限。

① 此处的“认罪”包含自首、坦白、如实供述等表述。

② 此处的“认罪”同样包含自首、坦白、如实供述等表述。

表 1　2016 年 12 月—2020 年 8 月重大立功不起诉决定与认罪(认罚)且重大立功不起诉决定的数量与比例

单位:件

数据来源	北大法宝数据库	占比(%)
不起诉决定书	323,114	100
重大立功不起诉决定数量	24	0.007
认罪且重大立功不起诉决定数量	8	0.002
认罪认罚且重大立功不起诉决定数量	3	0.001

表 2　2016 年 12 月—2020 年 8 月“北大法宝数据库”24 件因重大立功而不起诉的类型分布情况

(单位:件)

不起诉类型	酌定不起诉	附条件不起诉	特殊不起诉	法定不起诉	存疑不起诉
数量与占比	24(100%)	0(0%)	0(0%)	0(0%)	0(0%)

其次,为了对司法机关对被追诉人重大立功的认定情况有一个较为全面的把握,合理推测特殊不起诉的适用空间,有必要进一步对起诉至法院的案件对被告人是否符合重大立功情形的认定状况进行分析。据此截至 2020 年 8 月 10 日,笔者在聚法案例库选择裁判文书中的“本院认为”字段,以“认罪”并且“重大立功”为关键词、“2016 年 12 月 1 日至 2020 年 8 月 10 日”为时间段、“刑事”为案由、“判决”为文书性质、“一审”为审理程序进行精确检索,共检索到 1351 篇文书。与该时间段内公布的刑事一审判决书总数 3,082,205 篇相比,占比为 0.04%。随后,笔者对检索到的 1351 篇一审涉及认定被告人具有“认罪并重大立功”的判决书进行逐一筛选,除去 4 篇重复文书和 1 篇刑事附带民事判决书,有效文书共有 1346 篇,其中法院一审认定被告人同时符合认罪和重大立功情形的判决书有 467 篇,与该时间段内公布的刑事一审判决书总数相比,占比约为 0.02%。再除去被告人庭审期间当庭认罪或立功的案件,可以推测起诉至法院的案件中,被追诉人在审查起诉阶段便认罪并重大立功的案件并不多。对检索到的判决书进行分析,可以发现在少数案件中,公诉机关认为被告人有自首或如实供述情节及重大立功表现,建议法院对其减轻或免除处罚,法院最终也采纳了公诉意见,对被告人判处缓刑。[①] 笔者认为,对此

① 参见云南省昆明市官渡区人民法院一审刑事判决书,(2018)云 0111 刑初 1603 号;李灿军走私、贩卖、运输、制造毒品一审刑事判决书。

类案件可以探索适用特殊不起诉,在减轻法院审判负担的同时,可以使非必要判处监禁刑的被追诉人尽早摆脱诉讼程序,保障自愿如实供述并重大立功的被追诉人的诉讼权利。

最后,特殊不起诉适用的另一种情形是"认罪+案件涉及国家重大利益"。不起诉更能维护国家利益。虽然该类案件可能涉及国家秘密不能通过网上文书的检索来推测这一情形的适用空间,但可以肯定的是这种情形在司法实践中并非多数。

尽管北大法宝、"12309"中国检察网、聚法案例库公布的案例并非检察机关、法院最终认定被追诉人具有认罪及重大立功情形案件的全部,笔者的检索技巧、收集资料的途径也具有局限性,但在公开的诉讼文书中可以检索到符合特殊不起诉适用条件的案件,表明该制度仍具有适用空间。然而,试点期间和立法确立之后,在公开的法律文书和网络报道中从未出现相关的案例,特殊不起诉在实践中面临着被虚置的风险,对这一现状的反思具有必要性和紧迫性。

(二)特殊不起诉面临虚置风险之成因分析

与其他裁量不起诉相比,特殊不起诉面临虚置风险,既有共性原因,又有其特有的因素。但从本质上讲特殊不起诉面临虚置仍是我国刑事诉讼结构和诉讼理念的缩影。虚置的成因,既源于该项新兴制度本身存在的制度性问题及其运行的司法环境,又受制于职权主义诉讼传统下根深蒂固的追诉倾向。

1. 实体适用条件的制约

首先,如前所述,重大立功的内涵不清会降低特殊不起诉的可操作性。另外,重大立功的现实状况同样会制约特殊不起诉的适用。对前文检索到的文书进行分析,可以发现司法实践中重大立功的认定具有如下特点:一是司法机关最终认定被追诉人具有重大立功情形的案件与同期刑事案件相比占比不足0.02%。[①]由此推测,司法实践中特殊不起诉可以适用的空间非常有限。二是具有重大立功情形案件的案由分布比较集中。以"聚法案例库"的可视化搜索选取"本院认为"字段,以"认罪"并且"重大立功"为关键词进行检索,可以发现重大立功主要集中于与毒品犯罪相关的案件。另外,受贿罪案件涉及重大立功情形的也较多,除此之外其他罪名涉及重大立功情形的较少(见图1)。在重点打击毒品犯罪及完善

---

① 以笔者在"北大法宝数据库""聚法案例库"检索的数据为例,以人民检察院和人民法院最终认定被追诉人具有重大立功情形的案件除以同期公布的一审刑事案件总数,除去重复文书等,得出上述估算值。

惩治和预防腐败，形成不敢腐、不能腐、不想腐的时代背景下，检察人员自然不愿对此类案件中犯罪情节较为严重的犯罪嫌疑人作出不起诉决定。三是对重大立功的认定属于“案中案”。对被追诉人重大立功的认定要查证属实，但与被追诉人重大立功相关联的案件可能仍在诉讼过程中，是否构成重大立功在本案审查起诉阶段具有不确定性，一定程度上也阻碍了特殊不起诉的适用，如唐荣华滥用职权、受贿案①。四是特殊不起诉属于裁量不起诉，重大立功发生作用的约束力不明确。有的案件司法机关认定被追诉人有重大立功情形，但由于被追诉人属于累犯、犯罪性质恶劣、情节严重等因素而并未对其从宽处罚，在这类案件中司法人员将办案时考量的重点放置于累犯、危害后果等情节，重大立功并未发生作用。五是检察机关与法院对重大立功的认定标准并非完全一致。不少案件，检察机关认为被追诉人具有重大立功情形，但法院并未采纳检察机关的建议，如龙翔走私、贩卖、运输、制造毒品案②，这也会影响检察机关在审查起诉阶段便终止诉讼程序，对其认为有重大立功情形的犯罪嫌疑人直接作出不起诉决定的意愿，避免已作出的特殊不起诉决定陷入不确定性状态。③

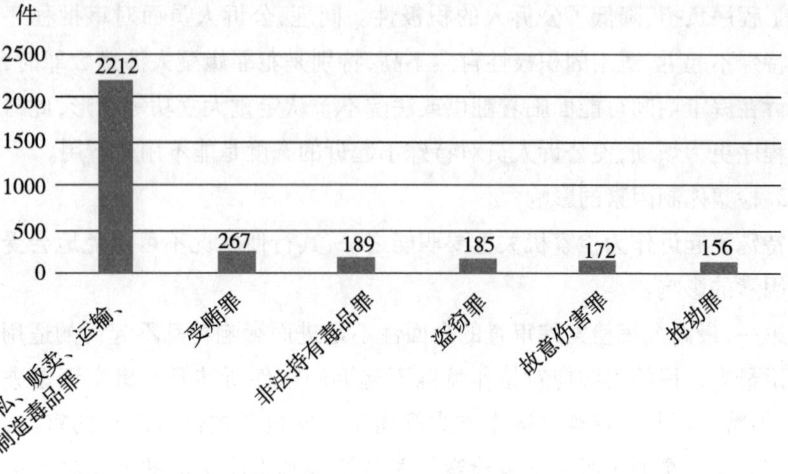

图1　涉及认定“重大立功”情形的主要案由分布情况(单位)

① 参见(2019)湘0822刑初67号刑事判决书。唐荣华认罪认罚，对于辩护人提出的唐荣华有重大立功表现的辩护意见，经查，被举报人虽已查证其具有犯罪的行为，但还没有生效的判决予以确定，所以诉讼过程中没有对唐荣华认定为重大立功，仅考虑到唐荣华举报的对象为市管、省管干部，将其认定为具有立功情节。

② 参见湖南省衡阳县人民法院一审刑事判决书，(2020)湘0421刑初19号。

③ 裴仕彬：《认罪认罚过程中选择起诉的效力与规范适用》，载《河南财经政法大学学报》2018年第6期。

其次,案件涉及国家重大利益的规定模糊、笼统,缺乏相对明确的适用标准,可操作性不强。而且既有的相关解释对于如何衡量案件对国防、外交、经济等产生的影响、何为"重大",还不是十分明确。另外,既往案件涉及国家重大利益并非我国《刑法》及《刑事诉讼法》法定的出罪事由、量刑情节,检察机关对如何衡量案件涉及国家重大利益缺乏经验,这在一定程度上也阻碍了特殊不起诉的适用。

2. 程序性因素的影响

第一,如前所述,特殊不起诉的适用程序留有诸多空白,这极大地限制了特别不起诉的可操作性。具体操作程序不明与其他因素相结合,降低了公诉人员适用特殊不起诉制度的积极性,也为公诉人员不适用特殊不起诉制度提供了正当理由。

第二,特殊不起诉的适用程序烦琐。为了控制适用数量、统一适用标准、保障办案质量,将特殊不起诉的核准主体拔高到最高人民检察院具有合理性和必要性,但严格的审批程序、烦琐的审批步骤本身也会阻碍制度的适用。以往司法实践中酌定不起诉的适用存在同样的问题,严格的程序控制及层层审批不可避免地加重了程序负担、降低了公诉人的积极性。同理,公诉人员面对审批程序更为烦琐的特殊不起诉,适用的积极性自然不高,特别是犯罪嫌疑人涉嫌数罪时,部分选择起诉在庭审期间可能面临着翻供或法院不予认定重大立功等情形,此时追加起诉的程序更为烦琐,使公诉人员对特殊不起诉的态度是能不用就不用。

3. 检察体制因素的影响

特殊不起诉作为检察机关重要职能之一,其行使状况不可避免地会受到检察体制因素的影响。

第一,最高人民检察院审查的全面性不足进而影响特殊不起诉的适用。从理论上讲最高人民检察院应对拟作特殊不起诉的案件所涉及的事实证据进行全面审查,但特殊不起诉审查的运作方式倾向于检察机关内部行政化的审批,最高人民检察院应该是通过听取下级检察机关的汇报和审阅书面的案卷材料来作出是否予以核准的决定。然而,最高人民检察院远离案件事实发生的环境,下级检察机关记载的书面案卷材料又难以保证事实证据的客观全面,因此面对下级检察机关包装裁剪过的事实证据,最高人民检察院的审查必然更多的是集中于不起诉是否更能维护公共利益,对于案件细节、供述的自愿性等具体问题的关注难免不足,这一定程度上会弱化最高人民检察院审查的全面性,进而影响特殊不起诉的适用情况。

第二,不合理的考核制度掣肘不起诉的适用。司法过程是一个动态的过程,不起诉并不意味着侦查活动不合法,更不意味着检察机关放纵犯罪、不履行公诉职能,很可能是审查起诉阶段发现了新的证据,也可能是不起诉更能维护公共利益。但实践中仍存在将不起诉适用率作为重要考核指标的做法,在不合理考核指标的影响下公诉人员对不起诉的适用非常谨慎。

第三,特殊不起诉作为新兴的不起诉类型,公诉人员对其缺乏适用经验,对于如何衡量公共利益缺乏办案经验,不知如何把握案件的特殊性,担心报请之后未被最高人民检察院核准会降低工作效率、增加部门的办案压力甚至影响业绩考核,为了避免职业风险而不愿作出特殊不起诉决定。

4. 配套机制不完善

特殊不起诉的非刑罚替代措施不完备同样是该制度面临虚置的成因。特殊不起诉之后对被不起诉人不具有刑事处罚的可能性,所以为了教育和惩罚被不起诉人、使不起诉决定得到被害人、社会公众的理解接受,有必要有其他性质的处罚措施予以衔接。但《刑事诉讼法》第 182 条第 2 款仅对涉案财物及孳息进行了规定,并未涉及对被特殊不起诉的犯罪嫌疑人的非刑罚替代措施,《刑事诉讼法》第 177 条和《规则》第 373 条规定的非刑罚替代措施也不能完全满足现实需求。一是责令悔过、赔礼道歉等非刑罚替代措施可能难以对犯罪情节较为严重的犯罪嫌疑人起到教育和威慑作用,且犯罪嫌疑人的内心难以判断,其可能是为了获得不起诉而表演性地悔过、赔礼道歉;二是对没有经济能力的犯罪嫌疑人责令赔偿损失往往会演变成空头支票;三是虽然有关主管机关应将行政处罚(分)结果通知检察院,但没有规定不告知或被不起诉人不履行义务时的后果;四是现有的非刑罚替代措施不具有针对性,检察机关难以根据不同犯罪主体的特点责令其履行相应的非刑罚替代措施。

5. 心理性因素的影响

检察人员适用特殊不起诉的积极性不高,原因如下:一是检察人员同样存在自利性,不愿增加工作负担;二是特殊不起诉适用范围没有情节轻微的限制,检察人员担心对于罪行严重的犯罪分子不起诉可能会造成刑罚不均。这种顾虑可以从刑法修正案关于重大立功的规定中找到依据。《刑法修正案(八)》删除《刑法》第 68 条第 2 款主要是为了避免同案犯之间的刑罚悬殊。① 原规定中犯罪嫌疑人同时具有"自首 + 重大立功"应减轻或免除处罚。而特殊不起诉的适用,从实体方面来看符合"认罪 + 重大立功"情形的在审查起诉阶段便可以直接作出不起诉决

① 郎胜:《中华人民共和国刑法释义》,法律出版社 2001 年版,第 80 页。

定。相比较而言,自首不仅要求被追诉人如实供述,还要求其自动投案,这显然比特殊不起诉的适用前提要求高。[①] 既然立法者出于对同案犯量刑失衡的担忧而删除《刑法》第 68 条第 2 款,那么相较于量刑从宽,特殊不起诉的适用可以直接使部分犯罪嫌疑人摆脱诉讼程序,这更能引起检察人员的顾虑从而加剧特殊不起诉被虚置的风险;加之,公诉人员办案时也会顾及被害人及公众的法律感情,甚至为了避免职业风险、名誉损失而不敢用、不愿用特殊不起诉制度。

以上看似不相关的因素实则具有微妙的联系,相互作用、相互影响,共同削弱了检察机关适用特殊不起诉的积极性,导致这一新兴制度被虚置。

四、特殊不起诉的完善之道

特殊不起诉权不能滥用也不能不用,立法者对其适用条件进行严格规制,本意是为了防止被滥用,但实践中公诉人员面对严苛的法律规制和保守的实践机制将该制度束之高阁,导致其具有的独特功能未得到有效发挥。笔者认为,可能某个法条基于适用范围有限、操作困难等原因而适用得少,但肯定是有用的,故有必要针对阻碍特殊不起诉适用的因素作出应对,充分发挥该制度的法律价值和社会功能。特殊不起诉制度的完善是一项系统工程,为了还原该制度所具有的功能和价值,首要的是对其进行合理定位,除此之外,还应从制度完善、相关配套机制等方面进行优化和完善,以期推动特殊不起诉权的合理适用。

(一)特殊不起诉制度的合理定位

2018 年《刑事诉讼法》中关于特殊不起诉的条款仅有一条,其位于“提起公诉”的最后一条,立法并没有明确特殊不起诉与认罪认罚从宽制度的逻辑关联。至于《试点办法》只能表明特殊不起诉可以作为犯罪嫌疑人在审查起诉阶段认罪认罚后的从宽路径,并不宜据此将其局限于认罪认罚从宽语境下。笔者认为,特殊不起诉制度的突破性不仅体现在其可以作为犯罪嫌疑人认罪认罚后的从宽路径上,更彰显于其作为公诉制度的组成部分对我国起诉便宜主义原则的扩展方面。故有必要将特殊不起诉与认罪认罚从宽制度“解绑”,并将其放置于公诉制度的子课题之下进行新解读。

---

① 徐磊:《特别不起诉制度的虚置风险与合理适用》,载《“认罪认罚从宽制度的回顾与前瞻”理论研讨会论文集》,南京大学,2019 年 11 月 30 日,第 111 页。

1.与认罪认罚从宽制度"解绑"

对特殊不起诉制度合理定位的前提是将其与认罪认罚从宽制度"解绑",两者的适用前提、适用范围皆不同。与以往办理刑事和解、简易程序等案件更侧重对认罪的要求不同,认罪认罚从宽制度既关注认罪又关注认罚,认罚也是司法机关对被追诉人是否从宽及如何从宽所应考量的因素。[①] 据此,我国形成了不认罪案件、认罪案件、认罪认罚案件多层次化的诉讼制度体系,并根据被追诉人的罪后表现,可以选择适用不同的诉讼程序,给予被追诉人不同的量刑优惠;而特殊不起诉的适用仅要求犯罪嫌疑人认罪,且笔者认为,特殊不起诉所要求的"认罪"与认罪认罚从宽中"认罪"的含义并非完全一致。特殊不起诉中"自愿如实供述涉嫌犯罪的事实"与审查起诉阶段认罪认罚中"认罪"所要求的"自愿如实供述自己的罪行,对指控的犯罪事实没有异议"相比,是较为宽松的要求。因为"自愿如实供述"并不能当然地等同于"对指控的犯罪事实没有异议",前者是对涉嫌的犯罪行为的客观供述,后者还包含对检察机关对其所涉嫌犯罪行为所作的规范判断的认同,是一种更高要求,即特殊不起诉所要求的"认罪"并不完全等同于认罪认罚从宽中"认罪"的内涵。

另外,认罪认罚从宽制度中的认罚是基于建立多元化从宽处理模式、及时兑现从宽政策的需要而对认罪的被追诉人提出的更高要求[②],而特殊不起诉制度的适用仅要求犯罪嫌疑人认罪,并不要求认罚。因此,认罪认罚从宽相较于特殊不起诉的适用前提更加严格,特殊不起诉的适用也并不局限于认罪认罚从宽案件。但毋庸置疑的是,特殊不起诉作为完善认罪认罚从宽的程序性措施之一,可以作为犯罪嫌疑人认罪认罚之后从宽的一种路径,即特殊不起诉包括犯罪嫌疑人认罪特殊不起诉和犯罪嫌疑人认罪认罚特殊不起诉两种类型。

2.不起诉体系的系统构建

从规范层面来看,特殊不起诉属于公诉制度的组成部分,对其合理定位还应从法条编排的结构出发,将其放置于公诉制度的子课题之下,并不宜当然地将其局限于认罪认罚从宽制度语境下,这也是充分发挥其独特价值的必然要求。笔者认为,根据三种裁量不起诉各自的适用条件及立法价值,可以建构成"酌定不起诉——特殊不起诉——附条件不起诉"阶梯式、多层次的裁量不起诉体系。

首先,划清酌定不起诉与特殊不起诉的适用范围,轻微刑事案件优先适用酌

---

① 孙谦:《检察机关贯彻修改后刑事诉讼法的若干问题》,载《国家检官学院学报》2018年第6期。

② 孙长永:《认罪认罚从宽制度的基本内涵》,载《中国法学》2019年第3期。

定不起诉。虽然从规范层面来看,《刑事诉讼法》第182条并未对特殊不起诉适用的案件范围进行限制,但笔者认为,结合特殊不起诉的出台背景及其他裁量不起诉的适用条件来看,有必要从解释学的角度对特殊不起诉的适用范围进行限制。一是特殊不起诉的增设是为了弥补既有裁量不起诉仅能适用于轻微刑事案件的不足,从立法原意出发,该制度主要适用于现有裁量不起诉适用范围以外不起诉更能维护国家利益的案件。二是从适用条件之一的重大立功来看,实践中多将其作为量刑时考量的因素,与被追诉人所犯罪行的性质、严重程度并无直接关联,可能发生于所有刑事案件。但酌定不起诉与特殊不起诉在批准程序、首要目标等方面具有很大的不同,所以为了使这两种不起诉各尽其责,最大限度地发挥立法赋予这两种不起诉的价值,有必要划清这两种不起诉的适用范围,将因"认罪+重大立功"特殊不起诉的适用范围解释为犯罪情节较为严重的案件。三是"涉及国家重大利益"的案件一般属于犯罪情节严重的案件。行文至此,笔者认为虽然《刑事诉讼法》第182条并未对特殊不起诉的适用范围进行限制,但是实践操作中需要将其适用范围限制在既往裁量不起诉适用范围之外的案件,即主要适用于犯罪情节较为严重的案件。按照此逻辑,对犯罪情节轻微,具有因重大立功而免除处罚的犯罪嫌疑人,检察机关可作出酌定不起诉;当犯罪情节较为严重,不属于酌定不起诉可以适用的案件范围时,可以考虑适用特殊不起诉,从而形成"酌定不起诉——特殊不起诉"阶梯式的裁量不起诉体系。

其次,同时符合附条件不起诉和特殊不起诉适用条件,优先适用特殊不起诉。虽然附条件不起诉通过附加义务和考验期,对未成年犯罪嫌疑人能够起矫治和教育的作用,但是从不起诉的适用结果来看,特殊不起诉不附加考验期、不得根据考验期间表现撤销不起诉决定,更有利于犯罪嫌疑人。至于对未成年犯罪嫌疑人的教育可以考虑通过非刑罚替代措施来解决。故笔者认为当未成年犯罪嫌疑人同时符合附条件不起诉和特殊不起诉适用条件时,应优先适用特殊不起诉,从而形成"特殊不起诉——附条件不起诉"的适用顺序。

最后,从价值层面来看,三种裁量不起诉的制度目标不同、维护的首要利益也并非同一层级。特殊不起诉对国家公共利益的维护是更高层次的要求,也是检察机关作为人民利益的代表合理行使其公诉职权的必然要求。特殊不起诉的增设明确了检察机关公诉裁量权的行使应当考量国家利益,丰富了我国起诉便宜原则的内涵,有利于维护更高层次的国家重大利益、公共利益并形成多层次的裁量不起诉体系。

综上所述,将特殊不起诉的适用局限于认罪认罚案件中,可能会导致适用范围本就有限的特殊不起诉面临虚置的风险。为了充分发挥特殊不起诉的价值,应将其与认罪认罚从宽制度解绑,特殊不起诉制度并非仅仅是完善认罪认罚从宽制度的程序规定,对于我国公诉制度的发展同样具有里程碑意义,不宜也不应将其局限于认罪认罚从宽视角下理解。对其合理定位还应从法条编排的位置结构出发,将其放置于公诉制度之下,使其与酌定不起诉、附条件不起诉各尽其责,逐渐形成由轻微刑事案件到所有刑事案件、由合理配置司法资源到维护国家重大利益、公共利益的多层次不起诉体系。

(二)特殊不起诉的制度完善

1. 完善特殊不起诉的实体条件

目前特殊不起诉的实体适用标准模糊降低了制度的可操作性,所以亟须明确"重大立功""案件涉及国家重大利益"的内涵并构建"公共利益"的衡量标准。

首先,明确特殊不起诉中"重大立功"的内涵。有学者认为特殊不起诉中重大立功应限缩解释为"特别重大立功"。[①] 笔者认为,特殊不起诉中重大立功的内涵可以参照官方对《刑法》第 68 条中重大立功的解释[②]进行理解,但不宜再作限缩解释。一是根据笔者检索的文书推测,自特殊不起诉试点至今司法实践中犯罪嫌疑人归案后自愿如实供述并符合《刑法》第 68 条中重大立功情形的案件并不多,且司法机关最终认定被追诉人具有重大立功情形的案由分布比较集中,若再进行过于严格的限缩解释必然会进一步加大特殊不起诉的虚置风险。二是最高人民法院关于自首立功的解释已经将重大立功的认定标准严格限制为检举、揭发的被追诉人可能被判处无期徒刑以上刑罚或案件在省级、全国有较大影响。结合《刑法》所规定的刑期,该解释已经将重大立功的判断标准限定得相当严格,不宜再从严把握。

明确了重大立功的判断标准之后,需强调的是"认罪+重大立功"特殊不起诉主要适用于犯罪情节较为严重的案件。这是为了划清三种裁量不起诉各自的适用范围,使各种不起诉并行不悖。同时,重大立功的认定还需明确以下两点:一是其内涵不宜参照《刑法》关于减刑的规定中所列举的重大立功情形,因为减刑与免除处罚、不起诉的程度和性质不同,后两者对重大立功的要求更为严格;二是有学

① 董坤:《认罪认罚从宽中的特殊不起诉》,载《法学研究》2019 年第 6 期。

② 参见 1998 年最高人民法院《关于处理自首和立功具体应用法律若干问题的解释》第 7 条。

者认为,重大立功的认定应限于不起诉更能维护外交、国防等国家利益的案件。① 笔者认为,不宜将重大立功的认定限定于上述特定的案件,因为“重大立功”与“案件涉及国家重大利益”是并列的适用条件,意味着两者应具有不同的适用范围。对于犯罪嫌疑人有重大立功不起诉更能维护外交等重大国家利益的案件已经被“案件涉及国家重大利益”所涵盖,“重大立功”应具有独立的适用范围。

其次,明确特殊不起诉中“案件涉及国家重大利益”的内涵。笔者认为,因“案件涉及国家重大利益”特殊不起诉与法定刑以下判处刑罚具有逻辑上的相似性,故其内涵可以参照全国人大常委会法工委对《刑法》第63条第2款的解释来理解,主要是针对涉及国防、外交、民族、宗教等极个别特殊案件的需要。② 另外,适用时必须遵循最后原则,只有在案件没有其他出罪理由包括不符合重大立功型不起诉时,才可以出于降低对国家重大利益造成损害的考虑而特殊不起诉,且对案件涉及国家重大利益的衡量应当综合考量案件的性质、起诉与否可能带来的社会影响等审慎研判。

最后,构建公共利益的衡量标准。不同于政治范畴内以国家为主体而享有的国家利益,公共利益主要是以社会成员为主体而享有的利益。③ 检察机关是公共利益的代表,代表国家行使追诉权,对犯罪的追诉应符合公共利益,且构建起诉裁量权的公共利益衡量标准是起诉便宜原则的内在要求、是维护公共利益及追诉的合理性。④ 特殊不起诉的增设为构建公共利益的衡量标准提供了契机,故为了给公诉裁量权的行使提供具体的参考标准并激活特殊不起诉制度、克服以被害人利益为导向所造成的不敢用不起诉权的困境,有必要构建起诉裁量权行使的公共利益衡量标准。

然而,公共利益本身具有一定的张力,完全细致的公共利益衡量标准不符合司法实践的现实需求,对此最高人民检察院可通过指导性案例的形式列举影响公共利益的因素,如犯罪行为本身、社区影响、预防犯罪的考量、社会效果、国家安全

---

① 王亦君:《18个城市试点刑事案件认罪认罚从宽制度》,载《中国青年报》2016年9月5日,第4版。另外,万春回应特殊不起诉条款时将其解释为:“撤销案件和不起诉程序借鉴了国外的司法实践经验,主要适用于犯罪嫌疑人有特别重大立功,不追究其刑事责任,更有利于维护外交、国家安全、反恐等重大国家利益和公共利益的特殊案件。”

② 《全国人大常委会法工委就冯洲受贿案对最高人民法院的答复》,参见张永红、孙涛:《酌定减轻处罚刍议》,载《国家检察官学院学报》2007年第5期。

③ 韩大元:《宪法文本中“公共利益”的规范分析》,载《法学论坛》2005年第1期。

④ 陈卫东:《刑事诉讼法实施问题调研报告》,中国方正出版社2001年版,第94页。

等[①],以此来增强对个案的指引作用,并逐步构建以实现社会成员的整体利益为衡量标准的不起诉制度体系。

2. 完善特殊不起诉的程序规定

第一,特殊不起诉的适用经最高人民检察院核准具有合理性和必要性,其适用程序不宜简化,但应细化报请核准程序,对此可以参照“核准追诉”程序予以细化,使特殊不起诉的报请核准程序有章可循。一是办案人员应提请检察长将拟作特殊不起诉的案件提交检委会讨论决定。若检委会讨论后认为不符合特殊不起诉适用条件,可以直接作出不予报请核准的决定;若检委会讨论后认为符合特殊不起诉适用条件,应将案件上报上级检察机关。二是拟作特殊不起诉决定的检察机关应将案件层报逐级报至最高人民检察院,若上级检察机关认为不符合特殊不起诉适用条件,可以作出不提请核准特殊不起诉的决定,但应书面说明理由。三是层报的案件材料应包括与重大立功相关联的案件,共同犯罪案件还应包括其他犯罪嫌疑人的材料等。四是应当对上级检察机关上报的期限、最高人民检察院核准期限进行规定,防止久拖不决。五是应通过司法解释或指导性案例等形式细化最高人民检察院的核准标准。若不将核准标准以客观外在的形式限定下来,就容易导致核准权的滥用或不敢用,如可以借助互联网大数据建立数据库将如实供述、重大立功、国家重大利益等因素纳入,由数据库根据案件情节自动生成参考性的核准建议。六是构建特殊不起诉决定书的释法说理和公开机制,并将书面决定理由放入卷宗以备审查。但涉及国家秘密、个人隐私、未成年信息等不应公开的部分除外。

另外,有必要对特殊不起诉的适用进行一定程度的“松绑”,因为过于严格的程序控制是其虚置的重要成因。一是可从政策上为特殊不起诉的适用松绑,即最高人民检察院对报请核准的拟作特殊不起诉的案件,若符合适用条件原则上应予以核准,从而表明最高人民检察院的倾向,为下级检察机关提供办案指导;二是由专门办案人员负责核准工作,转变倾向追诉的理念;三是核准程序在坚持全面审查的基础上,若不予核准应当面或通过视频等方式听取犯罪嫌疑人的意见,给予其自我辩护的机会。但放松的程度应限制在合法合理的范围内,避免特殊不起诉裁量权的滥用,对此可以规定不宜核准特殊不起诉的否定性表现,如有赔偿能力拒不赔偿等。需要说明的是,最高人民检察院进行核准具有合理性和必要性,核准程序可以适当放松,但核准权不宜下放。

① 陈光中:《论我国酌定不起诉制度》,载《中国刑事法杂志》2001 年第 1 期。

第二,建立犯罪嫌疑人涉嫌数罪选择不起诉的程序回转机制。检察机关对于涉嫌数罪的犯罪嫌疑人选择起诉时仍应将全部案件材料证据移送人民法院,若庭审过程中被追诉人翻供,应根据不告不理原则通知检察机关变更、追加起诉,并由检察机关层报最高人民检察院;若法院经审理认为被追诉人不构成重大立功,此时应有别于普通的选择不起诉,法院不宜直接否定检察机关的决定不认定重大立功。因为特殊不起诉决定是经最高人民检察院核准之后作出的,若审理案件的法院对于选择起诉有异议,可以层报最高人民法院,由最高人民法院与最高人民检察院会商。除了上述的犯罪嫌疑人涉嫌数罪选择起诉时,被追诉人庭审中翻供或经最高人民法院与最高人民检察院会商之后认定被不起诉人不符合重大立功的两种情形外,应当赋予特殊不起诉决定之后禁止重新起诉的程序效力。

第三,探索建立特殊不起诉听证程序。具体来说:一是公诉部门可依职权主动启动听证程序,被不起诉人、被害人同样可申请启动听证程序;二是被不起诉人、被害人、各审批主体都应作为不起诉听证的参与人,还可以将人民监督员等社会公众列为监督人参与听证;三是听证可采取现场与远程直播相结合的方式。一则可以满足犯罪嫌疑人的程序参与感并减轻必须到现场听证带来的诉讼负担,二则可以满足检察人员亲历性的同时,提高诉讼效率、减轻逐级上报核准的程序负担;[①]四是听证的情况应当记录在案,形成听证审查报告并及时公布不起诉听证过程中认定的事实、证据及听证结果。

(三)配套的改革措施

1. 建立我国的污点证人制度

特殊不起诉制度的增设为我国引入污点证人制度提供了契机,有必要建立特殊不起诉污点证人制度。因为为侦破更为重大的案件或维护国家重大利益,放弃对个案的追诉,符合利益权衡的要求具有价值层面上的合理性与正当性,且随着侦查取证的规范化、不得强迫证实己罪的确立,[②]口供的获取方式必然会转向从宽激励下的自愿供述。

但污点证人制度适用不当可能会造成司法不公、司法腐败等问题,故应基于法益权衡原则对该制度的适用进行严格规制。一是明确污点证人作证豁免的性质是检察机关享有的权力,并不是污点证人的权利,更不是污点证人与检察机关

---

① 陈伟、霍俊阁:《认罪认罚审前分流的制度优化》,载《新疆社会科学》2018 年第 4 期。

② 董坤:《认罪认罚从宽中的特殊不起诉》,载《法学研究》2019 年第 6 期。

进行罪数协商的筹码。二是明确适用污点证人制度启动权的归属。检察机关有权建议启用并对制度的适用具有控制权,污点证人不具有主动启用该制度的权利,只能选择接受并如实作证。三是污点证人制度的适用应遵循比例原则,即不适用污点证人制度将很难达到证明标准,且所保护的法益更大。四是严格限定污点证人制度适用的案件范围。鉴于污点证人的自利性和司法实践的现实情况,①可以将其适用范围限定为重大毒品犯罪、贪污贿赂犯罪、恐怖活动犯罪等存在证明困难的案件。② 五是严格规范污点证人制度的适用程序③,如为了防止检察人员滥用此权力可以限定为提级审批等。

2. 优化检察机关办案模式

第一,设置合理的考核制度。一是取消将不起诉适用率作为公诉工作考核指标的做法,不能人为控制不起诉适用率;二是转变捕后不诉是对逮捕工作否定评价的观念。逮捕适用条件不同于起诉适用条件,不能在逮捕与起诉的必要性之间画等号,④尤其是符合特殊不起诉适用条件的犯罪嫌疑人的罪行大多较为严重,在诉讼过程中对其逮捕的适用率较高,更要转变捕后不诉是对逮捕工作否定评价的观念;三是不能将最高人民检察院未予核准特殊不起诉的行为当成对下级检察机关工作的否定性评价。

第二,加强外部监督并落实司法责任制。赋予检察机关起诉裁量权的必要性无须赘言,但起诉裁量权的行使要受到制约。特殊不起诉决定之后不宜进行事后救济,故对特殊不起诉裁量权的制约更大程度上要依靠决定作出过程中的同步监督,如充分听取各方意见、人民监督员的介入及通过司法责任追究的方式防止滥用裁量权。柔性的外部监督有助于特殊不起诉决定获得诉讼参与人和社会公众的理解;强制性的司法责任追究有助于防止特殊不起诉的滥用、避免司法不公。

第三,检察人员转变司法理念。检察人员应秉持客观公正立场,转变片面履职思维,⑤在对案件证据审查的基础上进一步对犯罪嫌疑人重大立功的情况、诉讼效果、国家重大利益、社会公共利益等因素进行综合衡量以确定起诉的必要性,敢

---

① 笔者在"聚法案例库"的可视化搜索中选取"本院认为"字段,以"重大立功"为关键词进行检索,发现法院认定被告人具有重大立功情形的案由排在前两位的是"走私、贩卖、运输毒品犯罪""受贿罪",其中,"走私、贩卖、运输毒品罪"的占比接近50%。

② 万毅:《刑事不起诉制度改革若干问题研究》,载《政法论坛》2004 年第 6 期。

③ 徐静村、潘金贵:《"污点证人"作证豁免制度研究》,载《人民检察》2004 年第 4 期。

④ 陈卫东:《检察机关适用不起诉权的问题与对策研究》,载《中国刑事法杂志》2019 年第 4 期。

⑤ 许慧君:《检察理论创新:在社会发展大格局中肩负时代使命》,载《检察日报》2019 年 9 月 12 日,第 3 版。

于、善于运用特殊不起诉权。

3. 完善非刑罚替代措施

为了促进特殊不起诉的合理适用,可根据特殊不起诉的适用对象完善相应的非刑罚替代措施。对于企业犯罪案件,可以在作特殊不起诉决定的同时要求企业进行内部重整、缴纳罚金、为失业人员提供工作职位、为福利机构捐款等;对于未成年人犯罪案件,在对未成年犯罪嫌疑人适用特殊不起诉决定时可予以训诫、要求赔礼道歉、赔偿损失,还可以要求提供社区服务、接受专门教育等;对于其他类型犯罪案件,在采取传统的非刑罚替代措施之外,还可以要求犯罪嫌疑人从事一定的公益服务、接受相应的法律教育培训、接受跟踪教育和考察等。

五、结语

特殊不起诉与其他类型裁量不起诉相比在制度目标、案件范围、适用程序、救济途径等方面都具有特殊性,是对我国刑事不起诉制度体系的重大突破。但在肯定特殊不起诉制度在规范层面取得重大进步的同时,也应认识到目前相关规定仍存在一些问题,如立法内容粗糙、与认罪认罚从宽制度逻辑不清、裁量不起诉之间存在交叉、缺乏救济机制,这些问题与其他阻碍特殊不起诉适用的因素相结合共同导致了特殊不起诉的虚置风险。有鉴于此,为了充分发挥立法赋予特殊不起诉的法律功能和社会效果,应针对阻碍特殊不起诉适用的各种因素,提出相应的完善对策,以期可以推动特殊不起诉的规范完善、理性适用。

(编辑:闫召华)

重大案件侦查终结前讯问合法性核查制度研究

陈敏仪*

摘　要：重大案件侦查终结前讯问合法性核查制度可以规范办案流程、促进程序公正，保障证据质量、防止案件“流产”，实现职权保障、敦促行使权利，具有重要的实践意义。然而，这一制度目前在立法上尚不够完善，在司法实践中也暴露出一定的问题，严重制约了其制度目标的实现。因此，有必要针对突出问题，结合当前部分试点地区的有益成果和域外的成熟经验，从规范和实践两大层面进一步完善讯问合法性核查制度。

关键词：侦查终结；讯问合法性；核查；问题；对策

为了落实党的十八届四中全会推进以审判为中心的诉讼制度改革的要求，中央有关机关先后于2016年和2017年通过了《关于推进以审判为中心的刑事诉讼制度改革的意见》（以下简称《意见》）和《关于办理刑事案件严格排除非法证据若干问题的规定》（以下简称《规定》）。两份文件明确提出应当建立重大案件侦查终结前讯问合法性核查制度（以下简称讯问合法性核查制度），对检察机关的监督工作提出了新的要求。[①] 此后，为了探索建立重大案件侦查终结前讯问合法性核查制度，最高人民法院和最高人民检察院相继出台规定，进一步细化了该制度的一些具体内容。[②] 地方司法机关也纷纷探索建立讯问合法性核查制度的具体机

---

* 陈敏仪，广州市番禺区人民检察院副检察长。本文系广州市人民检察院课题“重大案件侦查终结前讯问合法性核查制度研究”的阶段性成果。

① 《意见》第5条提出，应当“探索建立重大案件侦查终结前对讯问合法性进行核查制度……侦查机关应当及时排除非法证据，不得作为提请批准逮捕、移送审查起诉的根据”。《规定》第14条第3款明确要求：“对重大案件，人民检察院驻看守所检察人员应当在侦查终结前询问犯罪嫌疑人……”

② 参见《最高人民法院关于全面推进以审判为中心的刑事诉讼制度改革的实施意见》第22条和2018年5月2日最高人民检察院第十三届检察委员会第一次会议通过的《人民检察院公诉人出庭举证质证工作指引》第18条和第50条。

制,开展核查试点工作。对于这项崭新的制度,如何确保其在司法实践中得到有效实施,发挥其应有的价值和效用,值得进一步深入研究。

一、讯问合法性核查制度的实践价值

重大案件讯问合法性核查制度的主要内容是要求驻所检察官必须在重大案件侦查终结前积极主动地询问犯罪嫌疑人,调查核实是否存在非法取证的情形,并据此向办案机关或办案部门提出建议。该制度的出台具有重大的现实意义。

(一)规范办案流程,促进程序公正

讯问合法性核查制度能及时有效地尽早发现程序违法的问题,规范侦查行为,实现刑事诉讼中的程序公正。近年来,正当程序原则日益受到我国立法和司法机关的重视,讯问合法性核查制度的主要目的即对讯问程序的合法性进行审查,以发现可能存在的程序问题。核查人员在核查过程中发现存在程序性问题,可能影响证据能力的,可以建议侦查人员及时补正;发现刑讯逼供等重大违法讯问行为,依法排除非法证据,并追究相关人员的责任。讯问合法性核查制度可以将非法证据排除活动提前化,为依法高效审理案件创造必要条件。犯罪嫌疑人及其辩护人在审判阶段申请排除非法证据,可能会导致诉讼拖延,延迟审判期限,甚至中断庭审,不利于实现效率价值。因此,这一制度能够规范侦查机关的侦查行为,有效遏制刑讯逼供,防止犯罪嫌疑人的合法权利受到侵害,在重大案件中实现程序公正。

(二)保障证据质量,防止案件“流产”

讯问合法性核查制度有利于防止“带病”证据进入后续程序,更好地落实非法证据排除规则。相较于其他非法证据排除程序,讯问合法性核查制度将非法证据排除提前,能够及时有效排除非法证据,是非法证据排除制度的有益补充。侦查人员亦可及早补正、补充或重新收集证据,保障证据的质量,防止后期排除非法证据使本来可以挽救的案件“流产”。讯问合法性核查制度在侦查终结前即可启动,由驻所检察室负责讯问合法性核查:一是驻所检察室对看守所收押活动的例行检查,能够更早接触犯罪嫌疑人,了解讯问过程中有无违法情形发生;二是往往能够最早发现刑讯逼供、非法取证等线索,尽早收集和固定证据,为下一步侦查监督的开展争取时间,避免因发现不及时而造成证据灭失;三是能够利用其不承办案件

的中立性特征，更为独立、公正地开展讯问合法性核查，维护在押人员合法权益。①因此，由驻所检察室负责开展的讯问合法性核查制度将有助于解决当前发现刑讯逼供滞后，调查取证难、证据易于灭失等问题，有助于夯实证据审查的信息基础，提升事实认定的质量。

（三）实现职权保障，敦促行使权利

讯问合法性核查制度为法律监督开辟了新的通道，有利于充分保障犯罪嫌疑人的合法权利。讯问合法性核查制度对讯问行为的合法性进行了专门的核查和监督，并针对非法讯问情形和不能排除存在非法讯问的情形都规定了相应的处理办法和程序，有利于督促侦查机关依法讯问。② 主动核查讯问合法性，防止刑讯逼供、非法取证情形，体现了国家权力积极主动保障人权的职权式人权保障。对于犯罪嫌疑人可能被判处无期徒刑、死刑的，或者涉嫌黑社会性质组织犯罪、严重毒品犯罪等重大案件，驻所检察室必须启动核查程序；对于驻所检察人员发现刑讯逼供、非法取证线索的，也应当启动核查程序。可以说，对犯罪嫌疑人合法权利的依职权保障，能够充分地保障犯罪嫌疑人的合法权利得到平等的保护。为了督促犯罪嫌疑人及时行使申请非法证据排除的权利，最高人民法院《关于全面推进以审判为中心的刑事诉讼制度改革的实施意见》还规定了非法证据排除申请的部分失权效果。③ 这意味着犯罪嫌疑人应当在讯问合法性核查时及时主张权利救济，否则将可能承受非法证据排除申请的权利失效的后果。失权效果的规定，一方面提高了核查结论的效力和价值，确保讯问合法性核查的实效；另一方面督促了犯罪嫌疑人及其辩护人及时行使自己的权利，尽早申请排除非法证据，避免造成诉

① 参见刘宪章：《重大案件侦查终结前讯问合法性核查之思考》，载《中国检察官》2017 年第 11 期。

② 调研发现，包括广东在内的多个地方制定的实施细则规定：经核查，发现确实存在刑讯逼供、非法取证情形的，人民检察院驻看守所检察室应当依法向侦查机关发出依法排除非法证据检察建议，建议侦查机关及时排除非法证据，不得将非法证据作为提请批准逮捕、移送审查起诉的根据，并要求侦查机关在七日内回复处理结果；对于发现可能存在刑讯逼供、非法取证情形，但是难以查证属实的，驻所检察室向检察机关侦查监督部门或者公诉部门发出疑似非法证据提示函，建议本院部门审查案件时予以重点审查，未达到排非条件或无法确认是否存在非法取证的案件，可以通过诉讼监督手段予以监督和纠正。此外，在讯问合法性核查工作中，发现办案人员存在违法违纪情形的，核查人员应当通报办案单位纪检部门，建议依法依纪追究相应责任。

③ 《最高人民法院关于全面推进以审判为中心的刑事诉讼制度改革的实施意见》第 22 条规定：“被告人在侦查终结前接受检察人员对讯问合法性的核查询问时，明确表示侦查阶段不存在刑讯逼供、非法取证情形，在审判阶段又提出排除非法证据申请，法庭经审查对证据收集的合法性没有疑问的，可以驳回申请。”

讼的拖延。

二、讯问合法性核查制度的现实问题

尽管《意见》和《规定》提出了要建立讯问合法性核查制度,但这一制度目前尚不完善,在司法实践中也暴露出一定问题。因此,有必要剖析和厘清存在的问题,以便在今后的司法改革中寻求解决对策,实现该制度的预期价值目标。

(一)讯问合法性核查制度的立法缺陷

讯问合法性核查制度仍处于改革之中,有关立法规定仍显粗糙,在理论和实务中存在一定争议。这些问题主要来自案件的核查范围、程序的启动时间及启动方式、核查结果的性质及效力。

首先,案件的核查范围尚未明晰。《意见》和《规定》没有明确规定重大案件的范围。在理论探讨中,学者的争议集中体现为:应当以无期还是10年以上来划分范围;应当采取概括还是“概括+列举”的方式规定。① 实践中,各级检察机关试点文件规定的重大案件范围也不一致。② 如果对重大案件的范围限定过窄,会影响建立重大案件讯问合法性核查制度的立法本意;如果对重大案件的范围扩展过宽,则既无核查的现实必要,也无必须的检察力量。因此,确定重大案件的范围意义重大。

其次,程序的启动时间及方式缺乏规范。有学者认为,程序启动方式应分为

① 有的学者建议明确重大案件的范围是可能判处无期徒刑、死刑的案件。而对于可能判处10年以上有期徒刑的案件,规定为可以启动核查的案件。还有的观点认为,对于重大案件的范围,可以“概括+列举”的方式规定重大案件范围为“可能判处无期徒刑、死刑的案件”“严重毒品犯罪、严重黑社会性质组织犯罪等其他重大案件”。参见赵刚:《讯问合法性核查的实践运行》,载《人民检察》2017年第24期;刘继国:《讯问合法性核查的职能定位与制度设计》,载《人民检察》2017年第24期;上海市徐汇区人民检察院课题组:《重大案件侦查终结前讯问合法性核查工作若干问题研究——以×区人民检察院试点工作为例》,载《犯罪研究》2018年第3期。

② 如最高人民检察院、公安部发布的指导意见征求意见稿中规定,重大案件指的是“犯罪嫌疑人可能被判处无期徒刑、死刑的案件,或者黑社会性质组织犯罪、严重毒品犯罪案件等重大案件”;G省人民检察院起草的《对讯问合法性进行核查的实施意见(试行)》中,参照最高人民法院《关于处理自首和立功具体应用法律若干问题的解释》,将“重大案件”界定为犯罪嫌疑人可能被判处无期徒刑以上刑罚的案件。T市人民检察院探索建立重大刑事案件侦查终结前对讯问合法性进行核查制度意见中认为,参照相关司法解释和规范性文件的规定,将重大刑事案件的范围划定为犯罪嫌疑人可能被判处10年有期徒刑以上刑罚的案件。

依申请和依职权启动。[①] 也有学者认为,应包括依申请、依建议和依职权启动三种方式。[②] 实践中,该制度的启动方式主要包括依职权、依申请和依建议启动三种。在启动方式的重要程度上,也存在不同观点。有观点认为,鉴于驻所检察人员在讯问合法性核查制度中所起的主导作用,应当明确"依职权启动为主,依申请、依建议启动为辅"的启动方式。[③] 因此,为进一步统一全国范围内讯问合法性核查制度的启动方式,有必要在立法层面统一规定。

再次,对于"侦查终结前"也存在不同的理解。一种观点认为应当作时间段理解,即在立案侦查到侦查终结这一时间段内的任意时间都可对讯问合法性展开核查;另一种观点认为应当作时间点理解,即在侦查终结这一时间点到来之前对讯问合法性展开核查。如以前者把握,则无法对侦查阶段的讯问合法性作全程判断,可能要展开多次核查;以后者把握,驻所检察室可能难以获取案件侦查的准确信息,无法在恰当时间启动核查程序。[④] 此外,对于办案机关通知侦查终结的时间,有侦查终结 10 天前通知和 7 天前通知两种做法。[⑤] 如何统一理解,以及明确核查的时间节点,成为亟待解决的问题。

最后,核查结果的性质及效力有待确定。核查结果是经核查得出的是否存在刑讯逼供等非法取证情形的结论。根据现行规范和实践情况,经核查可能得出三种核查结果,即确认存在、疑似存在和确认不存在刑讯逼供、非法取证情形。对于核查结果的效力,存在三个问题。一是对于询问时犯罪嫌疑人明确表示不存在非

---

① 参见何龙其、傅锐:《重大刑事案件侦查终结前讯问合法性核查制度程序探索》,载《上海公安高等专科学校学报》2018 年第 5 期。

② 对于侦查机关在重大案件拟侦查终结 10 日前通知检察机关案件即将侦查终结的,派驻看守所检察室应及时启动核查。重大案件犯罪嫌疑人或者其辩护人认为讯问活动中存在刑讯逼供、非法取证,向派驻看守所检察室提出核查申请并提供有关材料和线索的,派驻检察室应当及时启动核查。派驻检察人员在日常监督中发现讯问活动中可能存在刑讯逼供、非法取证,且属于重大案件的,应当主动启动核查。

③ 孙其华:《试析讯问合法性核查制度启动方式的完善》,载《佳木斯职业学院学》2018 年第 12 期。

④ 对此,有学者认为,对于拟侦查终结的案件,应当在侦查羁押期限届满前启动核查工作。鉴于讯问合法性核查需要时间保障,在 7 日或 10 日前启动较为适宜。在启动方式上,应明确凡属重大案件,在拟侦查终结 7 日或 10 日前,侦查机关必须通知驻所检察人员启动讯问合法性核查。有学者认为,考虑到核查需要完成大量的工作,建议规定:侦查机关应当在重大案件拟侦查终结的 10 日前通知派驻看守所检察室并建议启动讯问合法性核查。参见王学东、潘贞:《如何理解讯问合法性核查制度》,载《人民检察》2017 年第 15 期。

⑤ 例如最高人民检察院《意见》中确定"重大案件即将侦查终结的,公安机关应当在侦查终结 10 日前通知人民检察院驻看守所检察室。"广东省台山市人民检察院与台山市公安局召开联席会议,确定由公安局法制室在公安局在重大刑事案件侦查终结、移送审查起诉的 7 天前以书面方式函告检察院驻所看守所检察室。

法取证的,庭审时申请排非的权利被相对阻断。二是前述排除非法证据效果和相对阻断排非申请效果是限定于确有或确无两种核查结论而言的,对于疑似存在刑讯逼供、非法取证这一种核查结论,则无此效果。三是确无刑讯逼供、非法取证之核查结果对法庭并不当然具有约束力,法庭可以根据对讯问合法性有无疑问,决定是否再行审查。

(二)讯问合法性核查制度的实践问题

从各地区试点实践来看,讯问合法性核查制度在具体运行中仍然存在诸如案件线索来源成本高、犯罪嫌疑人自愿陈述难、核查意见后续保障不足等有待改进的问题。

1. 核查案件线索来源成本高

从各地试点实践来看,核查案件线索来源主要包括以下几种途径:一是由侦查机关通告;二是驻所检察官在日常检察工作中发现;三是人民检察院在审查逮捕、审查起诉时发现;四是犯罪嫌疑人向驻所检察官提出控告、申诉。从规定来看,核查案件线索来源渠道广,启动便利。但在实践中存在以下问题:从发现重大案件的时效性来看,侦查机关作为最早接触案件的部门,对案情掌握较为充分,更为了解案件涉及的罪名及判处刑罚的可能,是最早甄别出重大案件的机关,由其将重大案件信息告知看守所或驻所检察室最为便捷,可降低驻所检察室在筛选案件过程中投入的成本。但现行规定未明确侦查机关以何方式、渠道,何时通知驻所检察人员进行讯问合法性核查,从实践角度看,目前信息来源基本依靠驻所检察人员主动到侦查监督部门了解批捕的重大案件信息或者在看守所日常巡查中发现。[①] 这实际上大大增加了核查案件线索来源的搜寻成本。此外,犯罪嫌疑人提供的线索是启动核查程序的重要来源。但绝大多数犯罪嫌疑人不知道有申请核查的权利,或者虽有诉求却不了解驻所检察官与办案人员、看管民警之间的差别,不信任驻所检察官。今后,为便利驻所检察人员开展讯问合法性核查,有必要畅通在押人员投诉渠道,使前者能够第一时间获得有关非法侦查行为的线索。

2. 犯罪嫌疑人自愿陈述难

在讯问合法性核查过程中对犯罪嫌疑人进行询问,应当以犯罪嫌疑人自愿提供情况为前提。在犯罪嫌疑人仍然在看守所被采取强制措施的情况下,犯罪嫌疑人可能会存在心理障碍而影响询问和谈话的效果。

① 参见许渊:《完善重大案件讯问合法性核查制度》,载《检察日报》2018 年 3 月 2 日。

首先,犯罪嫌疑人的戒备心理导致询问效果不佳。犯罪嫌疑人的戒备心理是本能反应。刑讯逼供的案件中,侦查人员的刑讯逼供行为瓦解了犯罪嫌疑人的心理防线,同时,犯罪嫌疑人会建立新的心理防线,对检察人员的询问较为敏感,主观上怀疑检察人员设置圈套,本能地在核查过程中保持沉默或有所隐瞒。其次,犯罪嫌疑人对自身权利不了解,不熟悉法律,也会影响核查人员对其询问的效果。犯罪嫌疑人对法律不熟悉,担心再次遭到刑讯逼供,犯罪嫌疑人不敢、不愿意向检察人员反映案件侦查过程中的事实情况。最后,询问的地点也会影响询问效果。当前,有些地方驻所检察人员对犯罪嫌疑人进行询问选择在讯问室进行。讯问室通过营造特定的讯问环境。可以促使犯罪嫌疑人交代其犯罪事实,有利于侦查人员进行讯问,查明犯罪事实。① 但讯问室的紧张、沉重的气氛使犯罪嫌疑人产生压抑感,增大了被询问人的心理压力。

3. 核查意见后续保障不足

按照 2019 年《人民检察院刑事诉讼规则》第 71 条的规定,驻所检察部门在询问中发现了可能存在刑讯逼供等非法讯问的,应交给负责捕诉的部门进行调查核实。也就是说,在核查中发现侦查机关存在刑讯逼供、非法取证情形的,驻所检察官不应当行使核查权进一步调查取证,而应当交给负责捕诉的部门。这导致核查意见所依赖的证据有限,难以形成完整的证据链,而且可能导致更为深入、能支持核查意见的证据无法获得,导致核查意见由于缺乏必要的证据支持而不被采纳。

核查意见保障力度不够还表现为核查权与非法证据的排除权相分离。排除非法证据的权力掌握在侦查部门和负责捕诉的部门手中,驻所检察室的核查意见一定程度上受到前述部门的牵制。公安机关办案人员对《讯问合法性核查意见书》提出的纠正违法意见、改进工作建议大多不适应、不习惯,有的干警甚至消极不作为。可见,检察机关缺乏明显有力的后续监督办法。② 对于侦查机关,驻所检察官仅有建议权,是否排除由侦查机关决定,没有规定侦查机关是否要对核查意见的检察建议及时回复处理以及侦查机关拒绝纠正或排除的消极法律后果和制裁措施。

三、讯问合法性核查制度的完善建议

在制度初建时期,讯问合法性核查制度存在上述问题是改革发展的正常现

① 参见孙晓敏:《职务犯罪侦查讯问策略与方法》,中国检察出版社 2012 年版,第 93 页。

② 参见程谦国、邹德勇、陈俊:《重大案件讯问合法性核查工作的问题与改进》,载《检察调研与指导》2019 年第 2 期。

象。有必要正视这些问题,结合当前部分试点地区的有益成果和域外的成熟经验,完善我国的讯问合法性核查制度。为此,笔者认为可以依托现有法律框架,通过完善当前立法、制定配套程序的方式优化现有制度;在远期进一步加入其他改革措施,从整体上促进这一制度的进步完善。

(一)现有法律的完善建议

在当前推进以审判为中心的诉讼制度改革目标下,可以在现有的法律框架的基础上制定具体方案,化解理论中存在的部分争议,解决实践中的突出问题。

1. 科学界定核查案件的适用范围

原则上,把可能判处无期徒刑、死刑的案件作为"应当"核查的案件范围,其余的案件由办案机关自由裁量,即在规范上确定为"可以"进行讯问合法性核查。具体包括以下几种类型的案件:犯罪嫌疑人及其辩护律师申请进行讯问合法性核查的案件;黑社会性质组织犯罪案件、严重毒品犯罪案件等重大案件;[①]在本省、自治区、直辖市范围内有较大影响的案件。从理论上来看,可能对于判处无期徒刑、死刑案件作为应当进行讯问合法性核查的案件没有争议,对于除此之外的案件赋予办案机关一定自由裁量权有其现实意义。其一,就目前情况而言,讯问合法性核查的办案力量有限。其二,办案经验有一个累积的过程,将"应当"核查的范围限定为几种情形,辅之以"可以"核查的案件范围,能够使办案机关更好地总结办案经验。[②] 其三,兼顾犯罪嫌疑人的诉求,如果犯罪嫌疑人申请进行讯问合法性核查,那么涉嫌存在刑讯逼供、非法取证的可能性较大,此时无论案件是否重大,将此情形列为可以核查的情形符合制度设置的初衷。

2. 明确核查案件的时间节点

应当对"侦查终结前"作时间点理解。首先,如果不作时间点理解,则核查机关可能会展开多次核查,极大增加了工作量,有损核查效率和核查质量。其次,对控告、申诉类案件来说,也应当作为时间点来理解。犯罪嫌疑人及其辩护人提出控告、申诉,并提供有关证据线索的,驻所检察人员此时展开的核查是"初查",即

---

① 最高人民检察院、公安部《关于讯问合法性核查的指导意见(征求意见稿)》第3条。

② 比如Y区人民检察院在2018年9月至12月办理重大案件侦查终结前讯问合法性核查案件46件,其中44件是涉黑涉恶专案;2019年1月至9月,办理37件。核查案件中涉及的犯罪有组织、领导黑社会性质组织、开设赌场、强迫交易、敲诈勒索、非法持有私藏枪支弹药、寻衅滋事、聚众斗殴、参加黑社会性质组织、故意杀人、抢劫、强奸、贩卖、运输毒品、故意伤害和盗窃等。这些案件的讯问合法性核查工作均取得了较好的政治效果、法律效果和社会效果。

判断是否有必要启动核查程序,并对“初查”中发现的证据线索予以固定,对后续的讯问重点关注,最后在侦查终结前对这一案件中的全部讯问展开核查。因此,尽管对其作时间点理解,也可以很好地保障犯罪嫌疑人的权益,及时发现、固定证据。

对于应当在侦查终结7天还是10天前告知驻所检察室,时间长度上相差不大。但笔者认为,鉴于核查程序较多,检察工作繁多,面对人数多的窝案串案,驻所检察室难以在7日之内完成核查工作。因此,10天前告知驻所检察室更合适。

3. 明确核查启动方式

明确讯问合法性核查制度的三种启动方式,一是依申请启动,二是依建议启动,三是依职权启动。首先,以犯罪嫌疑人或其辩护人、法定代理人或近亲属认为讯问存在非法取证、刑讯逼供等情形,可以向驻所检察室提出核查申请并提供有关线索,驻所检察室应当启动核查。其次,人民法院、侦查机关或人民检察院侦查监督部门、公诉部门书面建议对侦查机关讯问合法性进行核查的,应当进行核查。再次,有可能判处无期徒刑以上刑罚案件或者在日常检查中发现入所人员体表外伤或者影响重大的案件,需要驻所检察部门依职权开展重大刑事案件侦查终结前讯问合法性核查。

(二)建立配套机制,确保有效落实

讯问合法性核查制度的配套机制不完善是其实践问题的诱发原因之一,为此,后文将结合某区人民检察院探索的办案经验,从以下五个方面论述如何建立配套机制,确保制度的有效落实。

1. 构建侦查机关重大案件通知机制和实行重点预警信息双向备案

为了促使公安机关履行通知义务,各地试点性文件大多规定公安机关在重大案件侦查终结7日或10日前,应当向驻所检察室制发《提请讯问合法性核查意见书》。但实践中,有些地方的公安机关未履行通知义务,导致上述规定形同虚设。对补充侦查的案件,公安机关办案人员会忽视了重新提请讯问合法性核查的规定。对于这些情况,有必要构建侦查机关重大案件通知机制,对于应当通知而未通知的,建议由检察机关向侦查机关发出《纠正违法通知书》。另外,还可考虑将重大案件侦查终结前提请核查情况列入公安机关办案人员绩效考评范畴。

司法实践中也有可能出现检察机关认为属于“重大案件”,但侦查机关将案件定性为“非重大案件”而未通知的情况。这就有必要实行重点预警信息双向备案。检察官在审查逮捕过程中,对审查初步认定为故意杀人、强奸、抢劫、放火爆炸等

重大案件的,及时将案件信息情况通报给驻所检察室备案,驻所检察室据此建立重大案件刑讯逼供线索调查档案,开展针对性的重点调查核实工作。从广东省广州市某区人民检察院(以下简称"Y区检察院")2019年1月以来的统计数据来看,侦监部门共向驻所检察室通报批准逮捕可能判处有期徒刑10年以上的犯罪嫌疑人50多人。

2. 畅通犯罪嫌疑人线索提供渠道

犯罪嫌疑人是讯问合法性核查线索提供的重要途径之一,阻碍犯罪嫌疑人主动申请核查的重要理由之一在于其对非法证据排除权利不够了解。Y区人民检察院办理过数个在押人员写信反映被刑讯逼供的核查案件。如龙某等9人被殴打案,驻所检察室接到龙某的控告后,陆续又接到闫某、甘某等人的控告。调查后发现其中9人的体检报告显示有外伤或自述有外伤,经核查,认为现有证据不能排除存在刑讯逼供等非法取证情形,Y区人民检察院发出《讯问合法性核查意见书》,建议公安机关对相关非法证据予以排除,意见得到采纳。有鉴于此,笔者建议可以充分借鉴Y区人民检察院的做法,向入所人员发放《检务公开手册》,在看守所的仓室内张贴《在押人员权利义务告知书》,详细写明核查制度内容,明确告知犯罪嫌疑人享有申请非法证据排除等诉讼权利。有条件的看守所还可以尝试案例普法等工作。同时,驻所检察人员结合日常监所巡视工作,全面落实新收押人员检察面谈制度。对于已收押人员,驻所检察官要加强日常巡察,定期开启检察信箱,对控告和投诉及时处理,从中发现非法讯问等违法线索。

3. 夯实基础性工作

硬件上的支持和核查方法的落实情况影响着核查效果,为了提高讯问合法性核查工作的质量,应当从硬件上和方法上落实。如Y区人民检察院,为深入推进讯问合法性核查工作,采购了同步录音录像移动设备,并投入使用。对于一些重大、敏感的讯问合法性核查案件,Y区人民检察院刑事执行检察科的主要做法如下:一是借调卷宗、收集看守所提审记录、犯罪嫌疑人入所体检表、刑事拘留证和逮捕证等材料;二是查阅讯问笔录、提审记录、入所体检表等;三是播放、观看讯问同步录音录像;四是在驻所检察室谈话室询问犯罪嫌疑人,并同步录音录像;五是向侦查人员或到现场了解情况、调取证据。

4. 构建科学工作方案和强化沟通协调机制

方案是行动的指南,一套科学的工作方案可以有力地推动工作。办理讯问合法性核查案件工作时,应当根据不同情况,提前构建科学的工作方案,以保障核查工作顺利进行。如Y区人民检察院在办案工作中,针对不同情况构建了不同的工作方案:一是针对犯罪嫌疑人人数多的情况,刑事执行检察科全体人员参加,由多个办案组承办,提前与公安机关举行联席会议,熟悉案情,针对性地开展核查工作。二是针对异地羁押的情况,兵分多路开展核查工作。三是针对核查询问时间紧凑、犯罪嫌疑人提解、还押时间集中的情况,为了避免犯罪嫌疑人互通案情、干扰办案等状况发生,刑事执行检察科积极与法警大队、看守所提前商定提解、还押的详细工作程序,做好应急预案,犯罪嫌疑人提解出仓到还押入仓全程佩戴头套,对同案人员全程隔离提押、警戒,确保办案安全。为了提高核查效率,刑事执行检察科还提前拟定相关法律文书模板并指派专人负责文书档案的收集整理和送达。这些方案在讯问合法性核查工作中取得了很好的成效。

检察机关、公安机关之间的沟通协调和检察机关内部机构的沟通协调可以构建强大的工作合力。如Y区人民检察院办理的宋某某等44人涉黑涉恶讯问合法性核查案件,该案受到社会舆论广泛关注,具有一定社会影响力。该刑事执行检察科主动积极与区公安分局相关部门进行协调,充分了解犯罪嫌疑人的性格特点和供述情况,通过沟通、协调从法警大队、技术部门抽调精干力量组成保障组,全面保障核查工作的开展。

5. 构建核查结论反馈机制

为增强检察监督刚性,确立侦查讯问监督权威,笔者建议构建反馈机制。由驻所检察室书面通知侦查机关及时排除非法证据,并要求侦查机关在收到纠正违法通知书或检察建议之日起7日内将处理结果告知检察机关。同时,驻所检察室还可与公安机关纪检监察、执法监督部门积极沟通,建立不文明、不规范办案通报制度。如Y区人民检察院核查王某某被殴打案中,经过核查,确有刑讯逼供等非法取证情形。对此,Y区人民检察院三管齐下,强化核查结果处理,维护在押人员合法权益:一是向区公安分局制发讯问合法性核查意见书;二是向侦查监督科抄送讯问合法性核查意见书;三是将办案人员违法违纪线索移送区公安分局监督室,追究相关责任。

(三)讯问合法性核查制度完善的远期规划

在当前的改革基础之上,有必要考虑我国刑事诉讼发展的趋势和要求,尤其是如何在正当程序理念的指导下,防范冤假错案,实现程序公正。为此,完善讯问合法性核查制度在远期应注重进一步保障犯罪嫌疑人的合法权利。

1. 完善律师帮助权

律师在场有利于改变单方面秘密核查制度。赋予律师在场权有利于完善讯问合法性核查制度,增强核查结论的证明力。核查询问时同步录音录像仅能起形式上的保障,无法对核查过程形成实质上的制约。从这个角度来看,核查程序应当赋予律师在场权,构建控辩双方均到场的诉讼构造,从而保证核查程序的公开、公正,防止司法人员滥用权力。

律师在场可以缓解犯罪嫌疑人心理压力。对于实现公正审判来说,侦查期间的律师帮助权比沉默权及其他权利更为重要。[①] 辩护律师在场,不仅可以帮助犯罪嫌疑人分析眼前情况、解读讯问合法性核查制度的基本内涵、增强犯罪嫌疑人与检察官合作的意愿,也能够解答犯罪嫌疑人的法律问题、帮助犯罪嫌疑人核对笔录的记载与口述内容是否有差异,保障犯罪嫌疑人的合法权益。对于重大案件,保障核查时律师在场,不仅能够维护犯罪嫌疑人的诉讼权利,还能够对核查制度起实质推动作用。[②]

法律援助辩护制度和值班律师制度为核查案件时律师在场提供了制度基础。此外,在律师资源有限的情况下,只是在"重大案件"核查时要求律师在场不会明显增加值班律师或援助律师的工作量。不同于侦查讯问时基于侦查保密不允许律师在场,讯问合法性核查始于侦查终结前10日,此时侦查活动基本上已经完成,证据以法定形式固定,犯罪嫌疑人供述、证人证言也已获取,因律师在场阻碍侦查活动进行的情况不复存在。从各方面来看,讯问合法性核查时允许律师在场,具有现实可能性。

2. 建立讯问笔记制度

讯问笔记制度源于日本的涉案嫌疑人记录本制度,它是指在侦查讯问期间,辩护律师有权给嫌疑人特定的笔记本,让嫌疑人将侦查讯问情况记录在笔记本上。[③] 笔者认为,可以在我国试点讯问笔记制度,在侦查讯问过程中由犯罪嫌疑人对讯问情况进行记录,形成讯问笔记,由律师查阅并保管该笔记本。从讯问合法

---

① 参见陈光中:《中华人民共和国刑事证据法专家拟制稿》,中国法制出版社2004年版,第262页。

② 参见卫婷:《制度保障:重大案件讯问合法性核查制度完善》,载《福建警察学院学报》2018年第3期。

③ 嫌疑人在接受律师会见时将笔记本出示给律师,并向律师说明被审讯时的情况,以便及时发现侦查讯问过程中是否存在非法取证情况,有利于帮助律师的辩护活动。在记录本上,律师详细告知嫌疑人享有与律师会见权、沉默权、确认或修改调查笔录等权利,并详细列举违法和不合理审讯的表现。具体包括:触碰身体(不得已的情况除外);直接或间接行使有形力(前项除外);有故意让其不安或困惑的言语和行动;提出要嫌疑人保持一定姿势或动作的不当要求;提供方便,或提出给予方便的要求,或承诺提供方便;有严重损害人的尊严的言语和行动;执行下列情况时,事先必须得到警视总监、都道府县警察本部长或方面本部长或警察署长的批准:从22点到翌日的5点的时间内对嫌疑人进行审讯时;每天对嫌疑人审讯的时间超过8小时。

性核查制度角度分析，讯问笔记制度具有两方面价值。

第一，讯问笔记是核查的重要材料。最高人民检察院、公安部《关于讯问合法性核查的指导意见（征求意见稿）》第3条规定，犯罪嫌疑人及其辩护人提出控告、申诉的，需要提供相关的线索或者材料才能启动讯问合法性核查。实践中，除了造成明显外伤的刑讯逼供，其他非法取证行为犯罪嫌疑人很难清楚记住时间、地点、人物，难以提供启动核查程序所需的线索或材料。借鉴涉案嫌疑人记录本，讯问笔录详细记录以下内容：包括讯问日期、讯问时间、讯问场所以及讯问人员的姓名在内的讯问基本信息，讯问时是否有录像，是否存在暴力行为及威胁等。

第二，讯问笔记有利于强化对犯罪嫌疑人的权利告知。因法律术语的专业性、抽象性，以及犯罪嫌疑人的法律知识有限，公安司法机关"告"而犯罪嫌疑人"不知"相关权利成为常态，所以律师告知发挥着重要的弥补作用。借鉴于日本涉案嫌疑人记录本，律师可以将犯罪嫌疑人在侦查阶段所享有的权利详细写入讯问笔记当中，并对专业性较强的专业名词进行必要解释。通过权利告知使犯罪嫌疑人明确侦查讯问行为的界限，更好地甄别出是否非法取证，减少违心认罪的冤假错案发生。

讯问笔记在我国侦查阶段推广使用，要解决两个问题。一是保障讯问笔记的秘密性。讯问笔记属于犯罪嫌疑人与律师秘密交流的内容，侦查机关无权要求犯罪嫌疑人出示讯问笔记，不能诱使或强迫犯罪嫌疑人进行虚假记录，也不能变相限制犯罪嫌疑人记录讯问笔记。二是确保讯问笔记的真实性。讯问合法性核查对象是重大案件中的犯罪嫌疑人，该类犯罪嫌疑人涉嫌罪行重大有着较强的反侦查的动机。在这种情况下，不排除有个别犯罪嫌疑人有意进行虚假记录以反侦查，报复侦查人员，浪费司法资源。

我国看守所已经存在讯问笔记制度的雏形，如Y区看守所每个仓都有一本《在押人员出入仓登记本》，由仓内值班人员对在押人员出入仓情况进行记录。从中可以更清晰地掌握讯问的时间和情况，为讯问合法性核查提供线索和证据。有鉴于此，应在现有制度基础之上进一步探索改革，试点讯问笔记制度。在看守所人员负责登记的基础之上，允许和鼓励犯罪嫌疑人对在押和讯问情况进行记录。在讯问笔记试点制度成熟之后，在总结经验的基础上，将其经验成果推广到全国范围，确立讯问笔记制度。

3. 强化讯问合法性核查结论效力

为确保讯问合法性核查制度落到实处，减少重复审查，强化讯问合法性核查的刚性，应当强化其核查结论的效力。具体而言，应当赋予核查结论以证据排除的效果和驳回排非申请的效果。

核查结论认定存在或者不能排除存在刑讯逼供、非法取证情形的,人民检察院、人民法院可以依据核查结论直接排除非法证据。侦查阶段排非任务集中在核查程序,检察机关在审查起诉阶段可以直接依据核查结论直接排除非法证据,人民法院也可以以核查结论作为非法证据排除的依据。除此之外,核查结论还可以产生监督的效果,对于取证中存在不规范的情况,侦查机关应当根据结论意见及时进行纠正;对于存在严重刑讯逼供、非法取证情形的,核查结论可以作为追诉司法工作人员职务犯罪(刑讯逼供、暴力取证)的重要依据之一。

核查结论认为未发现刑讯逼供、非法取证情形的,人民法院可以依据核查结论驳回被告人及其辩护人的非法证据排除申请,犯罪嫌疑人、辩护人提出新的证据线索的除外。犯罪嫌疑人在讯问合法性核查制度中明确表示不存在刑讯逼供、非法取证情形,核查人员经核查也未发现刑讯逼供、非法取证情形,从而得出尚未发现刑讯逼供、非法取证行为的核查结论,司法机关已经对讯问合法性问题进行了审查,核查结论是程序合法、真实可靠的。因此,在审判阶段被告人再以遭受刑讯逼供、非法取证行为为由而提出非法证据排除申请的,法院可以不再对其进行审查,直接依据核查结论驳回被告人的申请。如此规定的原因有三点:第一,重复审查造成诉讼拖延、浪费司法资源,不利于诉讼经济。第二,犯罪嫌疑人在核查程序中未主动行使权利,已属于"失权"状态,原则上不得再次提出申请。如果被告人在审判阶段提出新的证据或者线索,证明刑讯逼供、非法取证行为确实可能存在的,人民法院可以启动非法证据排除程序,重新进行审查。第三,从域外的角度看,英国和加拿大等国家均规定了侦查合法性裁判的"预先审核制度"。在美国,被告人提出非法证据排除动议的时间必须在审前,否则视为放弃该项权利,不得在庭审过程中再次主张。[①]

四、结语

讯问合法性核查制度在落实非法证据排除规则,及时排除"带病"证据,保障案件质量,实现对犯罪嫌疑人权利最大限度保护等方面具有极其重要的作用,有望定位为独立的非法证据排除程序,将侦查阶段排非任务集中在核查程序,避免

① 参见王安达:《论讯问合法性核查制度与非法证据排除规则的兼容性——基于文本的考察》,载《2018 第二届全国检察官阅读征文活动获奖文选》,最高人民检察院法律政策研究室 2018 年版,第 20 页。

后续重复审查,浪费司法资源。因此,应当积极化解理论争议,建立配套机制,完善讯问合法性核查制度并使其落到实处,在原有制度框架的基础上,进一步探索赋予律师在场权、实行讯问笔记制度和失权效果等手段,进一步保障和发挥讯问合法性核查的效力。当然,讯问合法性核查的科学运用不仅取决于方法手段的设计,还取决于运用主体等因素。在完善制度的同时,也应当注重消除核查人员出于对社会效果和治理效果的考虑而产生的对核查结果的担忧,从而影响核查结果的中立性,以更好地保障核查结果的效力。

(编辑:闫召华)

涉罪企业合规刑事责任减免的法理省思

樊华中*

摘　要：刑事司法领域的企业合规又被称为刑事合规，主要是指在刑事诉讼程序中通过不起诉或刑事责任减免推动企业建立合规体系，或者说企业通过建立合规体系获取不起诉或者刑事责任减免。当前理论探讨主要集中认罪认罚、合规监督、合规标准、不起诉等程序整合构建方面。在法理层面，企业合规就能获得刑事责任减免的实体法依据是什么，仍是研究盲点。没有实体法责任减免等论证作为依据，程序构建再完善也可能面临着大厦将倾的危险。企业犯罪或者法人犯罪，在大陆法系、英美法系有不同实体法根据，这也导致了责任论法理基础的重大差异。在实体法法理，如“组织体责任论”难以对犯罪企业的责任论作出大改变的情况下，涉罪企业合规的刑事实体法理需要寻找法政策依据。在中国的政策与法理论中，“消灭一个企业，不如存活一个企业”“存活一个企业，好过杀死一个企业”是国家对正常经营的企业不慎违法犯罪时应当持有的宽免态度。这种责任减免的根基在于预防。

关键词：企业合规；刑事合规；政治；政策；刑事司法；刑法

企业合规本属于行政监管领域的常见概念。随着我国一些企业在国际市场上因不合规而受到了行政处罚或刑事诉讼，合规在我国企业受到了广泛关注。尤其是2017年5月中央全面深化改革领导小组第35次会议审议通过《关于规范企业海外经营行为的若干意见》，提出了“加强企业海外经营行为合规制度建设”。近两年，关于企业合规理论研究数量明显增多。在刑事司法领域，企业合规制度也被引入。企业合规在刑事领域的运用，也被称为企业刑事合规，其主要意思就

* 樊华中，上海市奉贤区人民检察院四级高级检察官。本文系2020年国家社会科学基金重点项目“认罪认罚从宽制度的刑法应对研究”(20AFX012)的阶段成果。

是企业建立合规制度,就可以减轻或者免除刑事责任。在实务界,不少地方检察院在推行企业合规不起诉考察制度。① 在企业合规起诉改革试点中,最高人民检察院要求将企业合规与认罪认罚从宽制度、不起诉制度、不捕不诉等工作结合起来,并要求不得突破现有的法律规定。企业合规在我国当前的刑事司法理论与研究中,可称为前瞻性、跨域性、热点性的话题。但是,热点之下,必有盲点。

一、问题的提出

当前关于刑事合规的讨论,主要集中在国外法制概念引入中国后如何与中国检察、司法等衔接。从实体法责任论角度探讨企业、企业员工的责任论、企业与企业员工二者责任之间的关联,仍然是一个尚待开发的处女地。详言之,虽然学者在翻译、引入刑事合规时最初运用的依据是美国 1984 年制定的《联邦量刑指南》第八章、《海外反腐败法》,但后期的大部分论述都放在了检察建议、附条件不起诉等方面②,而非深入到刑法责任论的根基探讨。③ 在实务中无论是检察机关,还是刑事律师,也多集中在如何通过合规制度建设与认罪认罚从宽制度,不起诉制度相结合,如何帮助企业避免违法犯罪。这些角度充其量也只是刑罚适用、刑罚作用的后道程序,系通过避免刑事责任以达到预防犯罪的目的,或者通过制度设计来防止自身触犯刑法、避免被判处刑罚,属于带有功利性质的威慑学说。

当前探讨的盲点在于,现有研究鲜有从实体法上寻找、追问、重新探讨企业是否具有犯罪能力、其承担刑事责任的根据是什么,两大法系在企业是否具有犯罪能力、承担刑事责任的根据有无根本性的区别、有何法律发展史上的差别,在实践中,不同法系的企业犯罪数量究竟有多少比例,不同法系语境下探讨构建企业附条件不起诉暂缓起诉的实体法根据是否有重大差别。这就导致了程序构建紧迫,实体法基础探讨明显薄弱的现象。如果实体法上有重大问题未解决,即便构成好了合规考察制度,也可能根基不稳。本文的写作目的主要在于以下几个方面:第一,总结当前学术探讨建立企业合规附条件不起诉、不起诉的立论根基。第二,探

---

① 最高人民检察院于 2021 年下发《关于开展企业合规改革试点工作方案》,正式启动第二期企业合规改革试点工作。试点范围扩大至北京、辽宁、上海、江苏、浙江、福建、山东、湖北、湖南、广东 10 个省(市),这些省级人民检察院可根据本地情况,自行确定 1—2 个设区的市级人民检察院及其所辖基层院作为试点单位。

② 陈瑞华:《刑事诉讼的合规激励模式》,载《中国法学》2020 年第 6 期。

③ 最高人民检察院主办的刊物《中国刑事法杂志》分别于 2020 年第 3 期和 2021 年第 1 期共组稿八篇文章,专门对单位刑事案件附条件不起诉、缓起诉制度在我国立法和司法实务中如何展开等问题进行了讨论。文章此处不再一一列明,在后续的观点引用中会有所涉及。

讨在实体法层面,大陆法系尤其是我国刑法体系中法人犯罪与学者所引进的企业合规不起诉法源——英美法系中法人犯罪有何责任根据上的不同。第三,探讨在实体法根据不同的基础上,我国企业犯罪双罚制、单罚制会有哪些问题需要解决,进而追问我们国家是否有必要急迫地建立企业犯罪附条件不起诉、暂缓起诉制度。

二、企业合规不起诉论的立论根基

一项制度能够被作为热点话题,必然有其发生根源。企业合规在刑事司法如何适用的话题生成于国外法。自 20 世纪 90 年代以后,企业合规在刑事司法中是否会受到刑罚责任上的减免就在两大法系中逐渐发展起来了,而且主要集中在英美法系。1977 年,美国出台了《联邦量刑指南》,规定对那些构成犯罪的企业开展合规计划会受到刑事责任上的减免,具体的诉讼程序是通过检察官在刑事诉讼中运用附条件不起诉、犹豫起诉等,进行法律激励。后期,又出台《萨班斯—奥克斯利法案》等,逐渐形成了一套惩罚与激励相配套的制度。

(一)中国企业实施“走出去”战略的国外司法环境使然

中国学者讨论企业合规在刑事司法中的重要性,离不开 2016—2018 年的中兴事件。2017 年 3 月,中兴通讯与美国政府就出口管制调查案件达成和解,中兴通讯支付约 8.9 亿美元的刑事和民事罚金,美国商务部工业与安全局对中兴通讯的 3 亿美元罚金被暂缓,是否支付将依据未来 7 年中兴通讯对协议的遵守情况而定。中信公司作为中国大型企业的代表,走出国门开展国际贸易业务,未能够遵守他国的法律,遭受到了行政和刑事的处罚。为此,理论和实务界认为,中国企业参与国际贸易必须遵守国外的相关法律。[①] 美国的《反海外腐败法》和英国的《反贿赂法》都涉及对企业违规犯罪的处罚。而英国、美国在国际贸易规则创设中的领先地位注定了中国企业与美国、英国的企业发生贸易关系时,就要注意相关产品或者服务不得违背美国、英国的相关法律,如果违反了相关法律,接受英国或美国的司法制裁时,要根据他国刑事法律建立内部的合规体系来获得刑事责任的减免。经济合作与发展组织《跨国企业准则》、联合国全球契约组织的《全球契约》、世界银行《诚信合规指南》以及国际标准化组织《合规管理体系指南》等[②],也都在

① 杨帆:《企业合规中附条件不起诉立法研究》,载《中国刑事法杂志》2020 年第 3 期。

② 刘相文、王德昌等:《中国企业全面合规体系建设实务指南》,中国人民大学出版社 2019 年版。

国际范围内推动企业合规经营。在更大视野上,中国正在实施“一带一路”倡议战,中国的企业走出国门,要注重他国的相关法律,如知识产权法、劳动用工法、环境资源保护法等。因此,公司内部要注意合规理念和合规文化的建立。中国政府及相关司法部门正在推进企业建立合规体系①,有些律师在为相关企业提供法律服务时,特别提出了“刑事合规”的概念,并将刑事合规作为未来主要业务方向。近些年关于刑事合规的研讨会的举办,背后多有大型律所的身影。

(二)企业生存发展的基础需求

在理论与实务中,有不少观点认为,有罪判决本身可能使企业污名化,使企业失去市场经营资格或者参与公共项目的机会。对企业而言,“被定罪”是最严厉、最致命的风险,它所带来的消极后果往往是个人、企业乃至社会所难以承受的。一旦刑事有罪判决作出,无论企业构成的犯罪是重罪还是轻罪,刑罚及附随的法律后果都会使得企业及其相关责任人面临后续生存发展上的障碍。比如在2018年长春长生疫苗造假案中,该企业被顶格罚款91亿元,被吊销《药品生产许可证》,多名高管被批准逮捕入狱,上市公司也随之面临着重大违法退市风险。因此,针对企业犯罪,通过适用刑罚,达到对企业犯罪的特殊预防,并不能够解决企业的实际困难,相反会使企业面临更大的困难。刑事司法机关在面对企业构成犯罪的时候,是惩罚企业还是挽救企业,如何在二者之间寻求平衡?企业合规不起诉制度就在此背景下应运而生。企业合规不起诉解决了传统通过简单刑罚适用达到的威慑目的,让企业在刑事诉讼过程中纠正错误、改善管理制度,从企业的内部发掘避免违法犯罪的制度根基。在这一过程中,企业为了建立合规制度,付出的相应成本也算企业在刑事司法过程中受到了惩罚。

(三)中国市场中民营企业的平等保护需求

我国的决策者认识到民营企业在推动发展,促进创新,增加就业,改善民生,扩大开放等方面发挥着不可替代作用,也认识到民营企业在涉案处理方面可能面临着相对于国有企业的不公平待遇。② 尤其是在刑事司法程序中,可能会存在有关机关借用惩治民营企业投资者管理人员的违法犯罪而伤害民营企业发展的现

① 比如2018年11月2日,国资委发布了《中央企业合规管理指引(试行)》,2018年12月26日发改委等7部门联合发布了《企业境外经营合规管理指引》。

② 《中共中央国务院关于营造更好发展环境支持民营企业改革发展的意见》,载中国政府网,http://www.gov.cn/zhengce/2019-12/22/content_5463137.htm,2021年10月20日最后访问。

象。在侦查企业犯罪过程中,可能在采取查封、扣押、冻结等刑事强制措施时,不能详细区分企业法人财产与股东个人财产,不能区分涉案人员个人财产与家庭成员财产,进而侵犯民营企业和民营企业家的合法财产。

在我国的政策面前,民营企业相比于国有企业,本来就没有制度上的平等待遇,在实际生产经营中的融资、税收优惠等方面,更与国有企业的优势难以匹敌。一些民营企业为了实现弯道超车,或者获得与国有企业平等的待遇,有意无意地触犯法律涉嫌构成犯罪,这就需要司法机关在此时伸出援手。企业合规在刑事司法领域运用,可以让企业获得不起诉、不批捕等从宽处理的机会,可以帮助企业避免失去交易资格、吊销营业执照等经营风险。而且,在一定程度上,刑事责任的减免不仅可以激活一个企业,还可以保护企业的投资者、员工、合作伙伴等相关善意的利益共同体。

(四)可为检察机关开展不捕不诉基础夯实

一直以来,对于企业犯罪以及企业犯罪涉及的直接负责的主管人员或其他直接责任人员,检察机关会根据刑法及刑事政策,在严厉打击与依法保护之间取得平衡。随着近些年中国企业的发展壮大,尤其是中国民营企业走入国际市场,民营企业更需要国家权力机关在权力运行过程中予以保护。检察机关在履行法律监督职责的过程中,在承担着审查批捕、审查起诉等诉讼职能过程中,不断地探索参与社会治理新方式。自 2014 年开始,检察机关以更加积极的姿态,通过提起公益诉讼、提出其他建议的方式,解决社会治理中出现的新问题,堵塞在自身履行职责过程中发现的社会管理漏洞,消除制度隐患。在涉及企业的刑事案件办理中,以往的检察建议、认罪认罚、不起诉等工作需要更完善的事实、政策、法律来夯实基础。比如,在事实调查方面,检察机关对于涉罪的企业需要通过某种程度深入调查,审查企业是为实施犯罪活动而设立还是在正常的生产经营活动中不慎触犯了法律,审查企业是否具有符合国家产业政策继续维护的必要。通过实际的调查、调研发现企业存在的问题,为企业的违法犯罪寻找分析原因、采取补救措施,避免出现企业涉罪后被作出不起诉、不批捕,仍然维持原生产经营的状况,仍然不能从刑事诉讼的流程中审视自身经营过程中存在的问题。

在相关的企业合规不起诉精神传达过程中,比如,2020 年 10 月,最高人民检察院检察长张军在第二届民营经济法治建设峰会上特别表示,检察机关就是服务保障民营经济健康发展的“老娘舅”,检察机关认真贯彻对涉案企业负责人依法不捕、不诉、不判实刑的司法政策,开展企业合规改革试点工作,促进“严管”制度化,防范“厚爱”被滥用。[①] 总体而言，企业合规制度帮助检察机关找到了认罪认罚从宽制度之外的刑事责任减免的理由，也为检察机关融入国家社会治理体系和治理能力现代化找到了突破口。

总体而言，在刑事诉讼中，通过刑事责任的减免促进企业建立合规制度，或者说企业建立合规制度能够获得刑事政策的减免是立论的重要基础，但这种基础都是来自经济发展政策、企业生存发展策略、民营企业与国有企业平等保护策略、检察机关融入社会治理推进治理体系与治理能力现代化等几个方面。总体观察，可发现这些论据并没有涉及实体的法律责任问题。在法治国家，经济政策、生存发展、权力拓张的需求本身并不能作为法律适用的论据，如果法律没有作相应的规定，即便其他理由再充分，也难以找到出罪的理由。因此，从实体法的责任论层面帮助企业合规寻找责任论上的依据，就显得非常重要。

三、企业犯罪的实体法责任论——两大法系理论根基差异

实体法的责任论中，企业为什么要做合规？在法理上，企业责任的根基是什么，企业承担法律责任的基础是什么？在法理分析中，法人或者自然人承担某一责任，或者履行某一义务，需要有相应的制度要求。这种制度要求既可以来自根本法，也可以来自部门法。在部门法理中，不同的部门法基于自身的调整对象等对于相应的法律关系主体会有不同的权利义务设定。显然，企业在不同部门法适用过程中，对于各个部门法的责任根基显然是不一样的。

为了限缩主题讨论，本文主要讨论在刑事犯罪领域，企业承担刑事责任的基础是什么。

（一）英美法系中的企业犯罪责任论——仆人过错主人负责

在较早规定法人责任的美国，其产生的背景在于工业革命促进的经济迅速发展，工商企业活动的触角伸到了社会的每个角落，与此同时企业的非法活动对国计民生造成损害的危险性和可能性随之增长，国家需要对企业加强行政管理，提高法人的社会责任感。在19世纪末，美国立法中不少把更大义务制定为刑法规范，出现了法人概念。在20世纪初，有些法院认为法人可以承担刑事责任，于是把“仆人过错主人负责”这一普通法民事原则运用到刑事案件中，出现了法人犯罪

① 徐日丹：《启动！第二期企业合规改革试点扩大到这十个地区》，载腾讯网，https://mp.weixin.qq.com/s/0OLrkB0bw511Q-KpEPx1ww，2021年10月22日最后访问。

的判例。“法人的代理人犹如法人的仆人,代理人的犯罪行为应当由法人(股东)负责。”①

法人承担刑事责任的基础主要有以下几种理论:

第一,代理人的整体责任论。即法人是法律实体,而且是其代理人的整体,代理人是法人的工具。当代理人为了法人的利益,并在其义务范围内实施犯罪行为时,代理人仅仅是执行法人意志的工具,由代理人负全部责任是不公正的。在此情况下,如果以个人责任为由而不追究企业的刑事责任,会降低刑法的威信,使人留下只拍苍蝇不打老虎的坏影响。所以,根据整体责任原则来追究法人的刑事责任,符合法律最高理念——公正的需要。②

第二,政府管理角度的功利论。从功利的角度,考虑规定法人犯罪的目的在于加强政府对企业活动的控制,对企业非法致富起威慑和遏制作用,有利于维护整个社会的长远利益,这与刑法的基本目的——保卫社会免受侵害是完全一致的。不过,美国也有学者主张废除法人犯罪的观点,认为法人犯罪只有利于保护私人资本,因为法人犯罪都是文明的富人犯罪。③

美国法人承担刑事责任的基础理论主要建立在代理人的整体责任论上,所谓的政府管理角度的功利论仍然是代理人整体责任论的另一个角度的重新阐述。政府要加强对企业活动的控制,控制的基本目的或通过刑法控制的基本目的是保卫社会免受企业犯罪侵害,保卫社会免受企业代理人的侵害,防止企业作为代理人的整体形成整体犯罪。整体一旦作恶,会形成远大于代理人个人实施犯罪侵害社会的后果。因此,在美国的《联邦量刑指南》第 8 章“针对机构实体联邦量刑指南”中,要求企业从内部防止结构化的整体形成对社会的严重侵害。只要企业能够证实自己在组织内部有合理的组织架构,防止个人以集体的名义对外实施危害行为,就可以减轻企业的责任,甚至免除企业的责任。所谓的附条件不起诉制度或者说犹豫起诉制度只不过是国家实现对企业控制论的两个侧面:一是要求企业通过犯罪获得的违法所得,弥补国家、社会因企业违法犯罪而受到的利益侵害;二是要求企业内部通过合规制度,来防止各个代理人力量汇聚而形成犯罪的“巨无霸”。在英国的法律体系中,《反贿赂法》(2010 年)作出了类似于美国的规定。

---

① 储槐植、江溯:《美国刑法》(第 4 版),北京大学出版社 2012 年版,第 34 页。

② 储槐植、江溯:《美国刑法》(第 4 版),北京大学出版社 2012 年版,第 35 页。

③ 储槐植、江溯:《美国刑法》(第 4 版),北京大学出版社 2012 年版,第 35 页。

(二)大陆法系的企业犯罪责任论——备受争论

在大陆法系国家,刑事责任的基础在于犯罪人的主观意志支配下的行为给社会带来的危害,即责任主义原则。大陆法系的责任主义与英美法系企业承担刑事责任的基础明显不同。

在法律层面,相比于英美两国,通过立法直接承认法人可以成为犯罪主体,大陆法系国家历来否认法人可以成为犯罪主体。德国、日本两国在刑法上迟迟没有对法人犯罪作出规定,主要原因在于理论上、理念上对于法人犯罪的机理、过程尚未达成统一认识。概言之,在德国、日本等国理论中,法人是否成为犯罪主体的争论主要分为两点:第一,法人有无犯罪能力。否定法人有犯罪能力的观点,认为法人没有身体,法人没有意识,法人不具有伦理的主体性,法人不具有承担以劳役刑或自由行为主的刑罚体系。这几个否定性的论点,在德国、日本等国仍然相当有力。承认法人有犯罪能力的观点认为,法人机关的行为就是法人的行为,法人机关的意识就是法人的意识,故法人有行为、有意识。在刑罚论上,刑罚不一定是伦理的非难,而是社会的非难。现有的刑法体系中存在的罚金刑罚体系,对法人而言是可以执行的。此外,还可以将解散法人、停止或限制营业等行政处罚作为刑罚的方法。

第二,在承认法人有犯罪能力的情况下,处罚的根据是什么?主要有三种观点作为根据。第一种是无过失责任说,亦即转嫁责任说,认为处罚法人的根据是将从业人员等人的犯罪行为的责任转嫁到业主身上。转嫁的缘由,认为要理解企业对犯罪人存在选任监督上的过失责任,处罚不是让企业与犯罪人就同一个犯罪行为承担罪责,而是就企业固有的犯罪行为承担过失责任。① 这种责任论,仍然在刑法责任体系中坚持责任主义立场。本文认为,坚持责任主义的立场出发进行的方法论值得肯定,但是得出的结论却让人难以赞同,又与责任主义本身相违反。因为根据责任主义,企业作为一个组织体,其犯罪的主观方面只能是故意,但是承担责任的基础却是过失责任,显然难以自圆其说,自相矛盾。

第二种是过失推定,认为企业没有尽到为防止违法行为所必要的注意的过失。该过失是推定的,只要没有无过失的反证就可以处罚。但,过失时的推定又违背了存疑时有利于被告的刑事审判法则。②

---

① [日]前田雅英:《刑法总论讲义》,北京大学出版社2018年版,第38页。
② 张明楷:《外国刑法纲要》(第2版),清华大学出版社2013年版,第89页。

第三种是纯过失说,认为处罚企业的根据是没有尽到为防止违法行为所必要的注意的过失。但是,这种过失在高度分工的企业结构来看,难以肯定企业对从业人员实施违法行为具有具体的预见可能性,结局只能要求一般的抽象的有点可能性,这反而扩大了处罚范围。[①] 所以,大陆法系国家在探讨企业是否构成犯罪的理论根基上存在争议。事实上,实务中处罚企业犯罪的案件本就是少数。

不过,大陆法系国家中的法国刑法,却承认了法人可以成为犯罪主体。法国之所以在20世纪90年代后规定了法人的刑事责任,肯定法人具有犯罪能力的理由,主要是建立在功利主义的立场上,认为:法人具有实在性;法人并非都是为了社会目的而活动;与自然人相比,法人具有更高的支付能力,通过判处罚金较为合理。如果仅追究法人代表者的个人责任,往往不利于保护被害人的法益。[②] 根据法国新刑法第121-2条的规定,法人仅仅在法律或者条例规定的情况下,对其机关或代表为其考虑实施的犯罪负刑事责任。换言之,在法国的刑事立法中,法人的犯罪行为,只能是法人机关或者其代表实施的犯罪,而机关或者代表实施的犯罪行为只能是为了法人的利益考虑而实施才处罚法人。

四、企业合规减免刑责的中国刑法法理基础考察

(一)是否将民事行政法中的责任根基移植到刑事责任

"雇员行为、雇主责任"在我国的部门法法理中同样存在,只不过是存在于民法和行政法中。比如我国早期的《侵权责任法》第34条至第73条规定了许多企业员工侵权由雇主承担侵权赔偿责任的条文。这些侵权责任的承担法则被2021年实施的《民法典》第七编"侵权责任"第三章"责任主体的特殊规定"、第四章"产品责任"、第六章"医疗损害责任"、第七章"环境污染和生态破坏责任"、第八章"高度危险责任"、第十章"建筑物和物件损害责任"等全部承继。比如,用人单位的工作人员因执行工作任务造成他人损害的,由用人单位承担侵权责任;医务人员在诊疗活动中未尽到相关义务造成患者损害的,由医疗机构承担责任;民用核设施发生核事故,造成他人损害的,由经营者承担责任;民用航空器造成他人损害的,由航空器的经营者承担责任;高压、地下挖掘活动或者高速轨道运输工具,造成他人损害的,由经营者承担责任。但是这些民事或者行政法的责任承担形式与责任承担基础和刑法相距较远,是否可以把这些雇员行为、雇主责任的法律移植

① 张明楷:《外国刑法纲要》(第2版),清华大学出版社2013年版,第89页。

② 张明楷:《外国刑法纲要》(第2版),清华大学出版社2013年版,第90页。

到刑法中,这就涉及了我国刑法理论中企业犯罪的责任根基问题。

我国《刑法》规定单位犯罪的刑事责任根基来源于大陆法系的刑法理论。承上所言,大陆法系刑法理论的基础认为,犯罪系人类之意识活动。至于法人是不是犯罪主体,历来不争议,"关于法人本质之学说,大别之可分为拟制说,无主权利说、受益者全体说、抽象的实在说、具体的实在说五者",其中"抽象实在说肯定法人人格之实在,同时表明法人人格的特征,与自然人有异,立论平允,切合实际",故"法人依据代表机关所表示之意思及所为之行为及效力直接归属于法人"①。据此可以知道,法人内部的员工根据法人的意思表示以及为法人的利益所产生的行为,无论是有利行为还是违法行为效果得归属于法人。但是现今社会,没有任何一个法人会宣称自己是将实施犯罪违法行为作为自己的设立目标、作为自己的意思表示。这就导致了在大陆法系中的企业法人犯罪中,没有企业会认为员工会为自己的利益实施犯罪,也没有企业会在组织内部通过制度设计要求员工为自己的企业去实施犯罪。

既然我国的刑法责任理论根基源于大陆法系,而且大陆法系中,法国的刑法对于单位犯罪的责任论基础采取了功利主义态度,那么是否可以将法国刑法理论中结合了功利论的主观责任论引入我国刑法理论?在我国主流的犯罪理论中,单位犯罪有单位决意、为单位谋取非法利益或者以单位名义为本单位全体成员或多数成员谋取非法利益两大主要特征。单位决意是指由单位的决策机构决定并由直接责任人员实施。为单位谋取利益或利益归属于单位的大部分人则强调利益的归属性。② 我国单位犯罪是行为责任、对己责任,而刑事合规评价是预防责任、对人责任。我国单位犯罪的刑法理论基础与大陆法系的刑法理论基础一样。单位犯罪是出于单位意志,为单位利益实施的犯罪行为。我国单位犯罪是对己责任,而不似美国是对他人的替代责任。③ 从对己责任到对人责任,面临是否有悖于刑法教义所倡导的责任主义原则的质疑,两者之间存在巨大的理论鸿沟。如果不借助其他的理论工具且进行充分的学理论证,难以成立。

(二)单位承担刑事责任法理转型路径一:组织体责任论

在借助其他的理论工具对单位犯罪承担刑事责任基础的转型进行思考的过

---

① 韩忠谟:《刑法原理》,北京大学出版2009年版,第83—85页。

② 张明楷:《刑法原理》,商务印书馆2011年版,第128页。

③ 涂龙科:《企业刑事合规评价的模式与选择》,载《检察日报》2021年3月23日。

程中,基本上是将单位作为一个组织体系,并认为单位组织体是有独立意志、独立性质、独特文化的组织体。

在现有的研究成果中,有学者认为,单位是由人和物复杂结合而成的法律实体,有自己独特的制度特征、文化气质和环境氛围,这些要素能够对单位中的自然人的思想和行为产生影响。对单位犯罪进行认定和处罚时,只有单位组成人员的行为体现了单位意思,才能处罚单位。在判断是不是单位的意思时,可以依据单位的制度结构、宗旨、单位高级管理人员的决定的或单位政策等客观要素进行推定。① 本文认为,这种观点基本上与传统的单位意思、单位利益相差无几,只不过是在单位意思的判断标准要素上提出了新的观点而已。

还有学者借鉴了国外刑法中关于自然人与法人刑事责任二元模式的经验,认为企业刑事责任在本质上不再被视为道义或者心理责任,而是一种社会责任。在其引用的文献中,提及日本学者论述"企业在保证产品品质安全性、防止事故、保证公平交易和竞争、保护个人信息以及内部举报人等方面所承担的确立守法体制、保护环境等责任。这一责任包含但不限于经济责任与法律责任"。在实际效用上,其认为二元模式的实践效果明显。首先,通过推动企业实施内部预防措施,减轻了国家预防犯罪的负担。其次,通过促进企业与执法机关合作,降低了企业犯罪的制裁成本。最后,通过保证内部举报人的合法权益,促进了企业内部的守法文化。② 本文认为,该种观点有创新,但也存在一些问题。首先,在所谓的二元模式中,仍然是以美国刑事法中关于企业刑事责任承担的基础作为根基,即便在引用日本学者的观点中,日本学者所提倡的企业社会责任也是以经济责任和笼统的法律责任为基础,而非刑事法律责任。而且,日本刑事法中也并未规定企业犯罪。其次,在所谓的实践效果良好中,有些观点并不成立,比如在国家对企业实施罚金制裁的场景下,本身就不涉及制裁成本的问题,对企业犯罪判处罚金反而会增加国家收入。对企业实施合规经营文化而免除处罚,固然有可能促进企业内部的守法文化,帮助内部工作人员树立了守法文化的榜样,但是并没有对企业实施犯罪行为本身给社会造成的损害进行惩罚性报复。最后,在二元模式理论的指引下,其最终的建议并不是对我国既有《刑法》进行解释,而是要提出修改具体的规范。如建议在《刑法》第 14 条与第 15 条中各增加一款作为第二款,分别规定"单位存在鼓励、纵容或者默认违法行为发生的管理缺陷或者单位文化的,推定单位

---

① 黎宏:《组织体刑事责任论及其应用》,载《法学研究》2020 年第 2 期。
② 周振杰:《企业刑事责任二元模式研究》载《环球法律评论》2015 年第 6 期。

存在故意”与“因单位未充分履行预防违法行为的义务而导致危害结果发生的,推定单位存在过失”。建议将《刑法》第31条修改为:单位犯罪的,对单位判处罚金。单位积极制定并有效实施内部犯罪预防措施的,可以从轻、减轻或者免除处罚。总体而言,此种观点是借鉴了美国的模范刑法典、量刑指南、海外反腐败法等相关规定内容。

其他的实体责任论转型,仍然是尝试以“组织体责任论”或“组织责任理论”来改变当前的单位犯罪意志、单位利益的犯罪论。有学者论述,20世纪末到21世纪初兴起的“组织责任理论”将成为21世纪企业刑事归责理论的发展方向。该理论认为单位是一个有生命的有机体,单位责任不依赖于自然人的行为和主观过错而发生,单位有自己独立的意志,因此也有着独立的犯罪故意或过失。根据“组织责任理论”,由合规总则、合规组织体系、禁止违规行为的员工手册,以及防范、识别、应对体系所组成的完整的有效合规计划,说明企业对违法犯罪行为持“零容忍”的态度,建立了很好的企业文化和管理体系,合规体系在预防违规和犯罪方面发挥了积极的作用。这种情况下,企业既没有犯罪的故意也没有犯罪的过失,因此不成立犯罪。[①] 对此予以响应的观点,大体相差无几。例如,认为以往的刑法研究中强调的单位意志完全是虚拟出来的。要注意到单位的组织体特性和治理特点,单位作为一个组织体,要以组织体内部治理是否符合法律规定和行业规范要求作为追究单位刑事责任的根据。在单位法律责任的理解上应当放弃以自然为中心的拟人形象,虽然单位犯罪是由自然人完成的,但是单位承担责任的基础是内部治理结构和经营方式没有能够制约自然人的危害行为。如果单位内部治理结构健全,就能够促进自然人依法依规行事,就能有效地遏制自然人实施危害行为。如果单位内部有健全的治理结构,有督促依法行事的制度内容,即便自然人实施的违法行为,单位也不承担责任。[②] 学者还认为,组织体责任论不仅可以合理划定企业刑事责任的范围,克服决策责任论与雇主责任论的偏激,更为重要的是组织体责任,能够促使企业采用有效的合规计划,健全企业管理结构,提升企业文化,最终达到预防犯罪的目的。[③]

---

① 陈卫东:《从实体到程序:刑事合规与企业“非罪化”治理》,载《中国刑事法杂志》2021年第2期。

② 时延安:《单位刑事案件的附条件不起诉与企业治理理论探讨》,载《中国刑事法杂志》2020年第3期。

③ 欧阳本祺:《我国建立企业犯罪附条件不起诉制度的探讨》,载《中国刑事法杂志》2020年第3期。

企业组织体的理论作为企业承担刑事责任的根据具有一定的积极性,但是这种理论的弊端仍然很明显。比如,如果将单位内部的制度结构作为单位犯罪的基础的话,那么现实中诸多企业都会因为单位没有制定健全的合规管理体系防范单位内部人员实施违法犯罪行为而面临刑事法律风险,单位将会因为雇员的责任承担责任,显然处罚过宽。这就会产生一个更怪的现象:原本为单位减轻责任的理由,反而变成了加重单位责任的理由。

(三)单位承担刑事责任法理转型路径二:预防论

将企业合规作为单位免除刑事责任的基础,可以从两个进路进行解释,第一个进路就是上述的,目前刑法理论界试图对单位犯罪的形成过程进行重构。第一个进路则是尚未提及的政策法治化路径,而政策法治化路径的主要基础就是企业犯罪的刑罚预防论。

首先,在国外的法理学中,关于政策与法律的关系方面,一般认为"在实在法模棱两可或未做规定的情形下,政策构成了法官可以适当诉诸的法律的非正式渊源,同时法官对于实施与基本正义标准相冲突的政策应当具有否决权"①。在我国的法与政策关系上,同样存在类似的关系。在法律未修改之前,政策可以作为法律解释的重要依据。在法律落后于社会现实的时候,政策可以作为立法修改的重要动因与重要依据。在当前,我国刑事司法、立法都印证了此点。第一,在刑事司法实践中,政策可以作为严厉打击一些犯罪的重要依据,也可以作为曾经处理某些犯罪或者某类犯罪的重要依据。比如在严厉打击一些犯罪的表现方面。在2020 年新冠肺炎疫情暴发的时候,对于不听从、不服从中央和地方各级应急管理时期的疫情防控政策,在实体法上有扩大解释的表现,在程序法上有从快处理的表现。比如,在从轻处理某些犯罪或者某类犯罪的方面,疫情防控期间涉及企业犯罪的或者企业关键岗位技术人员犯罪的,相比于普通时期都获得了从宽处理的机会。第二,在刑事立法中,政策可以成为立法修改的重要依据。《刑法修正案(十一)》增加了诸多犯罪或者修改某些犯罪构成,就是对前一时段社会关注热点问题的回应、对我国加入某些国际公约的回应。比如,对高空抛物入刑、危害驾驶安全罪入刑就是回应社会热点问题;对侵犯知识产权类犯罪的刑罚加重,就是回应疫情防控期间某些重要知识产权保护需要;而对洗钱罪入刑,就是回应我国加入联合国反腐败公约、回应我国走入国际市场免受国际特别行动小组制裁的重要

① [美]博登海默:《法理学法律哲学与法律方法》,中国政法大学出版社 1999 年版,第465 页。

表现。[①]

任何一国的刑法理论均是以本国的刑法规范为根基。在我国的刑法尤其是刑法总则中,关于单位犯罪规定并未作出更改的情况下,试图对于传统的单位犯罪理论,以及承袭的大陆法系中单位犯罪理论的刑事责任根基作出倒向性的更改(由大陆法系走向英美法系的责任论),倒不如从国家政策与法治的层面探讨国家免除涉罪企业刑事责任的根基是什么。对企业施加刑事责任,除了因为企业罪行之外,更是要实现刑罚的功能。国家通过对涉罪的企业施加刑罚能够避免其再次犯罪和威慑社会的一般企业。在企业犯罪后对企业惩治,难以实现刑罚的功能或目的时,"与其入罪、不如出罪",这才是企业开展刑事合规免除刑事责任的主要思考方向。

因此,企业开展合规就能够获得刑事责任的减免根基,不在于企业的单位意志和单位利益,而在于通过施加刑罚以及我国法律体系中所附带的刑罚附罪性后果将使企业后续难以生存,难以发展。国家惩治犯罪并不是为了消灭犯罪人,而是让犯罪人在接触刑罚的过程中能够获得改变。我国刑罚的功能有对犯罪人的功能、对社会的功能、对被害人的功能三大方面。对犯罪人的功能,包括惩罚和改造两个方面;对于社会的功能,包括威慑、教育和鼓励功能;对被害人的功能,就是安抚和报复感情平息功能。[②] 刑罚的目的也在于实现刑罚应有的功能,即特殊预防与一般预防。在国外,也同样如此。"刑罚既是对犯罪的一种国家的道义的报应,就以一般预防和特殊预防为目的。"[③]在国外的刑法理论中,对于一般预防的理论经历了威慑预防论向积极预防、规范预防论的发展。积极预防论主要是要唤醒或强化国民对于法的忠实度,对法治贯彻的心态,从而实现预防犯罪。不过,当前刑法论的主要构件基础是以自然犯罪作为构建刑罚的基础。但是,对于构成犯罪的企业来说,通过刑罚的适用来防止企业再次犯罪,通过刑法的适用,防止社会上的其他企业步入犯罪后尘才是刑罚的应有之义。

在我国当前的经济社会发展中,企业是维护社会稳定、解决就业、发展创新的主要力量。当正常经营的企业不慎违法犯罪时,通过刑罚减免,实现"消灭一个企业、不如存活一个企业",应当是当前我国面对国内外严峻的经济社会发展形势所不得不在刑事司法上作出的让步。企业合规之所以能够让企业在刑事责任的负

---

① 张明楷:《刑法修正案(十一)对司法解释的否认及其问题解决》,载《法学》2021年第2期。
② 马克昌:《刑罚通论》,武汉大学出版社1999年版,第45—52页。
③ 张明楷:《外国刑法纲要》,清华大学出版社2013年版,第364—366页。

担上获得减免,其责任的基础就在于"存活一个企业,好过杀死一个企业。"

五、结语

对于涉罪的企业通过合规获得刑事责任上的减免,如果要在刑法理论上找寻根基的话,与其在犯罪论的部分尤其是在故意犯罪的犯罪意图的形成机制、故意犯罪的违法所得等方面寻找理由,倒不如从刑法的责任论,也就是刑罚论部分寻求根基。目前大陆法系国家的刑法理论中,在刑罚论部分解释宽赦一个犯罪人时,除了其已然实施犯罪的主观恶性与客观违法行为之外,还要考虑其在未来一般预防和特殊预防面可能具有的效果。自然人之所以在刑事责任上能获得宽免,除了罪质较轻之外,还在于其被剥夺相关利益之后不再具有社会危害性难以再犯罪,还在于社会一般人从犯罪人的行为中获得了威慑教育。

法人之所以在刑事责任上能获得宽免,其根基与自然人相似,但并不完全相同。法人在刑事责任上承担的主要形式是罚金。罚金对于法人而言是一种经济责任,也是其承担责任的唯一基础,但是对于民营企业中小企业来说(我国目前刑事司法中适用合规的企业大多确实是中小企业,即便是所谓的上市企业,本身规模也不是很大)经历刑事诉讼程序中的各个环节(如扣押、查封,或者法定代表人、直接负责主管人员、其他直接责任人员被刑事羁押),本身就是一种惩罚。如果在刑事诉讼程序末端承担罚金的话,对于一个企业而言无疑是雪上加霜。在国内外复杂的经济政治形势之下,"消灭一个企业,不如存活一个企业""存活一个企业,好过杀死一个企业"是国家对正常经营的企业不慎违法犯罪时应当持有的宽免态度。

(编辑:叶宁)

论未成年人认罪认罚自愿性及其保障

李 彤*

摘　要:未成年人认知、判断能力的天然缺陷决定了其认罪认罚自愿性的内涵需要突出明智性,关爱、诊疗的诉讼价值必须优位于效率价值,因此应当对认罪认罚的未成年人适用相对独立的自愿性保障制度。目前,司法实践机械适用成年人化的自愿性保障措施不能切实保障未成年人认罪认罚的自愿性和明智性。为此,应当回归法定代理的法理正轨,进行彻底的告知,明确、细化法院审查的内容,倡导开放式的讯问方式,开展以认知能力为内容的社会调查并设立全程录音录像制度。

关键词:未成年人;认罪认罚;自愿性;明智性;认知能力

一、问题的提出

2018 年年底,经过修改的《刑事诉讼法》确立了认罪认罚从宽制度,并将未成年人案件纳入其适用范围之内,实践中未成年人认罪认罚的做法得到了法律的正式肯认。然而,认罪认罚案件中协商因素的存在提升了刑事案件对犯罪嫌疑人、被告人认知能力、处分能力和精神状态的要求,使认知、处分能力相对欠缺的未成年人能否与成年人适用基本相同的审理程序尚存疑问。虽然法定代理人制度和强制法律援助制度等特别的制度设计能够在一定程度上弥补未成年人认罪认罚的认知和处分能力缺陷,但仍存在一定的缺憾。未成年人认罪认罚的自愿性保障因此成了亟待解决的问题之一。遗憾的是,学界虽然对认罪认罚自愿性的内涵①、

* 李彤,北京市中凯律师事务所实习律师。

① 参见孔令勇:《被告人认罪认罚自愿性的界定及保障——基于"被告人同意理论"的分析》,载《法商研究》2019 年第 3 期。

判断标准[①]及保障措施[②]等有诸多较成熟的观点,但主要采用的是成人化的视角,并未顾及未成年人认罪认罚的特殊性。研究未成年人认罪认罚的文献也大多集中在必要性、可行性[③]及相关完善措施[④]上,对未成年人认罪认罚自愿性问题的研讨也零散而不完整。因此,笔者决定对未成年人认罪认罚自愿性及其保障问题进行更加系统化的研究,以期弥补相关空白。

二、未成年人认罪认罚自愿性的相对独立性

我国《刑事诉讼法》设立未成年人案件的特别程序的重要原因在于未成年人心智发展不成熟,需要对其进行特殊的保护。若完全套用一般刑事诉讼程序,可能不利于失足未成年人的健康成长,有违"教育、感化、挽救"的指导方针。未成年人认罪认罚自愿性的司法保障也是如此,需要注意到未成年人的特殊性,设立特别的规则。下文将从未成年人认罪认罚的自愿性内涵、诉讼价值两部分予以阐述,构筑未成年人认罪认罚自愿性保障措施相对独立的理论基础。

(一)自愿性内涵之相对独立性

所谓认罪认罚自愿性,指的是被追诉人不受非法胁迫和干预,以及在记忆力、理解力等未受伤害的情况下,理解了认罪认罚的性质和后果,出于自由意志,选择认罪认罚的诉讼行为。[⑤] 从该定义可以看出,认罪认罚自愿性的内涵不仅强调被追诉人的自由选择权,还与被追诉人的明智性密切相关,即被追诉人对自己作出某种决定的前提、依据及后果有充分的了解。[⑥] 为保障被追诉人的自由选择权,我国《关于适用认罪认罚从宽制度的指导意见》(以下简称《指导意见》)第28条和第39条规定,检察机关和审判机关在审查认罪认罚案件时,应当重点审查犯罪嫌疑人是否自愿认罪认罚,有无因受到暴力、威胁、引诱而违背意愿认罪认罚。若办案机关存在暴力、威胁、引诱等非法行为,并与被追诉人认罪认罚存在因果关系,

① 参见杜磊:《论认罪认罚自愿性判断标准》,载《政治与法律》2020年第6期。

② 参见孔冠颖:《认罪认罚自愿性判断标准及其保障》,载《国家检察官学院学报》2017年第1期。

③ 参见余丽:《对未成年犯适用认罪认罚从宽制度的必要性和可行性论证》,载《预防青少年犯罪研究》2017年第6期。

④ 参见刘浩:《未成年人认罪认罚具结的反思与重构——兼评〈刑事诉讼法〉第174条第2款之规定》,载《四川警察学院学报》2019年第5期。

⑤ 参见闫召华:《论认罪认罚自愿性及其保障》,载《人大法律评论》2018年第1期。

⑥ 参见孔令勇:《被告人认罪认罚自愿性的界定及保障——基于"被告人同意理论"的分析》,载《法商研究》2019年第3期。

则不得按认罪认罚案件处理。为了保障明智性,《指导意见》第 28 条和第 39 条规定,检察机关和审判机关应当重点审查被追诉人认罪认罚时的认知能力和精神状态是否正常,是否理解认罪认罚的性质和可能导致的法律后果等。

未成年人认罪认罚自愿性的内涵,大体仍不能脱离上述定义。但其突出特点在于,未成年人的认知能力存在天然的缺陷,不能像成年人一样成熟地进行概念理解、利益权衡并作出理性的选择。美国的研究表明,未成年被追诉人常常难以完全理解宪法性权利的含义,即使告知了米兰达警告,90 个未成年人中有 86 个仍供认不讳,[①]经常在不知不觉中损害自已不自证己罪的权利。[②] 还有研究指出,15 岁的青少年在作出法律上的决定时常常异于成年人,特别是不太可能意识到潜在的风险和作出决定的长远后果,更关注短期利益而非长期利益,这可能是因为大脑中控制冲动、判断、规划未来和预见后果的额叶区域直到 20 岁出头才完全成熟。[③] 所以,在认罪认罚的内涵中应该突出强调其明智性,法定代理人、办案机关等也应切实保障这种明智性,[④]弥补其认知能力的缺陷。因此,所谓未成年人认罪认罚的自愿性,是指未成年被追诉人不受非法胁迫和干预,以及在记忆力、理解力等未受伤害并得到切实弥补的情况下,理解认罪认罚的性质与后果,出于自由意志,明智地接受检察机关指控的犯罪事实、罪名和量刑建议的诉讼行为。

(二)诉讼价值的相对独立性

在内涵之外,未成年人认罪认罚的诉讼价值亦具有相对独立性,这也决定了未成年人认罪认罚的自愿性需要有不同于成年人的保障制度。

认罪认罚从宽制度自试点开展以来,其立法目的呈现波动化的态势:“由一元化的‘繁简分流,提升诉讼效率’到‘及时有效惩罚犯罪,维护社会稳定’,‘落实宽严相济刑事政策,加强人权司法保障’的多元化并存。”[⑤]表面上看,认罪认罚具备优化司法资源的效率价值,加强人权保障的程序正义价值以及有效打击犯罪、落实宽严相济刑事政策的工具价值。

在这些价值之中,首位价值莫过于效率价值。员额制改革后,案多人少的矛

① See David Haugen & Susan Musser, *Juvenile Justice*, Greenhaven Press, 2013, p. 38.

② See David L. Hudson Jr., *Juvenile Justice*, Infobase Publishing, 2010, p. 47.

③ See Lacey Cole Singleton, Say Pleas: Juveniles' Competence to Enter Plea Agreements, 9 Journal of Law & Family Studies 443 (2007).

④ 法律援助需要办案机关及时通知并提供便利,因此也属于办案机关的诉讼关照义务之一。

⑤ 张泽涛:《认罪认罚从宽制度立法目的的波动化及其定位回归》,载《法学杂志》2019 年第 10 期。

盾突出,员额法官办案压力骤增。认罪认罚从宽制度可以将大量案件分流至简易程序和速裁程序,并通过量刑优惠吸引疑难案件的被追诉人认罪认罚,降低证明难度,使法院能够将精力集中到少数不认罪的疑难、复杂案件中,真正实现“审判中心主义”。加强人权保障的程序正义价值则主要是指将协商性司法引入刑事案件中,控辩双方可以通过量刑协商决定案件的结果,“实现刑事诉讼模式和定罪量刑结果由‘国家独断型’向‘协商决定型’的重大转变”①。是一种基于自愿选择的程序正义。② 但由于认罪认罚从宽制度仍是一种基于职权主义诉讼构造的“听取意见模式”而非典型的“协商模式”③,检察官很容易滥用其强势地位迫使被追诉人认罪认罚④,这种协商性的程序正义价值是否已经在我国落地生根,尚存疑问。至于有效惩罚犯罪的工具价值,我国无罪率已经长期低于1%,证据不足不起诉率也并未随着认罪认罚的实施而显著降低,人数占比与原先大体持平,⑤由此可见惩罚犯罪的实体价值并不是认罪认罚的主要价值。而实现宽严相济刑事政策的工具价值,虽说亦是认罪认罚的主要价值,但仍是次于效率价值的次级价值。这是因为认罪认罚仅是实体从宽的情节之一,落实自首、坦白、立功等传统量刑优惠更能落实宽严相济的刑事政策。因此,实质上认罪认罚从宽制度所体现的价值主要还是在于效率价值,其次是落实宽严相济刑事政策的实体价值。

反观未成年人认罪认罚的案件,虽然其诉讼价值与认罪认罚从宽制度有所交叉,但并非完全重合。这需要回归到未成年人特别程序的初衷——儿童最佳利益原则来解释。2019年联合国儿童权利委员会通过的《关于儿童司法系统中的儿童权利问题的第24号一般性意见》第76条指出,“应当重视儿童的最大利益,将其作为首要考虑因素,同时着重关注促进儿童重返社会的需要。”⑥美国著名学者格里菲斯主张,基于儿童最佳利益原则,少年法庭应当有一种真诚爱心的家庭模式

① 胡云腾:《正确把握认罪认罚从宽,保证严格公正高效司法》,载《人民法院报》2019年10月24日。

② 参见陈瑞华:《刑事诉讼的前沿问题》(第5版)上册,中国人民大学出版社2016年版,第242页。

③ 参见闫召华:《听取意见式司法的理性建构——以认罪认罚从宽制度为中心》,载《法制与社会发展》2019年第4期。

④ 参见陈瑞华:《刑事诉讼的公力合作模式——量刑协商制度在中国的兴起》,载《法学论坛》2019年第4期。

⑤ 参见童建明:《论不起诉权的合理适用》,载《中国刑事法杂志》2019年第4期。

⑥ 联合国儿童权利委员会:《关于儿童司法系统中的儿童权利问题的第24号一般性意见(2019年)》,载联合国高级专员办事处官网,https://tbinternet.ohchr.org/_layouts/15/treatybodyexternal/Download.aspx? symbolno=CRC%2fC%2fGC%2f24&Lang=zh,2020年9月11日最后访问。

精神,不能过分强调控辩双方的竞争与对抗。[①] 我国在未成年人刑事案件特别程序中,也在法律层面相应确立了"教育、感化、挽救"的方针和"教育为主,惩罚为辅"的原则。因此,这种少年司法的诉讼价值更多地体现为关爱价值、诊疗价值[②],以帮助未成年人更好地回归社会,并减少再次犯罪的概率。相应地,在未成年人案件中实行认罪认罚从宽制度也必须将关爱、诊疗价值放在首位,而将效率等其他价值放在更次级的位置,不可本末倒置。如不得为追求案件的办案速度而弱化未成年人认罪认罚明智性的审查。

另外,效率价值居于次级地位还有一个重要原因,即未成年人犯罪数量较少,而且总体上也在减少。据统计,2014—2019 年全国检察机关受理未成年人审查起诉案件从 77,405 人下降至 61,295 人,总体上呈现下降趋势。[③] 2019 年全国检察机关对未成年人提起公诉 47,723 人,[④]当年全国提起公诉总人数为 1,818,808 人,[⑤]未成年起诉人数仅占总起诉人数的 2.62%。由此可见,提升诉讼效率在未成年认罪认罚案件中并不是十分迫切。至于控辩协商的程序正义价值,基于未成年人尚不具备成熟的利益权衡和协商能力,因此该价值在未成年人认罪认罚案件中并不能体现。"教育为主,惩罚为辅"的原则亦决定了惩罚犯罪的程序工具价值仅能是下位价值。最后,宽严相济刑事政策的落实确实能够使未成年的刑罚更加宽缓化,有利于未成年人的进一步改造,但这一价值最终也是服务于对未成年人的矫治即关爱、诊疗价值的。因此,未成年人认罪认罚程序应将关爱、诊疗价值作为首位,其他诉讼价值不能与之抵牾。这决定了未成年人认罪认罚自愿性的保障措施应当具有相对独立性。

三、未成年人认罪认罚自愿性保障的制度缺陷

未成年人认罪认罚自愿性内涵、诉讼价值的相对独立决定了认罪认罚保障制度应当和成年人案件有所区分。遗憾的是,当前我国未成年人认罪认罚经验相对

---

① 参见[美]约翰·格里菲斯:《刑事程序中的理念或刑事诉讼的第三种模式》,吴啟铮译,载[美]虞平、郭志媛编译:《争鸣与思辨——刑事诉讼模式经典论文选译》,北京大学出版社 2013 年版,第 82 页。

② 参见陈瑞华:《刑事诉讼的前沿问题》(第 5 版)下册,中国人民大学出版社 2016 年版,第 844 页。

③ 《未成年人检察工作白皮书(2014—2019)》,载中华人民共和国最高人民检察院官网,https://www.spp.gov.cn/spp/xwfbh/wsfbt/202006/t20200601_463698.shtml#2,2020 年 8 月 25 日最后访问。

④ 2019 年全国检察机关受理未成年人审查起诉人数为 61,295 人,不起诉人数为 13,752 人。参见《未成年人检察工作白皮书(2014—2019)》,载中华人民共和国最高人民检察院官网,https://www.spp.gov.cn/spp/xwfbh/wsfbt/202006/t20200601_463698.shtml#2,2020 年 8 月 25 日最后访问。

⑤ 参见张军:《最高人民检察院工作报告——2020 年 5 月 25 日在第十三届全国人民代表大会第三次会议上》,载《检察日报》2020 年 6 月 2 日,第 1 版。

匮乏,尚未发展出完备的自愿性保障制度,产生了不少法理上抑或实践上的问题。笔者将这些有缺陷的制度归类为未成年人诉讼行为能力补足制度和自愿性保障常规制度。具述如下:

(一)未成年人诉讼行为能力补足制度

诉讼行为能力,又称诉讼能力,是指当事人可以亲自实施诉讼行为,并以自己的行为行使诉讼权利和承担诉讼义务的诉讼法上的资格,由认知能力和处分能力构成。① 未成年人身心均不成熟,没有完整的认知和处分能力。为了补足诉讼能力,法律在未成年人案件中特别设立了法定代理制度和合适成年人在场制度,未成年人认罪认罚也不例外。

1. 法定代理制度

法定代理制度的突出问题在于《刑事诉讼法》及相关司法解释的逻辑缺陷,导致未成年人认罪认罚的明智性受到威胁。《刑事诉讼法》第174条规定,未成年犯罪嫌疑人的法定代理人、辩护人对未成年人认罪认罚有异议的,犯罪嫌疑人不需要签署认罪认罚具结书。《人民检察院刑事诉讼规则》(以下简称《高检规则》)第468条第3款规定:"未成年犯罪嫌疑人的法定代理人、辩护人对认罪认罚有异议而不签署具结书的,不影响从宽处理。"也就是说,即便法定代理人提出反对,未成年被追诉人同意的,依然可以适用认罪认罚从宽制度。其背后的法理有两点:第一,规则制定者认为认罪认罚从宽制度对未成年人来说是完全有利的;第二,根据《高检规则》第468条第2款,法定代理人和辩护人异议的情况应当记录在案并移交法院,由法院根据案件情况自由裁量,同样可以保护未成年人的诉讼利益。但笔者存在以下疑问:

首先,认罪认罚不一定对未成年人完全有利。虽然认罪认罚可能会使刑罚更宽缓,未成年人也不适用速裁程序,但一旦认罪认罚,法官难免会以有罪推定的心态审理案件。而且,根据《指导意见》第46条、第47条,简易程序和普通程序的庭审也会相对简化,以提升诉讼效率。法庭也会相对弱化案件事实的审查,而将审理对象转移到认罪认罚的自愿性、合法性上。

其次,法律逻辑上,法定代理制度被颠覆。认罪认罚毕竟涉及程序权利的处分,依据法理,未成年人缺乏足够的权利处分能力,也缺乏对认罪认罚性质和后果

---

① 参见毛泽金:《基于诉讼行为能力分析视角下的未成年人认罪认罚研究》,载《预防青少年犯罪研究》2019年第5期。

的认知能力,必须由法定代理人予以补足。如果没有法定代理人的同意便适用认罪认罚,很难保证认罪认罚的明智性。即便法官秉持中立立场,也很难像法定代理人一般了解未成年人并本能地维护其利益。

最后,这一规定还弱化了反悔权制度对未成年人的保护。之所以《指导意见》明确认罪认罚后被追诉人的反悔权,是因为这可以赋予其在认罪认罚过程中保有相对完整的自由选择权,使自愿性保障更为彻底。但是,按照《刑事诉讼法》第174条进行逻辑推演,会得出法定代理人没有反悔权的结论。也就是说,未成年人认罪认罚但法定代理人有异议的,仍可以按照认罪认罚案件处理。这对法定代理人履行维护未成年人自愿性的职责来说,无疑是不利的。

2. 合适成年人在场制度

合适成年人在场制度是作为法定代理人制度的替代品而存在的。当法定代理人无法到场履行职责时,成年人在场可以起见证、保护作用,并在一定程度上弥补未成年人的认知能力。基于以上原理,《指导意见》第56条规定:"未成年犯罪嫌疑人签署认罪认罚具结书时,其法定代理人应当到场并签字确认。法定代理人无法到场的,合适成年人应当到场签字确认。"

但从维护认罪认罚自愿性的角度来看,上述规定是值得推敲的。合适成年人自身由于欠缺法定代理人更直接的亲情或利害关系,对案件的结果不负担任何法律责任,一般情况下不可能像法定代理人一样维护未成年人的利益。未成年人也因亲情关系较为疏远,而难以像信任法定代理人一样信任合适成年人。因此,让他们来担当担保未成年自愿而明智地认罪认罚的角色可能也是不大合适的。

(二)自愿性保障常规制度

对未成年人认罪认罚自愿性保障的不足还体现在刑事诉讼中保障被追诉人认罪认罚自愿性的常规制度上。这些制度包括告知制度、辩护制度、法庭审查机制、反悔制度、上诉制度等。辩护制度、上诉制度等问题因与一般刑事诉讼案件相似,学界已有专论详述,本文不再赘述。

1. 告知制度

告知制度存在的问题在于没有考虑到未成年人认知的特殊性。脑科学家和人类学家发现,未成年人大脑中涉及判断力和冲动控制的额叶区域尚未发展成熟,难以理解自己作出的决定会有什么后果,而且容易在周遭的鼓动或不熟悉的环境下丧失评估风险和优势分析能力。[①] 而且在认知能力上,尤其是一些智力、学习能力相对低下的未成年人,也难以理解法律上的专有概念。要克服这些困难,除了法定代理人和辩护人的协助之外,还需要作为公权力机关代表的办案人员用未成年人能够理解的语言进行更加彻底的告知,未成年人才能更明智地作出利弊分析而决定是否认罪认罚。

目前,我国实践中并未出现针对未成年人而设计的《认罪认罚制度告知书》,实践中也是沿用标准化的告知书对未成年人进行权利告知。[②] 标准化的告知书存在两个问题,一是缺乏儿童能够理解的语言,二是欠缺对后果更加彻底的告知。当然,书面告知的缺陷可以通过检察官、法官、律师等另外解释的方式加以解决。最高人民检察院2017年颁布的《未成年人刑事检察工作指引(试行)》(以下简称《工作指引》)第110条规定,检察官告知未成年人诉讼权利、法律规定和案件进展时,"应当以未成年人可以理解的语言进行解释说明,并通过由未成年犯罪嫌疑人亲笔书写告知内容或者让其复述等方式,以确保未成年人真正理解其诉讼权利、义务以及供述可能产生的法律后果。告知的情形应当记录在案"。应当说,实践中如果能贯彻《工作指引》的规定,对于保障被追诉人认罪认罚自愿性和明智性将非常有利。然而,《工作指引》还是存在一些缺憾。第一,《工作指引》仅在检察系统适用,对法院和公安机关均无约束力。第二,监督措施仅有笔录证据,且未明确将嫌疑人复述的内容记入笔录,也无全程录音录像加以佐证。第三,《工作指引》和认罪认罚相关司法解释均未明确应当向未成年人额外告知认罪认罚的实体和程序后果。认罪认罚将可能导致审判程序简化审理,而且,若量刑建议超过5年,还可能导致最终判处刑罚超过5年,犯罪记录不予封存。这些程序和法律后果尤为重要,但相关规定均未明确应当告知未成年人。若未成年人不知晓这些后果,便难以作出长远的利益考虑,进而作出不明智的决定。

2. 法庭审查机制

形式化、流水线化的法庭审查机制是保障未成年人认罪认罚自愿性最重大的障碍。我国立法司法实践仍然运用一般的审查方式来审查未成年人认罪认罚的自愿性,没有顾及未成年人的特点。这种审查方式很容易将效率价值置于关爱、诊疗价值之上,忽视了未成年人认罪认罚自愿性和明智性的彻底审查。笔者认

---

① 参见林雅锋、严祖照:《少年司法的理论与实务——从国际公约人权规范的角度出发》,新学林出版股份有限公司2020年版,第110页。

② 具体案例可参见连洁、庄梅梅:《未成年人涉嫌盗窃被诉 福鼎检察院适用认罪认罚制度办理》,载宁德网,http://www.ndwww.cn/xspd/fdxw/2018/1204/107455.shtml,2020年8月26日最后访问。

为,目前法庭审查机制至少存在以下缺陷。

首先,法官审查内容不明确。《指导意见》第39条规定,法官审查认罪认罚自愿性合法性时,应该重点审查被告人有无因受到暴力、威胁、引诱而违背意愿认罪认罚,认知能力和精神状态是否正常,是否理解认罪认罚的性质和可能导致的法律后果,公安、检察机关是否履行了告知和听取意见义务,律师是否提供了有效帮助。应当说,这条规定基本涵盖了法官需要审查的方方面面,却没有细化法官应当审查的内容,可操作性存疑。

其次,讯问形式的随意化。当前我国并未规定法官应当以什么样的讯问方式审查被告人认罪认罚的自愿性。《指导意见》第39条第2款只是泛泛地规定审判人员可以根据具体案情对被告人发问,既没有授予法官的发问的义务,有没有规定发问的形式。司法实践中大体上采用形式化、封闭式的问答方式,如讯问被告人:"对检察机关指控的犯罪事实和罪名是否有异议?""对于量刑建议中建议判处五年刑罚是否有异议?""你在侦查、起诉阶段是否受到了办案机关的暴力或威胁?"应当说,由于办案主体的更换和审判的公开性,这种只用简单回答"是"或"否"的提问对于精神正常的成年来说还是可以审查出其是不是违背意愿认罪认罚的,但对于未成年人则不然。首先,封闭式的提问只能提供法官非常有限的信息,无法准确地审查其是否真正理解了认罪认罚的性质和后果。其次,封闭、引导式的提问还可能导致未成年人违背意愿认罪认罚。研究表明,年轻人有服从权威的倾向,年纪越小的青少年更倾向于接受检察官提出的辩诉交易,[①]而且有易受引导的特点。[②] 如果不采用开放式的提问审查案件的事实细节,未成年人在法庭上可能会继续服从检察官的权威,还可能认为法官的封闭式提问是一种有倾向的提问,进而自认为可以取悦法官而作出违背自身意愿的回答。

最后,判断材料的欠缺。法官仅靠卷宗和庭审来审查自愿性、明智性是远远不够的,还需要有其他材料的补充,比如社会调查报告和讯问录音录像。社会调查制度能够调查未成年人的教育背景、学习成绩等内容[③]。有利于法官判断其是否具备正常的认知能力。讯问录音录像则可以让法官直观地审查办案机关是否有暴力胁迫等非法行为,是否有用儿童能够理解的语言告知相关权利和后果,是

---

① See Frances Lexcen, Thomas Grisso & Laurence Steinberg, *Juvenile Competence to Stand Trial*, 24 Children's Legal Rights Journal 6(2004).

② 参见林雅锋、严祖照:《少年司法的理论与实务——从国际公约人权规范的角度出发》,新学林出版股份有限公司2020年版,第113页。

③ 《工作指引》第36条。

否尽到使未成年人复述的义务,未成年人对自身权利的复述又是否表明其真正理解这些权利。遗憾的是,这两项制度在未成年人案件中都存在一定的缺憾。《工作指引》第29条虽规定"对于未成年人刑事案件,一般应当进行社会调查",但实践中展开社会调查的案件仅一半左右。以2019年为例,全年检察机关对未成年人审查逮捕、审查起诉的人数分别为48,275人、61,295人,但审查逮捕阶段、审查起诉阶段总共才开展社会调查26,252人。① 而且,实践中这些社会调查的质量普遍不高,存在无实际材料支撑、客观性材料过少和材料间存在矛盾的问题,②使之可信度存疑,无法为法官的判断提供可靠的参考。至于录音录像,《工作指引》第104条规定对于犯罪嫌疑人不认罪的,前后供述不一的,辩护人提出曾受到刑讯逼供、诱供的或其他必要情形才可以全程录音录像。大部分认罪认罚案件显然不属于这一范围之内。由此可见,在大量案件中,法官判断缺乏足够的材料支撑,审查未成年人认罪认罚的自愿性和明智性必然是存在缺陷的。

四、未成年人认罪认罚自愿性保障的理想图景

因为没有顾及未成年人心智不健全的特点,没有考虑未成年人认罪认罚自愿性保障的相对独立性,我国立法和司法实践机械地将一般认罪认罚的规定适用到未成年人案件中产生了一系列的问题。在此,笔者欲提出针对性的解决方案,勾勒出保障未成年人认罪认罚自愿性的理想图景,供立法和司法改革者参考。

(一)回归法定代理的法理正轨

法定代理制度的基本法理在于补足未成年人的诉讼行为能力,弥补其认知能力和处分能力的缺失,以确保其能够了解到认罪认罚的长远后果,作出明智的判断。法官毕竟没有法定代理人的亲属纽带,即便按照现行规定法定代理人的异议能够移送到法院,法官也不一定能像法定代理人那样维护未成年人的最大利益,为未成年人的未来作相对长远的考虑。所以,在涉及实体、程序处分的认罪认罚场合,没有法定代理人的肯定,必须终止认罪认罚的适用。法定代理人在未成年人认罪认罚后反悔的,也可以阻却认罪认罚的适用。不过,当未成年人认罪认罚却因法定代理人反对而在程序上终止认罪认罚时,在实体上,未成年人认罪认罚

① 参见《未成年人检察工作白皮书(2014—2019)》,载中华人民共和国最高人民检察院官网,https://www.spp.gov.cn/spp/xwfbh/wsfbt/202006/t20200601_463698.shtml#2,2020年8月25日最后访问。

② 参见丛林、罗思洋:《未成年人案件社会调查报告优化建议》,载《检察日报》2020年7月9日。

的情节依然可以在审判环节作为酌定从宽情节予以考量。

此外,若法定代理人缺席未成年人签署认罪认罚具结书的场合,一般不得由合适成年人在认罪认罚具结书上签字,即此时不得对未成年人适用认罪认罚案件办理。当然,如果赋予未成年人选择合适成年人人选的选择权,经办案机关审查该合适成年人确实可以担当维护未成年人最大利益的职责的,可以例外地同意该合适成年人代行法定代理人的职责,决定认罪认罚的适用。

(二)进行彻底的告知

告知制度的问题在于没有针对未成年人的身心特点设计告知的内容,也没有适当方法考察未成年人是否真正理解了所告知的权利和后果。

在告知的内容方面,除了目前标准的《认罪认罚从宽制度告知书》①外,尚需告知未成年人如下内容:第一,未成年人若反对认罪认罚,将不会受到额外的处罚,如加重量刑建议等。如前所述,未成年人先天有服从权威的倾向,如果不是行使公权力的检察官、法官等办案人员亲自告知未成年人不签署认罪认罚具结书也不会受到惩罚,未成年人很可能认为不服从将会受到额外的刑罚。即使辩护律师、法定代理人告知未成年人不认罪认罚也不会加刑,消除疑虑的效果也肯定没有办案人员亲自告知的好。第二,如果量刑建议或最终判罚超过5年,检察官、法官还应当告知未成年人犯罪记录不予封存的法律后果,因为这对他们今后的人生影响极大,是其认罪认罚所必需考量的关键事项。第三,告知认罪认罚可能带来不利的程序后果。告知未成年人庭审将会简化,没有争议的事实将会简化审理。告知其如果在认罪认罚后反悔,其认罪认罚期间的口供仍会作为对其不利的证据。

另外,需要注意的是,所有告知的内容必须用未成年人能够理解的语言书写在认罪认罚权利义务告知书上,或者由办案人员亲口用未成年人能够理解的语言作出解释,并通过对告知的全程录音录像以供审判备查。未成年人有不理解的地方,可以随时向办案人员提问,办案人员不得拒绝解释。同时,在履行告知义务后,检察官、法官等办案人员还需要采用让未成年人复述等办法切实考察其是否真正理解了认罪认罚的性质、法律后果和自身的权利,确保认罪认罚的明智性。

---

① 参见《认罪认罚从宽制度告知书》,载广州市人民检察院网上检察院官网,https://www.jcy.gz.gov.cn/gsjwxz/714.jhtml,2020年8月29日最后访问。

(三)匡正法庭审查机制

除了改革法定代理制度和告知制度,更关键的是匡正法庭审查机制,避免审判流于形式。

首先,应明确、细化法官的审查内容。若不宜采用司法解释的形式,可以考虑采用指南的方式对法官进行软性约束。目前,《指导意见》第39条第1款规定了法官在庭审中应当审查的内容,但内容过于宽泛而不具有操作性,笔者认为应当在以下几方面予以明确和细化:

对于被告人是否受到暴力、威胁、引诱等而违背意愿认罪认罚,应当明确违背意愿的具体标准。笔者认同"痛苦标准说"[①],即按照认定非法言词证据的标准——用被告人是否遭受难以忍受的痛苦来判断其是否违背意愿认罪认罚。另外,还应当将欺骗也列入违背意愿认罪认罚的情形。如在侦查策略上,侦查、公诉人员可能会欺骗嫌疑人,捏造证据说在犯罪现场发现了他的指纹[②],让他承认犯罪事实并认罪认罚。但研究表明,在某些极端条件下,成年人的提问会改变儿童的记忆。[③] 对于一些未成年人,这样的提问会使其误认为自己真的实施了犯罪行为,从而虚假供述或认罪认罚。最后,应当对威胁、引诱作严格认定。未成年人心智发展不健全,在陌生环境下抗压能力较差,对亲人依赖性也更强。因此,如果办案人员用不让其会见家属或长时间羁押相威胁而获取未成年人认罪认罚的决定,就应当推定其遭受了难以忍受的痛苦而违背意愿认罪认罚。同时,未成年人还有关注短期而非长期利益的特点,因此如果以认罪认罚便可以立马取保让其回家来引诱其认罪认罚[④],也应当认定为违背意愿。

对于未成年被告人是否理解认罪认罚的性质和可能导致的法律后果的审查。因为未成年人认知能力不健全,所以必须首先明确不能以法定代理人、辩护律师和办案人员履行了相关告知、协助义务就推定未成年理解了认罪认罚的性质和后果。应当回归未成年人自身的认知,通过法官的讯问并让其复述的形式,切实考

---

① 参见杜磊:《论认罪认罚自愿性判断标准》,载《政治与法律》2020年第6期。

② See Christine S. S, *Explaining Juvenile False Confessions: Adolescent Development and Policy Interrogation*, 31 Law & Psychology Review, 68 (2007).

③ See Christine S. S, *Explaining Juvenile False Confessions: Adolescent Development and Policy Interrogation*, 31 Law & Psychology Review 61(2007).

④ 在美国,为获取口供,警察经常会让未成年嫌疑人相信当他/她放弃米兰达警告所保护的权利时,他/她就可以立马回家。See Christine S. S, *Explaining Juvenile False Confessions: Adolescent Development and Policy Interrogation*, 31 Law & Psychology Review 65(2007).

察其是否真正理解认罪认罚的性质和后果。考察的角度也应予以明确,至少应当包含以下几方面:是否理解其有权不认罪认罚,有权不被强迫认罪认罚;是否理解自己将面临的具体的刑罚,刑期超过5年有期徒刑的是否了解自己的犯罪记录不会封存;是否理解庭审会被简化,仅就无争议的事项展开法庭调查和法庭辩论;是否理解其有权接受办案人员彻底的权利告知,有权在法定代理人或合适成年人在场的情况下接受讯问,有权接受法律援助等。①

对于律师是否履行有效帮助的审查,应明确法官从哪几个方面进行审查。美国律师协会(Institute of Judicial Administration American Bar Association)制定的《少年司法标准》(*Juvenile Justice Standards*)②第3.6B条明确了法官在接受认罪或不抗争之答辩前,为确定律师是否履行了有效辩护义务而调查的几个方面,值得我国参考借鉴:被告人及其律师会见的次数和时间;律师在本案进行的事实调查;律师为被告人利益而作出的法律准备;就是否作出认罪答辩,律师给被告人提供了什么意见;被告人和律师之间是否存在观点冲突,如果存在,根据律师—当事人特权(attorney – client privilege),确定冲突的本质。③

其次,应倡导开放式讯问方式。由前文可知,封闭式的讯问只能给予法官有限的信息,不能充分判断未成年人的认知能力,也不利于相关案件事实和程序事实的深入审查,还可能误导未成年人作出不准确的回答。所以,法官在讯问未成年人时,应尽量采用开放式的讯问方式。如在审查签署认罪认罚具结书是否符合规范时,可以讯问其在签署具结书的现场有谁在场,让其自由陈述,而不是直接讯问签署具结书时法定代理人、值班律师或辩护人是否在场。另外,法官还应当注意,如果未成年人在陈述时运用了“我猜”“我认为”这些表示推测性的词汇时,可

---

① 美国部分州的少年司法规则要求法官考察被告人明智性的角度可谓细致入微,可供参考。如《佛罗里达州少年司法程序规则》第8.080(c)条规定,法官在接受认罪答辩之前应该重点审查被告人是否理解了以下内容:指控的性质和处置后果;除非本人弃权,否则有权获得律师帮助;有权坚持不认罪,有权在律师的帮助下参加裁决听证,有权迫使对自己有利的证人出庭并对自己不利的证人进行反询问,有权不自证己罪;如果没有明确保留上诉权,则代表放弃了该上诉权,但通过适当的附带攻击进行复审的权利不受损害;认罪答辩后不再举行进一步的裁决听审;经过宣誓或记录的陈述可能会作为未来起诉其犯伪证罪的证据;未成年人将会承受辩诉协议包括其中具体义务的法律后果;对性犯罪的有罪答辩可能会导致其被登记为性罪犯,并可能会在刑事执行完毕后被民事收容;若不是美国公民,他可能会被驱逐出境。See The Florida Bar, *FLORIDA RULES of JUVENILE PROCEDURE*, Assessed (Aug. 26, 2020), https://www – media. floridabar. org/uploads/2018/07/7 – 18 – Juvenile – Procedure. pdf.

② 自1980年制定以来,该标准对美国少年司法和未成年人检察影响至今。参见张鸿巍:《美国未成年人辩诉交易运行机制研究》,载《中国刑事法杂志》2013年第8期。

③ See Robert E. Shepherd, Jr. ed., *Juvenile Justice Standards (annotated): A Balanced Approach*, American Bar Association, 1996, p. 6 – 7.

能代表其对某项事实和权利不大确定。[①]

最后,还应当完善社会调查和全程录音录像制度。除了提高组织社会调查的频率外,在社会调查的内容上也应当更加完整,突出对未成年人认知能力的调查。在这一点上,可以参考美国审查认罪答辩未成年人认知能力有关经验。美国律师协会《少年司法标准》第 3.1B 条规定,少年法庭在接受未成年人认罪答辩前应从以下几个方面考察未成年人是否具备合格的精神能力:答辩人的年龄、在校的学习成绩或最高学习成绩、是否可以正常读写、是否曾被诊断或治疗过精神疾病或智力迟钝。[②] 因此,未成年人认罪认罚的,社会调查内容的重心除了传统的解释犯罪原因、提出矫治意见之外,还应着重审查未成年人的学习成绩、是否存在智力障碍,以反映其是否有正常的认知能力。如果存在严重的学习障碍,法院应该认识到这可能损害未成年人对诉讼权利和程序的理解,慎重适用认罪认罚从宽。至于录音录像制度,既然《工作指引》第 8 条已经明确"人民检察院应当建立适合未成年人身心特点的未检专用工作室,配备同步录音录像、心理疏导、心理测评等相关办案装备和设施",那么,在硬件条件上对未成年人进行全程同步录音录像便不成问题。为保障未成年人认罪认罚的自愿性,并为法院审查提供证据,有必要在讯问、告知和签署认罪认罚具结书等环节进行全程同步录音录像,并随案移送法院备查。

(编辑:武小琳)

---

① See Lacey Cole Singleton, *Say Pleas: Juveniles' Competence to Enter Plea Agreements*, Journal of Law & Family Studies 453(2007).

② See Robert E. Shepherd, Jr. ed., *Juvenile Justice Standards (annotated): A Balanced Approach*, American Bar Association, 1996, p. 4.

域外法制

证据指示及非我族类的陪审团*

大卫·艾伦·斯克兰斯基** 著　邓　肯*** 译

前　言

证据指示,又称为修正性指示(curative instruction)的存在,是美国审判制度中一个为人熟知的特征。其分为两大类:一种是“无视指示”,要求陪审员无视某个出示的证据,适用于法官认为言词证据中的某一部分或某项实物证据不可采,但是陪审团又已经听过或看过这些证据的时候;另一种是“限制指示”,告诉陪审员不要使用某项证据得出特定结论,尽管在其他方面他们可以自由使用这些证据。限制指示通常用于这种情况下:证据规则导致某项证言或实物证据不可采,但只是特定目的之下的不可采,只针对特定当事人不针对其他人。例如,传闻证据规则常常使庭外陈述不具有可采性,但只是在证明其所主张的内容时不可采,而在陈述被用作反对说话者本人时则另当别论。

有两个关于证据指示的事实广为人知。第一个是我们的制度极度依赖这些指示,第二个则是它们没用。法院“推定”陪审团如遵从法官的其他指示般遵从证据指示。这种推定经常被认为是“我们的陪审团设立的前提”。但是普遍认为这一推定也是假的,是一种职业性的迷思。关于证据指示被引用最频繁的评价来自Jackson法官:“假定证据指示会消除偏见的影响很天真,所有执业律师都知道这是纯属虚构。”“推定”陪审员会遵守证据指示不是因为我们真的相信他们会,而是出于实际需要的信任。

这让人想起那些卡通角色,因为还不知道自己跳下了悬崖,所以悬在空中,或是《安妮·霍尔》结尾的那个笑话,一个男人以为自己是一只母鸡,他的家人也没

---

* 原文《Evidentiary Instructions and the Jury as Other》发表于《斯坦福法学评论(Stanford Law Review)》2013年第65卷第407—456页。本译文已获得作者授权。限于篇幅,原注已略去。

** 大卫·艾伦·斯克兰斯基,发文时为美国加州大学伯克利分校法学教授,现为斯坦福大学法学教授,斯坦福刑事司法中心教务主任(Faculty Co – Director, Stanford Criminal Justice Center)。

*** 邓肯,西南政法大学法学院硕士研究生。感谢李昌盛老师和叶宁老师对本文翻译的指导。

有说破,因为他们需要鸡蛋。即使我们知道它们没用,我们仍然依赖证据指示,因为我们的整个制度都依靠它们。我们在自欺欺人,就好像如果我们忽视这些令人不快的事实,它们就会消失。

上述结论,如我所言,已广为人知。但它还是错了,或者至少值得怀疑。几乎没有理由认为证据指示是无效的,哪怕"所有执业律师"都知道这件事。陪审团制度也不是必须相信证据指示的有效性。我们认为证据指示的有效性是一个迷思,但是我们弄反了。真正的迷思是"证据指示不起作用,但是我们又依赖它们"这个广泛传播又鲜受质疑的观念。真正的迷思并未让人宽心。相反,它夸大了真实处境的糟糕程度。

我们为什么会相信那样一种迷思,这是一个有趣的问题。我将试着给出一个答案。虽然在这里,我主要抱有实用主义目的,即质疑关于证据指示的通说观点(consensus view),并指出它不仅错误而且有害。其实,第一,证据指示很可能会起作用,但是并不充分,在一些情况下能发挥得更好;第二,不信任证据指示对我们来说可能也没问题,尤其是不相信它们可以毫无瑕疵地起作用。关于证据指示的习惯态度——"它们当然没用,但我们必须假装它们有用",使我们无须评估证据指示何时最可能失效,何时能更好地发挥作用,如何能变得更加有效,以及认识到它们最多只能不充分地发挥作用后又该做什么,而这些是繁杂又重要的任务。如果能容忍前后不一或毫无意义的证据指示,事情倒反简单得多。比起一般的证据指示,它们似乎并不会更差或更无用。所有这些可能有助于解释为什么关于证据指示的通说,虽然并不令人满意,却一直成为惯例。它简化了问题。这是我试图对"为什么"之问给出的一部分答案。

我将尝试指出,关于证据指示自欺欺人的观点是一种对陪审团宏观看法的组成部分,即陪审团并非仅仅将一群人召集起来听审裁判的制度,陪审团审判并非仅仅是人民审判,陪审团也并非一个庸常的委员会,相反它是"社群之声"—— 一种直觉性的、不受规则控制的先验性神谕。这种思考很有吸引力,但是我们应当抛弃它。这种关于陪审团的近乎神话式图景允许审判发挥以前神明裁判的作用,也即 James Whitman 所说的"道德安抚程序"—— 一种使人们免于承担审判责任的方法。但在这种意义上使用陪审团意味着用神话来宽慰我们的良心。将陪审团视为一群人——像人们一样天生不完美,又像人一样拥有理性——会让我们更加明智和负责地思考证据指示乃至审判本身。

文章的第一部分会着眼于证据指示有效性的问题——有关其是否徒劳无功的迷思——以及我们对它们实际功效的了解。第二部分会讨论依赖它们的必要性并将质疑那个广泛传播,经常被重复却极少被检验的假定:对证据指示有效性的信心是我们整个审判制度的基石。第三部分会叙述,如果继续对证据指示自欺欺人的态度,我们将会付出什么代价:这种过分悲观的信念使重要问题无法得到讨论,并且这种信念所联系的思维方式,强化了对陪审团的一种无益的,准魔法式的观点。

一、对天真假定的再讨论

Jackson 法官的著名评价"天真的假定"——假设"对陪审团作出的指示会消除偏见的影响"——实际上几乎没什么价值。不只是执业律师们认为这种假设错得明显,法官和学者也认为证据指示不起作用。上诉法官常常援引陪审团遵从指示的原则,但通常他们注意将其称为"推定",而不是"假定",出于便利而非信仰。而关于推定真实性最愚蠢的评价也许来自法官。Jackson 法官的形容——"纯属虚构"——远非法官们对证据指示作出过的最苛刻评语。最终的荣誉恐怕还得归"司法谎言"莫属,它是 Jerome Frank 法官用过的描述之一。Frank 法官还将证据指示比作"想要驱除恶灵的驱魔咒语……已不再被相信,但是依然是固化的体系中不可分割的一部分。" Learned Hand 法官既承认限制性,指示是必要的,又认为它们显然不能起作用;它们要求陪审员进行一种"不仅是超出他们自己,而且是其他任何人能力范围的思维体操"。这个评价,和 Frank 法官以及 Jackson 法官的评价一起成为耳熟能详的法理规训,人们经常引用,却极少质疑。而学者们提出的对这方面的怀疑几乎和法官一样少。无论是法学教授还是心理学家,学界的主流观点是证据指示是一种无用的实践。最近常被引用的一个研究的大标题——限制性指示的无效性研究——就准确地抓住了这一共识。

如何解释人们信心满满地将我们的审判制度的主要内容——证据指示视为一种依靠对"法律拟制"的信任来发挥作用的程序"安慰剂"? 有如下三个论点。第一,似乎长久以来,陪审员显然不能忘记或无视曾被展示给他们的证据。法官们用来表达这个概念的比喻很多:"记忆不会沉睡(one cannot un-ring a bell)""墨水滴到牛奶里就不能再消除""挥刀后就难以忘却伤口""如果将臭鼬扔进陪审席,就不能指示陪审员不要闻它"。意思都是一样的:陪审员不会忘记自己看见或听过的证据,也不能将证据分化为可采证据和不可采证据,并只用前者来作出决定。实际上,试图这么做有可能会适得其反,只能对证据又进行了强调——就像叫人不要去想一只白色的大象。第二,尤其是在学者中,陪审团不能将他们听过或看过的从脑海中驱除已经成为一种常识,并且这种观念得到了一系列关于陪审团运作理论的补充和加强,即“故事模式”。这种理论认为陪审团是这样决定案件的:他们将证据和自己的先前经验同化为一个相洽的故事,这个故事又转而发挥认知过滤作用,影响单个证据的感知和评估。这种故事模式已经成为心理学家以及越来越多的法律学者理解陪审团判决作出的共识;它甚至得到了联邦最高法院,哪怕不是名义上也是实质上的认可。因为故事模式认为陪审团评价证据不是逐一的,而是整体性的,并且因为证据和故事之间的关系是双向的——故事被表达成适应证据的样子,而证据也被处理成与故事呼应——故事模式通常被用来指出陪审员不能无视或限制使用他们曾见过或听过的证据。第三,也是最后一点,质疑证据指示有用性的常识和理论理由,得到了模拟陪审员参与的实验研究的补强。一般来说,这些实验的结果支持了如下观点:证据指示在最好情况下会没有效果,而最坏时可以适得其反。

常识、故事模式,以及实证证据似乎都站在 Jackson 法官一边,都有助于解释为什么学术界以及法官和学者长期以来将证据指示视为一件尴尬的事,一件不管我们如何依赖它,都知道它不起作用的事。然而,这三个怀疑的理由其实比一般认为的更站不住脚。

(一)阻止记忆被唤醒

的确,我们当然不能要求自己忘记。越努力从记忆中抹去些什么,就记得越深,因为每一次努力都使人更专注于想要忘掉的东西。这就是“试着别想一只白色大象”比喻的精义。对于任何一个曾试图忘记一部烂电影或者一段尴尬对话的人来说,这是明显又痛苦的事实。心理学家对这种现象起了一个很好的名字:反讽过程(ironic process)。

但我们需要作两个区分,一是忘记和不使用。没有人认为陪审员可以抹除他们对听过或见过的证据的记忆。人类的思想无法如此运作。但是一般来说并不是要求陪审员们忘记他们听到的东西;他们是被要求无视它或者对它进行有限的使用。显然这样的指示并非不可能遵守。

其实,事情可能恰恰相反,所有的法律都建立在这样的假定上,即人们——至少是法官——可以把某项事实放在一边,根据其他已确定的考虑作出决定;他们可以赋予某些事实特定的、法定的意义,并不以其他任何方式重视这些事实。这就是所有法律规则的运作方式。如果人类真的不能遵循指示去依靠一些事实并赋予它们重要的意义,那就不只是陪审制的问题了,法律的整个理念都会有麻烦。

当然,也许法官能够理性遵守这种指示,毕竟他们就像律师一样受过系统的训练,但是非法律专业的陪审员却不行,这是可能的。但这并非明显的可能性,部分是因为陪审员相对法官在这方面有一个重要优势。陪审员会评议:他们集体进行推理,并会说出自己的推理。这会成为一种形式上的自律。它更易制止不被允许的倾向性。

在作出法律判决(具体情况下法律如何适用,这样的决定一般由法官作出)的时候将事实摆在一边,比在作出事实认定时(被告人做了什么,没做什么)要容易,这也是可能的。但是有罪或无罪的判决,民事能力有无的评估,这些陪审团裁断的主要内容,却不仅仅是事实判断;它们以自己的方式将法律标准——证明标准、实体法规则和证据指示传达的规则——应用在呈堂证据上。

所以,区分指示性遗忘和指示性无视很重要,前者看起来确乎无望,后者却并非如此。第二个同等重要的区分——也将贯穿整篇文章——是在完全地发挥作用和起作用之间。很显然,证据指示不可能在任何情况下都毫无瑕疵地发挥作用。有些事很难从人的脑海中完全移除,而其他更多事,即使刻意地无视它们,也会在潜意识中微妙地影响决定。正是因为无视一些事极为困难,所以法院拒绝信任证据指示能够改正一些错误或者解决某些受限制的可采性问题。例如,联邦最高法院在 Jackson 诉 Denno 案中认为,不相信陪审员忽略了之后被确立为不可采的供述。在这之后也是更著名的 Bruton 诉美利坚合众国的判例中,法院不信任陪审员可以将一份供述只用于指控作出该供述的被告人(对他来说这是可采的证据),而不用于指控共同被告人(对他来说这是不可采的证据)。这些裁决背后的基本理念构成了一种认识:对陪审员或者其他任何人来说将一些事情从思维中排除可能很难。而哪些事需要这样做是一个更难的问题,这个问题应该得到更多关注。部分是因为没有什么可以被完全排除出脑海这一广为传播的认识,而像 Bruton 和Jackson 诉 Denno 那样的案子中,我们对证据指示的虚构太过明显,以致无法容忍。但是将一些事从人的记忆中抹除和搁置它们是有区别的——忘记它和无视它。前者确实无法做到,但并不意味着后者也一样。

后者也许已经足够完成很多目标。这部分取决于我们为什么要陪审团无视某项证据或避免某项特定用途。通常是为了维护查明事实的准确性。有些证据被认为"偏见大于证明价值",也就是说,更可能把陪审团引入歧途而不是发现真相,要么是因为会煽动起陪审员的情绪,要么是因为他们会倾向于高估该证据的证明力。例如禁止使用传闻证据和品格证据背后的考量。在有些案件中,这种思想可能是错误的:尤其是很少有证据可以证明,陪审员高估了传闻证据的证明力,而对一些诱导性证据(suggestive evidence)情况则相反。另外,关于"基本归因错误”的研究可能暗示法律制度确实应该担心陪审员太过依赖品格证据。但即使假设这种理论是正确的——假定陪审员容易过于依赖某些证据,或者作出理性不足感性有余的回应——也可以相信证据指示能够解决这些问题,即使并不能成功地在陪审员的脑海中抹除关于证据的记忆。我们想从指示中得到的是去除偏见。我们希望指示能够使陪审员减少对证据的依赖或者削弱感性回应。没有先验性的理由认为指示做不到这点。并且越来越多的关于去除偏见的研究让我们有理由认为,如果我们想让证据指示做到的就是让陪审员不再过分依赖某些种类的证据或者不再感性回应的话,它能够胜任。

尽管在这里,我们需要区分完全地发挥作用和作用已足够好。偏见不可能完全去除。将已经接收到可能含有偏见信息的每一个人都完全恢复到接收之前的状态是不可能的。如果陪审员更容易依赖某种特定的证据或者作出感性的反应,那么训诫可能很难完全抵消不想要的效果。

但是,陪审团审判中没有什么东西是完美运作的。陪审员是人,并且法官、律师和证人也都是人。陪审团审判是一种人类制度,天然且普遍的不完美。所以,证据指示的相关问题就不是它们是否尽善尽美,而是它们带来的问题相对于更宏观的陪审制不完美的背景来说是否那么重要。

我们容易忽视这一点,因为我们倾向于用一种准魔法术语来理解陪审团:不是一个多人的集合,或者一个委员会,而是一种近乎神圣的,在人类不完美的理性世界之外运作的事物。我们常说,“陪审团有言”,——用一种我们永远不会用于日常普通机构的谈论方式(想象一下有人说,“校董会有言”,或者“贷款部有言”,这种滑稽的庄重,听着就像绿野仙踪里的奥兹法师)。魔法要么有用,要么没用,一种咒语失灵了就是失灵了。问题变成如何保持程序的纯洁性。证据指示常被嘲讽为一种原始仪式:没有人真正相信的魔法,“意图驱散恶灵的驱魔咒语”。但是关于陪审团的魔法化思维其实也许很大程度上构成了证据指示怀疑论的基础,因为它提高了证据指示需要做到多好才能被认真对待的标准。而任何对陪审团占卜的玷污都将是致命的。一张摇摇晃晃的桌子也许勉强可用来写东西,或是用于开会,但绝无法用作占卜板。

但是,陪审员们不是占卜板,他们是一群被要求用事实辩论的方式作出合理结论的人。因为他们是人,所以他们无法完美地完成这个任务。这不是个需要保护的原始程序。问题不在于证据指示是否完美地发挥作用:它们是否能够完全消除不可采证据产生的影响,或者完全保证证据不会误导陪审员。问题应该是证据指示是否能将功能发挥得足够好,以致依赖这些指示而产生的错误不会显著地增加陪审团已有的一般性的缺陷。这个问题不好回答。我们刻意忘记自己看到或听到过的东西有难度,但并不能从对这种难度中推导出问题答案。

当然,所有这些都是在假定,排除证据的意义在于提高陪审团裁断的准确性。但情况未必如此,有些证据被排除是为了影响当事人在审前或审后的行为。例如,著名的宪法第四修正案刑事证据排除规则就是如此。这个排除规则一般不是通过证据指示执行的,相反,证据是在庭前听证上被排除的。但是,有些学者认为,其他证据规则也旨在鼓励或阻止庭外的特定类型的行为。因此,品格证据的禁止就可以被理解为一种抑制犯罪的方法,它将审判聚焦于潜在的被告人避免新的犯行就可以减少的证据上。传闻证据规则可理解成鼓励更多可靠证据产生的工具。提出后续补救措施的证据不能用来证明过失的规则,可以被理解为——传统上也被理解为——一种确保当事人不会因知错能改而被处罚的方式。特权规则,总的来说,也不是用来提高审判的准确性,相反,它们为了一些其他价值利益牺牲了准确性:通常是为了促进某些活动或关系,披露这些信息可能不利于这些活动或关系。

如果这些证据规则的目的在于鼓励或抑制庭外行为,而不是提高陪审团查明实体真实的准确性,那么,就应该更加明确,即使陪审团没能绝对忠诚地照做,这些规则的指示也能有效地发挥功能。没有人认为第四修正案的证据排除规则需要排除所有警察从违法侦查行为中获益的可能性以达到抑制这种行为的目的,或者如果我们想让被告人寻求这种救济措施,就必须杜绝所有被告人因救济行为受到损害的可能性。最高法院有时说:“不确定的特权,比完全没有特权好不了多少。”但这并不能让人信服,没理由认为一项保密活动只有在提供绝对没有任何泄密的保证下才能进行,也没有任何法律规则(无论在理论上如何刻板)在实践中能够提供如此滴水不漏的保证。同样地,如果传闻证据规则旨在鼓励当事人提供更加可靠的证据,品格证据规则旨在使被告人因犯罪行为产生的证据成为审判焦点,那么即使证据指示使一些——但并不多——违法的证据成为漏网之鱼,这些规则也一样能达成它们的目标。如果我们认为当事人或推定的当事人会根据证据规则来规范他们的行为(一个在许多案件中也许会受到质疑的假定),然后通过陪审团对证据依赖证据可能性的显著降低,证据的价值也会显著降低。也许这就是所需要的。这意味着证据指示的充分发挥作用并不意味着完全地发挥作用。

总而言之,证据指示没有被严肃对待的一个原因是,直观上似乎很明显陪审员在考虑一些特定议题的时候,不能将自己看过或听过的东西忘却或从脑海中排除。但是限制性指示并不需要尤其是也不会要求陪审员忘掉证据。他们只需要求,一般来说确实只需要求,陪审员无视证据,或者不将其用于某些特定用途。而即使陪审员未能完全忠实地履行,证据指示也许也能充分发挥作用。无论证据是否被排除,或者其用途是否受限,提高事实调查的准确性或为庭外行为提供动机,这些目标常常可以通过显著降低陪审员对证据的依赖程度而实现。只要人们认识到陪审员们是一群人类,以他们固有的和普遍并不完美的方式一起作出推断,仅仅因为不能完全发挥作用就否认了证据指示就是不合理的。

(二)故事模式

法学学者中对证据指示的怀疑主义不仅仅依据常识,即陪审员们不能强迫自己忘记,或者刻意地选择性记忆。它也依据对陪审团认定案件方式的特定解读:“故事模式”。但是这个理由,也一样被证明是错误的。

“故事模式”是一种关于陪审制的详细理论,主要由学者 Reid Hastie 和 Nancy Pennington 在 20 世纪八九十年代发展起来。在这一理论最完整的表述提出了陪审团的推理有三个组成要素:构建一个故事,学习法律,将法律应用于这个故事。第一个要素,构建故事,即将庭上展示的证据和陪审员对世界的背景知识,以及一些解释和描述人类活动的基本性、一般性的理念结合起来,进行叙述。这些一般性的理念是认知模式——对起始事件和物理条件如何通过因果链条,与心理状态、行为和结果相联系的抽象预期。也许基于证据还可以构建其他可能的故事;陪审员们从这些故事中进行选择,选择的依据就是它们的逻辑自洽和与证据相符的程度。陪审团作出决定的第二个要素,学习法律,是法官提供的可适用实体法标准的官方描述,例如对谋杀或过失致人死亡的定义。第三个要素是将陪审员已经得到的故事与法官提供的正式的法律上的分类相匹配——律师称为将法律应用于事实。

这三个要素中最重要,也是最能将故事模式与其竞品区别开的,就是故事的构建。故事模式在很大程度上是对另一种,关于陪审员如何评估证据不同观点的回应和否定:这种观点认为陪审员们通过某种直观近似贝叶斯定理或其他的方式估计并组合概率。故事模式的关键在于陪审员们是通过整体的,而非个别的方式评估证据。为实现这种做法,他们依赖先前的认知模式——即感知世界的一般思维框架——而不仅仅是在审判时接收到的信息。“故事模式”这个短语更宽泛地来说指称这一套核心信念,以及至少一些相关模式与叙事结构有关的观点。更进一步来说,还有对证据与故事之间“双向”关系的批判性理解。叙事的构建要与证据相适应,但证据也是通过叙事的选择来感知和理解。在这种更宽泛的意义上,

"故事模式"成为法学和心理学学者对陪审团决断的正统观点。它直观看来合理,并且也有相当的实践数据支撑。

有时,这种广义上的故事模式,会被认为暗含对陪审团遵从证据指示缺乏信心。原因很简单。证据指示似乎是假设陪审员对证据会通过有序的、线性的方式进行逐一的评估和组合。但在故事模式下,陪审员通过递归的方式推理,每一个证据都会影响叙事的构建,而叙事反过来又会影响每个证据在心证中的地位和意义。怎么能要求陪审员在对证据的回顾中,独立出特定证据对整个过程产生的后果,然后在这个证据缺失的情况下重建叙事?这看起来无法做到。

然而事实上,故事模式对证据指示有效性的影响却并不清晰。即使陪审员确实是用整体性的方式评估证据,就是故事模式描述的那种方式,他们也许依然能够练习掌控哪些证据会被用到综合的评价中。理论上,至少完全可以逐项确定哪些证据会被采信,然后从整体上评估所有没被筛除的证据。事实上,陪审员们很明显就是这么做的。为了通过评估证据来建构故事,陪审员们需要确定哪些算作"证据"——故事应该契合和解释的是什么。故事不是用来解释陪审员们前一天晚上的梦,或者法庭里的陈设,或者最新一期的《美国达人秀》。一些事实问题是陪审团需要作出决定的,要筛选出与这些问题有明显相关性的证据当然也许更难。但这不是因为要从整体上评估通过筛选的证据。

也许有人认为,故事模式对证据指示设置的挑战,与逆向运行的难度有关。在故事模式中,证据不是简单地堆砌,每一个证据都会产生影响,通过相互作用的复杂网络,每一项证据如何被权衡和理解。有人也许认为这种情况下一个证据的影响很难被消除。很显然,只有当陪审员在受到无视或者限制使用的指示之前,就已经处理了有问题的证据时,才会出现这一问题。但那也许是经常甚至是绝大多数时候会发生的,取决于陪审员有多迅速地执行证据指示和将新证据纳入自己的故事里。所以遵守证据指示,也许确实经常甚至通常要求陪审员消除在问题证据和案件其他证据之间的一系列复杂的相互作用。

这听上去不容易,但是也没有一个先验性的理由去认为陪审员无法做到。事实上,陪审员在审判中很可能在做一些类似的事:当新的证据和争议出现时,陪审员之前建构的故事被修正时,他们反复推倒和重建证据之间的联系。这就是在无论什么情况下,一般人理解的故事模式都会要求陪审员做的事。而如果陪审员们一直在重塑故事,并调整证据以适应故事结构,那么他们也可以在纳入新证据的同时不能舍弃一些证据或者限制它们的使用。

说了太多关于故事模式和无视指示的事,而限制指示,也就是告诉陪审员他们可以使用特定某个证据,但只能以特定方式而不能以其他被禁止的方式使用,这样的指示又如何呢?故事模式似乎对这类指示也提出了特别的质疑。如果陪审员整体性地评估证据,也许有人会认为,他们必定会凭感觉评估证据,就像格式塔一样,因此他们不能有意识地控制某个特定证据对他们创造的故事产生影响的方式,以及在直觉层面上他们创造的故事有多大说服力和融贯性。

然而,不考虑对非线性,下意识,融贯的推理模式的一般分析的话,故事模式中,没有一项内容不要求陪审员的推理要完全地非线性或下意识。故事模式的实证证据包括如下实验:模拟陪审员将某个故事从具有相关可能性的竞品故事中挑选出来,并将证据组建其中,他们建构的这个故事影响他们理解和评估单个证据的方式,特别在如果这个证据模棱两可或者有矛盾的情况下。所有这些都与陪审员们结合了有意识的、原子论式的推理的融贯的故事建构相一致。事实上,陪审员们必须按这些方式做。为了将一个证据吸纳进故事,陪审员必须对这个证据是什么以及它要表达什么有一定认识。证明被告人不在场的无罪证言不会和证明在案发现场发现被告人指纹的专家证言获得同等对待。且这种原子论式的认知很大程度上受制于意识。当比较其他竞品故事与证据的匹配程度时,一个陪审员很可能会通过限制由某个特定证据产生的各种推论,来合理地控制对案件的分析。例如,某个陪审员可能允许某个故事与一个传闻证言相矛盾,因该证言只在其他用途上可采。毫无疑问,一些陪审员会感到这种控制推论的方式较困难。但并没有理由先验地认为,这种困难大到使限制性证据指示几乎无法发挥实质作用。

这里再说一遍,将这两种说法作出区分是很重要的,即证据指示任何时候都有完美作用这一明显不可能的主张和一个更为实际的提议:它们的作用应得到认真对待,并在一定的限制条件下,可以依赖它们。如果有需要,对修正性指示可以完全消除不可采或部分可采的证据产生的偏见影响这一主张,故事模式还提供了额外理由来表示怀疑(而却没有人这么做)。但这一模式远不能证明那个广为传播的说法:证据指示如此显著又彻底地无用,比怪力乱神的咒语好不了多少。

(三)模拟陪审员

另一种关于证据指示的怀疑论更为有力,它不只是诉诸人们不能忘记自己了解过的东西这一常识观念,也不只是因为陪审员们整体性的而非个别地评估证据,它还有实证证据的支持,而这也许最为重要。在过去的几十年间,关于模拟陪审员如何接受指示来无视或限制某些特定证据的用途有各式各样的实验。人们反复报道和普遍确信的是,这些实验结论性地,或者至少非常有说服力地展示出,证据指示没有也不能发挥作用。

这些研究的结果其实很不清晰。如果非要说的话,它们指出了至少在某些情况下,当以一种合理的方式给出时,证据指示确实是有作用的。

以下这张清单,列出了我能找到的对模拟陪审员进行证据指示效果的33个公开发表的研究,以及对结果的简要总结。对它们的结果进行分析大有裨益。

1. Broder,1959,在一场机动车车祸中要求无视被告人保险的指示适得其反,使陪审员判处了更多的损害赔偿金。

2. Kline 和 Jess,1966,4个模拟陪审团中有3个遵守指示,无视审前的新闻报道,但第四个依然依据新闻报道作出裁决。

3. Simon,1966,陪审员们遵从了指示,没有理会审前舆论。

4. Doob 和 Kirshenbaum,1972,限制前科证据使用的指示无效。

5. Cornish 和 Sealy,1973,陪审员们遵从指示无视了前科证据。

6. Sue 等,1973,要求无视的指示并未消除不可采的窃听证据带来的影响。

7. Hans 和 doob,1976,将前科证据仅用于质疑的指示失败了。

8. Wolf 和 Montgomery,1977,陪审员忽视了警察证言已被裁定为不可采,但只是在他们没有被告人诫的情况下才会这样做。

9. Reinard 和 Reynolds,1978,只有在提出异议或法官裁定证据证据不可采时,耸人听闻的证据才会使陪审团作出带有偏见的判决。

10. Thompson 等,1981,陪审员们遵从了无视不可采的控方证据的指示,但没有遵从针对辩方证据的同样指示。

11. Tenfold 和 Penrod,1982,分别考量每个指控的证据的指示"部分有效"。

12. Werner 等,1982,独断专横的陪审员没有遵从指示无视不可采的控方证据。

13. Hastie 等,1983,陪审员评议时,似乎能够遵从指示,无视不可采的证据。

14. Carretta 和 Moreland,1983,无视不可采的监听证据的指示限制了陪审员们对它的使用,尤其在评议过后。

15. Tanfold 和 Penrod,1983,分别考量每个指控证据的精密指示无效。

16. Greene 和 Loftus,1985,分别考量每个指控证据的指示无效。

17. Tanford 等,1985,分别考量每个指控证据的精密指示降低了定罪率。

18. Wissler 和 Saks,1985,陪审员们违背了将犯罪前科只用于质疑的指示。

19. Tanford 和 Cox,1987,将前科只用于质疑的指示适得其反,只成功地将陪审员注意力吸引到了证据上。

20. Tanford 和 Cox,1988,陪审员们未能遵从指示将质疑证据只用于评估民事被告人的信誉。

21. Clark,1994,法官指示忽略由一位异见陪审员提出的不可采证据,却只是成功将人们的注意力吸引到证据上。

22. Kerwin 和 Shaffer,1994,无视不可采警方证言的指示在进行评议的陪审员中似乎充分发挥效用,而对未评议的陪审员只部分地发挥效用。

23. Landsma 和 Rakos,1994,陪审员们违反了无视后续补救行为证据的指示。

24. Greene 和 Dodge,1995,限制先前获罪证据用途的指示无效。

25. Pickel,1995,无论是否附有法律解释,陪审员们都遵从了无视不可采的传闻证据的指示,但只在没有法律解释的情况下,他们才遵从无视不可采的先前定罪的指示。

26. Rind 等,1995,只在指控严重的情况下,陪审员们才遵从了无视不可采的窃听证据的指示。

27. Fein 等,1995,陪审员们有理由怀疑提出证据背后的动机时,才会遵从无视不可采证据的指示。

28. Kassin 和 Sommers,1997,如果被告知这一证据是不可靠的,陪审员们会遵从无视不可采的窃听证据的指示;而如果被告知证据被排除是因为其取得方式是非法的,他们的做法就不那么一致了。

29. Kassin 和 Sukel,1997,陪审员们违反了无视不可采供述的指示。

30. Freedman 等,1998,审前媒体宣传没有提高定罪率,但是审前媒体宣传和要求无视的告诫轻微地降低了定罪率。

31. Fleming 等,1999,陪审员遵从指示无视了非法取得的证据。

32. Lloyd-Bostock,2000,陪审员们违背了只将犯罪前科用于质疑的指示。

33. Demaine,2008,陪审员们遵从了无视不可采的警察证言的精密指示,但是一个独立的小组未能遵守更简略一些的指示。

这些结果最显眼之处在于结果本身是多种多样的。有时证据指示能发挥作用,有时则不能,而有时它们适得其反。有时证据指示的有效性取决于指控的严重程度;有时取决于陪审员们的个性;有时取决于证据指示中施加了多大以及何种形式的压力;而有时候,这些似乎都不重要。这种多样性甚至比总结展示出来的更为广泛:这一系列研究的一个惊人事实是,每一个结果实际上都各不相同。一部分原因是,实验的心理学家更像科学家,不会耗费时间重复其他研究者已经被报道过的实验。大多数心理学家(以及绝大多数的资助机构和专业期刊)认为,比起精确的重复,不同的方法测试同样的假设中付出的努力更有意思也更有价值。所以,这些研究中,没有两个的设计路径是完全一样的。但这只是一部分原因,即使当这些研究设计重合了,一般来说,结果也不会相同。

研究者自己也经常承认,从分歧这么多的结果中很难得出什么确定的结论。不过同样地,这些实验证据也被认为是展示了证据指示"一般是无效的"。几乎这类研究在法学文章中都是这样描述的,而有时在心理学家那里也是如此。

其他指向的结果常常被忽视或歪曲。例如,早期在伦敦政经学院进行的一个实验发现,陪审员在听取被告人之前曾被定罪的证据后,更有可能认为被告人有罪,但只有在相同罪名的情况下——并且甚至一个修正性的指示就可以消除之前获罪证据带来的影响。伦敦政治经济学院的研究用到的两个案例里都是这样,一个涉及强奸的指控而另一个则是盗窃指控。因此,伦敦政经学院的研究证明了,至少在特定情形下,陪审员可以遵从指示无视证据。就像研究者们自己总结的,他们的结果指出,"与普通的推测相反,要求无视被错误采纳的相关先前记录(证据)的指示得到了陪审员们的重视"。但之后的研究们在讨论这一研究时,通常不是这样描述的。有人声称,这一研究发现一个修正性的指示在强奸案中可以发挥作用,但在盗窃案中却不行,有人称伦敦政治经济学院的研究者发现只有一个修正性指示"轻微地"降低了已被法官定为不可采的证据的偏见性影响;有人则称伦敦政治经济学院的研究者们发现修正性指示完全无用。

之后我将揣度为什么模拟陪审团的实验在关于证据指示的有效性方面往往被描述得比实际上的更加挫败。目前,完全可以说学者们和陪审员一样倾向那种将新证据吸收进前见的"融贯性推理"——并且,从他们的表面上来看,模拟陪审员实验为证据指示本质无效的观点,提供了最多只是模棱两可的支持。

其实,越近的研究提供的支持越弱。这是因为许多模拟陪审团的研究设计上有瑕疵,使得实验结果质疑证据指示的有效性,并且报道和发表的偏见很可能也在向同一方向努力。我将首先讨论这些设计瑕疵,然后是报道和发表的偏见。

几乎所有这些研究通常让大学生担任模拟陪审员——虽然有时也并非如此,并让他们以观看、聆听,或者阅读的方式了解一场虚拟审判。证据包括法官的裁决,但陪审团应该无视,或者只是以特定的而非其他方式使用。然后陪审员们被询问他们是否认为有罪;陪审员们通常还会被问一些其他问题,每个研究各不相同。其他问题包括,例如,陪审员们在裁决过程中是否自信,或者他们是否认为这名被告人是一个可信的证人。

律师们和法官们通常对模拟陪审员的研究持怀疑态度,因为大学生们,或者在科学博物馆招募的随机受试者,显然在许多方面都与真实的陪审员不同。最起码,模拟陪审员们知道没有什么会真的受到影响——当然没有人会因此失去生命或自由。但是对模拟或真实陪审员决策的对比却一直都未能发现任何明显且一直存在的差异。两种陪审员绝大部分上似乎都在使用同样的方式推理,认为使用模拟陪审员让证据指示的研究具有了一定偏向并不合理。这些研究中的设计瑕疵也并非使用模拟陪审员而产生,而是另外4个因素:错误的对照组、缺乏评议、指示不力和统计混乱。

错误的对照组。几乎所有关涉证据指示的模拟陪审员实验都通过检测陪审员反馈的判决中受证据指示影响程度来检测其证据指示的有效性。但它们总是用一种奇怪的方式这样做。如果你想衡量一样东西,例如药物的功效,一般来说,你会选取一组具有药物治疗症状的受试者,在这组受试者中随机选取几位适用该药物,然后将这几位与余下没有接受药物的受试者情况进行比较。余下的受试者就是对照组。(在药品研究中,对照组的受试者会收到无效的安慰剂,或是实验的药物需要与之进行比较的标准治疗方法,这样生理效果就可以和精神和心理上的效果区别开来。)类似地,如果你想知道证据指示发挥了多大作用,最明显的方法就是看看收到指令的陪审员是如何做的,然后与没有接收到证据指示的陪审员行为进行比较。对照组的陪审团不会收到指示。(不需要安慰剂,因为你要检测的就是心理影响,不需要试图将它们排除。)在药品实验中,对照组有与治疗组相同的基础条件,但不会受到治疗。要测试证据指示,对照组应该接触证据,但是不会收到证据指示。

实际上,有些针对证据指示的模拟陪审团实验是这样进行的。但并非所有:一些实验将已经接触过证据并被给予证据指示的模拟陪审员与根本没有接触过证据的模拟陪审员作比。并且模拟审判也被刻意设计和预先测试,确保缺少了问题证据就基本无法定案。就好像在药物有效性测试中,让具有特定症状的人使用药物,然后与根本没有症状的人相比较。这是一种检验这种治疗方式——或者指示——是否完全发挥作用的明智之举,但不是一个检测其是否起作用的好方法。

缺乏评议。一些关于证据指示的模拟陪审团实验将问题分配给陪审团小组,并让他们在决策之前评议。但大多数并不会。大多数研究涉及的是模拟陪审员们而非模拟陪审团。就陪审团研究的某些部分来说,这些区别也许并不重要,因为有相当证据表明,一般来说,陪审团判决会体现每个陪审员在评议中提出的观点。但也确有理由认为当陪审团进行评议时,证据指示会更有效:当陪审员们必须向彼此说明自己的推理,也许就更能避免禁止性的倾向出现,而更难做法官不允许的事。而且,事实上,实验结果总体上也支持这一结论:证据指示在陪审团进行评议时会更有效。总体来说,在包含了评议的研究中,更能发现限制性指示起到的作用,而将评议的陪审员和未评议陪审员直接比较的研究已经发现,评议的陪审员更能遵从限制性指示。其他研究检验了模拟陪审员们的评议并发现他们进行了“自我监视”:评议中提及不可采证据时,陪审员们提醒彼此将其忽视。

指示不力。一些模拟陪审员研究为反对证据指示有效性会要花招,它们提供前后不一致的指示,或者以难以理解的理由要求陪审员无视证据。例如,在一个研究中,模拟陪审员阅读了一个银行抢劫案的概要。一些陪审员被告知被告人曾因另外一次犯行而被定罪(或无罪),而这些陪审员们中的一部分被告知前一次审判的结果的用处应当是“仅用于确定银行抢劫案犯人的身份”。不难想象,这一指示对作出定罪决定的陪审员们并未产生多大影响。研究者们得出结论:限制性指示不能控制前科的影响;他们推测“陪审员只是没有理解何为只能将前科信息用于确认身份而不是其他目的”。但这一实验充其量只是显示,前科证据的影响不会被一个十分薄弱的限制性指示消除——这种指令即使逐字遵守,都只会让陪审员恰好得出品格证据规则试图抑制的那种倾向性判断。另一个研究旨在明确陪审员是否遵守指示,将每一项罪名的证据分开,但实际是要求模拟陪审员做别的事:“将每一个犯行视为独立的罪名。”还有一个研究要求模拟陪审员无视一份警察在监视中的目击证词,基于一个奇怪的理由:该次监视“在法律上没有涉及警方观察到的有关被告人的任何事”。该结果表明法官作出的无视证据的告诫适得其反,显然只是成功地将陪审员的注意力吸引到了证据上。但是,从那样的研究中很难总结出,基于合理理由要求陪审员们无视证据会起作用。

当然,在现实生活中,陪审员们有时得到的证据指示并不一致,有时也被要求无视似乎是被无理排除的证据,至少对非职业审判员们来说是无理的,往往对法律职业者来说也是这样。但是实验结果表明的是陪审员们不会遵循一个不能理解或者显然是毫无根据的指示,这并不说明陪审员们是否可能遵守看起来合理的、可以被遵守的指示。不管这一指示是直接作出的,还是在向陪审团阐释之后作出的。

有时候问题并不在于虚拟审判中法官向模拟陪审员们作出的指示,而在于研究者们自己的指示,更确切地说,是关于陪审员们如何想象自己的角色。在一些实验中,陪审员们要回答的并非投票有罪或无罪,而是他们是否相信被告人是有罪的或者无罪的。一个研究直接检验这种措辞上的区别是否重要,结果毫不意外地发现,确实很重要:作为对无视不可采证据指示的回应,评议中的陪审员改变了他们的判决,但没有改变他们的信念和个人的倾向。所以,检验证据指示是否改变了模拟陪审员相信有罪的比率,并不是用来检验证据指示是否可能影响陪审团真实的陪审员投有罪票可能性的好办法。

统计混淆。从统计学角度看,一些模拟陪审员研究的结论并不能由实验结果证成。最常出现的错误就是将统计学上显著作用的缺失视为实际无作用。未能发现统计上的显著作用可能意味着在实际中没有作用,或者也可以意味着实验不够细致——例如,因为样本容量太小。但是当研究者对陪审员接受了证据指示并认为被告人有罪的比率,和未接受证据指示认为有罪的比率进行统计,未发现显著区别时,他们有时会将此视为证据指示实际上无用的展现。(相反,至少有一个研究发现,陪审员接触到证据并收到指示,和陪审员没有接触到证据,这两种情况下的行为没有统计学上的显著差异,而"限制性证据指示有部分起了作用"。)

错误的对照组、缺乏评议、指示不力和统计混淆,这 4 种设计上的缺陷没有一样是所有的关于证据指示的模拟陪审员实验共有的。然而,总体来说,它们意味着关于证据指示的实证研究,从表面来看不足以说明证据指示注定失败,而进一步检验就会发现更多不足。并且这还是在没有考虑关于研究成果的新闻报道和发表刊物具有选择性偏见的情况下。

新闻报道和发表的偏见。在从公开发表的研究中得出结论时,一些领域内的研究者们近年来已经越来越熟练于将报道中的偏见考虑在内;也许,对这一最为关注的领域是医疗和公共健康。这些偏见中最明显的是支持积极结果。未能发现统计学上的显著关系的实验,也就是消极结果的实验,投稿给杂志社和被发表的可能性更小。研究成果能够扩大赞助机构利润,或者能证实研究者先前信念,这样的研究更可能得到传播。在医疗研究中,这两种偏向有重合的趋势。因为药物实验一般由制药公司赞助,它们希望证明获得药品和获得安慰剂的病人之间会有统计学上的显著差异。在社会科学中,因赞助者利润而产生的财政倾向并不常见,但是也不能认为此处对消极结果的抵触倾向就更弱,因为研究者的信念和期待产生的偏见——"意识形态偏见"——在社会领域的影响也许比医疗领域还要大。并且,在社会科学中,也许报道和发表偏见还有更多的运作空间,因为人类行为是如此复杂且多元。许多因素会影响药物作用的发挥,包括人生理条件的多样性。但是行为反应一般比生理反应还要多样化。所以,可以预计社会科学的实验结果波动性要大于医疗领域。

所有这些意味着报道和发表偏见,在社会科学和医疗领域至少不分彼此,社会科学甚至更胜一筹。但社会科学研究的消费者们,包括法学学者,倾向于忽视这个问题。在法律评论中,就像在流行书刊里,作为人类心理学普遍特征的积极证据,一两个实验结果被不加批判地引用是很常见的——例如陪审员们对无视或限制性证据使用的接受无能或不情愿。

报道和发表偏见很可能歪曲了针对限制指示有效性的心理学文献。有人也许认为偏见也会以其他方式展现,即偏向证据指示真的有作用的积极结果。但是,基本上,绝大部分模拟陪审团实验都不是用来检测证据指示的有效性,而是不可采或者部分不可采证据的作用。(这就是为什么一些实验不去检测没有附带限制性指示证据的影响力,而是用没有接触过证据的陪审员们来做对照组。)这种语境下的积极发现是指发现陪审团的偏见,而不是发现陪审团成功克服偏见。并且,这一领域中的许多研究者都明确了这一点,基于这一原则,他们至少是十分怀疑证据指示是否有效。这也许可以解释为什么对于其他导向的研究成果,例如伦敦政治经济学院的研究结果,后来的研究人员倾向于忽略或作出错误描述。

一般来说,报道或发表偏向能够证实研究者期待的结果——总体来说偏向常识——这种偏见在一定程度上,可以被故事性或趣味性的结果偏向所平衡。所以,有人可能认为,表现证据指示实际发挥作用的结果更有可能被报道和发表,恰恰正是因为它们与常识相左。但是,这一领域的心理学家们则倾向于认为自己是在与律师和法官们的常识搏击,而不是其他心理学家的传统观点。他们倾向于认为自己和其他心理学家是科学这条战线上的战友,并肩对战混乱且毫无科学性的法律假设。所以,证明证据指示无效的结果,不仅是期望得到的结果,也是吸引人的"逆向投资者",他们对"法律的逻辑基础"表示质疑。所以,当心理学家们认为法律不信任他们时,出现更多证明证据指示有效的结果可能就不再意外。例如,在讨论审前舆论的情况下,当法院倾向于担忧陪审员不会将他们在审前听到或读到的置于不顾时,心理学家们——至少是其中一部分——很显然想要捍卫表达自由。

结果是报道和发表偏见可能已经歪曲了针对证据指示的心理学文献。就像我们之前看到的,许多模拟陪审团研究中的设计限制可能使结果偏向一个方向。而且即使这样看,这些研究也远远不能明显而一致地指出:证据指示没有也不能发挥作用。

综合分析(Meta-analysis)。模拟陪审员实验说明了证据指示有效性的什么问题?回答这个问题的一种方法是进行综合分析,将这些研究测试的结果结合起来,定量分析,以从所有数据中得出效果。但是综合分析并不能包治百病:报道和发表偏见依然会干扰结果,而一个没做好的综合分析当然也会产生新的错误。不过,如果正确地操作,综合分析至少会让研究者考虑到一些单个研究设计上的局限,并以一种比任何个别研究都更有统计力的方式将结果都结合起来。它也提供了一种方法,比我之前提到过的印象式的概述能更加系统性地将结果结合起来。

恰好,在 5 年以前,一个对模拟陪审团证据指示实验的综合分析被发表出来,巩固强化了我列出来的成果中的绝大多数,而有些未发表的我则没有讨论。研究者们希望发现证据指示是无效的或是适得其反,但他们的结论更加微妙:

“当不可采证据确实给陪审员留下深刻印象,一个矫正式的司法告诫不能完全消除这种影响。即使在进行司法告诫之后,控方证据和辩方证据还是会对判决产生重要影响。这种效果,虽是星星之火,却可以燎原。对控方证据来说,一个较强的效果(也就是较不成功的指示)通常是因为司法指示未能提供不可采的原因,或者未能说明告诫的依据是证据取得非法。相反,当司法指示提供证据不可采的理由时,如当法官解释证据不可靠,是传闻证据,或者对案件‘没有影响’时,效果就会明显变小。显然,陪审员对他们可以理解并认同的明确信息作出回应。效果范围的缩小还与在审判快结束时,在整个指控之外要求陪审员无视任何被认定为不可采的证据有关。在陪审团评议结束后采取依赖性措施的 4 个评测表明,评议也可能降低本来具有破坏性的不可采信息的影响。”

换句话说,证据指示能够起作用,尽管不完全,而若法官向陪审团说明理由,在审判快结束时作出指示,以及陪审员们被要求在作出判决之前进行评议,它们就能作用得更好。从所有的研究看来——包括没有给陪审员遵从证据指示理由,陪审员在听完证据后而非审判结束时就收到指示,以及陪审员们没有进行评议的研究——证据指示降低了但是没有完全消除不可采和部分可采证据的影响。即使在给过指示之后,证据对判决依然存有影响。但是平均来说,这种效果是有限的。而这些结果具有的方法论上缺陷连综合分析法都无法纠正。(如在给模拟陪审员的法律指示和研究指示上的普遍缺陷)并且报道和发表偏见可能造成对证据指示效果的系统性淡化。综合分析法的作者也指出为了一些有希望使证据指示更有效的可能性——在审判一开始告诫陪审员,要求陪审员承诺不使用不可采的证据——如用于测试模拟陪审员则收效甚微。

综合分析法因此确认我们对模拟陪审员印象化的评价说明了什么:这些研究没有说明证据指示不起作用,更不要说不能起作用。研究指出的正是我们应当期待的:证据指示有作用,虽然不完全,而且在有些情况下会作用得更好。应该认识到证据指示的缺陷,并尝试找出何时、如何才能让它们发挥得最好。将它们视作天然且当然地无用没有意义。这种简单的犬儒迷惑了我们对证据指示的思索——以及我之后将论证的,从更宏观角度而言,模糊了对陪审制的思索。

二、对程序要求的再审视

没有一种通说,无论是"故事模式",还是可获得的实证证据,能够支撑"陪审员们没有且不能根据证据指示无视或限制证据使用"这一广泛传播的观点。既然这个观点如此广为流传——既然它在律师、法官和学者中相当于一种正统的犬儒主义——我们为什么还要依靠证据指示?惯常的答案是这是必需,我们不得不假装证据指示能够起作用,即使我们知道它们不能,我们的制度依赖它们。最高法院曾解释道:"推定陪审员遵守指示的规则是出于现实考虑,与其说是植根于对这一推定为真的确信,不如说是相信它相当于是为了国家和刑事被告人利益而作出理性务实的调整。"

人们重视这种需求。陪审团遵从指示的信念通常被认为是"司法制度之根基"——一个"构成我们陪审宪法制度的至关重要假定"。

然而,几乎无人曾试图准确说出,关于陪审团指示的有效性,以及更具体地说,关于证据指示有效性的信念,何以"对我们司法制度至关重要"或构成"支撑我们陪审团审判之宪法性制度的关键设定",或者为何它甚至代表着竞合利益之间"一项理性务实的调整"。填补上述理论空白极为困难,具体理由我简述如下。首先,应当指出的是,表面上的实际情况与夸大证据指示必要性的主张存在着冲突:"我们的制度"并不总是依赖于证据指示。一方面,与刑事诉讼相比它们在民事诉讼中的重要性明显降低。例如,研究者们回看了亚利桑那州的50个民事案件陪审团评议的录像带,希望发现陪审员们挣扎于依指示进行"思维体操"(如只将犯罪记录用于评估其证言可靠性)的相关证据,却徒劳无功。这50件审判中几乎没有包含限制性指示,而仅有的限制性指示也几乎不涉及重要问题。进一步说,甚至在刑事诉讼中,法院也并不总是相信证据指示。联邦最高法院就禁止用证据指示来抵消非自愿性供述证据,以及未作证共同被告人作出的"有力的定罪"陈述带来的偏见;在这两种情况下,最高法院裁决,证据指示必须被视为无效。而在这两种情况之外,法院决定以个案认定的方式来审查证据指示是否能否充分抵消偏见。答案通常是肯定的,但也不总是如此:有时候最高法院认为陪审员们可能不情愿也不能够遵守无视证据或限制使用证据的指示。因为要求他们不得作出的推断似乎是那么自然且有吸引力,又或者因为证据太耸人听闻,陪审员难以弃之不顾。因此,即使在刑事案件中,我们知道法院也可能不信任证据指示,因为他们有时就是这么做的。问题在于除了信任证据指示有效性的悠久传统之外,我们的制度是否要求将证据指示适用的案件类型限定在小范围内。

回答这一问题的一种方法是进行一个思维实验:如果我们抛弃信任陪审员遵从指示的传统假定会如何?我们的裁判系统将会承受什么样的压力,而我们又将如何应对这些压力?如果传统的假设没有被反转,只是被放宽,证据指示依然假定能发挥作用,但只是并不完全呢?我解决这些问题的策略是,首先探索将陪审员指示整个视为无效的结果,然后是将它们视为部分有效的结果。这在两个版本的思维实验中,我都会首先关注实体法上的指示,然后是证据指示。实体法指示和证据指示经常并不区分讨论,但是它们产生的是不同的考量。

(一)无效的结果

我们从颠覆信任陪审员会遵守指示的传统假定开始。假设我们作出相反的假定,陪审员全都不能或不愿按法官告诉他们的去做,这意味着什么?

如果陪审员无视他们的实体法指示,这意味着他们将运用他们自己的而不是法官给的规范和标准。这意味着,从本质上说,陪审员像查寻事实一样查寻法律。这曾是他们职责的一部分——也是陪审制被美国革命者极力称赞的一个方面。人人都认同,至少偶尔认同,今日之陪审团事实上仍在履行这一职能。有关陪审团废法(jury nullification)的争议,主要是关于这种实践有多普遍,它让我们欣慰或担忧的程度,以及陪审员们是否有“权利”或“权力”拒绝适用他们认为不明智和不公正的法律。关于即使陪审员们并非有意无视实体法指示,他们最终是否以及在多大程度上适用了自己的规范标准同样有争议。现在目标的重要性在于:如果陪审员们无视了给他们的法律指示,效果就是用陪审员的规范标准替换了纸面之法。这并不能威胁或削弱陪审团审判,相反,它扩张了陪审团的作用。而它威胁和削弱的是成文法和判例法对判决结果的有效控制。这反过来削弱了法官和立法机关的作用。并且,这也很显然构成对法律一致性和可预测性的挑战。

我们能够维系一个不需要相信陪审员们会遵从实体法指示也可以自洽的陪审制度。在这个制度中,陪审员是否接受实体法的指示没那么重要,在这个制度中,陪审员用他们自己关于正义的常识理念而不是成文法和判例法事先设定的技术性法律标准。有相当多的观点认为,事实上我们很大程度上拥有的就是这种制度。抛弃陪审团会遵从实体法指示的假设就会把我们完全带进那个阵营。这并不意味着抛弃陪审制的观念,而是使我们适应陪审团承担的职能比我们已经习惯的更大,而法官和立法机关的将会大幅减小。

但是,中断我们对证据指示的信仰带来的结果远不会那么戏剧化。证据规则,不像有关犯罪和民事责任的实体法,一般在不需要陪审团配合的情况下也能适用,并且这就是它们通常被适用的方式。法官运用证据规则将证据与陪审团隔离。没有哪些指示是必不可少的,因为陪审团根本就看不到也听不到证据。只有当法官决定一个已经被陪审员看过或者听过的证据是不可采的,或者法官认为证据虽可采,但只能用于特定的目的或者针对特定当事人,在这样的情况下,才会需要证据指示。至少在刑事案件中,这样的情况时常发生,这就是为什么证据指示是美国审判实践的一个为人熟知的特征。但它们并非一直并普遍存在于美国审判实践中。绝大多数证据法规范不需要用到证据指示就能应用于陪审团审判中,但是这种情况在实体法中却不会出现。

如果我们假定证据指示不起作用,这并不意味着在陪审制中舍弃证据法。这意味着在证据法上接受两个实际的限制:第一,被错误引入的证据无法再变回未引入的状态,第二,一旦证据被提交给了陪审员,立法机关和法官就不能再限制它们的使用。

第一个限制意味着,证据被不当提交给陪审团会成为审判无效的理由,除非让陪审团考虑证据是否满足无害错误的标准——通常也都是如此操作的。即使没有给修正性的指示,绝大多数证据错误也确实是无害错误。要么证据关系到的事项无关紧要,反正另一方也会胜诉。要么案件中的其他证据太有力以致有问题的证据不再重要。尽管在一些案件中,陪审团对特定证据的认可会被认为是在缺少修正性指示下的偏见错误。如果我们不再推定证据指示会发挥作用而是推定它们无用,那么这些就属于法官应宣布为审判无效并进行重审的案件。

接受第二个限制——无法控制陪审团使用证据——意味着我们将抛弃限制证据可采性的概念。那意味着我们将改变对特定种类证据禁止规则的管理,仅在出于特定的、禁止性的目的时才适用该规则。当然,这类规则中最著名、运用最广泛的就是传闻规则。我们只有在证明"主张事实的真实性"时才禁止传闻证据——那就是说,只有当庭外陈述者要求他或她的听众相信自己的主张,并以此作为证据时才禁止传闻证据。因为庭外陈述通常有助于实现这一目的和某些其他目的,传闻证据规则经常通过限制性指示来适用。如果一个实施了侵权行为的被告人被警告她超速了,这个警告是可采的,但是假如被告人提出请求,陪审团应当被告知该警告不能被用于证明她事实上超速了,只能证明这个问题引起了她的注意。

如果我们认为陪审员们不能或者不愿遵从指示,我们就只有选择要么排除证据,要么承认它可用于任何目的。这二者哪一个更有吸引力取决于法官和庭审律师熟悉的一种计算:在证据价值和它造成不公以及将陪审团引入歧途的可能性之间作出权衡。当传闻证据规则禁止了证据对一方的使用却未禁止对其他方的使用时,我们将面对一个熟悉的选择——在传统传闻证据可采性的例外中,当陈述是由一方当事人作出时,它对于且仅对于这一方当事人来说是可采的。如果我们不再相信限制指示能够起作用,并且致力于进行一体化的审判,我们就要么允许陈述对所有当事人可采,要么就将它们全部排除。质言之,就是在全要或全不要之间作选择,而选择的作出,很可能会衡量哪一种方法更可能使证据有助于公平准确地解决案件。

这些并不会大幅改变证据法的本质,更遑论陪审制了。权衡"正当的证明价值"和"造成偏见的可能性"已经是证据法的主要内容。将证据可采性视为全有或全无的命题也并不是天方夜谭。我们已经在这样做了,例如,在应用传闻证据的特定例外时:如果陈述针对特定目的是可采的,我们有时候为了简化会允许其在所有情况下可采。并且,在多个被告人的刑事案件中,Bruton 案的原则实际上意味着由未作证被告人作出的陈述要么针对所有被告人可采,要么对任何人都不可采。这样对处理所有证据问题都是一个重要的改变,还将导致限制证据可采性概念的消失。可想而知,这一改变可能使情况更变得更糟。但可以明确的是,这个改变不会威胁到我们整个陪审制,也不会威胁我们证据规则的基本属性。

(二)不完全的结果

如果相反,我们不假设陪审团指示全部无效,而是更加切合实际的,假设它们时而有作用时而没作用,那么其影响就更为有限。如果我们接受指示只能不完全地发挥作用那意味着什么?

如果我们对实体法指示作出这种假定,这就意味着法官和陪审员们在确定法律方面都会起作用。那意味着,本质上,法官依然会在一开始决定法律如何适用,但陪审团有时会推翻法官的决定。陪审员们事实上已经发挥了这种作用。这一作用确实比我们已经正式认可的要大不少,但要小于实体法指示完全不起作用时陪审员所发挥的作用。

同样地,如果我们假定证据指示有时候会失败,其影响比我们假设其总是失败要小——而且会比我们假设实体法指示有时失败的影响也要小。这意味着将证据指示实质上视为一种请求或者建议。一个无视证据的指示或不得以特定方式使用证据的指示,应该被视为对陪审团不得以如上方式使用证据的要求或建议,如此才会有效地发挥作用。

如果我们——毋宁说我们应该——以这种方式理解证据指示,接下来会发生如下情况。第一,如果我们希望陪审团履行这个请求或者遵守这个建议,我们应该给他们这样做的理由。正如我们看到的,模拟陪审团研究整体支持这样一种直观感受,即对陪审员们解释理由后,他们更可能遵守指示。第二,不管陪审员们是否知悉了遵守证据指示的理由,我们永远无法确定证据指示是否实际上被遵守了。如果我们想确保被错误采用的证据(如非自愿供述)不会影响到判决——因为,例如我们认为它将损害重要的宪法价值(不自证己罪的特权)——唯一的解决方法就是法官宣布无效审判,然后重新审理。如果我们想确定证据没有以某种被禁止的方式使用,唯一的解决方法就是将它全部排除。第三,证据指示不是毫无意义的,尤其如果法官向陪审团解释了它们的基础。如果我们想要陪审员们无视证据,或者将其用于特定用途,应该请求他们如此行事,并解释为何应该如此,这才是明智的程序——但也并非万无一失。

一个明智却也并非万无一失的程序是否足够好,这同时取决于指示看起来发挥作用的可能性有多大以及它完全发挥作用有多重要。这两个因素都有很多种可能。例如,传闻证据规则通常被认为是反映了这样一种担忧,即对陪审团展示的庭外陈述或者二手报道是不可靠的。可以期待陪审员们能理解这种担忧,特别如果向他们作出了说明。而这种担忧,并非表面上看的那样,无法容忍陪审员赋予庭外陈述哪怕一丁点儿的可靠性(先不管在对质权的规定下,引入传闻证据指控刑事被告人而产生的特殊考量)。所以,通过限制性指示实施传闻证据规则也许会有用。另外,当证据因为可能引起种族歧视或煽动陪审员情绪而被排除,我们不想容忍这样的证据有影响判决的任何可能——而将这类证据排除在脑海之外对陪审员来说可能很难。所以,依赖这样的修正性指示来修正对这类证据的错误引入可能没有多少意义。关键的问题是,我们需要在具体的语境中来权衡证据指示起作用的可能和无效的代价。

这听起来也许是能想到的最无聊的建议:一个平衡总体情况的检验方法。但是这种方法对证据指示来说将会是相当大的变革。一般来说,就像我们看到的,证据指示失效的可能性可能同时为0(当作为严肃的专业人士讨论,法院只能“假定”)和1(当作为冷静的现实主义者讨论,“所有执业律师都知道”)。而一般来说,在没有真正反思的情况下会认为,如果要我们的制度以正当的方式运作,必须假定陪审团会逐字逐句遵守他们收到的指示。从更现实主义而非极端的角度思考证据指示,会带来重要且十分有益的结果。

三、对证据指示的再审视

如果我们不再假设证据指示不起作用,也不再假设我们的制度依赖于它们的完美运作,将会发生什么? 相反,如果我们开始假设证据指示能够并确实发挥了作用,但并非毫无瑕疵,且在一些情况下会发挥得更好会怎样? 如果我们将陪审团视为一群人,虽然并不完全且受限制,但能控制自己的推理,将会怎样? 结果将是我们会对证据指示,宏观来说对陪审团审判制度,有着更清晰的思考。

(一)证据指示和实践规则

从如何思考证据指示的影响开始。我已经提到过其中一种:法官应该告诉陪审员们遵从证据指示的理由,因为这会让指示更好地发挥作用。如果我们不能提出对陪审员们来说是有意义的解释呢? 这也许正是我们重新审视指示试图贯彻的规则的好时机。对此的回应不应像通常那样:耸耸肩以及评论说我们知道证据指示并不能真的起作用——还指望着陪审员理解证据指示,并想叫他们实际上遵守,就好像期盼圣诞老人到来一般。

这种将犬儒态度合理化最坏的例子可能就是几十年前最高法院在 Michelson 诉美利坚合众国一案中对被告人品格证人进行质问的一种奇怪做法进行了背书,这种做法是询问证人他们是否听过关于被告人的从未被证实的谣言——甚至已明确的谣言。"你作证称被告人诚实守法,你听说过他为了保险金杀了自己第一任妻子吗?"当这种做法在 Michelson 案中遭遇质疑时,Rutledge 法官明智地指出:"这个问题提出的形式本身就是应留待陪审团审议的事实。"而这一质证应该以证据为基础,不能是无根据的含沙射影。但 Rutledge 法官写的是少数意见。多数意见由是 Jackson 法官撰写,他认为只要法官给了足够的限制性指示,就像在 Michelson 案中法官给出的那样,那么这种做法也是可以接受的。

这些指示中有 3 个被最高法院认可并援引了,此处值得提及:

(1)"我指示陪审团正在发生的事是这样的:被告人传唤了品格证人,而那些品格证人给出证据的基础是被告人在社区中的声誉,并且因为是被告人提出了关于他声誉的争议事项,控方可能会询问证人她是否听过关于他生涯的各种事。我告诉你们无论她的回答是什么,你们都不要假定询问的这些事都是真实发生的。这就是在检测证人对被告人声誉的意见标准,清楚了吗?"

(2)"我再一次告诉陪审团没有证据证明 Michelson 先生曾在 1920 年因收受赃物被捕,没有那样的证据。证人被问的全都是他是否听说过这事。在这个争议事项上你们不要关注其他东西。现在你们可以不管这个问题问了什么，你们自己能作出这个案件公平的裁决吗？你们可以吗？好的。”

(3)“关于这个案件的品格证据，我允许提出一个问题：证人是否知道1920年这名被告人曾因收受赃物被捕。我试图给你们指示，这个问题只能用于测试品格证人提供的品格证据标准。本案中没有符合证据规则的证据能够合法地向你们证明，被告人在1920年曾因收受赃物被捕，你们不能用这一事实指控被告人；也不能假定那次逮捕的结果是什么。当关系到被告人时，你们就要将其排除出脑海，只有当衡量品格证人的证据时才能对其进行考量。”

Jackson法官承认陪审团可能发现这些指示“几乎无法理解”。但没关系，他解释道：“它们不比理解或适用其他各种各样的事项更困难。”

好吧，它们确实如此。被告人的每一个品格证人都否认曾听过Michelson曾因收受赃物被捕。如果陪审团没有假定逮捕发生，那这种询问对“衡量品格证据的证人”又可能会有什么帮助呢？甚至Jackson法官似乎也困惑了。一方面他解释说，庭审法官允许这样的询问是合适的，“因为如果对Michelson曾因收受赃物被逮捕的描述得以采纳，将会削弱他身为诚实守法公民的主张。”而另一方面Jackson法官又指出问题的关键在于“通过询问某种事件的消息是否在流传，如某人被逮捕——这通常是人们会评论和猜测的消息，来检验证人对被告人的了解是否充分。”没有一种说法可以解释当证人否认听过这次逮捕并且陪审团没有收到逮捕真实发生过的证据的情况下，陪审员能如何利用这种询问。

在Michelson案中的指示并不仅仅是很难适用。它们还没有条理。最高法院为这些指示辩护称，总的来说其实并不能指望证据指示发挥作用。而在该案一年之后，当Jackson法官在裁判中写道：“所有执业律师都知道(指示会发挥作用)是纯属虚构”的“天真的假设”时，他更加强烈地表达了这一观点，而我一直反对的正是这样的借口。

长久以来也是同样的借口使另外一条有关被告人品格的证据规则合理化：可以向选择作证的被告人提问其先前犯罪的证据。如果被告人不走向证人席，他的前科，就像其他证明不良品格的证据，通常是不可采的，因为陪审员们可能会被它带偏。然而一旦被告人作证，他被认为是将自己的品格置于争议之中，并接受公平竞技——但他只展示了其品格中的一方面：诚实。所以，陪审员们被告知只能将被告人的前科用于评估他作为证人的可信度，而不是用于决定他是否可能犯下被指控的罪行。

不同于在Michelson案中的指示，将被告人前科只用于质证的指示是逻辑自洽的。问题在于它们试图实现一条难言正当的规则。被告人即使犯下现在的罪行,也会矢口否认,前科事实几乎不会改变这样的可能(也许只有涉及伪证罪时可以)。另外,被告人有前科实际上常意味着他很可能本案也确实有罪——即使在这一点上从没有足够的证据可以证明人们的,包括陪审员的猜测。所以,要求陪审员只将被告人的前科记录用于质证,就是在要求他们将证据用于无法解释的事而忽略真正的逻辑相关性。法官并不向陪审员们解释这么做有什么意义,很可能法官自己也不知道这有什么意义,可能怀疑它有没有意义。不出意外,在这个问题上作出的限制指示的模拟陪审团研究结果远比其他大多数研究要一致:只将被告人前科记录用于质疑的告诫要么毫无作用,要么适得其反。

结果可能只是这一规则既没有多少意义也难以实施。此外,这个规则实施的失败还意味着证明被告人有罪的有力证据(也是偏见性证据)只有在被告人选择作证的时候才会提交陪审团。有的案件允许陪审员用被告人的犯罪记录来评估其犯罪倾向,也有案件却禁止如此,但很难想出什么好的论据来论证为何允许对作证的被告人作出不利的品格评价,而对保持沉默的被告人却不能。且不谈公正与否,它建立了错误的激励机制,阻止有前科的被告人走向证人席。被告人和辩护律师对这些激励作出了回应:实践中有前科的被告人作证的可能性更小。但几乎没有人认为缺失了被告人的证词是一件好事。它剥夺了陪审团听取被告人自己阐述事件的机会,它从刑事司法体系的案卷中抽离了被告人的声音和视角,而这也许会极大地破坏刑事诉讼程序修复和重新整合社会关系的目的。

认识到如上效果就需要承认在这种情况下的限制性指示起的作用可能微乎其微。由于认为证据指示是我们制度的根基,以及在这里挑战限制性证据指示就是处处挑战它们,这种承认因此更加困难——因为一旦我们开始问证据指示是否真的能起作用,为其中的任何一种辩护都会被证明不可能。每一个论证陪审员不太可能将前科证据仅用于质疑,而不是致力于解决更为一般性的“限制性指示的无效问题”的学者,在培育这种非此即彼的思维方式中都出了一分力。

如果我们不再认为证据指示显然是无效的,并且我们不再假定我们制度之根基仰仗它们,我们将要问的任何关于证据指示个别使用的问题就是特定的这个证据指示可能有多大效用,为了达成它试图实现的元规则,它要多有效,以及如果它可能无法实现规则的目标,结果会是什么?对这些问题,我总结一下我之前的观点。

第一,关于指示的有效性:在证据指示的传统观点——“它们当然没用,但我们必须假装它们有”之下,就没必要也没意义再去问陪审员倾向于遵守以及违反什么样的指示。但是指示的有效性可能千差万别,并不仅仅因为它们试图实现的元规则。提出的时机和措辞可能也很重要。理论上,法官应当在决定是否因不公的偏见排除证据,或者应该采纳但附带限制性指示时权衡这些要素。但在实践中,对这些问题的关注通常是敷衍了事。

认真解决这些问题是一个庞大的任务。哪种指示,指示的哪种方式会更有效,感觉上都不相同,也没有结论性的实验结果。例如,最高法院在 Bruton 案中认为陪审团在评估被告人罪责时,无视一份由未作证共同被告人提供的有罪陈述可能会很难。但是 White 法官和 Harlan 法官不认同,他们认为陪审团"能被告知并且理解",一个被告人的供述可能证明自己的罪行,但他作出的使共同被告人有罪的陈述就可能并不可靠,并因此应当被无视。比起 1968 年最高法院面临并处理这个问题时,我们今天的处境要略好一些。同样的,根据"融贯"决策的相关理念和故事模式,有一些理论性的理由认为审判一开始时给出的指示("预指示"),或者就在问题证据被展示之后,可能会比在审判结束时给出指示更有效。但模拟陪审团研究几乎从未测试过预指示,总体来说研究显示,与预期相反,在审判结束时的指示比在陪审团刚接触证据之后给出指示要更有效。也有理论上的理由认为证据指示的某种措辞——例如,直白地要求陪审团考虑到不可采证据可能产生的偏见影响,而不是要求他们将其排出脑海——可能会更有效,但是,这种假设依然缺乏实证证据。并且,哪怕对更基础的问题:证据指示是否越细致越可能被遵守,模拟陪审团研究都并不一致。总体来说,模拟陪审团研究确实指出了如果法官解释了元规则的理由,证据指示就更可能被遵守,但即使对这点也有相反的结果。所有这些都不能成为将所有证据指示同等看待或者忽视实证结果的好理由;它只是意味着细致地思考证据指示的有效性需要谨慎和区别对待。

第二,证据指示需要多么有效,这应当取决于基本规则的目的。如果就像常见的那样,基本规则旨在增强事实发现的准确性,完全符合上述目的的证据指示可能不仅不必要也非最佳选项。对我们来说可能最好的情况是,陪审团基本没有考虑有争议的证据但是也没有完全无视它。而即便证据指示完全合目的最有利于事实发现,在陪审制不完善的背景下,如果其对审判带来的偏向并不严重,那么指示只较低程度地合目的也是可以接受的。当证据规则的目的不在于准确性,而是影响庭外行为时,即使陪审团行为与指示相差甚远,规则目的常常也可以实现。

第三,不再依赖证据指示的结果:这里的关键在于结果通常没有设想的那么严重。有时结果应该是基本规则需要被重新考虑并可能被舍弃。其他时候,认识到一个证据指示可能没用,我们就应该重新思考给出的指示,或者采取其他步骤来实现基本规则的目的——就像最高法院在 Bruton 案中那样宣告未作证被告人的供述涉及共同被告人的适用证据排除规则。重要的是我们还有其他选择。

(二)不完满之域中的(the Realm of the Imperfect)陪审团审判

对证据指示更细致的思考会改变的不仅是我们如何给出指示并何时依赖它们,更广泛地说还有我们对陪审制的思考。一方面,陪审团指示在最好的情况下也可能不完全地发挥作用这一事实提醒我们,陪审团审判,就像其他所有审判制度一样,是人类的制度。不能指望它的运作及结果会毫无瑕疵。此外,对证据指示的通常认识——它们显然没用,但是我们必须假定它们被严格遵守了——还反映出人们对中间地带,对不完满领域的抗拒。这是人类一般规则应用的领域,也是陪审团运作的领域。认识到陪审制普遍存在的易错性可能会使我们容忍不能完美运作的证据指示,但它也会促使我们重新考虑含蓄地将判决视为比任何一种人类制度可以合理期待的结果更加可靠的各种政策和实践——以及我们对判决终局性的强烈信念,我们对不可逆转的死刑的持续适用。

更细致而非断然地思考证据指示,还可能产生另外一个影响。它很可能,而且理所应当地,促使我们重新思考陪审团审判中司法评价分类的设定:庭审法官对证据的总结和评判。在英格兰的司法实践中这一做法还在继续,但在美国已经消失。一些州断然禁止如此。在其他地方,以及联邦法院,如果上诉法院认为——就像他们通常做的那样——证据评价有任何不平衡或是偏见,那么一位法官使用他或她理论上有的权力作出证据评价,就要冒判决被撤销的风险。美国法官和律师中有这样一种坚定的信念:让陪审团听到法官对某个证人或整个证据的看法是不合适的。

但事情并非一直如此。200 年以前,美国的庭审法官,就像他们在大西洋彼岸的同行一样,习惯为陪审员总结证据,并且经常告诉陪审员他们认为哪个证人最可靠,以及为何如此。到 19 世纪中期,这种做法在全美国就销声匿迹了,民粹主义者对法官的不信任以及日益强大和自负的出庭律师的出现导致了这一现象。在 20 世纪早期,学术共识开始形成:法官的沉默会导致事情变得更糟。例如,Wigmore 声称禁止对证据作司法评价"比其他任何事都更损害陪审制作为司法工具的整体效率"。最高法院可能也会后悔事情的发展:在 20 世纪 30 年代最高法院曾指出,普通法和权利法案中规定的"陪审团审判"意味着由 12 个陪审员"出席庭审,并在法官监督下进行审理,法官有权对法律部分作出指导并对事实部分提出建议"。但那时,对证据司法评价的专业挞伐声势渐强,逐渐成为正统观点。

一般为这一立场提供的合理依据是,第一,事实发现是陪审团而非法官的职责,第二,陪审团可能会过分看重法官的意见。第一个论点试图证明:法官应该完全置身事实发现之外。第二个论点是问题的核心:担忧陪审员"慑服于法官的权威",只会接受法官对证据的分析,而不是自己在证言和证物中寻找真相。

对于这种推测,即使有实证数据能够支持,也非常少。就像关于证据指示的一种普遍想法,它倾向认为陪审团以二元对立的方式进行推断——不认为陪审团是一群用理性决定如何对告知事项进行回应的人。允许法官对证据作评价显然使法官对判决产生了更大的影响,但没有理由认为所有的陪审员,都会不加批判地接受法官的观点。毫无疑问一些陪审员在一些案件中会这样做。如果证据很接近或者使人困惑,陪审员自己也没有对当事人或指控事实的坚定看法,同时法官还看起来处断公正、不偏不倚,那么这些案件中陪审员更看重法官的意见是完全说得通的。

关于这个话题的讨论经常会延伸到这个假定:陪审团永远不应受到法官证据观点的影响,但是很难说这个观点有什么道理,除非陪审员无法处理法官观点信息——即一旦陪审员知道了,或者他们以为知道了法官怎么想,他们就不能或不愿再自己思考。这种恐惧看来与我之前批判的那个广泛存在的观点相一致:将陪审团视为非我族类者(other),我指出的这个观点是那个传统的关于证据指示的"我们需要鸡蛋"故事的基础,反过来又因此得到了强化。

三、结语

我们以为我们知道了关于证据指示的迷思,就是它们能起作用。但是我们弄反了。关于证据指示的迷思是它们没用,尽管如此我们还必须依赖它们。这两种关于证据指示的观点都是错的,或者至少是夸大了。证据指示很可能是会起作用的,尽管并不是完全,且在有些情况下会作用得更好。证据指示并不是陪审团审判的实质所在,而法律推定它们能够完美发挥作用就更不重要了。

这篇文章的主要目标在于为那些描述性的主张辩护,而不是提供任何具体的改革意见。不过,我在文中还是提出了一些规范的暗示,现在总结一些其中最重要的可能会有帮助。第一,依赖证据指示通常情况下是明智的,但我们必须能够接受——我们也应该如此——指示不会完全地作用。第二,我们是否接受指示不被遵守的风险取决于两件事,一是陪审团有多大可能违反指示,二是这会造成多大的不公或不得人心。第三,评估证据指示有效性时,应参考心理学家对陪审团决策的观点,但律师和法官应谨慎地从实验结果中得出结论并区别它们在类似故事模式这类概念中的使用。第四,陪审员应当被告知他们为什么要无视证据或者只能将证据作特定用途,当不能作出这样明白易懂的指示时,那么这个规则要实现的元规则就值得重新考虑。第五,如果一个审判不能忍受某类特定的、被禁止的证据或倾向的任何影响,那么就不能依靠证据指示;相反,证据应该全部隔绝于陪审团,如果陪审团接触到了证据,那么结果就是无效审判,除非即使没有修正性指示,结果也是无害的。第六,也是最后,陪审团永远不应该被推定为会遵守前后不一致的或是对他们来说没有道理的指示。人可以有意识地作出推理,而陪审员是人,不是神启者或机器人。

(编辑:叶宁)

日本刑事免责制度的最新发展及其实践

尹治湘*

摘　要: 刑事免责制度存在行为(追诉)免责说、使用免责说、派生使用免责说、使用及派生使用免责说的界分。日本采用的是使用及派生使用免责的混合模式,即询问证人的陈述或者基于该陈述衍生之证据不得作为证人不利证据使用的制度。日本引进刑事免责制度的出发点是实现证据收集的多样化、效率化,落脚点是促进侦查和审判方式的合理化、实质化。在内容上,该制度包括检察官申请、法院审查、法院作出免责裁定和询问证人。在程序设计上,该制度虽吸收了当事人主义的部分合理因素,但其内核仍是职权主义诉讼模式下的实质真实观的功能整合。自2018年6月实施后,该制度在走私等有组织犯罪中得到适用,但仍存在证人沉默时的应对机制缺位、证言真实性审查流于形式、证人无法接受反对询问、必要性条件过于宽松等问题。日本引进刑事免责制度的经验和教训,不仅为我国刑事诉讼发展和研究提供理论指引,也为处理相似问题提供了智识启发。

关键词: 刑事免责;不得自证其罪;使用和派生使用免责;刑事司法改革

证人刑事免责或者豁免制度是指在共同犯罪中证人(共犯)主张不得自证其罪权(Privilege Against Self-Incrimination)而拒绝作证时,国家以免除刑事追诉的条件作为优惠,赋予其作证义务的制度。纵观两大法系,英国早在16世纪就针对非法赌博罪设计了证人作证免责制度,美国在1857年制定了专门的刑事免责法案,德国也于1989年制定了王冠证人(Hauptbelastungszeuge)条款。并且,《联合

---

* 尹治湘,三亚市城郊人民法院法官助理。

国打击跨国有组织犯罪公约》《联合国反腐败公约》也明文敦促缔约方采取适当法律措施,鼓励参与或者曾经参与犯罪的人提供有助于执法机关侦查或者取证的信息。虽然各国在具体制度安排和程序设计有所不同,但通过证人或者污点证人取得证据、瓦解分化犯罪的目标是一致的。日本也于2016年在刑事诉讼法中引进了该制度,企图在有组织犯罪等重大共同犯罪中发挥功效,以提高侦查效率,助力审判中心主义的刑事诉讼制度建构。作为东亚地区率先引进刑事免责制度的国家,考究其规范体系、运行效果以及面临的问题,不仅可以促进我国刑事诉讼理论的更新和发展,也有利于在处理同在类问题时提供更多理论指引和智识启发。

一、日本刑事免责制度的历史沿革

(一)缘起:洛克希德公司行贿案的裁判导向

1976年2月4日,美国参议院外交委员会在听证会上披露,洛克希德公司(Lockheed Corporation)为向日本全日空航空公司出售客机,通过丸红公司向日本原首相田中角荣等人行贿5亿日元的事实。在侦查过程中,东京地方检察院为取得洛克希德公司副董事长科奇安(Kotchian)等人行贿的证言,根据日美两国1976年3月24日签订的《司法互助协定》,向东京地方法院提出委托美国加州中央区地方法院(以下简称加州法院)代为询问证人的司法协助请求。作为优惠条件,东京地方检察承诺对科奇安等人不提起公诉,并通过东京地院法院以声明书的形式告知加州法院。

加州法院接受委托后,因证人担心东京地方检察院的声明书不具备法律上的免责效力,所以暂时拒绝提供证言。于是,加州法院决定在询问证人的同时,要求日方确认该声明书的法律效力。基于此要求,日方以最高检察厅的名义重新签发不起诉决定的声明书,并强调该声明书适用于日本所有的检察机关。加州法院收到该声明书后,随即将代为询问的证人笔录移送给日方。[①] 1976年8月,东京地方检察院以田中角荣等人违反外汇管理法和委托受贿罪提起公诉。1983年10月,东京地方法院判处田中角荣有期徒刑4年,罚金5亿日元。1987年、1995年东京高等法院、日本最高法院均维持一审判决,驳回了田中角荣的上诉请求。

该案之所以与刑事免责制度产生关联,是因为二审(控诉审)、三审(上告审)法院的裁判说理中均论及了该制度,并呈现不同的裁判立场。东京高等法院认

---

① 参见[日]三明翔:《基于国际侦查·司法协助获得证据的证据能力和洛克希德案件最高法院判决的证据排除逻辑》,载《法学新报》2014年第121卷第5—6号。

为:①侦查机关通过最高法院委托加州法院进行询问,赋予证人刑事免责的做法,符合日本法律的规定;②侦查机关委托加州法院询问证人亦属合法;③该委托询问的证人笔录,符合刑事诉讼法第321条第1款第3项之传闻证据例外的要件,具有证据能力。[①]

日本最高法院虽在该案的结果处理上与一审、二审法院保持一致,但对于刑事免责制度的说理回应却不尽相同。日本最高法院认为:①美国在一定范围和程序要件下采用刑事免责制度,是制定法上确立的制度并发挥了作用;②既然日本刑事诉讼法未采用刑事免责制度,那么通过刑事免责获得的供述不得作为认定事实的证据,因此委托询问的证人笔录也应当否定其证据能力;③不能根据日本宪法中的各项刑事诉讼程序规定,就片面认为日本否定引入刑事免责制度。是否采用该制度应当慎重考虑有无引入必要,从刑事诉讼公正的角度是否妥当、国民的法律情感角度是否公正等予以决定。如果采用该制度,就应当明文规定其对象范围、程序要件、效果等内容。[②]

总的而言,该案涉及刑事免责的两个问题:一是委托美国法院询问证人是否合法;二是委托询问的证人笔录有无证据能力。一方面,日本最高法院认为适用刑事免责制度的大前提是法律上有明文规定,如果缺乏该前提性要件,就不能作为起诉或者裁判的援引依据,自然也就丧失了作为证据的资格。另一方面,对于是否应当引进该制度的问题,其坚持正当性、必要性和人民性的综合判断原则,并没有给出肯定或者否定答案,而是提供了一个相对理性的引进方向,为之后的学术讨论[③]及立法活动创造了话题引导和必要素材。可以看到,通过洛克希德公司行贿一案,刑事免责制度已经与日本结下了不解之缘,并形成了司法对话和理论争鸣。

(二)转观:村木厚子案的刑事政策调整

2004年,日本一个名为"凛之会"的团体,因利用残疾人邮费优惠制度,多次伪造残疾人证明,并通过东京邮局大量寄送广告单推销商品,涉嫌偷逃巨额邮费。

---

① 参见东京高等法院判决1987年(昭和六十二年)7月29日《刑集》第40卷第2号。

② 参见日本最高法院判决1995年(平成七年)2月22日《刑集》第49卷第2号。

③ 如田口守一:《立法趋势与刑事免责、证人保护等》,载《刑法杂志》1998年第37卷第2号,第188页以下。酒卷匡:《刑事免责(免除追诉)制度——强制供述制度的立法论考察》,载《法学家》1999年第1148号,第245页以下;长沼范良:《刑事免责制度的引进》,载《现代刑事法》2002年第4卷第11号,第33页以下等。

2010年,大阪地方检察院以伪造公文书和行使伪造公文书之罪,对该团体的负责人、包括原厚生劳动省局长村木厚子在内的两名政府主管领导进行逮捕并提起公诉。案件审理中,因时任大阪地方检察院主任检察官前田恒彦窜改证据,特搜部部长大坪弘道、副部长佐贺元明隐匿犯人,一审法院判处被告人无罪,二审法院维持原判,三审时检察官放弃上诉。[①] 该案的败诉被视为日本检察系统的"耻辱",其指向的是侦查中过度依赖口供且缺乏有效保障机制的问题,成为日本刑事司法改革的导火索。

以此案为契机,日本法务省召开多次研讨会,达成了基本意见,即必须构建新的刑事司法制度,改革既有侦查方式,重新检视过度依赖讯问与供述笔录的侦查方式和审判方式,使收集证据的手段正当化、多样化。在此理念下,日本法制审议会召集各方智识代表进行专门研讨,在第19次会议的《符合时代的新刑事司法制度的基本构想》中提出"在刑事程序法中设立协商制度与刑事免责制度",在第26次会议的《事务主管当局草案》中进一步提出"在程序法上增加侦查、审判协力型协商制度及刑事免责制度",在第30次会议的《关于构筑新刑事司法制度的调查审议结果》中正式提出"引进侦查、审判协力型协商制度及刑事免责制度"。[②] 日本法务省根据上述内容,形成《刑事诉讼法等部分修正法律案》,先后于2015年3月13日、2016年5月20日提交日本国会审议通过。至此,刑事免责制度被纳入日本刑事诉讼法第1编总则第11章的询问证人之节。

由此可见,刑事免责制度与协议合意制度是日本2016年修法的两个重要制度。这两种制度的基本共性在于适用对象是以共同被告人中的一人或数人为证人,透过"强制"或者"合意"方式,取得对其他共同被告犯罪事实的供述(证言),并以该供述追诉其他共同被告人的制度。二者共同架构起日本司法机关对有组织犯罪的新的证据收集方式。日本引进该制度的出发点是为了侦查机关取证的多样化、效率化,以免责条件来强化证人(同案犯)作证,落脚点是为了促进侦、控、审诉讼方式的转变,逐步摆脱被告人口供中心主义的诉讼弊端和风险。

二、日本刑事免责制度的基本内容

刑事免责(Criminal Immunity)是美国法上的一种特殊证据规则,是指在部分

---

① 参见日本最高检察厅2010年《关于厚生劳动省原局长无罪案件的侦查、审判活动的问题点》第2—99页。

② 以上内容参见日本法制审议会《新时代的刑事司法制度特别部门会议》的历次议事录及文件。

案件中,追诉主体(警察、检察官)向有管辖权的联邦法院申请,若共同犯罪案件中的某名被追诉者承认自己的犯罪事实并揭发了同案人的主要犯罪事实或者提供破案证据,就免除其在该案中的刑事责任的一种法律制度。[①] 但是,美国法上刑事免责的范围和程度也发生了几次更替,并在相关判例中产生了争议。日本法上的刑事免责制度无论是对洛克希德公司行贿案的判决释义,还是2016年刑事诉讼法修改时的具体设计都参考了美国法,因此有必要先简要介绍美国法上该制度的基本内容,并以此为线索,再对日本法上具体内容进行考察。

(一)日本刑事免责制度的借鉴样本

1857年,美国制定了第一部《刑事免责法》(Act of Jan. 24,1857)。该法案规定,只要证人提供证言或者提供相关的证据,对于证人本身所犯之罪,即可依法自动获得豁免,此种免责类型理论上称为行为免责或者追诉免责(Transactional Immunity)。然而,如此宽松的规定造成美国民众在国会调查贿选案件时,争先恐后地争取作证机会,甚至供出与案情无关的其他犯罪行为,并企图以此为筹码,在其他犯罪中能够得到免予追诉的待遇。针对此种乱象,美国于1862年修正了该法案(Act of Jan. 24,1862),并将豁免范围缩小,即禁止将证人提供的证言作为日后追诉证人其他犯罪的豁免依据,称为使用免责(Use Immunity)。1868年,该法案再度修正(Act of Feb. 25,1868),将免责范围从仅适用于国会调查的案件扩大到适用于大陪审团或者一般刑事诉讼程序的案件。

虽然立法上美国已经从行为免责转变到使用免责,但是美国联邦最高法院在1892年的Counselman v. Hitchcock一案中认为该案采用使用免责违反了《宪法》第5修正案规定的不得自证其罪的特权,即宣告违宪。于是,美国国会在1893年重新采用行为免责,并在1896年的Brown v. Walker一案中确立了行为免责的正当地位。不过,1970年美国国会在综合上述判例的基础上,又采用了使用及派生使用免责(use and derivative use immunity)的理论。所谓使用及派生使用免责,是指证人证言或由该证言所派生的证据,均不得作为将来追诉该证人的证据或者不利使用。[②]

综上所述,美国证人刑事免责制度历经了行为免责—使用免责—行为免责—

① 参见周国均:《借鉴"刑事免责"制度和"证据强制"规则之构想》,载《中国法学》2003年第5期。

② 参见[日]榎本雅记:《基于刑事免责的证言强制制度》,载《刑法杂志》2016年第55卷第2号,第242页。

使用及派生使用免责的前后更迭,是司法和立法不断互动和完善的结果,并在侦查贿赂犯罪、有组织犯罪等方面发挥了重要作用,为域外其他国家提供了具体的法制参考模式和借鉴样本。日本也基本采用了美国法上的使用及派生使用免责的理论,并派立法委员会代表到美国、英国、德国等欧美国家考察,只是其考察后也进行了本国化改造,在案件适用范围、具体诉讼程序及效果上与美国法并不相同。当然,不能片面认为日本仅存在使用及派生使用免责的观点,回归洛克希德公司行贿案,日本最高检察厅在不起诉声明书中也表达过行为免责的立场。

(二)日本刑事免责制度的根据

根据日本宪法第 38 条第 1 款规定,不得强迫任何人做不利于自己的供述。基于该宪法原则,表面上其与强制证人陈述他人犯罪事实的刑事免责制度存在天然的紧张关系。但是,日本学术界、实务界普遍认为,宪法第 38 条第 1 款的不利于自己的供述,亦即刑事诉讼法第 146 条所指可能导致证人受到刑事追诉或者有罪判决的事项,并不包含使其名誉受损或被追究民事责任的情形。当该供述已无可能受到刑事诉追或者有罪判决时(如超过公诉时效),刑事免责制度通过禁止使用证据(使用免责、派生使用免责)来消除证人被刑事追诉或者承担刑事责任,显然已经不存在不利于自己的供述,自无违反宪法之规定。① 简言之,日本宪法第 38 条第 1 项所规定的不得自证其罪的前提是犯罪嫌疑人、被告人因供述而导致自己被追诉,当即使供述后也无追诉危险时,也就不需再受不得自证其罪的特权保护。进一步而言,不得强迫自证其罪的犯罪嫌疑人、被告人即使保持沉默,也有被追诉的可能,反而刑事免责制度则提前给了犯罪嫌疑人、被告人不被追究刑事责任的可能,只是这种免责可能因追诉免责和使用免责而程度不同。在此意义上,刑事免责并不是单向地对不得自证其罪原则的否定,而是以诉讼程序的方式对该原则进行了必要补充。

另外,从学理上而言,刑事免责制度的基本逻辑是国家在供述者不得自证其罪权与刑事诉讼追求实体和程序双重正义之间寻求的平衡点。作为该平衡点的两端,国家刑罚权的长驱直入必然会对公民的拒绝证言权造成损害,因此以不予追诉或者禁止使用不利证据的优惠条件消除供述者作证所带来的风险。虽然此种优惠条件是未经控辩双方商定的结果,但国家以法定形式将优惠的结果提前公开和固定,以抵消对强制证人作证所造成的不公正。同时,从权利与义务的关系

---

① 参见[日]井上正仁、酒卷匡编:《刑事诉讼法的争点》,有斐阁 2013 年 12 月,第 34 页。

而言，不得自证其罪特权是以国家刑罚权为前提，如果国家（追诉方）对证人放弃刑罚权，证人就失去了行使该特权的前提，也就产生了本来的作证义务。① 因此，刑事免责制度作为不得自证其罪原则的补充，符合正当程序与保障人权的一般性原则。

（三）日本刑事免责制度的程序和范围

日本刑事诉讼法第157条之2、第157条之3规定了刑事免责制度，前者是针对询问证人开始前的刑事免责请求与裁定；后者则是对于询问证人开始后（第一次开庭前）的刑事免责请求与裁定。具体内容可分为以下6个方面。

1. 开始询问证人前的免责申请

日本刑事诉讼法第157条之2第1款规定，检察官预计证人有可能受到刑事追诉或者有罪判决等事项，考虑相关犯罪的轻重及情形、该事项所为证言的重要性及其他情况，认为有必要时，可预先向法院依照以下列条件申请询问证人。即①因询问所为的陈述或者基于该陈述所得的证据（派生证据），除用于证人所为的行为涉及刑事诉讼法第161条或刑法第169条之罪②的案件外，不得作为不利于该证人的证据使用（第157条之2第1款第1项）。②不受刑事诉讼法第146条（拒绝作证）的限制，证人对自己有可能受到刑事诉追或者有罪判决的事项，不得拒绝提供证言（第157条之2第1款第2项）。上述规定是检察官在证人尚未行使拒绝证言权，预先判断证人可能拒绝作证，且证人证言对于查明案件真相具有重要作用时的免责申请。该条第1款第1项的规定是针对检察官而言，第2项是针对证人而言。

2. 询问证人后的免责申请

检察官在询问证人前认为证人可能不会行使拒绝证言权，但是询问证人的过程中证人因担心受到刑事追诉、有罪判决或者遭到报复而拒绝作证时，仍可以向法院提出免责申请，此所谓询问证人开始后的刑事免责请求。日本刑事诉讼法第157条之3第1款规定，检察官认为证人对可能受到事追诉或者有罪判决的事项拒绝提供证言，考量对该事项证言的重要性，有关犯罪的轻重与状况以及其他情况，认为有必要时，可向法院依照第157条之2第1款的条件申请询问证人。第

---

① 参见[日]田口守一：《刑事诉讼法》（第7版），张凌、于秀峰译，法律出版社2019年版，第223页。

② 日本刑事诉讼法第161条规定了证人无正当理由拒绝宣示或证言的刑事处罚为1年以下有期徒刑或30万日元以下罚金；日本刑法第169条为伪证罪。

157 条之 3 第 1 款与第 157 条之 2 第 1 款在适用要件上基本相同,唯一区别在于前者增加了证人拒绝作证的情形。

3. 刑事免责申请的特征及理由

从日本刑事诉讼法第 157 条之 2 第 1 款、第 157 条之 3 第 1 款可归纳出该制度的以下几个特点:一是日本采用的是使用免责和派生使用免责的理论;二是刑事免责并无案件范围的限制,免责对象仅限于证人本身的刑事案件,该刑事案件以外并未禁止使用;三是刑事免责请求权的主体是检察官,证人并无选择权;四是免责申请既可以在询问证人之前,也可以在询问证人之后(法院第一次开庭前)提出。对于上述特征形成的原因,日本法学界也给出了相应解释。首先,关于采用使用免责和派生使用免责的问题,主要有两个方面的原因,一方面要使宪法所保障的不得自证其罪的特权消灭,采取使用或者派生使用免责足矣,不需要对该供述涉及的犯罪及其所有行为均免责;另一方面派生使用免责可提供足够诱因促使证人陈述,证人陈述的内容越多,获得免责的范围就越大,对查明案件真相更为有利。[①] 其次,关于赋予检察官刑事免责专属权力的问题,主要原因是适用刑事免责的证人与免责事项必须考量对该证人的犯罪侦查以及对其追诉的影响,而执行这些事项的主体只有具备侦查权、公诉权与诉追裁量权于一身的检察官。[②]最后,对于免责申请阶段的问题,由于无论是开始询问证人前还是询问证人后,案件还处在侦查阶段,基于侦查的秘密性、封闭性,原则上犯罪嫌疑人、被告人以及辩护人均没有询问证人的在场权利,除非法院认为上述人员在场对侦查不会有产生障碍,才能准许在场(第 228 条第 2 项)。[③]

4. 刑事免责的必要性判断

刑事免责是免除对共同犯罪中部分共犯(一般为下级、从犯)的刑事责任,以追究其他同案犯的刑事责任,因而必须具有高度的必要性才能确保符合程序公正的规范要求。[④] 同时,检察官发动刑事免责程序,除须考虑对于证人本身犯罪的侦查和追诉影响外,也应考虑对于查清他人刑事犯罪是否具有必要性。至于何为必要性,法律上给出了三个抽象性的判断要件,即证言的重要性、相关犯罪的轻重与状况及其他情形。

---

① 参见[日]南川学:《刑事免责制度的概要》,载《自由和正义》2017 年第 68 卷第 4 号,第 18 页。

② 参见[日]吉田雅之:《刑事诉讼法等部分修改的法律》,载《法学家》2016 年第 69 卷第 9 号,第 22—23 页。

③ 参见[日]三井诚等:《刑事诉讼法》(第 3 版),日本评论社 2018 年版,第 186 页。

④ 参见[日]酒卷匡:《刑事诉讼法》(第 2 版),有斐阁 2020 年版,第 197—198 页。

关于重要性的判断,应考量该事项包含的证言内容、信用程度及与待证事实之间的证明程度,并且是在侦查机关穷尽其他取证手段下的综合性判断。关于相关犯罪的轻重及情况,所谓相关犯罪的解释,应当包含证人本身涉及的犯罪案件,以及对于证人所陈述的他人刑事案件。并且,两个犯罪案件的关联性应当同时、一体判断。在证人本身的案件上,应考虑赋予刑事免责对于该犯罪的侦查与追诉所产生的影响;对于他人的犯罪案件,由于证人的陈述,是有关他人刑事案件犯罪证据取得必要性的问题,必须检讨其重要性的程度。而重要性程度的判断,就在于对两个犯罪的轻重及情况进行权衡比较。通常情况下,他人刑事案件的性质或法定刑相较于证人本身所涉案件更重者,即可认为符合重大性之判断。关于其他情形,则为概括性规定,在赋予证人刑事免责时,对于证人本身所涉案件的犯罪侦查和追诉,其作用和影响与前两种情形具有相当性,即可纳入其他情形的判断范畴。① 当然,以上是对必要性要件的实质性判断,其判断的主体是检察官,至于法院如何认定检察官提出的免责申请,则是另一个层面的问题,因为法院对于检察官的免责申请也只作形式审查。

5. 刑事免责请求的审查和裁定

检察官向法院提出免责申请后,法院除有法定驳回的情形外,原则上均需作出免责裁定。日本刑事诉讼法第 157 条之 2 第 2 款规定,法院受理前款(第 1 款)申请时,除在应当询问证人的事项中,明显不包含可能使证人受到刑事追诉或者有罪判决的情况外,应依前款各项所定条件,作出询问证人的裁定。这是法院受理检察官免责申请后的审查标准,第 157 条之 3 第 2 款也有类似规定,只是增加了证人并无拒绝证言的情形。可以看出,法院一般只作形式审查,实质审查则前置到检察官的起诉判断和证据运用层面。

6. 免责效果及救济程序

法院一旦作出免责裁定,至少会产生以下两个方面的效果。一是证人接受询问,因询问所得之陈述或者基于该陈述获得的证据,不能作为不利于证人的证据使用。关于因询问所得的陈述,必须是经过法院组织的询问程序取得,反之,则陈述的内容即非禁止使用的对象。关于基于该陈述获得的证据,包含基于该证言直接以及间接获得的证据,并不限于与证人的陈述具有直接因果关系和证据的特定种类。② 有必要说明的是,检察官对于该证人的陈述和基于此陈述所取得的证据,

---

① 参见[日]河上和雄等:《注释刑事诉讼法》(第 3 版)第二卷,立花书房 2020 年版,第 470 页。

② 参见[日]三井诚等:《刑事诉讼法》(第 3 版),日本评论社 2018 年版,第 185—186 页。

由于是独立证据,仍可作为追诉证人本身犯罪的证据使用,只是使用该证据时有必要个别、独立地加以证明。① 二是免责决定作出后询问证人时,证人不得行使证言拒绝权。若无正当理由拒绝陈述,法院可依刑事诉讼法第 160 条处以 10 万日元以下罚金,或者根据第 161 条处以 1 年以下有期徒刑或 30 万日元以下罚金。关于救济程序,由于免责裁定在性质上属于法院证据调查的领域,当检察官、被告人或者辩护人不服法院作出的裁定时,可根据刑事诉讼法第 309 条提出异议,异议理由仅以该裁定违背法律规定为限,且证人没有异议权。但是,该免责裁定由于是判决前作出的裁定,根据《刑事诉讼法》第 420 条第 1 款的规定,不能针对该裁定提出上诉,即只有异议权,没有上诉权。

三、日本刑事免责制度的司法实践和反思

(一)刑事免责制度第一案的适用状况

2017 年 4 月,甲企图以邮寄衣服的方式在包裹中藏匿兴奋剂,并以乙(埼玉县川口市)的地址为收货地址,再让丙到乙②处代为领取包裹。经查,甲、丙共同从中国苏州市走私到日本埼玉县的兴奋剂为 279.61 克。2017 年 5 月 23 日、6 月 28 日,东京地方检察院以违反兴奋剂取缔法(营利目的的走私)对甲、丙提起公诉。诉讼过程中,一方面,甲、丙拒不认罪,称不知包裹中藏有兴奋剂,否认了检察官的起诉内容。另一方面,丙与甲的微信聊天数据大部分已经删除,并且从丙手机备忘录上提取的一段重要文字证据无法排除形成时间以及是否由丙本人制作,导致不能直接证明甲丙之前存在共同的犯罪故意。

在此背景下,2018 年 6 月 11 日,日本检察官根据《刑事诉讼法》第 157 条之 2 的规定,向东京地方法院提出对丙刑事免责的申请,东京地方法院于次日作出对丙的免责裁定并依据法定条件询问了丙。作为证人,丙在第二次开庭时承认了受甲指使去乙处取包裹以及包裹是衣服的事实,但是对于其手机中备忘录的形成时间、由谁制作均表示没有记忆,对包裹中是否存在兴奋剂也表示不知情。2018 年 6 月 22 日,东京地方法院作出一审判决,认为甲、丙二人均知道包裹内藏有兴奋剂,具有共同走私兴奋剂的犯罪故意,判处甲有期徒刑 8 年,罚金 300 万日元。东

---

① [日]河上和雄等:《注释刑事诉讼法》(第 3 版)第二卷,立花书房 2020 年版,第 475 页。

② 对于乙,东京地方检察院对其作出不起诉的决定,并根据日本刑事诉讼法第 227 条第 1 款的规定,向法院提出询问证人的申请。在甲、丙辩护人在场的同时,法院询问了乙,并制作询问笔录。在判决中,东京地方法院、东京高等法院均认为乙对包裹中藏有的事实兴奋剂不知情。

京地方法院对甲作出的判决后，又于2018年7月17日开庭审理丙的案件，庭审中丙仍然否定有走私兴奋剂的故意和共谋。2018年7月30日，东京地方法院判处丙有期徒刑5年6个月，罚金200万日元。以上两个判决被告人均提出上诉，东京高等法院分别于2019年2月1日、20日驳回了甲、丙的上诉请求。①

由上述案件可知，日本刑事免责制度的实际运用效果与立法预期还存在一定距离。本来，侦查机关欲通过刑事免责来获得共犯者的有效证言，以补强证据和发现案件真相。但是，在上述案件中，作为共犯者的丙对于犯罪涉及的两个重要问题始终以"没有记忆"的方式保持沉默。究其原因，主要是免责裁定并不是免除或禁止对该证人的诉追，如果检察官使用该证据以外的证据或者收集其他犯罪证据来证明犯罪时，证人仍可能受到诉追或者起诉。② 上述案件中的丙就是例证。这也说明使用和派生使用免责的制度诱惑力并不能完全消解证人行使或者变相行使拒绝证言权。此种现象，大阪地方法院、千叶地方法院在2018年12月17日、2019年12月4日的判决中也遇到了类似问题。因此，有必要对该制度进行多维度的反思。

(二)刑事免责制度的局限性评析

1. 证人沉默和证言真实性的问题

何谓证人，有学者认为刑事诉讼中的证人具备以下特征：一是处于刑事案件之外；二是与刑事案件没有利害关系，至少没有直接的利害关系；三是他所陈述的是他自身行为以外发生的事实，与他自己的行为没有任何联系。③ 当然，刑事免责制度中的证人不是纯粹意义上、与犯罪本身无关联的第三人，其本身属于共同犯罪中的被告人，更类似于污点证人。那么，在没有辩护人在场和经得证人同意的前提下，如何最大限度地让该证人如实陈述，以及其不陈述或者变相不陈述时应当如何应对，已然是日本司法实践面临的难题。以上问题，其实是一个问题的两个方面。一方面，证人不陈述或者变相不陈述(与侦查机关预期相反)，涉及不陈述的行为是否正当，若不正当能否被处罚的问题；另一方面，如果证人如实陈述(符合侦查机关的预期)，涉及所得的证言是否真实以及采纳该证言所带来的风险问题。

---

① 参见[日]井上和治：《适用刑事免责制度(刑诉法157条之2、157条之3)的首例案件》，载《法学》2021年第85卷第3号，第61—69页。

② 参见[日]伊丹俊彦等编：《逐条实务刑事诉讼法(初版)》，立花书坊2018年版，第264页。

③ 参见裴苍龄：《作证豁免的理论辨正》，载《法商研究》2012年第5期。

对于前者,从走私兴奋剂案中可以窥见,作为免责证人的丙以"没有记忆"回答检察官的提问,虽在主观上可推定其可能拒绝作证,但客观上并不能证明其拒绝作证或者作虚假证言,故而不能直接以拒绝证言罪和伪证罪处罚。由此引申的是,如果丙陈述其与甲存在走私的共同故意,那么就直接承认了自己构成犯罪。尽管检察官不能将其陈述的证言以及由此证言取得的证据作为追诉其犯罪的不利证据使用,但也强化了检察官对该证人追诉的可能性,只是在掌握的数个证据中排除因其陈述带来的不利证据,保留的其他证据只要检察官认为达到了追诉标准,其并不会被免除追诉。这种不安定性可能就是丙选择不陈述的直接原因。而且,从2018年到2020年,日本全国适用该制度的案件共13件,但证人本身的案件没有一件因此获得不起诉或无罪判决。[①] 换言之,既然陈述和不陈述都会被追诉,而且不陈述也不会被处罚,其当然选择不陈述。至少,不陈述的效果可以加大检察官的证明难度,并将证据不足的问题延伸到审判阶段。

对于后者,证人为了获得更大的免责优惠,可能会出现过分强调他人犯罪而弱化自己犯罪,甚至提供虚假证言的情形。这就产生了另一个问题,即如何审查证言的真实性。首先,检察官应当对该证言作出审查,但是检察官作为询问免责证人的发动者,其审查证言是否能够保持客观公正,尚存疑问。其次,该证言能否在庭审上接受对方的反对询问或者证人能否出庭作证,存在实践阻力。最后,法官能否排除不实证言,也存在程序安排的非合理性和驱动力不足的问题。由此,可能会产生终局意义上的结果,即因证人的不实证言而导致法官误判,甚至造成冤假错案。

2. 证人免责保障机制阙如的问题

根据日本刑事诉讼法第157条之2第1款、第157条之3第1款的规定,形式上虽赋予有利于证人本身案件的免责效果,但实质上证人只是被动地纳入免责制度的适用对象,无权自主决定是否参加,在强大的侦查权和公诉权面前,其权利保障远远不足。主要体现在以下三个方面:

第一,信息地位的不对等。由于法律上既无要求检察官有告知证人案件侦办进度的义务,也未赋予证人有请求告知的权利,检察官在免责询问中所要询问的事项无法事先预知,甚至对于自身案件可否因免责询问中的陈述而获得免责优

---

① 参见日本NHK新闻:"刑事免责导入后全国适用的13件案件多为组织犯罪的裁判",载NHK官网,https://www3.nhk.or.jp/news/html/20210130/k10012840891000.html,2021年12月23日最后访问。

惠,也全然无法预判。在免责制度中检察官所享有的信息优势,对于制度的相对方,名义上虽是证人,但事实上却是制度效果直接指向其本身案件的被告人。如果仅以证人地位看待,而剥夺其被告人的本质,不能保障其信息知情权,则刑事免责制度可能会沦为检察官扩大强制取证的武器,导致控辩失衡及轻易入罪的“结构性风险”。

第二,必要性审查过于宽松。由于刑事免责制度系以免除对共犯中部分人的处罚,以确认其他共犯的犯罪,因而必须具有高度的必要性,才能确保刑事免责制度符合公正程序的规范性要求。[①] 虽然前文有观点认为,由于只有检察官拥有侦查权、起诉权和追诉裁量权,是最清楚证人是否存在拒绝作证或者有必要让其作证的主体,因此只要其认为有必要即可适用,无须法院进行实质审查。但是,刑事免责制度直接涉及不得强迫任何人自证其罪的宪法性原则,必须严格限制,否则可能会对证人或者被告人造成不可挽回的权利侵害和心理负担。同时,如果法院作出裁定免责时,对必要性的判断没有进行一定实质审查,也会导致检察官将其作为专属权力甚至滥用。当然,为了排除法官的先见,作出免责裁定的法官与之后审理该案的法官可以在分案技术上进行区别。至于如何进行必要性审查,需要法官综合考量并说明裁决理由,主要目的在于强化对检察官提出申请的司法控制。因为必要性判断有划定制度使用限界的效果,不仅可以对检察官的申请权形成约束,也有利于确保法院作出免责裁定的适当性,是宪法上比例原则的基本要求。

第三,保障证言接受反对询问和在场权不充分。根据日本刑事诉讼法第 157 条之 3 规定,检察官在法院第一次开庭前仍可向法院提出免责申请。有观点认为,此规定将会严重侵害被告人及辩护人的在场权与反对询问权。主要理由为:①刑事免责的规定系刑事诉讼法总则询问证人的章节,适用第一次开庭前的询问证人程序(第 228 条第 1 款),即第 226 条、第 227 条的询问证人请求中也可以适用刑事免责制度。但是,根据第 228 条第 2 款的规定,开庭前只有法官认为对犯罪侦查没有障碍时,才允许被告人或者辩护人在场。换言之,被告人或者辩护人不在场是原则,在场是例外,也就导致被询问的证人并未获得强制保障。[②] ②证人所作的陈述虽是被告人之外的陈述,原则上属传闻证据而无证据能力,但事实上

① 参见[日]酒卷匡:《刑事诉讼法》(第 2 版),有斐阁 2020 年版,第 197—198 页。

② 参见[日]榎本雅记:《基于刑事免责的证言强制制度》,载《刑法杂志》2016 年第 55 卷第 2 号,第 243 页。

该陈述是在法官面前作出的,被作为传闻证据的例外情形予以采用的可能性较大。[①] 特别是在证人符合第321条第1款第1项规定的情形时(日本称为供述不能要件),即证人死亡、精神或身体障碍、住所不明或在国外,而无法在庭前准备或开庭时陈述,或者庭前准备或开庭时的陈述与先前不同时,该询问笔录成为传闻证据的例外情形而具有证据能力。这将导致被告人的反询问权在审判前被排除,又于审判时的证据调查中也被剥夺,最终结果是被告人的反对询问权无法获得有效保障。

四、结语

刑事免责制度是日本近期刑事诉讼突破性立法举措,与刑事协议/合意制度共同构成了日本刑事诉讼免责程序的新范式。制度的本意是为回应日本新时代的社会形势和国民诉求,实现证据收集方法的多样化和庭审的实质化,逐步摆脱口供中心主义的弊端,从而构建一套瓦解和分化共同犯罪的证据调查模式。但是,囿于法律规定的原则、粗疏,司法实践中仍遭遇了各种各样的挑战。问题的症结在于日本法上的使用及派生使用免责如何在程序上强化和保障证人的诉讼利益,实质化解强制作证权与不得自证其罪权的紧张关系。实践中遇到的问题,也正是日本司法界应当重视和改进的方向,期待日本司法当局以问题为导向,找到更加符合其本国司法实际的解决方案。

反观我国,十多年前,有学者就提出在刑事诉讼中引进追诉免责型的刑事免责制度,[②]还有学者提供了具体的程序设计构想,[③]受制于各方因素,学术观点终究未能转化为立法规定,但争论一直不断。日本的创新之举虽不能证成我国也应引进该制度,但为解决同类问题提供了新思路新方法,尤其是制度运行中遇到的问题应当引起关注,以便我们在不忘不来的前提下,更好地吸收外来、面向未来,避免第二次掉进同一条河流。

(编辑:叶宁)

---

① 参见[日]白取祐司:《中间报告·刑事司法改革——协议·合意制度、刑事免责》,载《法律时报》2021年第93卷第1号,第115页。

② 参见周国均:《借鉴"刑事免责"制度和"证据强制"规则之构想》,载《中国法学》2003年第5期。

③ 例如林肃娅、刘卫华:《论贿赂犯罪与刑事免责制度》,载《西南民族大学学报(人文社科版)》2004年第8期;黄豹:《论侦查程序中的"刑事免责"制度》,载《中南民族大学学报(人文社会科学版)》2005年第24卷。

稿　约

一、《刑事司法论丛》是由西南政法大学诉讼法与司法改革研究中心主办，西南政法大学刑事检察研究中心、量刑研究中心、有组织犯罪研究中心协办，面向国内外公开发行的刑事司法专业连续出版物，由法律出版社出版，每年出版一卷到两卷。

二、《刑事司法论丛》的宗旨：不重作者身份，不限论文篇幅，唯重学术质量；立足刑事司法，服务青年师生，培育科研新秀，促进学术交流。

三、《刑事司法论丛》设置有理论前沿、特邀编辑荐稿、实务论坛、域外法制等栏目，分别采取自由投稿与特邀编辑推荐相结合的组稿方式。

四、《刑事司法论丛》主要发表刑事司法方面的原创性论文，举凡刑事程序法、刑事实体法、刑事证据法方面的研讨文章，皆可赐稿。本论丛鼓励一稿一投，反对一稿多发。来稿一经采用，酌付稿酬。电子版来稿请发送 xssflc@ 126. com，并在邮件主题中注明“《刑事司法论丛》投稿”。来稿时务请在文内首页附作者简介，写明作者的真实姓名、工作单位、职务或职称、学历、邮寄地址、联系方式。翻译稿件涉及的版权事宜，请译者自行处理并负责，投稿时须提交原文。所有来稿均于一个月内回复审稿结果。

五、《刑事司法论丛》注释一律采用圆圈脚注，每页单独编号。具体注释体例如下。

①闫召华：《认罪认罚的自愿性及其保障》，载《人大法律评论》2018 年卷第 1 辑，法律出版社 2018 年版，第 169 页。

②胡云腾：《正确把握认罪认罚从宽 保证严格公正高效司法》，载《人民法院报》2019 年 10 月 24 日，第 5 版。

③陈国庆：《量刑建议的若干问题》，载《中国刑事法杂志》2019 年第 5 期，第 3 页。

④王兆鹏：《美国刑事诉讼法》，北京大学出版社 2005 年版，第 538 页。

⑤李艳飞：《速裁案件被追诉人认罪真实性保障机制研究》，西南政法大学

2020 年硕士毕业论文,第 69 页。

⑥[美]道格拉斯·埃文·贝洛夫:《刑事诉讼的第三种模式:被害人参与模式》,载[美]虞平、郭志媛编译:《争鸣与思辨:刑事诉讼模式经典论文选译》,北京大学出版社 2013 年版,第 192 页。

⑦参见吉安娜·戴维斯:《专横的正义:美国检察官的权力》,李昌林、陈川陵译,中国法制出版社 2012 年版,第 8 页。

⑧郭其钰、苏礼昊:《杭州首例 48 小时刑事速裁案件快速办理》,https://www.chinanews.com/sh/2020/07-16/9240080.shtml,最后访问于 2020 年 12 月 20 日。

⑨Cheryl G. Bader, *Forgive Me Victim for I Have Sinned: Why Repentance and the Criminal Justice System Do Not Mix - A Lesson from Jewish Law*, Fordham Urban Law Journal, Vol. 31:1, p. 69(2003).

⑩Tyrone Kirchengast, *Victims and the Criminal Trial*, London: Macmillan Publishers Ltd., 2016, p. 1.

⑪Tollett v. Henderson, 411 U. S. 258, (1973).

六、本论丛文章已被《中国学术期刊(光盘版)》《中国期刊网》等全文收录。作者投稿时,若不同意自己的文章被上述电子出版物、数据库收录请作特别声明。若无声明,视同同意本论丛编辑部与上述电子出版物、数据库的约定。

七、编者保留对来稿进行技术性加工处理的权利。文章如发表,文责自负。

《刑事司法论丛》编辑部

2022 年 12 月